Beiträge zum Gesundheitsmanagement

Herausgeber:
Prof. Dr. rer. oec. Norbert Klusen
Andreas Meusch

Band 10

Dr. Wolfgang Greiner

Ökonomische Aspekte des Disease Managements

 Nomos

Die Deutsche Bibliothek – CIP-Einheitsaufnahme

Die Deutsche Bibliothek verzeichnet diese Publikation in
der Deutschen Nationalbibliografie; detaillierte bibliografische
Daten sind im Internet über http://dnb.ddb.de abrufbar.

Zugl.: Hannover, Univ., Habil.-Schrift, 2004

ISBN 3-8329-1021-2

1. Auflage 2005
© Nomos Verlagsgesellschaft, Baden-Baden 2005. Printed in Germany. Alle Rechte,
auch die des Nachdrucks von Auszügen, der fotomechanischen Wiedergabe und der
Übersetzung, vorbehalten. Gedruckt auf alterungsbeständigem Papier.

Vorwort des Herausgebers

Die Reformbemühungen im deutschen Gesundheitswesen sind seit Jahren dadurch geprägt, das neben dirigistischen Maßnahmen wie Budgetierung und Preisregulierung auch wettbewerbliche Elemente eingeführt werden. Dazu gehört die integrierte Versorgung, für die der gesetzliche Rahmen durch das Gesundheitssystem-Modernisierungsgesetz (GMG) verbessert wurde. Dabei steht die Absicht im Mittelpunkt, die sektoralen Schranken zu überwinden, die derzeit sowohl einer optimalen Behandlung wie einer optimalen Allokation der knappen Ressourcen des Gesundheitswesens hinderlich sind. Dazu könnten auch Disease Management Programme beitragen, die momentan im deutschen Gesundheitswesen eingeführt werden. Die Koppelung der Finanzierung dieser Programme an den Risikostrukturausgleich sowie bundesweit weitgehend einheitliche Programminhalte machen allerdings derzeit eine wettbewerbliche Ausrichtung dieser für Deutschland neuen Versorgungsform eher unwahrscheinlich. Zudem bestehen gegenwärtig averse Anreize für die Krankenkassen, bei der Einführung von Disease Management-Programmen (DMP) den Wettbewerb um möglichst hohe Einschreibquoten der Chroniker und nicht um eine möglichst qualitative bzw. effiziente Versorgung zu führen.

In der vorliegenden Arbeit von Wolfgang Greiner werden die ökonomischen Wirkungen der Einführung von DMPs systematisch sowohl theoretisch wie empirisch aufgearbeitet. Dabei werden aus wirtschaftswissenschaftlicher Perspektive die Vorteile eines Disease Management-Ansatzes zur Überwindung von Kooordinationsproblemen im Gesundheitswesen sowie institutionelle Hemmnisse bei deren Einführung analysiert. In einem mikro-ökonomischen Modell werden zudem Hinweise auf eine optimale Honorierungsform für DMP-Leistungen abgeleitet. Der empirische Teil baut auf zwei unabhängigen Pilotstudien zum Disease Management bei Asthmatikern auf, die im Ergebnis sehr unterschiedlich ausfallen. Daran wird deutlich, dass Disease Management kein Allheilmittel für die Probleme im Gesundheitswesen ist, sondern dessen Erfolg von Qualität und Umsetzung der einzelnen Programme abhängt. So bietet die Studie auch für den Praktiker wertvolle Anregungen, die in Empfehlungen für gesetzliche und private Krankenversicherungen zusammengefasst werden. Die Arbeit entstand am Institut für Versicherungsbetriebslehre der Universität Hannover (Direktor: Prof. Dr. Graf von der Schulenburg) und wurde von der dortigen Fakultät für Wirtschaftswissenschaften als Habilitationsschrift angenommen. Die Herausgabe dieses Buches soll dazu beitragen, die Erwartungen an die Einführung von Disease Management-Programmen auf eine realistische Grundlage zu stellen, insbesondere was deren Potenzial für Einsparungen angeht. In der aktuellen Diskussion um die Disease Mangement Programme, die zurzeit in Deutschland eingeführt werden, kann die Arbeit somit einen wichtigen Beitrag zur Versachlichung der Diskussion leisten.

Prof. Dr. rer. oec. Norbert Klusen

Geleitwort des Institutsleiters

Aus mehreren Gründen ist es für mich eine ganz besondere Freude, dass Herr PD Dr. Wolfgang Greiner mit dem vorliegenden Buch seine Habilitationsschrift einer breiteren Öffentlichkeit vorstellt: Erstens habe ich mit Dr. Greiner für viele Jahre hervorragend zusammengearbeitet, wobei er mir als wissenschaftlicher Assistent geholfen hat, den gesundheitsökonomischen Forschungsbereich meines Institutes weiter auszubauen und bezüglich der gesundheitsökonomischen Evaluations- und Lebensqualitätsforschung zu akzentuieren. Zweitens wird in diesem Buch ein hochaktuelles und gesundheitspolitisch wichtiges Thema aufgegriffen, nämlich die Nutzen und Kosten standardisierter Therapieprogramme bei chronischen Erkrankungen und ihre Analyse mit den Methoden der theoretischen und empirischen Wirtschaftsforschung. Damit wird einmal mehr unterstrichen, dass die Wirtschafswissenschaften einen erheblichen Beitrag zur Weiterentwicklung des chronisch kranken Gesundheitssystems leisten können. Und drittens freut es mich, dass mit der Greiner'schen Habilitationsschrift eine weitere beachtenswerte Arbeit aus der hannoverschen Forschungsschmiede publiziert wird, die sich durch ihre Verbindung von versicherungswissenschaftlichem und gesundheitsökonomischem Fachwissen und von Theorie und Empirie einen Namen gemacht hat.

Da die Habilitationsschrift auch immer einen deutlichen Meilenstein zwischen dem langen wissenschaftlichen Ausbildungsweg und der weiteren Straße der kollegialen Zusammenarbeit darstellt, möchte ich mein Geleitwort mit den Glückwünschen für dieses Werk und den besten Wünschen für das weitere Schaffen als wissenschaftlicher Lehrer und Forscher verbinden.

J.-Matthias Graf von der Schulenburg

Danksagung

Das vorliegende Buch konnte nur durch die Mithilfe vieler Personen, die nicht alle namentlich aufgezählt werden können, entstehen. Mein besonderer Dank gilt aber meinem akademischen Lehrer, Herrn Prof. Dr. J.-Matthias Graf von der Schulenburg, der mein Interesse auf die Gesundheitsökonomie gelenkt hat und dieses Habilitationsvorhaben stets konstruktiv kritisch begleitet hat. Herr Prof. Dr. Klaus-Dieter Henke hat dankenswerter Weise das Zweitgutachten übernommen. Für die langen Diskussionen zum Abschluss des Manuskriptes bin ich Dipl.-Ök. Michael Blanke und Dipl.-Ök. Thomas Mittendorf sehr dankbar. Herr cand. oek. Frank Schmidt half maßgeblich bei den Eingabe- und Analysearbeiten und Frau cand. oek. Yvonne Jurk bei der technischen Manuskripterstellung. Aber auch alle anderen Mitarbeiter des Instituts für Versicherungsbetriebslehre sowie der Forschungsstelle für Gesundheitsökonomie und Gesundheitssystemforschung an der Universität Hannover haben durch eine offene Gesprächsatmosphäre und zahlreiche Anmerkungen im Rahmen des Forschungsseminars zum Gelingen beigetragen.

Für das geduldige Erklären der medizinischen Hintergründe danke ich schließlich den beteiligten Kooperationspartnern in den beiden evaluierten Disease Management-Programmen, die die empirische Basis dieses Buches bilden. Schließlich freue ich mich über die Unterstützung durch Herrn Prof. Dr. Norbert Klusen und Herrn Andreas Meusch, die als Herausgeber der Nomos-Reihe „Beiträge zum Gesundheitsmanagement" die schnelle Publikation ermöglicht haben.

Die nächtlichen Arbeitssitzungen gerade in der Endphase des Projektes gingen vor allem zu Lasten meiner Familie, und ich danke meiner Frau Bettina für ihre große Unterstützung und Nachsicht.

Wolfgang Greiner

Abstract

Disease Management ist in den letzten Jahren als ein wichtiger Baustein zur Verbesserung der Versorgungssituation insbesondere chronisch kranker Menschen in die gesundheitspolitische Diskussion eingeführt worden. Trotzdem besteht zurzeit noch keine einheitliche Definition für Disease Management, ebenso wenig wie eine weitgehend akzeptierte deutsche Übersetzung. Kernelement ist eine umfassende, über die verschiedenen Sektoren im Gesundheitswesen integrierte Versorgung statt des jetzt noch meist anzutreffenden traditionellen, fragmentierten Ansatzes zur Behandlung von Krankheit.

In der vorliegenden Arbeit werden die neuen rechtlichen Rahmenbedingen für Disease Management in Deutschland im Rahmen des Risikostrukturausgleichs näher erläutert und kritisch diskutiert. Seit 2002 erhalten Krankenkassen für chronisch kranke Patienten, die in zertifizierten Behandlungsprogrammen eingeschrieben sind, einen höheren Ausgleichsbetrag als für andere Versicherte. Aus ordnungspolitischer Sicht ist dies ein starker Eingriff in die Einkommenshoheit der Krankenkassen, der zudem mit einem Anreiz zur Qualitätsminderung der Behandlungsprogramme verbunden sein könnte. Für private Krankenversicherungsunternehmen bleiben dagegen auch zukünftig die Möglichkeiten, im Rahmen eines Disease Managements durch Einzelvereinbarungen mit bestimmten Leistungserbringern steuernd tätig zu werden, rechtlich sehr beschränkt.

Anhand der Neuen Institutionenökonomie (NIÖ) wird vor diesem Hintergrund zunächst die Bedeutung von Institutionen auf das Gesundheitswesen und auf die Einführung von Disease Management-Programmen näher erläutert. Die Informationsasymmetrien, Koordinations- und Anreizprobleme werden im Gesundheitswesen durch eine ganze Reihe von Institutionen gemindert, wobei Disease Management als ein Weg beschrieben wird, die entstehenden Transaktionskosten zu senken. So ist es den Krankenversicherern möglich, Kontrollkosten zu mindern und stärker als Prinzipal der Leistungserbringer und Patienten aufzutreten. Die Leistungserbringer können Entscheidungen mit weniger Unsicherheit treffen, und die Patienten erhalten mehr Einflussmöglichkeit bei der Festlegung der Behandlung. Allerdings müssen Versicherer zunächst Mittel als langfristige Investition aufwenden, die Leistungserbringer haben weniger Entscheidungsfreiheit und den Patienten wird mehr Mitwirkung abverlangt.

Im empirischen Teil der Arbeit werden Resultate zur Kosten-Effektivität von Disease Management-Maßnahmen anhand zweier Studien vorgestellt, die Disease Management bei Asthma betreffen und zusammen mit deutschen Krankenkassen durchgeführt wurden. Sie unterscheiden sich bezüglich der Art des Patientenkontaktes (mit oder ohne Telemonitoring), durch den regionalen Bezug (bundesweit oder auf ein Flächenland beschränkt) und die Dauer der Maßnahme (ein versus zwei Jahre). Insgesamt kann gefolgert werden, dass das Einsparpotenzial durch Disease Management sich am wahrscheinlichsten bei den Krankenhauskosten ergibt, während Medikamentekosten kaum beeinflussbar sind und indirekte Kosten zumindest kurzfristig sogar tendenziell eher ansteigen.

Im Fazit wird die Ansicht vertreten, dass Disease Management-Programme sich trotz hohen Investitionsbedarfs und nicht zu unterschätzenden Risikopotenzials bezüglich der Effizienz solcher Programme am Markt durchsetzen werden, soweit sie Unterstützung durch den Risikostrukturausgleich erhalten. Dabei werden die Programme nicht bei allen Indikationen gleich erfolgreich sein. Disease Management wird sich zudem zu einem Instrument des Marketings wandeln. Abschließend wird vorgeschlagen, dass zukünftig neben eine Evidenz-basierte Medizin die Evidenz-basierte Gesundheitspolitik treten sollte, die wissenschaftliche Erkenntnis zur Grundlage ihres Handelns macht.

Disease Management has become an important element in the improvement of care for people with chronic illnesses and has been embedded into the health-political discussion within the past years. Eventhough there still is no uniform definition for Disease Management, as well as no widely accepted german translation of this term. Most importantly, it is an extensive and still questioned attempt to treat illnesses. It is an integrated treatment within various sectors of the health services instead of the main stream traditional treatment.

In this book the legal guidelines of Disease Management are be closely and critically illustrated within the bounds of the risk structure fund of the statutory health insurance. Health insurance companies have been given a higher compensation balance for patients with chronic illnesses in comparison to other insured patients if the patients with chronic illnesses are in a certified treatment program. This is a strong intervention considering the organizational arrangement in health insurances which could lead to a decrease in quality for services offered in treatment programs. The legal possibilities for private health insurance companies to somewhat control individual agreements within Disease Management for particular service provisions remain very slim.

The new theory of institutions illustrates the significance of institutions within health care as well as the introduction of Disease Management-Programs. Asymmetries considering the flow of information as well as coordination and incentive difficulties are reduced by a lot of institutions, whereas Disease Management is considered a way to help lower the transaction costs. In this way it is possible for the insured to lower control costs and have more control than before. The care providers can, thus, make decisions more accurately and the patients have more ways in influencing the type of treatment. However, the insurer must make long-term investments, the care providers have less freedom in the decision-making process, and the patients must show more incentive.

The results of the cost-effectiveness analysis considering Disease- Management-Programes are illustrated in the empirical part of the essay concerning two studies regarding Asthma. The difference between the two is the type of contact that was held with the patients (with or without Telemonitoring), considering regional coverance (country-wide or community-wide) as well as the length of the measures (one versus two years). Altogether, it showed that the hospital costs had the highest potential for saving money because of Disease Management, even though drug costs are hardly influenceable and short-term indirect costs are tendentially higher.

In conclusion, it is assumed that Disease Management-Programs will prevail in the market because it is supported by the risk structure fund even though it bears high investment needs and risk potential regarding their efficiency, which should not be underestimated. It should be mentioned that these programs will not always be effective to the same extent when implemented. Disease Management will also become a marketing tool.

In closing, it is suggested that the evidence-based health policy should work in accordance with the evidence-based medicine because it uses scientifical insights as the basis for their actions.

Inhaltsverzeichnis

Vorwort des Herausgebers 5

Geleitwort des Institutsleiters 6

Danksagung 7

Abstract 8

Abbildungsverzeichnis 14

Tabellenverzeichnis 15

Abkürzungsverzeichnis 17

1. Einleitung 21

2. Überblick über das Konzept des Disease Managements 25
   2.1. Begriffliche Abgrenzungen 30
      2.1.1. Disease Management 30
      2.1.2. Case Management 35
      2.1.3. Managed Care 36
   2.2. Implementierung von Disease Management 42
      2.2.1. Träger 42
      2.2.2. Evidenz-basierte Leitlinien 51
      2.2.3. Outcome- und Behandlungs-Controlling 63
      2.2.4. Bedeutung der EDV und des Internets 67
         2.2.4.1. Einsatz integrierter Informationssysteme 68
         2.2.4.2. Strategien zur Nutzung des Internets 70
      2.2.5. Phasenmodell zur Einführung von Disease Management 78
      2.2.6. Vergütung 80
      Exkurs: Mikroökonomische Fundierung der Honorierung von Disease-
         Management-Aktivitäten 84
   2.3. Bewertungen von Disease Management 89
      2.3.1. Bewertung aus Sicht der Kostenträger 89
      2.3.2. Bewertung aus Sicht der Leistungserbringer 92
         2.3.2.1. Disease Management aus Sicht der Ärzte 92
         2.3.2.2. Disease Management aus Sicht der pharmazeutischen
            Industrie 97
      2.3.3. Bewertung aus Sicht der Versicherungsnehmer und Patienten 104
   2.4. Umsetzbarkeit von Disease Management in Deutschland 109

  2.4.1. Umsetzbarkeit in der gesetzlichen Krankenversicherung   109
    2.4.1.1. Eignung des deutschen Krankenkassensystems für Disease
    Management   109
    2.4.1.2. Förderung von Disease Management-Programmen durch die
    Reform des Risikostrukturausgleiches   114
    2.4.1.3. Anreize zur Teilnahme für Versicherte   123
  2.4.2. Umsetzbarkeit in der privaten Krankenversicherung   124
 2.5. Zwischenergebnis   128

3. Institutionen-ökonomische Aspekte des Disease Managements   131
 3.1. Einführung in die Neue Institutionenökonomie   131
  3.1.1. Definitionen, Zielsetzungen und Annahmen   131
  3.1.2. Transaktionskostentheorie   133
  3.1.3. Prinzipal-Agenten-Theorie   133
 3.2. Transaktionen im Gesundheitswesen   135
  3.2.1. Transaktionen zwischen Patient und Leistungserbringer   135
  3.2.2. Transaktionen zwischen den Leistungserbringern   136
  3.2.3.Transaktionen zwischen Leistungserbringern und Kostenträgern   137
 3.3. Prinzipal-Agenten-Beziehungen im Gesundheitswesen   138
 3.4. Disease Management als Lösungsoption für das Koordinationsproblem   140
  3.4.1. Veränderungen der Transaktionsbeziehungen durch Disease
   Management   140
  3.4.2. Institutionelle Hemmnisse bei der Einführung von Disease
   Management   143
    3.4.2.1. Einschränkung der Verfügungsrechte über personen-
    bezogene Daten   144
    3.4.2.2. Neokorporatistische Strukturen   145
    3.4.2.3. Vergütungsregelungen   146
    3.4.2.4. Weitere Hemmnisse   147
 3.5. Zwischenergebnis   149

4. Ausgewählte ökonomische Studienergebnisse für Disease Management-
Maßnahmen   150
 4.1. Vorbemerkungen zur Methodik ökonomischer Evaluationen   150
 4.2. Disease Management bei Diabetes   153
 4.3. Disease Management bei Asthma   164
 4.4. Disease Management bei anderen Krankheiten   168
 4.5. Zwischenergebnis   173

5. Fallbeispiele für Disease Management bei Asthma in Deutschland   174
 5.1. Disease Management mit Home Monitoring   174
  5.1.1. Studiendesign   174
  5.1.2. Ergebnisse   177

5.1.2.1. Auswertung der medizinischen Parameter	177
5.1.2.2. Lebensqualität der Patienten	183
5.1.2.3. Kostenanalyse	190
5.1.3. Zusammenfassung	200
5.2. Disease Management mit telefonischer Betreuung	201
5.2.1. Studiendesign	201
5.2.2. Ergebnisse	204
5.2.2.1. Auswertung der medizinischen Parameter	205
5.2.2.2. Lebensqualität der Patienten	207
5.2.2.3. Kostenanalyse	213
5.3. Studienergebnisse im Vergleich	218
6. Gesundheitspolitische Empfehlungen zur Implementierung von Disease Management	220
6.1. Empfehlungen für private Krankenversicherungsunternehmen	220
6.2. Empfehlungen für gesetzliche Krankenkassen	223
7. Fazit und Ausblick	227
Literaturverzeichnis	236
Anhang	266

Abbildungsverzeichnis

Abbildung 1: Kosten und Nutzen in Abhängigkeit von der Koordinationskomplexität   27

Abbildung 2: Kosten und Nutzen in Abhängigkeit von der Koordinationskomplexität bei unterschiedlichen Nutzenverläufen   28

Abbildung 3: Grundformen von Disease Managern   44

Abbildung 4a: Trade-off der Leistungsqualität mit und ohne Disease-Management-Programm bei konstantem Budget   58

Abbildung 4b: Trade-off der Leistungsqualität mit und ohne Disease-Management-Programm bei sinkendem Budget   59

Abbildung 4c: Trade-off der Leistungsqualität mit und ohne Disease-Management-Programm bei sinkenden DMP-Kosten   60

Abbildung 5: Kontinuierliches Qualitätsmanagement bei Disease Management   64

Abbildung 6: Einsatz von Internet-Technologie bei Disease Management   72

Abbildung 7: Organisatorischer Aufbau und Honorierung im Disease Management   82

Abbildung 8: Ermittlung der optimalen Programmzahl   112

Abbildung 9: Veränderungen beim RSA durch DMP   116

Abbildung 10: Doppelte Prinzipal-Agent-Beziehung   138

Abbildung 11: Grundformen der Wirtschaftlichkeitsuntersuchungen   151

Abbildung 12: Einflussfaktoren für Compliance   156

Abbildung 13: Anteil der Patienten mit gesundheitlichen Beeinträchtigungen beim EQ-5D bei der 3. Visite   186

Abbildung 14: Graphische Darstellung der Ergebnisse für die Lebensqualität (FLA) bei der letzten Visite   189

Abbildung 15: Verteilung von Arbeitsunfähigkeits- und Krankenhaustagen   196

Tabellenverzeichnis

Tabelle 1:	Merkmalsausprägungen des Disease Managements und des traditionellen Komponenten-Managements	26
Tabelle 2:	Evidenzgrade zur Bewertung von Studien	52
Tabelle 3:	Vor- und Nachteile von Leitlinien	61
Tabelle 4:	Outcome-Maße in Evaluationsstudien	66
Tabelle 5:	Behandlungseinheiten	81
Tabelle 6:	Vor- und Nachteile des Disease Managements aus Sicht verschiedener Interessengruppen	89
Tabelle 7:	Haltung chronisch Kranker zu Disease Management-Programmen	108
Tabelle 8:	Mittlere Konsultationsdauer von Hausärzten in verschiedenen Ländern	140
Tabelle 9:	Sozio-demographische Daten der Patienten in beiden Gruppen	176
Tabelle 10:	Klinische Parameter der Patienten in beiden Gruppen bei erster und letzter Visite	178
Tabelle 11:	Lungenfunktionswerte der Patienten in den beiden Gruppen	182
Tabelle 12:	FEV1-Mittelwerte des Home Monitorings der Disease Management-Gruppe	182
Tabelle 13:	Auswertbare Angaben bei den FLA-Bögen*	184
Tabelle 14:	Fehlende Werte beim EuroQol	185
Tabelle 15:	Lebensqualitätswerte bei erster und letzter Visite	187
Tabelle 16:	Lebensqualitätswerte nach Asthmastufe	188
Tabelle 17:	Quellen der Studiendaten zum Ressourcenverzehr	190
Tabelle 18:	Anzahl der fehlenden Quartalszahlen der ambulanten Behandlung	191
Tabelle 19a:	Erfassung der Krankenhaus- und Arbeitsunfähigkeitstage aller Krankheitsbilder	193

Tabelle 19b:	Erfassung der Krankenhaus- und Arbeitsunfähigkeitstage aufgrund von Atemwegserkrankungen	194
Tabelle 19c:	Erfassung der Krankenhaus- und Arbeitsunfähigkeitstage aufgrund von Asthma	195
Tabelle 20a:	Direkte mittlere Gesamtkosten der Behandlung pro Patient	197
Tabelle 20b:	Direkte Gesamtkosten der Behandlung pro Patient	198
Tabelle 20c:	Direkte Gesamtkosten der Behandlung pro Patient	198
Tabelle 21:	Indirekte Kosten der Behandlung pro Patient infolge von Arbeitsunfähigkeit	199
Tabelle 22:	Minimum- und Maximumwerte der Kosten der Asthmabehandlung pro Patient	200
Tabelle 23:	Sozio-demographische Daten der Patienten in beiden Gruppen	204
Tabelle 24:	Klinische Parameter der Patienten in der Disease Management-Gruppe	206
Tabelle 25:	Klinische Parameter der Patienten im Vergleich der Behandlungsgruppen nach 12 Monaten	207
Tabelle 26:	Auswertbare Angaben bei den FLA-Bögen	208
Tabelle 27:	Fehlende Werte beim EuroQol	209
Tabelle 28:	Lebensqualitätswerte nach 12 Monaten	211
Tabelle 29:	Lebensqualitätswerte der DMP-Gruppe im Zeitablauf	212
Tabelle 30:	Erfassung der Krankenhaus- und Arbeitsunfähigkeitstage nach 12 Monaten	214
Tabelle 31:	Ausreißerwerte der Arbeitsunfähigkeitstage	215
Tabelle 32a:	Direkte mittlere Gesamtkosten der Behandlung pro Patient nach 12 Monaten	216
Tabelle 32b:	Direkte Gesamtkosten der Behandlung pro Patient nach 12 Monaten	216
Tabelle 32c:	Direkte Gesamtkosten der Behandlung pro Patient nach 12 Monaten	217

Abkürzungsverzeichnis

Abs.	Absatz
ACE	Angiotensin-Converting-Enzym
AEV	Arbeiter-Ersatzkassen-Verband
AG	Aktiengesellschaft
Aids	Acquired-Immune Deficiency Syndrome
AOK	Allgemeine Ortskrankenkassen
AR-DRG	Australien Refined Diagnosis Related Groups
ATAQ	Asthma Therapy Assessment Questionaire
AU-Tage	Arbeitsunfähigkeitstage
AWMF	Arbeitsgemeinschaft der Wissenschaftlichen Medizinischen Fachgesellschaften
ÄZQ	Ärztliche Zentralstelle Qualitätssicherung
BaFin	Bundesanstalt für Finanzdienstleistungsaufsicht
BÄK	Bundesärztekammer
BDSG	Bundesdatenschutzgesetz
BOÄ	Berufsordnung der Ärzte und Ärztinnen
BVA	Bundesversicherungsamt
bzw.	beziehungsweise
CHF	Schweizer Franken
CMA	Cost-Minimisation-Analysis
COPD	chronisch-obstruktive Lungenkrankheit
c. p.	ceteris paribus
DA	Dosieraerosol
DCBSI	Diabetes Care Basic Information Sheet
DCCT	Diabetes Control and Complications Trial
d. h.	das heißt
DKG	Deutsche Krankenhausgesellschaft
DKV	Deutsche Krankenversicherung AG
DM	Deutsche Mark
DMP	Disease Management-Programme
DRG	Diagnosis Related Groups
€	Euro
EBM	Evidence-based Medicine
ed.	editor
EDV	elektronische Datenverarbeitung
et al.	et alteris
etc.	et cetera
EQ-5D	Euro Qol (5 Dimensionen)
f.	folgende
FAQ	Frequently Asked Questions

FEV-1	forciertes expiratorisches Volumen in 1 Sekunde
ff.	fortfolgende
FLA	Fragebogen zur Lebensqualität bei Asthma
GBP	Great Britain Pound
GEK	Gmünder Ersatzkasse
ggf.	gegebenenfalls
GHS	Greenstone Healthcare Solutions
GKV	gesetzliche Krankenversicherung
GmbH	Gesellschaft mit beschränkter Haftung
GOÄ	Gebührenordnung Ärzte
GRASSIC	Grampian Asthma Study of Integrated Care
GWG	Gesetz gegen Wettbewerbsbeschränkungen
ICD	International Classification of Diseases
Inc.	incidit
IPO	Independent Practice Organization
HbA_{1c}	Anteil des „gezuckerten" Hämoglobin (Hb) am Gesamthämoglobin
HIV	human immunodeficiency virus
HMO	Health Maintenance Organization
Hrsg.	Herausgeber
IPA	Individual Practice Association
Jg.	Jahrgang
KBV	Kassenärztliche Bundesvereinigung
KHK	Koronare Herzkrankheit
k. O.	keine Ortsangabe
KV	Kassenärztliche Vereinigung
LAQ	Living with Asthma Questionaire
LQI	Lebensqualitätsindex
MBO-Ä	Musterberufsordnung für Ärztinnen und Ärzte
NCQA	National Commitee for Quality Assurance
NICE	National Institute for Clinical Excellence
NIÖ	Neue Instiutionenökonomie
NHS	Nationaler Gesundheitsdienst
No.	number
Nr.	Nummer
OAD	orale Antidiabetika
o. ä.	oder ähnliche
OHE	Office of Health Economics
PBM	Pharmaceutical Benefit Management
PDCA-Zyklus	Plan, Do, Check, Act-Zyklus
PEF	Peak Expiratory Flow
PKV	private Krankenversicherung
POS	Point of service
PPA	Prefered Provider Organizations

QALY	qualitätskorrigierte Lebensjahre
RSA	Risikostrukturausgleich
RSA-ÄndV	Risikostrukturausgleich-Änderungsverordnung
RSAV	Risikostrukturausgleichsverordnung
S.	Seite
SEK	Schwedische Kronen
SGB	Sozialgesetzbuch
SV	Standardversorgung
TK	Techniker Krankenkasse
TQM	Total Quality Management
UGI	Erkrankung des oberen Gastroinfestinatrakt
USA	United States of America
US-D	US-Dollar
u. U.	unter Umständen
v.	vom
v. a.	vor allem
VAS	visuelle Analogskala
VdAK	Verband der Angestellten Krankenkassen e. V.
vgl.	vergleiche
VHOP	Virgina Health Outcome Partnership
Vol.	Volume
VQ	Versorgungsqualität
WHO	World Health Organization
z. B.	zum Beispiel

1. Einleitung

Disease Management ist in den letzten Jahren als ein wichtiger Baustein zur Verbesserung der Versorgungssituation insbesondere chronisch kranker Menschen in die gesundheitspolitische Diskussion eingeführt worden. Trotzdem besteht zurzeit keine einheitliche Definition für Disease Management, ebenso wenig wie eine weitgehend akzeptierte deutsche Übersetzung.[1] Für einen wissenschaftlichen Zugang zu dem Thema soll daher im Folgenden nachstehende Arbeitsdefinition gelten:

> **Unter Disease Management wird eine integrierte Versorgung chronisch Kranker verstanden, welche zum Ziel hat, auf der Grundlage von Behandlungsleitlinien die Qualität der Versorgung und deren Kosteneffektivität kontinuierlich zu verbessern.**

Eine ausführliche Diskussion des Begriffes und verwandter Konzepte wird im Abschnitt 2.1. vorgenommen.

Hintergrund

Disease Management wurde bislang insbesondere bei chronischen Krankheiten wie Diabetes und Asthma entwickelt und umfasst Richtlinien zur Steuerung und Kontrolle aller Aspekte der Patientenversorgung (Diagnose, Therapie und Langzeitbehandlung). Besonders die Einführung von Managed-Care-Elementen in eine Reihe von Gesundheitssystemen hat die Entwicklung von Disease Management sehr gefördert.[2] Die Integration der Behandlung und das Setzen von Behandlungsleitlinien ist einer der Wege, um von einer reinen Inputorientierung im Gesundheitswesen (z. B. im Rahmen einer Budgetierung) zu einer Betrachtung der Behandlungs- und Ergebnisqualität zu kommen. Die Variation der Behandlungsstandards ist jedoch sowohl international als auch im nationalen Rahmen beträchtlich.[3] Ärzte behandeln vergleichbare Patienten unterschiedlich, und nicht alle dieser alternativen Behandlungsentscheidungen können medizinisch equivalent und effizient sein. Der Grundgedanke des Disease Managements ist hingegen, dass der Krankheits- (und Kosten-)Verlauf von der Koordinierung der Gesundheitsversorgung abhängt und dass eine Standardisierung der Versorgung deren Qualität erhöht.

Weltweit wurde dieser Ansatz bereits in unterschiedlicher Weise umgesetzt. So wurde in Großbritannien 1999 das National Institute for Clinical Excellence (NICE)

---

1 Vgl. Neuffer, A.B. (1996), S. 53.
2 Vgl. Preuss, K.-J. (2001), S. 223.
3 Vgl. Lauterbach, K. (1999), S. 36.

gegründet, das u.a. Behandlungsleitlinien aufgrund vorliegender Studien für den Nationalen Gesundheitsdienst (NHS) aufstellt.[4] In Deutschland sind die Bemühungen weniger streng in den Paragraphen §§ 137b ff. SGB V zum Qualitätsmanagement zusammengefasst. Die Einhaltung von Behandlungsrichtlinien ist zurzeit für Ärzte noch nicht bindend. Sobald aber der Koordinierungsausschuss der Ärzte und Krankenhäuser nach § 137e SGB V „auf der Grundlage evidenz-basierter Leitlinien die Kriterien für eine im Hinblick auf das diagnostische und therapeutische Ziel ausgerichtete zweckmäßige und wirtschaftliche Leistungserbringung" nach und nach für verschiedene Krankheiten beschließt, werden diese Leitlinien auch für Krankenkassen, Vertragsärzte und Krankenhäuser verbindlich. Zudem können seit 2002 Disease Management-Maßnahmen im Rahmen des Risikostrukturausgleiches gefördert werden (§ 137f SGB V).[5]

In Deutschland knüpfen sich verschiedene Erwartungen an die Einführung von Disease Management-Programmen. Dazu gehören die Steigerung der Behandlungsqualität sowie eine Senkung der Versorgungskosten. Die Krankenkassen sollen in diesem neuen Versorgungskonzept eine aktive Rolle bei der Umsetzung Evidenz-basierter und qualitätsgesicherter Leitlinien übernehmen. Auf diese Weise wird erhofft, den durchschnittlichen Gesundheitszustand chronisch Kranker zu verbessern, den Einsatz beschränkter Mittel effizienter zu gestalten und so eine niedrigere Inanspruchnahme knapper Ressourcen im Gesundheitswesen zu erreichen. Die Evidenzbasierung solcher Aussagen ist bislang allerdings nicht gegeben, da keine publizierten Vergleichsstudien zum Kostenverlauf über die Lebenszeit vorliegen.

Die Evaluation von Disease Management-Maßnahmen sollte genau wie jede andere Investition im öffentlichen oder privaten Bereich immer im Vergleich zu anderen Entscheidungsalternativen anhand vorgegebener Zielvorstellungen erfolgen. Ziele dieser Art können eine Verbesserung der Lebensqualität der Patienten (bei gleichen Kosten), eine Senkung der Behandlungskosten (bei gleicher Qualität) oder ein akzeptabler Kosten-Wirksamkeits-Quotient sein, wenn höhere Kosten höherem Nutzen gegenüberstehen.[6] Bislang wurden Disease Management-Maßnahmen aber nur selten unter ökonomischen Gesichtspunkten umfassend evaluiert. Es gibt zwar ein Reihe von Publikationen, die über positive Effekte des Disease Managements berichten, dabei handelt es sich jedoch meist um kommentierende Beiträge, selten um Studien zur Erhebung der medizinischen Effektivität, noch seltener der Kosteneffektivität.

Fragestellung

Die vorliegende Arbeit analysiert Disease Management aus ökonomischer Sicht. Dabei steht insbesondere die Fragestellung im Mittelpunkt, ob durch die Einführung von Disease Management die Effizienz eines Gesundheitssystems gesteigert werden kann. Folgende Forschungsfragen konkretisieren diese generelle Fragestellung:

---

4 Vgl. McDaid, D. und Cookson, R. (2003), S. 134.
5 Vgl. Abschnitt 2.4.1.2.
6 Vgl. Greiner, W. (1999), S. 67.

Einleitung

1. Kann die Versorgungseffizienz bei chronischen Krankheiten mittels Disease Management verbessert werden?
2. Welche Erfahrungen liegen dazu in Gesundheitssystemen vor, die wie die USA Disease Management schon seit längerer Zeit praktizieren?
3. Welche Voraussetzungen organisatorischer und rechtlicher Art sind bei der Einführung von Disease Management in Deutschland zu beachten?
4. Liegen empirische Belege für die Kosteneffektivität von Disease Management-Maßnahmen im deutschen Versorgungssetting vor?
5. Wie sind vor diesem Hintergrund aus wirtschaftswissenschaftlicher Sicht die zurzeit geplanten Disease Management-Programme im Rahmen des Risikostrukturausgleiches zu beurteilen?

Methodik

Für die ökonomische Analyse werden zwei methodische Ansätze herangezogen:

- Organisatorische und rechtliche Fragestellungen im Zusammenhang mit Disease Management sollen vor dem Hintergrund der *Neuen Institutionenökonomie (NIÖ)* bewertet werden, um dem besonderen Charakter der Behandlungsprogramme als Dienstleistungen in dem hochregulierten Bereich des Gesundheitswesens Rechnung zu tragen. Gerade dort versagen häufig die traditionellen Ansätze der neoklassischen Theorie, da eine niedrige Markttransparenz, Preisfestsetzungen durch staatliche und parafiskalische Institutionen sowie eine Reihe von Marktzugangsbarrieren (wie z. B. die reglementierte Kassenarztsitzvergabe) keinen vollständigen Wettbewerb zulassen. Die NIÖ bietet daher im Gegensatz zur neoklassischen Theorie mit ihren häufig unrealistischen Annahmen über die Markteigenschaften gerade für ökonomische Fragen im Gesundheitswesen ein angemessenes Instrumentarium, um Anreizstrukturen und ein Markt- bzw. Regulierungsversagen zu analysieren.
- Die Beurteilung der Kosten und des Nutzens von Disease Management-Programmen soll auf der Grundlage der *Evaluationstheorie* erfolgen, mit der je nach Evaluationsform eine rein monetäre und zusätzlich eine intangible Bewertung möglich sind. Dazu wurden neben einer umfangreichen Literaturrecherche zur derzeit verfügbaren Evidenz der Kosteneffektivität von Disease Management-Programmen zwei unterschiedliche Programme für Asthmatiker verschiedener Krankenkassen im Hinblick auf deren Kosten und Nutzen evaluiert.

Einleitung

Aufbau der Arbeit

Da es sich in erster Linie um ein medizinisches Konzept zur Verbesserung der Versorgung chronisch kranker Menschen handelt, ist es notwendig, zunächst die ursprünglich rein medizinischen Grundlagen (z. B. zur Leitlinienerstellung) sowie den Übergang vom so genannten Komponentenmanagement zu einem integrierten System zu beschreiben. Den anschließenden Schwerpunkt bildet die Frage der Umsetzbarkeit von Disease Management-Programmen im deutschen Gesundheitssystem sowie deren Evaluation aus medizinischer und ökonomischer Perspektive. Dazu werden exemplarisch die zwei erwähnten Programme für Asthmapatienten aus medizinischer und ökonomischer Sicht evaluiert. Die Indikation Asthma wird darüber hinaus an verschiedenen Stellen der Arbeit beispielhaft herangezogen, um generelle Aussagen zum Disease Management konkret zu veranschaulichen. Empfehlungen für private und gesetzliche Krankenversicherungen zur zukünftigen Nutzung und Weiterentwicklung von Disease Management-Programmen werden den Abschluss der Arbeit bilden. Dabei sollen insbesondere die aktuellen Entwicklungen der Einbeziehung dieser Programme in den Risikostrukturausgleich der Krankenkassen Berücksichtigung finden. Im Fazit der Arbeit werden die Analyseergebnisse genutzt, um die eben formulierten Forschungsfragen zu beantworten.

2. Überblick über das Konzept des Disease Managements

Disease Management ist eine strukturierte Antwort auf verschiedene Probleme, die in den meisten Gesundheitssystemen moderner Industriestaaten heute vorzufinden sind. Dazu gehören sektorierte und unkoordinierte institutionelle Beziehungen im Versorgungssystem sowie ein überproportionales Gewicht der Akutbehandlung gegenüber Prävention und Rehabilitation. Zitter nennt diese Art der Leistungserstellung anschaulich „Komponenten-Management"[7]. Gemeint ist ein fragmentierter Versorgungstyp, bei dem kein Wert auf langfristige Kosten-Effektivität der Leistungen gelegt wird und in dem die Lebensqualität der Patienten kein ausdrückliches Zielkriterium darstellt. Beim Komponenten-Management-System betrachten Kostenträger und Leistungserbringer stattdessen immer nur den spezifischen Abschnitt der Krankheitsbehandlung, für den sie verantwortlich sind. Zitter zeigt am Beispiel eines mittelschweren Asthmatikers, der in eine Krankenhaus-Notaufnahme eingeliefert wird, dass eine effektive, effiziente und aus Patientensicht angenehme Behandlung keineswegs mit hochqualitativer Gesundheitsversorgung gleichgesetzt werden kann: „The hospital staff may have done a great job, but the health care system probably failed the patient."[8] Eine unzureichende Organisation des Systems könnte dazu geführt haben, dass keine Gelegenheit für den Asthmatiker bestand, regelmäßig die eigenen Lungenwerte zu prüfen, zu wenig Arzneimittel eingenommen wurden[9] und/oder ihm zu wenig Informationen darüber vorlagen, was bei akuten Krankheitsepisoden zu tun ist. Möglicherweise hatte der Arzt den Patienten nicht gemäß der aktuellen Asthma-Therapie-Empfehlung behandelt oder der Apotheker hatte ihm den korrekten Gebrauch der Medikamente nicht ausreichend erklärt.[10] Sowohl auf der Seite der Leistungserbringer als auch bei Patienten können somit Organisationsdefizite vorliegen, die zu einer Absenkung der Qualität des Systems beitragen. Die Unterschiede zwischen Disease Management und Komponenten-Management sind in Tabelle 1 gegenübergestellt.

---

7   Vgl. Zitter, M. (1997).
8   Zitter, M. (1997), S. 2.
9   Möglich ist auch, dass zu viel Arzneimittel eingenommen worden sind. Einer Studie zufolge konsumieren 13% aller Asthmatiker zu hohe Mengen kurzwirksame Beta-2-Symptomimetika und verursachen hierdurch mehr Krankenhausaufenthalte und Notfallambulanzbesuche als Patienten mit optimaler Arzneimitteltherapie. Vgl. Anius, A.H. et al. (2001), S. 625.
10 Auf die Informations- und Beratungsleistungen der Apotheken weisen May und Wasem hin. May, U. und Wasem, J. (2003), S. 34.

Überblick über das Konzept des Disease Managements

Tabelle 1: Merkmalsausprägungen des Disease Managements und des traditionellen Komponenten-Managements

	Disease Management	Komponenten-Management
Standardisierungsgrad	Standardisierung über Leitlinien	weitgehende Therapiefreiheit
Interventionszeitpunkt	möglichst im Vorfeld des akuten Krankheitsfalles (als Sekundärprävention)	im akuten Krankheitsfall
Qualitätskontrolle	integriertes Qualitätsmanagement	Qualitätssicherung
Zielvorgaben	Ergebnisorientierung	Prozessorientierung

Die in Tabelle 1 charakterisierte Abgrenzung des Disease vom Komponenten-Management stellt in der Praxis ein kaum erreichbares Ideal dar. So ist bislang ein kontinuierlicher Qualitätsverbesserungsprozess in bestehenden Disease Management-Programmen kaum verankert. Auch eine umfassende Ergebnisorientierung stößt wegen der damit verbundenen methodischen Schwierigkeiten auf beträchtliche Umsetzungsprobleme. In der Literatur wird Disease Management darüber hinaus als eher populationsbezogen, das Komponenten-Management dagegen eher patientenbezogen bezeichnet.[11] Diese Unterscheidung greift in der Praxis ebenfalls zu kurz, da auch Disease Management die einzelnen Therapieentscheidungen am Einzelfall orientieren muss und nicht alle Maßnahmen a priori standardisierbar sind.

Nicht alle Erkrankungen sind für die Durchführung von Disease Management-Programmen gleich gut geeignet. Im Allgemeinen werden vor allem chronische Erkrankungen wie Asthma, Diabetes und Rheuma genannt, bei denen im Behandlungsprozess ein hohes Maß an Koordination zwischen den Leistungserbringern gefordert ist, die vergleichsweise hohe Kosten verursachen und über die gleichzeitig viele Informationen über den Krankheitsverlauf und die Wirksamkeit von Therapiemaßnahmen vorliegen.[12] Der Zusammenhang zwischen der Koordinationskomplexität der Behandlungsprozesse und dem Kosten-Nutzen-Verhältnis von Disease Management ist in Abbildung 1 schematisch dargestellt. Erst ab dem Punkt x_k übersteigen die Nutzen aus Disease Management (durch Minderung der Transaktionskosten bei der Behandlung der Patienten)[13] die Zusatzkosten durch das Disease Management selbst (z. B. Kosten der Erstellung von Leitlinien oder die Honorierung des Disease Managers).

---

11 Vgl. Lauterbach, K.W. (1997), S. 171.
12 Vgl. Neuffer, A.B. (1997), S. 157.
13 Im Abschnitt 3.2. wird noch ausführlich dargestellt werden, in welcher Weise Disease Management dazu beitragen kann, Transaktionskosten bei der Leistungserstellung zu senken.

Abbildung 1: Kosten und Nutzen in Abhängigkeit von der Koordinationskomplexität

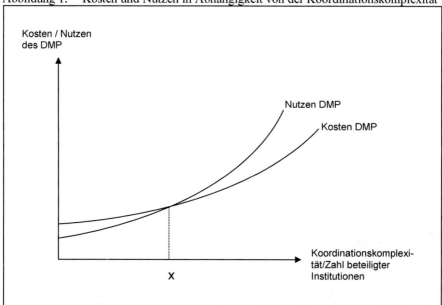

In Abbildung 2 sind verschiedene mögliche Verläufe der Nutzenkurve (z. B. für unterschiedliche Erkrankungen) abgetragen. Die Kurve I entspricht dem Nutzenverlauf in Abbildung 1 mit x_{k1} als Break-Even-Punkt, ab dem sich ein Disease Management-Programm lohnt. Für Krankheiten, bei denen sich die Nutzenkurve II ergeben würde, rentiert sich ein solches Versorgungskonzept erst bei hoher Segmentierung des Systems (ab Punkt x_{k2}). Dies wäre z. B. dann der Fall, wenn die Koordination der Leistungserbringer auch ohne Disease Management wenige Probleme bereitet, sich dies aber bei einer höheren Komplexität ändert (z. B. wenn Schwerpunktpraxen, Rehabilitationseinrichtungen oder spezialisierte Krankenhausabteilungen zur Verbesserung der Behandlungsqualität einbezogen werden müssen). Die Nutzenkurve III steht dagegen für Krankheiten, bei denen bereits eine sehr simple Koordination wie zwischen Haus- und Facharzt Probleme aufwirft und Disease Management sich daher selbst bei niedriger Koordinationskomplexität lohnt. Eine große Anzahl von beteiligten Institutionen würde dagegen bei diesem angenommenen flachen Verlauf der Nutzenkurve dazu führen, dass die Kosten des Disease Managements dessen Nutzen ab dem Punkt x_{k3} übersteigen.

Abbildung 2: Kosten und Nutzen in Abhängigkeit von der Koordinationskomplexität bei unterschiedlichen Nutzenverläufen

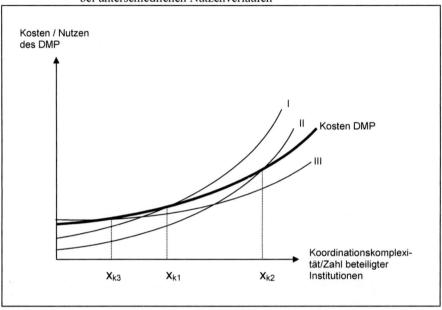

Bei Erkrankungen mit vergleichsweise geringen Gesamtkosten ist es weniger wahrscheinlich, dass sich der Aufwand für das Disease Management-Programm selbst auszahlt.[14] Insofern zahlen sich Disease Management-Programme vor allem bei Erkrankungen mit zahlreichen so genannten „high utilizern" aus, also bei Versicherten, die über mehrere Perioden zu der Gruppe mit außergewöhnlich hoher Inanspruchnahme von Leistungen gehören. In der Regel werden dazu die oberen beiden 10%-Percentile der Versicherten nach Gesamtkosten der Behandlung gerechnet.[15] So verursachten 20% der GKV-Versicherten der Gmünder Ersatzkasse im Jahr 2000 86% der Gesamtkosten für Arzneimittel und 41% der Krankenhaustage.[16] Tendenziell kommen nach diesem Kriterium eher ältere als jüngere Menschen für ein Disease Management in Frage, da die Durchschnittskosten der Behandlung pro Versicherten ab etwa 40 Jahren signifikant ansteigen (von etwa 100 € für Arzneimittel in der Altersgruppe zwischen 30 und 40 Jahre auf über 600 € zwischen 75 und 85 Jahre).[17]

---

14 Vgl. König, H.-H. (1995), S. 899.
15 Schulenburg weist allerdings darauf hin, dass interpersonelle Verteilungswirkungen im Zeitablauf in der Regel schwächer werden, weil die individuellen Versicherungsleistungen von Jahr zu Jahr variieren. Für die Patientenrekrutierung der empirischen Studie (Abschnitt 5 dieser Arbeit) wurden daher Schäden mehrerer Jahre herangezogen, um Versicherte mit langfristig hohem Schadenpotenzial einzubeziehen. Vgl. Schulenburg, J.-M. Graf v.d. (1987), S. 134.
16 Vgl. Grobe, T.G., Dörning, H. und Schwartz, F.W. (2002), S. 12 und 14.
17 Vgl. Grobe, T.G., Dörning, H. und Schwartz, F.W. (2002), S. 19.

Um die Kosteneffektivität von Maßnahmen zu steigern, werden somit in der Regel besonders schwere Fälle von chronisch Erkrankten in ein Disease Management aufgenommen. Bei diesem Personenkreis besteht aufgrund der Einsparmöglichkeiten und der höheren Komplexität der Therapie die größte Chance auf eine kurz- und mittelfristige Erhöhung der Behandlungsqualität sowie einen effizienten Einsatz der Mittel.[18] Zur Identifizierung besonders kostenträchtiger Patientengruppen reicht häufig die Anzahl der Krankenhaustage oder die Anzahl der Arztkontakte aus.

Zudem sind Disease Management-Maßnahmen insbesondere dann kosteneffektiver als die bisherige Form des Behandlungsangebotes, wenn die Leistungsstruktur, die Behandlungsergebnisse und letztlich auch die Kostenstruktur der verschiedenen Leistungsanbieter heterogen sind. Wenn die Behandlung dagegen ohnehin sehr einfach strukturiert ist und jeder Anbieter weitgehend ähnliche Ergebnisse erzielt, ist das Potenzial für ein erfolgreiches Disease Management eher klein. Die für diese Versorgungsform relevanten Indikationen sind folglich häufig dadurch gekennzeichnet, dass allgemein angenommen wird, die Behandlung erfolgte bislang suboptimal, wodurch Potenzial für die Verbesserung der Lebensqualität der Patienten und der Kostensituation für die Krankenversicherung entsteht. In der Regel bestehen diese Einsparpotenziale in der Vermeidung akuter Notfälle und längerer stationärer Behandlungen. Nicht selten ergibt sich aber eine kritische Konstellation, wenn durch ein gutes Disease Management zwar langfristig Komplikationen oder Krankheitsprogredienz vermieden werden können, diese kurzfristig jedoch nicht nachweisbar sind.[19] Gerade die kurzfristige Nachweisbarkeit (d. h. eine erwiesene Effektivität in einem Zeitraum von unter zwei Jahren) ist häufig die Voraussetzung, dass ein solches Programm überhaupt aufgelegt wird, weil ein langfristigeres Auseinanderfallen von Kosten und Nutzen nur schwer evaluierbar und politisch vertretbar ist.

Die Entwicklung von Disease Management-Programmen hat im angloamerikanischen Raum bereits verschiedene Stadien durchlaufen. Die *erste Generation* solcher Programme[20] beinhaltete lediglich einzelne Zusatzleistungen, die über die traditionelle Gesundheitsversorgung hinausgehen. Ein Beispiel dafür sind regelmäßige Telefonkontakte zu Bluthochdruckpatienten, damit diese nicht verpassen, sich ein Rezept für neue Medikamente zu besorgen. In diesem Stadium erfolgt noch keine zielgruppengerichtete Patientenansprache, wenn z. B. ein erhöhter Schweregrad eine besonders enge Betreuung erfordern würde. Es wurden weder besondere Behandlungsstandards implementiert noch die Ergebnisse der Behandlung regelmäßig gemessen und dokumentiert. Die *zweite Generation* der Disease Management-Programme richtete sich vor allem an diejenigen Patienten, die am schwersten von einer bestimmten Krankheit betroffen waren, weil hier das größte Potenzial für Einsparungen und Verbesserungen in der Qualität der Versorgung vermutet wurde. Eine ganze Reihe von Disease Management-Programmen befindet sich noch immer in dieser Phase. In der *dritten Generation* erfolgt die Integration der einzelnen Behandlungsebenen, teilweise unterstützt durch Änderungen bei der Ho-

---

18 Vgl. Zitter, M. (1997), S. 6.
19 Vgl. Korf, C. (2001), S. 273.
20 Vgl. Zitter, M. (1997), S. 21 ff.

norierung, die diese Integration fördern sollen. Diese Art von Programmen umfasst nicht nur die schwerst erkrankten Patienten, sondern nahezu alle innerhalb einer Erkrankungsgruppe, die dann allerdings eine je nach Schweregrad unterschiedlich intensive Betreuung erhalten. Bei schwer Erkrankten würde beispielsweise ein ständiger telefonischer Kontakt zum Disease Manager bestehen, während bei leichter Erkrankten lediglich eine Schulungsmaßnahme und ein qualifizierter Behandlungsplan im Mittelpunkt des Disease Managements steht.

2.1. Begriffliche Abgrenzungen

Für das Verständnis von Disease Management ist es erforderlich, das Konzept von anderen Gebieten der Gesundheitspolitik bzw. Gesundheitssystemgestaltung zu differenzieren.[21] Mittlerweile besteht in der Literatur vermehrt Konsens über die Definition einzelner Teilgebiete wie Disease Management, Case Management und Managed Care als noch vor wenigen Jahren. In der jüngeren Literatur werden alle drei Konzepte als eigenständig nebeneinander stehende Begrifflichkeiten verwendet, während anfänglich Disease und Case Management als Bestandteile eines vollständigen Managed Care Programms angesehen wurden, die eigenständig nicht bestehen könnten. Gerade für das deutsche Gesundheitssystem ist von Bedeutung, dass insbesondere Disease und Case Management auch ohne Managed-Care-Institutionen durchgeführt werden können.

2.1.1. Disease Management

Disease Management ist ein Begriff, der im Zuge der Etablierung von Managed-Care-Organisationen aufgekommen ist. Fairfield et al. beschreiben Disease Management sehr knapp als eine strukturierte Koordination der Leistungserbringung über die Zeit und über verschiedene Ebenen der Leistungserbringung.[22] Während sich Managed Care bis auf die erste Hälfte des letzten Jahrhunderts zurückverfolgen lässt, ist Disease Management ein Begriff der späten 80er Jahre. Zur Definition von Disease Management sind drei verschiedene Aspekte von besonderer Bedeutung:[23]

1. Evidenz-basierte Leitlinien, in denen in Behandlungsstandards festgelegt ist, welche Leistungserbringer welche Formen der Behandlung zu erbringen haben,
2. die Überwindung von traditionellen Grenzen zwischen medizinischen Fachgebieten und Institutionen und schließlich
3. ein kontinuierlicher Verbesserungsprozess für die Leitlinien und das Versorgungssystem.

---

21 Vgl. Hunter, D.J. und Fairfield, G. (1997), S. 50.
22 Vgl. Fairfield, G., Hunter, D.J., Mechanic, D. und Rosleff, F. (1997).
23 Vgl. Hunter, D.J. und Fairfield, G. (1997), S. 50.

Überblick über das Konzept des Disease Managements

Diese Aspekte wurden in die Arbeitsdefinition im Einleitungsteil dieser Arbeit einbezogen. Die Begriffsbestimmung grenzt sich damit gegen Erklärungen ab, Disease Management sei ein Versorgungssystem, mit dem sowohl die Kosten der Versorgung zu senken als auch gleichzeitig qualitativ hochwertige Ergebnisse zu erzielen sind. Forderungen wie diejenige, Kosten zu senken und gleichzeitig hochwertigere Ergebnisse zu erzielen, entsprechen nicht dem ökonomischen Prinzip. Auch eine Kostensenkung bei stabiler Qualität bzw. höhere Qualität bei gleichen Kosten wäre ökonomisch effizient und würde mögliche ökonomische Ziele des Disease Managements erfüllen. Umfassender ist die Definition von Spillane, nach der Disease Management ein koordinierter Ansatz zur Leistungserbringung ist, „der das Verhalten von Patienten und Leistungserbringern beeinflusst, um den bestmöglichen Gesundheitsstatus zu möglichst geringen Kosten zu erreichen."[24] Er stellt insbesondere den Aspekt der Rationalisierung von Nachfrage und Angebot für Gesundheitsleistungen in den Mittelpunkt.

Disease Management basiert auf dem betriebswirtschaftlichen Konzept des Total Quality Managements (TQM) bei dem die Qualitätsendkontrolle durch ein ganzheitliches Konzept des Qualitätsmanagements auf jeder Stufe der Wertschöpfung bzw. der Entwicklung, der Produktion und des Absatzes von Produkten ersetzt wird.[25] Nach Lohse[26] basiert TQM auf vier Kernelementen:

- interne und externe Kundenorientierung,
- Engagement und Verantwortung der Unternehmensführung,
- Prozessoptimierung,
- kontinuierliche Verbesserung.

Bezogen auf Disease Management kann unter *externer Kundenorientierung* die Ausrichtung des Versorgungssystems auf die Anforderungen und Bedürfnisse der Patienten verstanden werden, also beispielsweise die Vermeidung unnötiger Doppeluntersuchungen oder Wartezeiten durch eine genaue Zuordnung von Aufgaben auf einzelne Ebenen der Leistungserbringung. Dazu gehört auch die regelmäßige Erfassung der Patientenzufriedenheit.[27] Die *interne Kundenorientierung* bezieht sich auf die Organisation, Information und Motivation der Leistungserbringer untereinander. Im Mittelpunkt steht dabei das Ziel eines einheitlichen Qualitätsverständnisses bei allen Beteiligten des Disease Management-Programms. Bei TQM wird das Erreichen von Qualitätsanforderungen zur zentralen Führungsaufgabe, die „eine Ausrichtung der übergeordneten Unternehmensphilosophie auf die Qualitätsziele notwendig macht"[28]. Die Gesamtverantwortung für die Umsetzung des Disease Managements kommt den Disease Managern zu, die in diesem Sinne die *Unternehmensführung* repräsentieren.

---

24 Spillane, J. (1996), S. 757.
25 Vgl. Enghofer, E. (1999), S. 4.
26 Vgl. Lohse, U. (2001), S. 25 ff.
27 Vgl. Helmig, B. (2002).
28 Haubrock, M., Hagmann, H. und Nerlinger, T. (2000), S. 68.

Überblick über das Konzept des Disease Managements

Eine *Optimierung der Prozesse* ist durch eine konsequente Leitlinienbasierung[29] der Versorgung sicherzustellen. „Ein Großteil der Qualitätsprobleme ergibt sich letztlich aus Schnittstellenkonflikten aufgrund von mangelnder Information infolge funktionaler Arbeitsteilung."[30] Disease Management hilft im medizinischen Bereich, solche Schnittstellen durch Standardisierung der Prozesse zu optimieren. Ziel ist es dabei, das Qualitätsniveau in einem *kontinuierlichen Verbesserungsprozess* zu steigern bzw. in einem Zyklus von Planung, Steuerung und Kontrolle immer wieder neu anzupassen (so genannter PDCA-Zyklus, d. h. Plan, Do, Check, Act).[31] Zu diesem Zweck müssen strukturelle Voraussetzungen geschaffen werden, die anfangs eine Reihe von Investitionen erfordern. Aus der japanischen Managementphilosophie ist dieser Ansatz als „Kaizen" bekannt geworden.[32] Eine Schwäche der derzeit diskutierten Disease Management-Programme in Deutschland ist vor diesem Hintergrund, dass Leitlinien durch einen sehr zentralisierten Prozess der Bündelung von Expertenwissen (z. B. im geplanten Deutschen Zentrum für Qualität in der Medizin)[33] erstellt werden sollen, während das TQM und Kaizen Verbesserungsprozesse eher von der Basis her gestalten wollen, also auf das Praxiswissen derjenigen zurückgreifen, die tagtäglich mit dem jeweiligen Produktionsprozess befasst sind. Eine solche Rückkopplung der Leitlinienvorgaben und der daraus folgende kontinuierliche Verbesserungsprozess sind derzeit zumindest nicht institutionalisiert und könnten sich allenfalls informell ergeben.

Qualität und Qualitätssicherung haben im Gesundheitswesen insbesondere durch zunehmende Rationierungsbefürchtungen stark an Bedeutung gewonnen; im Disease Management bilden sie eine wesentliche Grundlage des Konzeptes. Nach Donabedian[34] werden dabei drei Qualitätskomponenten unterschieden: Struktur-, Prozess- und Ergebnisqualität. Diese Begriffe sollen im Folgenden kurz erläutert werden. Qualität kann dabei nicht als etwas Absolutes definiert werden, sondern bezieht sich stets auf Anforderungen, die im Voraus festzusetzen sind, und besteht aus einem Bündel von Eigenschaften, die nicht mit einer einzigen Größe bestimmt werden können.[35]

Die *Strukturqualität* bezeichnet die personellen, finanziellen und apparativen Rahmenbedingungen, die für eine qualitativ hochwertige Versorgung notwendig sind. Dazu könnten z. B. bestimmte bildgebende Verfahren beitragen, die Voraussetzung für eine hohe Diagnosequalität sind. Zur Messung der Strukturqualität werden im Wesentlichen die für den Prozess notwendigen Ressourcen beurteilt:

- Personal (ausreichende Anzahl, Qualifikation und Kompetenz, Umsetzung insbesondere durch Funktionsbeschreibungen, Fort- und Weiterbildung),

---

29 Vgl. Abschnitt 2.2.2.
30 Lohse, U. (2001), S. 28.
31 Vgl. Deming, W.E. (2002), S. 49.
32 Vgl. Imai, M. (2001).
33 Vgl. §§ 139a-l SGB V gemäß des Entwurfes eines Gesetzes zur Modernisierung des Gesundheitssystems (Gsundheitssystemmodernisierungsgesetz – GMG) vom 2.6.2003.
34 Vgl. Donabedian, A. (1988), S. 1745.
35 Vgl. Haubrock, M., Hagmann, H. und Nerlinger, T. (2000), S. 66.

Überblick über das Konzept des Disease Managements

- Organisation (Aufbau einer ausreichenden Kommunikationsstruktur, Definition von Zielen und Strukturen, langfristige Planung der Beziehungen zu externen Dienstleistern) sowie
- angemessene räumliche und technische Voraussetzungen.

Bezogen auf Disease Management versteht man unter Strukturqualität vor allem die Erfüllung bestimmter Qualifikationsanforderungen sowie eine ständige Weiterbildung der Ärzte und des übrigen medizinischen Personals, konkret festgelegte Informationspflichten zwischen den Beteiligten (z. B. in welcher Zeit Arztbriefe zu versenden sind) und die Vorhaltung der notwendigen technischen Kapazitäten (z. B. eines Koloskopieplatzes in der Krebsvorsorge).

Im Unterschied dazu kann unter *Prozessqualität* die Optimierung der Prävention, Diagnostik, Therapie und Rehabilitation im Hinblick auf effizientere Abläufe, weniger Verschwendung und weniger überflüssige Untersuchungen verstanden werden. So können beispielsweise regionale Vergleichsanalysen dazu beitragen, punktuelle Defizite in der ambulanten Versorgung aufzudecken, wenn z. B. die stationäre Verweildauer der Patienten und/oder die Wiederaufnahmequote auf vermeidbare stationäre Kosten hinweisen.[36] Bezogen auf Disease Management wird diese Form der Qualität insbesondere an den verwendeten Leitlinien gemessen, die nach dem Stand des Wissens einen optimalen Stand der Versorgung beschreiben.

Das Produkt aus Prozess- und Versorgungsqualität wiederum ist die *Ergebnisqualität*, die im medizinischen Bereich in der Regel besonders schwer zu messen ist. Als Indikatoren kommen beispielsweise Komplikations-, Remissions- und Überlebensraten oder auch direkt auf das subjektive Krankheitsempfinden des Patienten ausgerichtete Outcome-Größen wie Zufriedenheit und Lebensqualität in Frage.[37] Bei Disease Management-Programmen werden in der Praxis stattdessen häufiger klinische Werte (wie z. B. die Lungenkapazität bei Asthma) verwendet, da diese relativ problemlos während der Routineversorgung mit erhoben werden können.

Disease Management betont den Präventionsaspekt weit stärker als bisherige nicht-integrierte Versorgungssysteme.[38] Gezielte Prävention soll dazu beitragen, dass chronische Erkrankungen erst möglichst spät im Lebensablauf auftreten und deshalb dieser kostenintensive Anteil an der Gesamtlebenszeit sinkt.[39] Als sekundärpräventive Maßnahmen intensiviert man im Zuge von Disease Management insbesondere Schulungen und Informationsangebote, um so die Bereitschaft des Patienten zu fördern, Therapiehinweise zu befolgen. Durch diese Betonung von Prävention und Compliance ist ein besseres Verständnis und mehr aktive Mithilfe der Patienten bei der Behandlung wahr-

---

36 Vgl. Möws, V. (2001), S. 366.
37 Ein Beispiel für die gleichzeitige Messung der Patientenlebensqualität und -zufriedenheit findet sich bei Weinberger et al., die die Wirkung einer verbesserten post-stationären Primärversorgung bei 1396 Kriegsveteranen untersuchte. Vgl. Weinberger, M. et al. (1996), S. 1444.
38 Da Disease Management an der Versorgung chronisch kranker Menschen anknüpft, ist dabei Sekundärprävention gemeint, also das Vermeiden von Krankheitsepisoden oder einer Verschlimmerung einer Erkrankung.
39 Vgl. Vollmer, R. (2001b), S. 4.

scheinlich.[40] Solche Informationsangebote können der regelmäßige Versand von Broschüren, Videos oder Telefonkontakte sein, in denen die Patienten an die Einhaltung von Therapievorschriften erinnert werden und spezifische Fragen (z. B. Furcht vor Nebenwirkungen von Arzneimitteln) aufgegriffen werden können. Dieser sehr enge Kontakt zum Patienten ist vergleichsweise kostenintensiv und macht es deshalb erforderlich, die genauen Zielgruppen solcher Kontakte zu identifizieren. Ähnlich wie bei den Behandlungsleitlinien ist auch für die Entscheidung, welcher Patient wie oft kontaktiert wird, eine ständige Überprüfung der bisherigen Vorgehensweise notwendig, um genau diejenigen Patienten, die eine enge Führung benötigen, mit dem Informationsprogramm zu erreichen.[41]

Im Vordergrund steht bei der Implementierung solcher Programme in der Regel eine Verbesserung klinischer Parameter, aber gerade bei deutschen Krankenkassen haben in den letzten Jahren eher kurz- bis mittelfristig mögliche Kosteneinsparungen (insbesondere im Krankenhausbereich) den Ausschlag für die Durchführung von Disease Management gegeben. Diese Denkweise wird weiterhin durch sektorale Ausgabenbudgets bestimmt. Wenn beispielsweise Kosten der Verschreibung kostenträchtiger Arzneimittel eingespart werden sollen, könnten die Gesamtkosten wegen niedriger Effektivität durchaus steigen (z. B. durch höhere Notfalleinsatz- und Krankenhauskosten).[42] Disease Management verfolgt dagegen auch bei der Kostenrechnung und -zuordnung einen sektorübergreifenden systemweiten Ansatz.[43] Dies unterscheidet Disease Management vom Ansatz der Gesundheitsversorgung in den letzten 50 Jahren: „Each component of health care has been managed separately, often by people with separate motivations and incentives."[44] Zudem gilt auch für Disease Management-Programme, dass kosteneffektive Interventionen keinesfalls immer mit Einsparungen verbunden sind, sondern dass auch Mehrkosten bei einem entsprechend hohen Nettonutzengewinn wirtschaftlich sein können.[45]

Als ein Ziel der weiteren Entwicklung des Disease Managements könnte die weitere Entwicklung zu einem „Health Management"[46] sein, das über die Versorgung bestimmter chronischer Erkrankungen hinausgeht und eine lebenslange Schulung im Sinne einer Primärprävention beinhaltet, also die Hinführung zu einem sicheren und gesundheitsbewussten Lebensstil.[47] Periodische Vorsorgeuntersuchungen und Verhaltensänderungsprogramme sollen bei diesem Ansatz dazu beitragen, nicht nur eine bestimmte Krankheit in den Fokus der Betrachtung zu stellen, sondern Gesundheitserhaltung als lebenslange und ganzheitliche Aufgabe des Einzelnen in Selbstverantwortung zu sehen.[48]

---

40 Vgl. Walzik, E. (2001), S. 393.
41 Vgl. Zitter, M. (1997), S. 9.
42 Vgl. Marwick, C. (1995), S. 1416.
43 Vgl. Chang, K. und Nash, D. (1998), S. 12.
44 Marwick, C. (1995), S. 1416.
45 Vgl. Maynard, A. und McDaid, D. (2003), S. 221.
46 Vgl. Zitter, M. (1997), S. 22 f.
47 Vgl. Preuß, K.-J. (2002), S. 48.
48 Vgl. Kühn, H. (1999), S. 216.

Überblick über das Konzept des Disease Managements

Wichtige Fragen bei der Implementierung von Disease Management betreffen die ökonomischen Anreize an alle Beteiligten zu kooperieren, die gesetzten Standards einzuhalten und weiter zu entwickeln. Dies betrifft insbesondere die Bereiche Vergütung der Leistungsanbieter, Einsatz von EDV und Internet sowie Leitlinien und Qualitätsmanagement, die im Abschnitt 2.2. eingehender diskutiert werden sollen.

2.1.2. Case Management

Disease und Case Management weisen eine Reihe von Gemeinsamkeiten auf. Ziel des Case wie des Disease Managements ist es, die Qualität und die Kosten-Effektivität der Versorgung durch Optimierung der Kommunikationsprozesse und eine effizientere Nutzung der verfügbaren Ressourcen zu fördern.[49] Ein wesentlicher Unterschied ist jedoch, dass es beim Fall- oder Case Management primär um die Koordination der Versorgung individueller Patienten mit unterschiedlichen gesundheitlichen Beschwerden geht.[50] Case Management ist besonders bei multimorbiden Patienten dem Disease Management überlegen, da in solchen Fällen Standard-Behandlungsprogramme häufig zu kurz fassen. „Efforts towards integrating care within diseases will be lost to the lack of integration and coordination of care between diseases."[51]

Im Unterschied zum traditionellen System der Behandlung wird beim Case Management ex ante ein bestimmter, patientenindividueller Behandlungsablauf festgelegt, der planvoll die unterschiedlichen Behandlungsebenen (z. B. Krankenhaus, ambulante Fach- und Hausarztbetreuung, Rehabilitation) aufeinander abstimmt. Die Koordinationsfunktion für den Behandlungspfad liegt beim Case Manager, der den Patienten über die Behandlungsoptionen aufklärt und berät sowie als medizinisch versiertes Bindeglied zu den Leistungserbringern fungiert.

Aufgabe des Case Managers ist es, ein zielgerichtetes System von Zusammenarbeit zu organisieren, zu kontrollieren und auszuwerten, das am konkreten Unterstützungsbedarf des einzelnen Patienten ausgerichtet ist.[52] Auf deren spezielle Bedürfnisse kann dadurch wesentlich genauer eingegangen werden. Anderseits ist Case Management ressourcen- und kostenintensiver als Disease Management. Case Management wird daher nur bei solchen Patienten eingesetzt, bei denen wegen einer besonders komplizierten und kostenintensiven Behandlung eine individuelle Betreuung gerechtfertigt erscheint.

---

49 Vgl. Mullahy, C. (1996), S. 274 ff.
50 Vgl. Greulich, A., Berchthold, P. und Löffel, N. (Hrsg.) (2000), S. 3.
51 Pilkington, G. und Pilkington, G. (1997), S. 121–128, Greulich, A., Berchthold, P. und Löffel, N. (Hrsg.) (2000), S. 126.
52 Vgl. Kossow, K.-D. und Mehl, E. (2001), S. 400.

2.1.3. Managed Care

Auch für Managed Care liegt zurzeit keine einheitliche Definition vor. Er kann als Oberbegriff für eine Vielzahl von Versorgungssystemen gelten, für die keine strikte Trennung zwischen Kostenträgern und Leistungsanbietern gilt.[53] Eine sinngemäße Übersetzung des Begriffes wird häufig mit gesteuerter Versorgung angegeben, was auf die Anwendung von Managementprinzipien hinweist.

Managed Care hat seine Ursprünge in den Vereinigten Staaten und gilt als eine Antwort auf Gesundheitssysteme, die durch organisatorische Fragmentierung, wenig Zusammenarbeit und hohe Kosten charakterisiert sind. Schon im frühen 20. Jahrhundert schlossen Eisenbahn- und Minengesellschaften spezielle Verträge mit Gruppen medizinischer Dienstleister, um ihn so die gesundheitliche Fürsorge für ihre Arbeitnehmer zu gewährleisten. Mittlerweile ist der Bereich der Managed-Care-Organisationen der am schnellsten wachsende Gesundheitssektor in den USA. Allerdings werden mit solchen Organisationen eine ganze Anzahl unterschiedlicher Typen von Institutionen beschrieben.[54] Diese reichen von den so genannten Staff Models, bei denen die Managed-Care-Organisationen direkt Leistungserbringer als Angestellte beschäftigen, bis hin zu Independent Practice Organisations (IPO), die für eine Reihe von Health Maintenance Organizations (HMOs) tätig sind, aber jeweils spezielle Verträge mit diesen schließen.[55]

Drei Hauptgründe werden für die Entstehung von Managed-Care-Organisationen in den USA genannt, die aktuell auch in der Diskussion zur integrierten Versorgung und der Einführung von Disease Management-Programmen in Deutschland von Bedeutung sind:

1. Unkoordiniertes Versorgungssystem

Die gesundheitliche Versorgung in den USA war und ist sehr heterogen[56] und bis zur Einführung von HMOs weitgehend unkoordiniert mit großer Variation der Behandlungsmuster. Akute Notfallversorgung hatte im Vergleich zu einer präventiven langfristigen Versorgung einen hohen Stellenwert. „Lack of coordination between different institutions and professionals had a detrimental effect on the cost and quality of care."[57]

2. Kosteninflation der Gesundheitsversorgung

Die Honorierung erfolgte in den USA bis in die siebziger Jahre hinein fast ausschließlich nach Einzelleistungen. Dies hatte eine Tendenz zur Überversorgung und die schnel-

---

53 Vgl. Schulenburg, J.-M. Graf v.d., Kielhorn, A., Greiner, W. und Volmer, T. (1999), S. 106.
54 Vgl. Krahe, S. (2003), S. 518.
55 Vgl. Fairfield, G., Hunter, D. J., Mechanic, D. und Rosleff, F. (1997), S. 1825.
56 Vgl. Schulenburg, J.-M. Graf v.d. und Greiner, W. (2000), S. 208–225.
57 Mason, A., Towse, A. und Drummond, M. (1999), S. 16.

le Einführung neuer, kostenträchtiger medizinischer Verfahren zur Folge. Ein großer Teil der Bevölkerung zahlte zudem nicht direkt an die Leistungsanbieter, sondern war über den jeweiligen Arbeitgeber krankenversichert, was zu einer geringen Kostenkontrolle (Moral Hazard) geführt hat.[58] Gerade die Arbeitgeber betraf diese Entwicklung in besonderem Maße, da sie sich durch die hohen Lohnnebenkosten in ihrer internationalen Wettbewerbsposition gefährdet sahen. Managed Care erschien hier als ein geeignetes Konzept, das Ansteigen der Ausgaben (und damit der Versicherungsprämien) zu verlangsamen.[59] Auch Disease Management war in den USA ursprünglich vor allem ein Instrument der Kostenkontrolle mit wenig Mitspracherechten der Patienten.[60]

3. Keine Evidenz-Basierung

Schließlich ist in den vergangenen beiden Jahrzehnten das Bewusstsein dafür gestiegen, dass viele Behandlungen ohne wissenschaftliche Fundierung betrieben werden. Insbesondere ist bei den meisten Technologien nie der Nachweis der Kosten-Effektivität geführt worden. „The rapid adoption of new and expensive technologies was one of the factors fuelling cost inflation."[61] Eine Orientierung an evaluierten, wissenschaftlich nachvollziehbaren Behandlungsschemata erschien als Weg, sowohl die Qualität der Versorgung zu verbessern als auch die verfügbaren Mittel effizient einzusetzen.

Managed Care wurde als Antwort auf die drei genannten Problembereiche konzipiert, also als integriertes System, das die traditionellen Sektorgrenzen im Gesundheitswesen überwindet, die Honorierungsanreize kompatibel zu den Zielen einer Vermeidung von Überversorgung setzt und sich dazu auch auf vorab festgelegte Behandlungsprotokolle stützt, die von den beteiligten Ärzten grundsätzlich einzuhalten sind.

Versicherte verzichten bei Managed-Care-Organisationen ganz oder teilweise auf die freie Arztwahl.[62] Man unterscheidet dabei verschiedene Typen von HMOs:[63] *Staff-Model-HMOs* stellen eigene Ärzte an und schließen Verträge mit Krankenhäusern und anderen stationären Einrichtungen. Dadurch ist eine bessere Kontrolle der Leistungserbringer möglich. Die Ärzte werden durch Festgehälter und teilweise durch leistungsabhängige Boni entlohnt. Bei *Group-Model-HMOs* schließen die HMOs exklusive Verträge mit einer eigenständigen Arztgruppe ab. Diese Ärzte verschiedener Fachgebiete sind Angestellte der Arztgruppe und nicht der HMO. Nachteil von Staff- und Group-Model-HMOs ist, dass den Versicherten nur eine begrenzte Auswahl an Ärzten zur Verfügung steht. In *Network-Model-HMOs* bestehen Vertragsbeziehungen mit mehreren Arztgruppen. Sie sind damit den Group-Model-HMOs ähnlich, bieten ihren Versicher-

---

58 Vgl. Newhouse, J.P. (2002), S. 72.
59 Vgl. Schulenburg, J.-M. Graf v.d. (1982), S. 635 f.
60 Vgl. Kruse, U. und Kruse, S. (2002), S. 30.
61 Mason, A., Towse, A. und Drummond, M. (1999), S. 16.
62 Vgl. Iglehard, J. (2001), S. 145.
63 Vgl. Lauterbach, K.W. (1996), S. 187.

ten aber eine größere Ärzteauswahl. Die Vergütung der Arztgruppen erfolgt meistens über Kopfpauschalen.[64]

IPA-Model-HMOs (IPA = Individual Practice Association) schließen Versorgungsverträge mit Ärzten, die Mitglieder der IPA sind und die sowohl HMO-Versicherte als auch andere Patienten behandeln. Die Vertragsärzte sind Ärzte aller Fachgebiete und können so ein breites Spektrum an medizinischen Leistungen erbringen. Die Entlohnung erfolgt zunächst über die IPA, die von der HMO einen pauschalen Betrag erhält und diesen an ihre Ärzte auszahlt.

Zunehmend werden Verträge mit der Wahlmöglichkeit, auch andere Ärzte außerhalb des HMO-Netzes gegen Zuzahlung aufzusuchen, geschlossen (so genannte *Point-of-service (POS)*-Produkte). Die Versicherten benennen dabei einen Primärarzt, der sie dann ggf. an einen Spezialisten oder in stationäre Behandlung überweist. Die POS-Organisation erstattet dann einen festgelegten Kostenanteil auch für Leistungen, die nicht von POS-Ärzten erbracht wurden. 90% der Versicherten nehmen zwar nie diese Wahlmöglichkeiten außerhalb des Versorgungsnetzes in Anspruch, doch wird die theoretische Wahlmöglichkeit hoch geschätzt.[65] Die Bereitschaft, dafür eine höhere Prämie zu zahlen, führt zu höheren Einnahmevolumen, ohne entsprechende Mehrausgaben erwarten zu müssen.

Auch Anbieter von Gesundheitsleistungen reagierten auf Managed Care, und es bildeten sich *Prefered Provider Organizations (PPO)*, die als Verkaufsgenossenschaften charakterisiert werden können.[66] Grundsätzlich können und werden PPOs von allen Marktteilnehmern, also Ärzten, Krankenhäusern, Versicherungen oder großen Arbeitgebern initiiert. Dies geschieht, um gegenüber direkt versichernden Arbeitgebern oder traditionellen Versicherungsunternehmen ein konkurrenzfähiges Angebot im Hinblick auf HMOs zu entwickeln. Die PPOs bieten ihren Vertragspartnern vergünstigte Einzelleistungsvergütungen an und führen ein aktives Managen der Leistungsprozesse durch. Es können meist auch Leistungsanbieter außerhalb der Organisation konsultiert werden, dies allerdings nur gegen eine erhebliche Zuzahlung.

PPOs vereinen Vorteile von HMOs und traditionellen Krankenversicherungen: Die Versicherten haben eine größere Freiheit bei der Arztauswahl als bei HMOs. Die Leistungserbringer werden in PPOs nur selten am Versicherungsrisiko beteiligt, ihre Entlohnung erfolgt fast ausschließlich nach Einzelleistungen. Die PPOs haben einen großen Zuauf und stellen mit ihren Unterformen einen Marktanteil von ungefähr 40 Prozent mit steigender Tendenz.[67] Die Prämien liegen meist unter denen der HMOs, was aber in erster Linie nicht auf niedrigere Kosten, sondern auf höhere Eigenbeteiligungen und einen geringeren Leistungsumfang zurückzuführen ist.

Die grundsätzliche Idee von Managed Care ist es, das finanzielle Krankheitsrisiko teilweise auf die Leistungserbringer zu verlagern, um ihnen so Anreize zu geben,

---

64 Zur Eignung von Kopfpauschalen bei der Finanzierung der gesetzlichen Krankenversicherung (GKV) in Deutschland vgl. Schneider, W. (2003), S. 42 ff.
65 Vgl. Amelung, V.E. und Schumacher, H. (1999), S. 24 f.
66 Vgl. Kühn, H. (1997), S. 12 ff.
67 Vgl. Fox, P. (1996), S. 10.

kostenintensive Verfahren gezielter einzusetzen. Die am weitesten gehende Form dieser Risikoverlagerung stellt die Honorierungsform der Kopfpauschale dar (Capitation), die den Versicherer in der reinen Form praktisch völlig freistellt vom finanziellen Risiko.[68] „The degree of control that payers gain over the providers will always depend on the extent to which purchasers can convince providers to enter shared (financial) risk arrangements."[69]

Allerdings beteiligen sich Managed-Care-Organisationen im Allgemeinen an der leistungsgebundenen Honorierung mit Bonuszahlungen, die an das Ergebnis der ärztlichen Behandlung gebunden sind (z. B. Patientenzufriedenheit, klinische Qualitätsindikatoren, durchschnittliche Länge des Krankenhausaufenthaltes). Zu diesem Zweck wird das Ergebnis ärztlichen Handelns sehr detailliert dokumentiert und sowohl einzelbetrieblich wie für den gesamten Managed-Care-Bereich ausgewertet.[70] So stellte beispielsweise das National Committee for Quality Assurance (NCQA), eine unabhängige Institution mit dem Ziel der Qualitätssicherung, in einer Studie zur Leistungsqualität von Managed-Care-Organisationen fest, dass die Impfrate für Windpocken bis 1999 auf 63,9 Prozent gestiegen war (1997: 40,4 Prozent) und dass 85 Prozent aller Patienten nach einem Herzinfarkt Beta-Blocker erhielten (verglichen mit 62,2 Prozent 1997).[71] Bei einer anderen Studie wurden die Zahl der Wundinfektionen und die Komplikationsrate als Qualitätsindikator herangezogen.[72] Auch hier war das Ergebnis, dass eine stärkere Managed-Care-Orientierung zu höherer Qualität führt.

Wie in anderen Wirtschaftsbereichen ist auch bei Managed-Care-Organisationen eine Tendenz zur Konzentration feststellbar. Diese Zusammenschlüsse zu immer größeren Einheiten ziehen eine deutliche Bündelung von Marktmacht nach sich, was allerdings teilweise zu überproportional erhöhten Kontrollkosten führte, die den Unternehmenswert gesenkt haben. Die Börse in den USA hat diese Tendenzen in den letzten Jahren durch deutliche Kursrückschläge bei HMOs bestätigt.[73] Die Gewinnorientierung dieser Unternehmen kann zudem zu Zielkonflikten führen: „With the economic incentives inherent in managed care systems, there is the potential for access and quality of care to be adversely affected as well."[74] Aus diesem Grunde hat in den USA eine Gesetzesflut in einzelnen Bundesstaaten eingesetzt, um über umfangreiche „patient protection bills" für einen Schutz der Versicherten zu sorgen.[75] Demnach ist bei höherer Konzentration der Leistungsanbieter ein Absinken der Qualität messbar: „Hospitals with higher market share exercise market power through a reduction in quality."[76]

In Europa haben verschiedene Gedanken des Managed Care Systems Eingang in die hiesigen Gesundheitssysteme gefunden. Allerdings sind diese weniger auf vertragli-

---

68 Vgl. Stillfried, D. Graf v. und Gramsch, E. (2003), S. 45.
69 Curtiss, F.R. (1989), S. 759.
70 Vgl. Sloan, F.A. (2001), S. 179.
71 Vgl. Pieper, C. (2000), S. 8.
72 Vgl. Sari, N. (2002), S. 580.
73 Vgl. Reinhard, U.E. (1998), S. 24.
74 Hadley, J.P. und Wolf, L.F. (1996), S. 2.
75 Vgl. Wähling, S. (1998), S. 156 und Reinhardt, U.E. (2001), S. 128 f.
76 Sari, N. (2002), S. 581.

che Versicherungskollektive bezogen als vielmehr auf regional definierte Bevölkerungsgruppen, die den Schutz eines mehr oder weniger staatlich organisierten Gesundheitssystems genießen. Besonders in Großbritannien hat die Einführung so genannter „interner Märkte"[77] sowie des National Institute for Clinical Excellence (NICE) dazu geführt, Managed-Care-Elemente wie das selektive Kontrahieren und die Bindung an Leitlinien auch in einem staatlich gelenkten Gesundheitssystem umzusetzen. Die Gatekeeper-Funktion des Hausarztes ist - wie in skandinavischen Ländern auch - in Großbritannien ohnehin üblich.

In Europa wurde das Managed-Care-Konzept am weitest gehenden in der Schweiz umgesetzt.[78] Seit 1.1.1996 können die Bürger dort aus der traditionellen Krankenkasse ausscheiden und sich bei einem Managed-Care-Anbieter einschreiben.[79] Diesen ist erlaubt, selektiv mit einzelnen Leistungsanbietern Verträge zu schließen (und somit einzelne Ärzte auszuschließen).[80] Laut Gesetz ist das so genannte „Cream Skimming", also eine Risikoselektion von jüngeren, gesünderen Versicherten nicht erlaubt, de facto sind aber genau diese Personengruppen zu den günstigeren HMOs gewechselt.[81] Dies wird teilweise durch einen (im Vergleich zu Deutschland weniger umfassenden) Risikostrukturausgleich ausgeglichen, der die Kriterien Alter und Geschlecht umfasst. Gemäß dem Schweizerischen Bundesamt für Sozialversicherung[82] sind Einsparungen bis zu 35% gegenüber traditionellen Krankenversicherern möglich, die auf ein höheres Qualifikationsniveau der Ärzte, eine koordinierte Patientenbetreuung, eine geringere Zahl von Doppeluntersuchungen sowie die Einholung von Zweitmeinungen bei Überweisungen und Krankenhauseinweisungen zurückgeführt werden können. Das wären Vorteile, die auch das Disease Management für sich in Anspruch nimmt. Allerdings ist es nur schwer abschätzbar, welcher Anteil der Einsparungen tatsächlich auf Verhaltensänderungen der Akteure und welcher Anteil auf den Risikoselektionseffekt zurückzuführen ist.

In Deutschland gab es bislang nur verhaltene Ansätze zur Implementierung von Managed Care[83], also einer vertraglichen Integration von Versicherern und Leistungsanbietern sowie der Vernetzung einzelner Sektoren im Gesundheitswesen. Neben Modellvorhaben (§ 63 SGB V) und Strukturverträgen (§ 73a SGB V) wurde gesetzlich die integrierte Versorgung festgeschrieben (§§ 140a ff. SGB V).[84] Bislang evaluierte Vorhaben dieser Art waren wenig erfolgreich, zumindest was die Effektivität der Maßnahmen angeht.[85] Zudem sind Hausarztmodelle möglich, in die sich Patienten einschreiben können, wenn sie auf einen Teil ihrer freien Arztwahl verzichten und grundsätzlich bei medizinischen Problemen immer erst den Hausarzt konsultieren. Diese Form der Ver-

---

77 Vgl. Stillfried, D. Graf v. und Jelastopulu, E. (1997), S. 27.
78 Vgl Indra, P. (2002), S. 155.
79 Vgl. Paeger, A. (2001), S. 217 ff.
80 Vgl. Zweifel, P. (2002), S. 43.
81 Vgl. Schmidt, K. (2002), S. 15.
82 Vgl. Bundesamt für Sozialversicherung (1998), S. 52.
83 Vgl. Schulte, G. (1999), S. 80.
84 Vgl. Steinmeyer, H.-D. (2003), S. 11.
85 Vgl. Rüschmann, H. (1998), S. 187–206.

sorgungsorganisation kann bereits Disease Management sein. Ohne eine Leitlinienbasierung handelt es sich aber eher um eine Managed-Care-ähnliche Versorgung. Insgesamt kann das derzeitige System der gesetzlichen Krankenversicherung in Deutschland nicht als Managed-Care-System bezeichnet werden, da weder selektives Kontrahieren der Kostenträger mit einzelnen Leistungserbringern möglich ist noch Krankenkassen Ärzte zur Versorgung ihrer Versicherten als Angestellte beschäftigen dürfen.[86] Eine direkte Einflussnahme auf das Leistungsgeschehen durch die Kostenträger (z. B. durch Vorgabe von Leitlinien) ist zudem weitgehend untersagt.

Managed-Care-Organisationen sind zwar keine Voraussetzung für Disease Management; ihr sektorübergreifender, integrierter Ansatz der Patientenversorgung eignet sich aber in besonderer Weise zu dessen Umsetzung.[87] Die Leistungserbringer in Managed-Care-Organisationen sind bereits an Behandlungsvorgaben und -controlling gewöhnt. Die Basiszielvorgabe von HMOs, Kosten durch frühe Behandlungsinterventionen und Prävention zu reduzieren, ist zudem denen von Disease Management durchaus ähnlich.[88] Andererseits sind Managed-Care-Strukturen für Disease Management-Programme zwar organisatorisch nützlich[89], aber keine notwendige Bedingung. „Managed Care ist eine Versicherungsform, während Disease Management eine Behandlungsphilosophie ist."[90] Allerdings könnte die Förderung von Disease Management in Deutschland zur Überwindung der Hindernisse bei der Herausbildung integrierter Versorgungsformen beitragen, da der Bedarf an einer sektorübergreifenden Versorgungskonzeption durch Disease Management ansteigt.[91]

Verschiedentlich wird daher die Meinung vertreten, dass zu den Voraussetzungen von Disease Management eine sektorübergreifende Versorgung gehört. Dafür spricht insbesondere, dass andernfalls die Informationen nicht vollständig zusammengefasst werden und zudem Leitlinien sonst keine sektorenübergreifende Wirkung entfalten könnten. Andererseits gibt es aus der Praxis Beispiele, dass in nicht-integrierten Versorgungssystemen Disease Management-Programme durchgeführt worden sind. So gibt es in Deutschland eine Reihe von Projekten, bei denen Krankenkassen Disease Management-Programme auflegten, ohne dass dies in vernetzten Strukturen stattfand.[92] Erforderlich ist lediglich, dass sich die Teilnehmer an diesen Programmen verpflichten, für dieses Projekt bestimmte, in den Leitlinien vorab festgelegte Spielregeln einzuhalten und damit die einseitige Fixierung auf den eigenen Sektor zurückzustellen. Institutionalisierte integrierte Versorgungsformen, wie man sie z. B. bei vernetzten Praxen in Deutschland antrifft, sind weder eine notwendige noch eine hinreichende Bedingung für Disease Management-Programme.[93] Insofern muss der Grad der Integration auch im Zusammenhang mit der Organisationsform des jeweiligen Gesundheitssystems gesehen

---

86 Vgl. Adomeit, A., Baur, A., Müller, H.-A. und Wichels, R. (2003), S. 54.
87 Vgl. Nachtigal, G. (1996), S. 728.
88 Vgl. Biskupiak, J.E., Chodoff, P. und Nash, D.B. (1997), S. 208.
89 Vgl. Jacobs, K. und Schräder, W.F. (2002), S. 110.
90 Vgl. Lauterbach, K.W. (2002a), S. 38–41.
91 Eine andere Auffassung vertreten Jacobs, K. und Häussler, B. (2002), S. 27.
92 Ein Beispiel für ein solches Projekt ist in Abschnitt 5 ausführlich dargestellt.
93 Vgl. Kielhorn, A., Schulenburg, J.-M. Graf v.d. (2000), S. 48.

werden. „Basic Programms are more appropriate for physician-dominated health systems and for less developed countries."[94]

In den USA setzen Managed-Care-Organisationen Disease Management häufig vor allem zur Kostensenkung und Qualitätssicherung ein. Der starke Wettbewerb auf dem Managed-Care-Markt hat dort allerdings zu einem Prämienverfall geführt, auf den die Versicherer insbesondere mit Maßnahmen, die schon nach kurzer Frist Kosten sparen helfen, reagiert haben. Disease Management-Programme zeigen in der Regel keinen so kurzfristigen Einsparerfolg, sondern haben für eine Reihe von Indikationen (z. B. bei Diabetes) eher langfristigen Charakter.[95] Deshalb sind Disease Management-Programme in den USA teilweise wieder zurückgefahren worden.

Stattdessen wurden in einigen Fällen **Demand-Management-Programme** aufgelegt, die nicht den umfassenden Versorgungsanspruch wie Disease Management haben, sondern (meist per Call-Center) die Versicherten zu einem Ressourcen-schonenden Verhalten animieren sollen, also z. B. vor dem Facharztbesuch noch den Hausarzt zu konsultieren oder kleinere Beschwerden in Selbstmedikation zu bewältigen.[96] Zukünftig wird die Patienteninformation zunehmend durch staatliche Institutionen übernommen werden, die den Betroffenen unabhängig von kommerziellen Interessen Orientierung geben sollen. Dazu gehören beispielsweise spezielle Patientenleitlinien, die sprachlich so abgefasst sind, dass auch ein medizinisch nicht vorgebildeter Laie ihnen folgen kann. Im Vereinigten Königreich hat das National Institute for Clinical Excellence (NICE)[97] diese Aufgabe, in Deutschland soll dies durch das Deutsche Zentrum für Qualität in der Medizin (SGB V §§ 139a – 1) erfolgen. Auf diese Weise könnte die Konsumentensouveränität gestärkt werden und der Begriff Demand Management eine erweiterte Bedeutung erlangen. Es ist allerdings derzeit noch unklar, welche Bevölkerungskreise mit dieser Form der Informationsvermittlung erreicht werden und ob nicht nur diejenigen Patienten, die bereits aus anderen Quellen (z. B. den spezialisierten Gesundheitsportalen des Internets) weitgehend informiert sind, solche Angebote noch zusätzlich nutzen werden.

2.2. Implementierung von Disease Management
2.2.1. Träger

Man unterscheidet bei den Trägern des Disease Managements zwischen so genannten „integrierten Disease Managern", „Carve-out-Managern" und „Enabling Managern".[98] ***Integrierte Disease Manager*** sind Krankenversicherungen, die für eine bestimmte Anzahl von Erkrankungen Disease Management-Programme anbieten. Diese Institutionen spezialisieren sich also nicht auf ein bestimmtes Krankheitsfeld, sondern bieten ein brei-

---

94 Pilkington, G. und Pilkington, G. (1997), S. 127.
95 Vgl. Biskupiak, J.E., Chodoff, P. und Nash, D.B. (1997), S. 213.
96 Vgl. Biskupiak, J.E., Chodoff, P. und Nash, D.B. (1997), S. 232.
97 Vgl. Towse, A. und Pritchard, C. (2002), S. 95.
98 Vgl. Pilkington, G. und Pilkington, G. (1997), S. 123.

tes Spektrum an strukturierten Behandlungsprogrammen an, was betriebswirtschaftlich eine Reihe von Vorteilen bietet. So ist beispielsweise die Herangehensweise zur Planung und zum Aufbau entsprechender Programme grundsätzlich für jedes Disease Management-Programm gleich.[99] Bestimmte Investitionsobjekte, wie z. B. Call-Center zur Betreuung der Patienten, können zumindest teilweise auch für weitere Programme genutzt werden (z. B. die Telefonanlage und allgemeine Kommunikationsfähigkeiten der Call-Agents). Zudem könnten Verbundeffekte (Economies of Scope) genutzt werden, um kostengünstig und effizient weitere Programme dem Leistungsspektrum hinzuzufügen.

Andererseits ist eine solche Strategie wegen der Diversifiziertheit des nötigen Wissens kostenträchtig. Die unterschiedlichen Leitlinien müssen dazu entwickelt oder gekauft und den Ärzten vermittelt werden. Durch die Vielzahl der Leitlinien kann es zu abnehmenden Grenznutzen weiterer Disease Management-Programme kommen, da beim Arzt oder dem Disease Manager das Detailwissen für die einzelne Krankheit abnimmt.

Carve-out-Manager (wörtlich „Gestaltungsmanager") sind dagegen auf einzelne Krankheiten spezialisierte Unternehmen,[100] die ihre Leistungen in der Regel anderen Unternehmen - wie z. B. Krankenversicherungen - mit eigenen Leistungserbringernetzen anbieten. Dies kann kosteneffektiver als die Entwicklung eines eigenen Programms sein, da die Investitionskosten (z. B. die Erstellung von Leitlinien) auf eine größere Patientenzahl umgelegt werden und mehr krankheitsspezifische Erfahrungen vorliegen. Ziel ist dazu die „Generierung von detaillierten Kenntnissen über Versorgungsinstitutionen und die Entwicklung bzw. Weiterentwicklung von Behandlungsmaßstäben in einem bestimmten Krankheitsbild"[101]. In den USA haben auch pharmazeutische Unternehmen versucht, auf diesem speziellen Feld des Disease Managements Fuß zu fassen. So kaufte Zeneca (heute AstraZeneca) die Salick Organisation, einen reinen Carve-out Manager, der sich insbesondere auf das Disease Management von onkologischen Erkrankungen spezialisiert hat.[102]

Enabling[103]***-Disease-Manager*** schließlich bieten keine vollständigen Disease Management-Programme an, sondern bestimmte Hilfsmittel und Dienstleistungen wie Schulungsprogramme oder spezialisierte Software, die speziell auf Disease Management-Programme zugeschnitten ist. Pilkington et al. nennen als Beispiel die Firma Value Health Services aus Connecticut, die eine Softwarelösung zur kontinuierlichen Beurteilung der Qualität bestimmter Behandlungsformen und ihre Umsetzung in Praxis-Guidelines anbietet.[104] In Abbildung 3 sind die eben erörterten Ausprägungen eines Disease Managers im Überblick dargestellt.

---

99 Vgl. Abschnitt 2.2.5.
100 Vgl. Plocher, D.W. (1996), S. 320.
101 Stillfried, D. Graf v. (1998), S. 304.
102 Vgl. Edwards, B. (1998), S. 24.
103 wörtlich enable: „ermöglichen, aktivieren"
104 Vgl. Pilkington, G. und Pilkington, G. (1997), S. 123.

Überblick über das Konzept des Disease Managements

Abbildung 3: Grundformen von Disease Managern

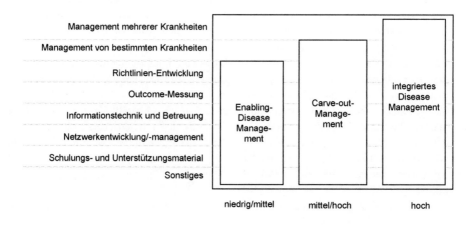

Quelle: Nach Pilkington, G. und Pilkington, G. (1997), S. 124.

Für die Koordinationsaufgabe im Versorgungsprozess des Disease Managements kommen verschiedene Institutionen in Frage. In den meisten Publikationen wird hierzu der Hausarzt vorgeschlagen, allerdings kommen dafür auch spezielle Disease Management-Anbieter, Krankenhäuser oder Fachärzte in Betracht:

a)   Hausärzte als Disease Manager

Ein wichtiger Diskussionspunkt bei der Einführung von Disease Management ist insbesondere in Deutschland die Frage, ob vorwiegend Hausärzte die Funktion des Disease Managers übernehmen sollten.[105] Diese Diskussion ist vor dem Hintergrund der Reformdebatte zur zukünftigen Rolle der Fach- und Hausärzte in deutschen Gesundheitswesen zu sehen, in dem anders als in den meisten anderen Industrieländern Fachärzte ohne formale Anbindung an ein Krankenhaus ambulant tätig sein können. Beispielsweise ist der Bundesverband der AOK für eine Hausarztkonzentrierung bei Disease Management-Programmen, weil Hausarztpraxen durch ihre flächendeckende Verbreitung für die Patienten einfach zugänglich sind. Es könnten auf diese Weise vorhandene Strukturen genutzt und der Aufbau neuer Parallelstrukturen vermieden werden.[106] Befürworter der Hausarztkonzentrierung weisen zudem darauf hin, dass chronisch Kranke bereits zum ganz überwiegenden Teil einen Hausarzt haben, der die Patienten betreut und bei

---

105 Vgl. Kossow, K.-D. (1996), S. 210.
106 Vgl. Szecsenyi, J. und Gerlach, F. (2002), S. 20 ff.

vielen Erkrankungen den ersten Ansprechpartner darstellt. Sie haben demnach somit bereits eine vertrauensvolle Arzt-Patienten-Beziehung und können die Anforderungen besser vermitteln, die ein Disease Management an die Patienten stellt.[107]

Die Qualität der Versorgung hängt nach diesem Modell allerdings vorwiegend von den medizinischen Kenntnissen des Hausarztes sowie dessen ökonomischen Interessen ab. Ein Hausarztsystem ist demnach nicht immer anreizkompatibel mit hoher Ergebnisqualität, weil der Hausarzt nicht nur unabhängiger Sachwalter der Patienteninteressen, sondern auch Unternehmer in eigener Praxis ist. Dies kann zu Verschiebungen im Versorgungssystem führen, die weder im Hinblick auf die medizinische Effektivität noch auf die ökonomische Gesamteffizienz gerechtfertigt sind.[108] Die Kontrolle der Einhaltung der Leitlinien zur Qualitätssicherung müsste daher sehr aufwendig dezentral in der Hausarztpraxis erfolgen. Der administrative Aufwand der Dokumentation wäre bei dieser Ausgestaltung besonders hoch.[109]

Hausärzten als Disease Manager würde insbesondere die Entscheidung obliegen, welche Institution am besten geeignet erscheint, die Behandlung im konkreten Fall fortzusetzen. Teilweise wird ihnen deshalb die Rolle eines Gatekeepers zugedacht. In diesem Falle wäre der Zugang zu Fachärzten oder Krankenhäusern nur über Hausärzte möglich. Ein solches System würde darauf hinauslaufen, dass Fachärzte (abgesehen von medizinischen Notfällen) nur auf Überweisung tätig werden und alle Informationen bei den Hausärzten zusammenlaufen. Dies könnte von der Honorierungsseite noch dadurch unterstützt werden, dass der Hausarzt ein patientenbezogenes Budget verantwortet, das auch die Ausgaben für Weiterbehandlungen beim Spezialisten umfasst (so genanntes Fundholder-Modell). In diesem Fall hätte der Hausarzt auch ein ökonomisches Interesse, den Patienten nur dann einem Facharzt oder Krankenhaus zuzuweisen, wenn dies unbedingt notwendig ist, da dadurch sein eigenes Einkommen c. p. sinken würde. Dies würde die oben angedeuteten Zielkonflikte des Arztes noch verstärken.

b)   Fachärzte als Disease Manager

Fachärzte kämen als Disease Manager wegen ihres hohen, spezialisierten Fachwissens in Frage. Sie wären damit besonders gut in der Lage, aktuelle medizinische Entwicklungen für die Behandlung wahrzunehmen und umzusetzen. Durch Vermeidung von Krankenhausaufenthalten und progredienten Verläufen der Erkrankung könnte so die Qualität der Versorgung erhöht und ggf. Kosten gespart werden. Allerdings sprechen drei Argumente gegen eine generelle Verlagerung des Disease Managements an die Fachärzte:

---

[107] In Deutschland sind Hausarztmodelle allerdings bislang nur in wenigen Modellvorhaben verwirklicht. Ob damit unnötige Doppeluntersuchungen und Klinikeinweisungen tatsächlich vermieden werden können, ist bislang noch nicht evaluiert. Vgl. Lisson, M. (2003), S. 7.
[108] Vgl. Vollmer, R. (2003), S. 6.
[109] Vgl. Lisson, M. (2002a), S. 7.

Überblick über das Konzept des Disease Managements

- Erstens besteht vor allem bei Anbietern, die wie Fachärzte mit hohem Kapitaleinsatz arbeiten, das Risiko angebotsinduzierter Nachfrage, weil die Kosten der vorgehaltenen Kapazitäten (insbesondere Abschreibungen auf Anlagen) hoch und mittelfristig weitgehend unabhängig von der Beschäftigung sind. Damit erbringt jede zusätzliche diagnostische oder therapeutische Maßnahme einen Deckungsbeitrag zur Finanzierung des Kapitaleinsatzes, soweit das Honorierungsverfahren eine entsprechende Abrechnung zulässt. In einem Hausarztsystem würde die Entscheidung, ob solche Leistungen notwendig sind, weitgehend unabhängig von den dargestellten betriebswirtschaftlichen Überlegungen des Facharztes fallen, weil diese Entscheidung dann nicht der ausführende Fach-, sondern der Hausarzt trifft. Bei einem Facharzt als Disease Manager wären zwar die Freiheitsgrade, nicht notwendige Leistungen zu erbringen, durch die Leitlinien-Standardisierung eingeschränkt, aber immer noch größer als beim Hausarzt, der seine Patienten für bestimmte Untersuchungen an den Facharzt überweist.
- Zweitens ist eine flächendeckende Einführung von Disease Management-Programmen ausschließlich mit Fachärzten nicht möglich, wenn Ziel und Voraussetzung für eine ausreichende Compliance der Patienten eine wohnortnahe Versorgung ist. In städtischen Bereichen mit höherer Facharztdichte wäre diese Lösung noch realisierbar, in ländlichen Gebieten dagegen kaum noch. Für einzelne spezielle Untersuchungen werden längere Anfahrtswege zum Facharzt eher akzeptiert als für regelmäßige Routineuntersuchungen.
- Drittens wird aus medizinischer Sicht eingewendet, dass Fachärzte als Disease Manager weniger in Frage kommen, weil sie naturgemäß stärker auf ihr Fachgebiet fixiert sind und dies einer ganzheitlichen Sicht der Situation des Patienten (bezogen auf andere Erkrankungen und das persönliche Umfeld) nicht förderlich ist.

Ambulant tätige Fachärzte übernehmen schon in den bislang praktizierten Strukturverträgen wichtige Aufgaben bei der Patientenversorgung. Ein Beispiel sind die diabetologischen Schwerpunktpraxen, die zwar nicht die alltägliche Patientenführung übernehmen, aber bei schweren Krankheitsepisoden sowie für bestimmte, eng definierte diagnostische Leistungen einbezogen werden. Als Disease Manager sind Fachärzte aber aus den oben genannten Gründen eher ungeeignet. Etwas anders stellt sich die Situation für Fachärzte dar, die an Krankenhäusern tätig sind, was im folgenden Abschnitt kurz diskutiert werden soll.

c) *Krankenhäuser als Disease Manager*

Die Rolle der Krankenhäuser im Disease Management ist bislang noch wenig thematisiert worden. Ein Grund dafür ist, dass die Diskussion zu den neuen Versorgungsprogrammen zeitlich mit der Einführung eines neuen Honorierungssystems im stationären Bereich zusammenfällt. Die personellen Kapazitäten der Krankenhäuser in der strategischen Planung und im EDV-Bereich sind deshalb weitgehend gebunden. Andererseits könnte Disease Management auch erhebliche Auswirkungen auf den stationären Sektor haben, wenn es gelingt, Krankenhauseinweisungen durch eine bessere Abstimmung der Leistungserbringer zu mindern. Aus Sicht der Krankenkassen sind die Krankenhausausgaben (im Gegensatz zu den ambulanten Ausgaben) kein fixer Betrag, sondern bei sinkenden Fallzahlen werden Budgets gekürzt.[110] Die Krankenhäuser sind daher mittelfristig gezwungen, sich mit den Auswirkungen des Disease Managements auf die eigene Erlössituation auseinanderzusetzen.

Für Krankenhäuser bilden Disease Management-Programme die Möglichkeit des Einstiegs in eine kontinuierliche Patientenversorgung, die über eine reine Akutbehandlung hinausgeht.[111] „Denkbar ist hier z. B. die gleichberechtigte Koexistenz von diabetologischen Schwerpunktpraxen und spezialisierten Krankenhausabteilungen, die ebenfalls ambulant als diabetologische Schwerpunkteinrichtungen tätig sind."[112] Dies wirft in einem sektoral gegliederten Gesundheitssystem allerdings die Frage der Ausgliederung des jeweiligen Krankenhausbudgets in den ambulanten Bereich auf, die derzeit noch ungeklärt ist. „In a fee-for-service environment, programs that reduce hospital admissions are fiscally unattractive to hospitals."[113]

Bestimmte Aufgaben - wie z. B. die Entwicklung von Leitlinien und Behandlungskorridoren zur Standardisierung der Leistungserstellung - sind sowohl infolge des neuen Fallpauschal-Honorierungssystems als auch bei einer Teilnahme an Disease Management-Programmen notwendig.[114] Die bisherige Organisationsstruktur der Kliniken in fachlich weitgehend unabhängige einzelne Abteilungen hat allerdings bisher die Definition hausinterner Leitlinien regelmäßig erschwert. Diese Frage wird zukünftig substanziell den Erfolg eines Krankenhauses bestimmen. Entsprechend vorbereitete Kliniken bzw. Krankenhausverbünde kommen auch als Anbieter von Disease Management-Programmen in Frage, wenn es gelingt, Kooperationsformen mit niedergelassenen Ärzten (oder Gesundheitszentren bzw. Arztnetzen) zu organisieren.[115] Ihr bereits vorhandenes Administrations- und Management-Know-how könnte dabei einen entscheidenden Wettbewerbsvorteil gegenüber Arztnetzen im niedergelassenen Bereich darstellen.[116]

In diesem Zusammenhang ist zwischen der Institution Krankenhaus und den handelnden Personen zu unterscheiden. So ist es durchaus möglich, dass das Krankenhaus bezogen auf den Umfang der medizinischen Leistungen keine weit reichende Rolle bei der Umsetzung des Disease Managements übernimmt, aber eine spezialisierte Krankenschwester des Hospitals die Behandlung über alle Versorgungsebenen als Disease Managerin koordiniert. In den USA sind solche Organisationsformen sehr verbreitet, für

---

110 Vgl. Mörmel, R., Wenzel, F. und Thiess, M. (2001), S. 361.
111 Vgl. Hildebrandt, H. (1996), S. 121.
112 Metzinger, B. und Schlichtherle, S. (2002), S. 18.
113 Rich, M.W. (2001), S. 411.
114 In Krankenhäusern spricht man im Zusammenhang mit standardisierten medizinischen Wertschöpfungsketten auch von „Clinical Pathways". Vgl. Adomeit, A., Baur, A., Messemer, J., Molnar, A. und Wichels, R. (2003), S. 46.
115 Vgl. Goldstein, R. (1998), S. 102.
116 Vgl. Mörmel, R., Wenzel, F. und Thiess, M. (2001), S. 363.

Deutschland aber auf absehbare Zeit weniger wahrscheinlich, weil eine derartige Delegation von Verantwortlichkeit bei Ärzten hierzulande noch wenig Tradition hat.

d) Spezielle Dienstleister als Disease Manager

In den letzten Jahren haben sich eine Reihe von Unternehmen etabliert, die sich im Disease Management-Bereich große wirtschaftliche Zukunftspotenziale erhoffen. Die Serviceanbieter bieten ihre Dienste vor allem im Bereich von Call-Centern und über E-Health-Produkte (Online-Gesundheitsdienstleistungen) mit Internet-basierten Gesundheitsportalen an.[117] Auftraggeber sind in der Regel Krankenversicherungen. Die Unternehmen bieten die operative Durchführung von Gesundheits-Telefonservices oder von E-Service-Portalen an. Das Gesetz zur Reform des Risikostrukturausgleichs sieht ausdrücklich vor, dass Krankenkassen die Durchführung von Disease Management-Programme auf Dritte übertragen können (§ 137f Abs. 2 Satz 2 Nr. 4 SGB V). Infrage kommen demnach vor allem Verwaltungs- und Managementaufgaben, nicht aber die medizinische Leistungserstellung.[118] Die medizinischen Hinweise der Dienstleister beschränken sich daher auf generelle Hinweise, z. B. den Arzt aufzusuchen oder Selbstmessungen vorzunehmen.[119]

Einige Unternehmen bieten seit Jahren für Krankenversicherungen aus dem PKV- und dem GKV-Bereich Programme für chronisch Kranke mit Diabetes mellitus und Asthma an. Die Programme bestehen in der Regel aus modular aufgebauten programmierten Lerneinheiten, die vom Patienten zu Hause durchgearbeitet werden, wobei der Lernerfolg in regelmäßigen Telefongesprächen überprüft und Fragen im Zusammenhang mit dem Gelernten geklärt werden können. Gleichzeitig wird durch regelmäßige Hinweise z. B. auf die Benutzung des Peakflow-Meters[120] oder anderer regelmäßiger Kontrollen die Compliance erhöht und an die routinemäßigen Arztbesuche erinnert. In der Aufklärung und Information, bei Schulungsprogrammen oder dem Aufbau nun der Pflege von Online-Datenbanken sehen die Unternehmen ihre Position im Bereich der Disease Management-Programme. Sie könnten in der Rekrutierung von Versicherten, im Management der Prozessabläufe und in der logistischen Unterstützung tätig sein und eine sinnvolle Ergänzung zu den medizinischen Leistungserbringern darstellen.

Dienstleister übernehmen häufig auch das Demand Management[121] für Krankenversicherungen und haben daher einen direkten Zugang zu chronisch kranken Pati-

---

117 Vgl. Grätzel von Grätz, P. (2003a), S. 2.
118 Vgl. Skowronnek, O. und Rödig, S. (2002), S. 55.
119 Gemäß § 7 Abs. 3 der Berufsordnung der Ärzte und Ärztinnen (BOÄ) dürfen ärztliche Behandlungen und Beratungen nicht ausschließlich über Kommunikationsmedien oder Computerkommunikationsnetze erfolgen.
120 Der Peakflow-Meter ist ein einfacher Lungenfunktionstest, der auch vom Patienten zu Hause durchgeführt werden kann. Dazu wird so viel Luft wie möglich in das Mundstück des Peakflow-Meters ausgeatmet und auf diese Weise ein Kolben im Inneren des Gerätes bewegt, der den maximalen Luftstrom (abgekürzt PEF) anzeigt. Die regelmäßige Messung der Ausatemkraft („peak flow") gibt Aufschluss über die Lungenfunktion.
121 Vgl. Mark, A., Pencheon, D. und Elliott, R. (2001), S. 129.

enten, was eine Ansprache der Zielgruppe im Einschreibeverfahren erleichtert. Dienstleister übernehmen zudem Aufgaben der Aufklärung, Information und Erinnerung eingeschriebener Versicherter sowie die „Entwicklung und Implementierung von Informationssystemen für Ärzte und Patienten"[122].

Ein weiterer Vorteil spezialisierter Disease Management-Firmen ist der Entlastungseffekt für den behandelnden Arzt. Überlässt man die Koordination des Disease Managements z. B. allein dem Hausarzt, besteht das Risiko, dass dieser seiner integralen Funktion innerhalb des Programms aus zeitlichen Gründen nur unzureichend nachkommen kann. Ein Call-Center kann dagegen zusätzlich eine Reminder-Funktion übernehmen (erinnert den Patienten beispielsweise rechtzeitig an Routinetermine beim Arzt oder an die Wiederbestellung von Arzneimittelrezepten), steht in der Regel ohne Terminvereinbarungen für umfassende Beratung zur Verfügung und übermittelt weitere ergänzende Informationen, z. B. über Selbsthilfegruppen und lokale Schulungsangebote.[123] Die Call-Center werden meist mit Krankenschwestern oder Arzthelferinnen durchgeführt, wobei für detailliertere Fragen für die jeweilige Indikation spezialisierte Fachärzte zur Verfügung stehen.

Der zusätzliche Aufwand durch einen weiteren Dienstleister im System kann durch Effizienzgewinne aufgefangen werden. Wenn die Mehrkosten die Einsparungen überwiegen, muss genau wie bei anderen medizinischen Leistungen oder Programmen evaluiert werden, inwiefern der zusätzliche Nutzen (z. B. Patientenzufriedenheit oder – Lebensqualität) diesen Mehraufwand rechtfertigen. Insofern kann man die Disease Management-Koordination genauso dem Kosten-Wirksamkeitskriterium unterstellen wie andere Leistungen, die im Gesundheitswesen erbracht werden (z. B. Arzneimittel).

In Deutschland gibt es bereits einige Anbieter, die mit zentralisierten Dienstleistungskonzepten Disease Management betreiben (so z. B. die Medvantis Holding AG in Wiesbaden, Anycare GmbH in Stuttgart, GesundheitScout24 GmbH in Duisburg und die Innovacare GmbH in München). Ihre Position ist zum jetzigen Zeitpunkt der Diskussion unsicher, da ihre Mitwirkung in den derzeitigen Vertragsentwürfen und Beschlussvorlagen lediglich im Bereich der Schulungen sowie für ergänzende Telefondienstleistungen (z. B. als Hotline der Krankenkassen) angedacht ist. Da Krankenkassen derzeit keine personenbezogenen Daten ihrer Versicherten in Disease Management-Programmen erhalten und diese somit auch nicht an Dienstleister weitergeben können, ist eine individuelle Betreuung durch solche Unternehmen ausgeschlossen.[124] Gleichzeitig kommt es zu Neupositionierungen, in dem über Call-Center und Portale hinaus strategische Allianzen bzw. Kooperationen mit etablierten Dienstleistern - wie Spezialinstituten (z. B. Krebsforschungszentren) oder Anbietern medizinischer Inhalte (z. B. Verlage von medizinischen Fachzeitschriften)[125] - eingegangen werden. Durch die Veränderung des Risikostrukturausgleiches ist zu erwarten, dass sich dieser Markt ausweiten

---

122 Skowronnek, O. und Rödig, S. (2002), S. 55.
123 Vgl. Fiedler, E. (2001), S. 358.
124 Vgl. Krüger, A. (2003), S. 2.
125 So ist der Thieme-Verlag Gesellschafter der Firma Anycare GmbH in Stuttgart.

wird und Krankenkassen bzw. deren Verbände eigene Unternehmen dieser Art gründen werden.

Träger des Disease Management sind in den USA vielfach auch so genannte *Pharmaceutical Benefit Management (PBM) Gesellschaften*, die für Managed-Care-Gesellschaften nicht mehr nur das Kostenmanagement im Arzneimittelbereich durch kostengünstigen Einkauf und Beeinflussung des Verschreibungsverhaltens der Ärzte übernehmen, sondern z. B. vollständige Disease Management-Programme komplett anbieten.[126]

Die PBM sind dazu in besonderer Weise geeignet, da sie über große Datenbestände für medizinische Verbrauchsgüter verfügen und zudem das Know-how für ein Behandlungs-Controlling (mit Planung, Steuerung und Kontrolle des medizinischen Produktionsprozesses) haben. „By combining medical and pharmaceutical claims data, information on an individual's health could be derived."[127] Dazu ist es allerdings notwendig, die enge, auf den Arzneimittelbereich begrenzte Sichtweise auf weitere Bereiche wie Lebensqualität, Patientenzufriedenheit und andere Outcomeparameter auszudehnen.

In den USA hat mittlerweile eine Marktbereinigung unter den Disease Management-Anbietern stattgefunden.[128] Die verbliebenen Unternehmen betreiben ein sehr sorgfältiges Outcome- und Kosten-Controlling und sind so in der Lage, Erfolge sichtbar zu machen. Andererseits sind entsprechende Anstrengungen mit Dokumentations- und Evaluationskosten verbunden, die zu einem Sinken der Gewinnmargen der Disease Management-Unternehmen führen. Die Gewinnaussichten sind somit geringer als noch in den neunziger Jahren angenommen worden war.

---

126 Vgl. Thomas, N. (1996), S. 9–15.
127 Mason, A., Towse, A. und Drummond, M. (1999), S. 17.
128 Vgl. Fischer, F.-J. (2002), S. 338.

2.2.2. Evidenz-basierte Leitlinien

Der Kern des Disease Management-Ansatzes ist es, Patienten, die ähnliche gesundheitliche Beeinträchtigungen haben, in systematischer Weise nach gleichen Vorgaben zu behandeln. Dies erfordert wissenschaftlich fundierte Leitlinien, in denen diese Vorgaben operationalisiert werden. Die alleinige Existenz von Leitlinien und ihre Umsetzung in die Praxis bedeuten zwar noch kein vollständiges Disease Management, andererseits sind Leitlinien ein essenzieller Bestandteil jedes Disease Management-Programms: Sie dienen dazu, die Versorgung ex ante vorzustrukturieren, die Varianz des bislang weitgehend unkontrollierten Versorgungsgeschehens zu standardisieren, die Qualität zu sichern und Kosten unnötiger Prozeduren zu vermeiden. Dazu werden Behandlungsleitlinien aufgestellt, an die sich die Leistungsanbieter halten sollen und Abweichungen davon folglich begründen müssen. Ergänzt werden solche Leitlinien vielfach durch Evidenz-basierte Arzneimittel-Positivlisten.[129]

Der Grund für die Entwicklung von Therapieleitlinien fußt auf der Erkenntnis, dass Patienten bei vergleichbarem Krankheitsverlauf von unterschiedlichen Ärzten sehr verschiedenartig und mit differierenden Ressourceneinsatz behandelt werden. Neben erfolgreichen Behandlungen ist eine Reihe von ergebnislosen bzw. sogar für die Patienten schädlichen Behandlungen feststellbar. Dies lässt Zweifel an einer vollständig rationalen und nachvollziehbaren Verhaltensweise der Ärzte aufkommen. Als Gründe für unterschiedliche Behandlungsmethoden wird insbesondere mangelndes Wissen über Nutzen und Risiken der Behandlungsalternativen genannt. Leit- und Richtlinien können daher den Leistungserbringern eine Hilfestellung zur Verminderung unerwünschter Qualitätsschwankungen in der ärztlichen Versorgung geben und zur Vermeidung unangemessener Behandlungen, also einer Steigerung der Prozessqualität, beitragen.[130]

Für die Disease Management-Programme nach § 137f SGB V werden nicht nur Leitlinien, sondern „Evidenz-basierte" Leitlinien verlangt, wie dies heute in den meisten industrialisierten Ländern als Standard der medizinischen Versorgung angesehen wird. Nachdem vor allem in den USA, in Kanada und Großbritannien schon seit vielen Jahren Leitlinien in der Medizin zum Einsatz kommen, sind in Deutschland erst in den letzten Jahren vermehrte Anstrengungen erkennbar, die Qualiät der Versorgung durch eine entsprechende Standardisierung zu verbessern. Seit 1994 hat der Sachverständigenrat für die Konzertierte Aktion im Gesundheitswesen mehrfach den verstärkten Einsatz Evidenz-basierter Leitlinien in allen Bereichen der Patientenversorgung gefordert.[131] „Es liegen inzwischen ausreichende wissenschaftliche Erfahrungen vor, dass Leitlinien in sehr unterschiedlichen diagnostischen und therapeutischen Bereichen zu einer Verbesserung der Qualität und Wirtschaftlichkeit der medizinischen Versorgung beitragen können, sofern sie sachgerecht entwickelt, verbreitet und umgesetzt werden."[132] Allerdings konnten nicht alle bislang publizierten Behandlungsleitlinien den Anspruch erfüllen,

---

129 Vgl. Eichhorn, S. und Schmidt-Rettig, B. (1998), S. 3–40.
130 Vgl. Szathmary, B. (1999), S. 210.
131 Vgl. Sachverständigenrat für die Konzertierte Aktion im Gesundheitswesen (1994), S. 125 ff.
132 Sachverständigenrat für die Konzertierte Aktion im Gesundheitswesen (200/2001), S. 208.

wissenschaftlich ausreichend fundiert zu sein oder gar ökonomische Aspekte mit zu berücksichtigen. Wenn die Behandlungsleitlinien zudem lediglich auf die Meinung so genannter Meinungsführer im klinischen Bereich gründen oder nur den klinischen Nutzen, nicht aber die damit verbundenen Kosten in die Überlegungen einbeziehen, wäre die ineffiziente Verwendung knapper Ressourcen im Gesundheitswesen unter Umständen größer als zuvor.

Als Evidence-based-Medicine (EBM) wird der gewissenhafte, ausdrückliche und vernünftige Gebrauch gegenwärtiger wissenschaftlicher Studienergebnisse für Entscheidungen in der medizinischen Versorgung individueller Patienten bezeichnet. Ziel der Einführung einer Evidenz-basierten Medizin, die über Leitlinien in die Praxis umgesetzt werden kann, ist die Identifikation und Anwendung der effektivsten Verfahren zur Maximierung der Lebensqualität und -dauer von Patienten.[133] Zunehmend werden dabei auch Wirtschaftlichkeitsaspekte mit in Betracht gezogen.[134] Praktische Erfahrungen der Ärzte und Patientenpräferenzen werden hierzu systematisch mit der vorhandenen externen Evidenz verbunden,[135] um so die Entscheidungsfindung im klinischen Alltag durch die systematische Nutzung wissenschaftlicher Erkenntnisse zu unterstützen.

Der Prozess der kritischen Suche und Bewertung der Qualität der jeweils besten verfügbaren wissenschaftlichen klinischen Studien ist häufig langwierig. Für die Beurteilung gilt eine Hierarchie der Evidenzgrade, bei denen randomisierte kontrollierte Studien als bestmögliche Evidenz gelten (Tabelle 2). Dieser Einschätzung kann nicht vorbehaltlos zugestimmt werden, da gerade randomisierte klinische Studien meist ein sehr enges Studienprotokoll aufweisen, das eher experimentell als realitätsnah ist.[136] Die Relevanz der Studien wird auch aus statistischer Sicht angezweifelt.[137]

Tabelle 2: Evidenzgrade zur Bewertung von Studien

Grad	Formen der Evidenz
I	Evidenz aus mindestens einer Meta-Analyse mehrerer kontrollierter, randomisierter Multizenterstudien
II	Evidenz aus mindestens einer kontrollierten, randomisierten Multizenterstudie
III	Evidenz aus größeren nicht-randomisierten Studien
IV	Evidenz aus klinischen (nicht-experimentellen) Studien mehrerer Forschungsgruppen oder Zentren
V	Meinungen respektierter Autoritäten, Berichte von Expertenkomitees

Quelle: Greulich, A., Berchtold, P. und Löffel, N. (2000), S. 81.

Allerdings sind die Behandlungsanleitungen in der Regel trotzdem nicht ganz eindeutig, was wegen der Vielzahl der Studien und anderer Quellen weiterhin einen gewissen

---

133 Vgl. Voltmer, E. und Zielinski, W. (2001), S. 196 f.
134 Vgl. McDaid, D. (2003), S. 118.
135 Vgl. Sackett, D. (1998), S. 9–18.
136 Für die Beschreibung der Nachteile von randomisierten klinischen Studien als Datenquellen für ökonomischen Evaluationsstudien vgl. Claes, C. und Pirk, O. (2000), S. 63.
137 Vgl. Beck-Bornholdt, H.-P. und Dubben, H.-H. (2002), S. 155.

Spielraum für ärztliche Entscheidungsprozesse lässt.[138] Somit ergänzt externe klinische Evidenz die klinische Erfahrung der Ärzte, soll sie aber nicht ersetzen.[139] Insbesondere die Entscheidung, ob die externe Evidenz im konkreten Behandlungsfall überhaupt anwendbar ist und in welcher Weise sie in die Behandlung integriert werden kann, ist eine Frage individueller Expertise des behandelnden Arztes. Der Vorwurf der „Kochbuchmedizin" ist somit nicht begründet.[140] Andererseits soll und wird „die traditionell große Entscheidungsfreiheit der Gesundheitsfachpersonen"[141] durch die Anwendung von Evidenz-basierter Medizin eingeschränkt.

Die Leitlinie ist gegen ähnliche Begriffe wie Empfehlungen, Richtlinien und Standards abzugrenzen. Empfehlungen haben unverbindlichen Charakter, basieren in der Regel auf Expertenmeinungen und sind demnach nicht Evidenz-basiert. Leitlinien fassen dagegen das verfügbare Wissen zur Diagnostik und Behandlung eines bestimmten, klar definierten medizinischen Problems unter Berücksichtigung der strukturellen und ökonomischen Bedingungen zusammen.[142] Die Nichtbeachtung führt jedoch zu keinen Sanktionen. Bei Disease Management-Programmen, die Ärzte fest auf bestimmte Behandlungsschemata verpflichten, sollte dagegen eher von Richtlinien gesprochen werden, da diese für die Adressaten verbindlichen Charakter haben. Beispiele im Bereich der gesetzlichen Krankenversicherung (GKV) sind die Richtlinien des Bundesausschusses von Ärzten und Krankenkassen, bei denen jedoch eher der Ausschluss bestimmter Verfahren aus dem GKV-Leistungskatalog im Vordergrund steht. Standards haben ebenfalls verbindlichen Charakter, geben aber eher grundsätzlich eine Bewertung darüber ab, ob einzelne Verfahren akzeptabel sind oder nicht. Schnittstellen, an denen je nach Patient und Krankheitsverlauf Variationen der Behandlungsschritte möglich sind, werden (anders als bei Leitlinien) nicht benannt.

Um die Akzeptanz einer Leitlinie zu gewährleisten, ist es notwendig, die Interessen der unterschiedlichen Akteure zu berücksichtigen. „Without acceptance from providers, the guidelines will certainly fail."[143] Das Werben für die Einhaltung der Leitlinien ist eine wichtige Aufgabe des Disease Managers. Damit verbunden ist zu einem gewissen Grade die Einschränkung der ärztlichen Therapiefreiheit[144], was ein Teil der Ärzteschaft allerdings völlig ablehnt und als „Kochbuchmedizin" bezeichnet. Andererseits können Leitlinien den Leistungserbringern komprimiertes Wissen zur Verfügung stellen und ihnen bei Haftungs- als auch bei Behandlungsfragen mehr Sicherheit verschaffen. Dies nimmt dem einzelnen Arzt nicht die Aufgabe ab, individuelle Behandlungsentscheidungen zu treffen.[145] Disease Management kann die Fülle der Informationen vorstrukturieren und so die Qualität der Leistungserbringung tendenziell verbessern.[146]

---

138 Vgl. Werner, B. (1999), S. 846.
139 Vgl. Sawicki, P.T. (2002), S. 28.
140 Vgl. Fink-Anthe, C. (1998), S. V95.
141 Greulich, A., Berchthold, P. und Löffel, N. (Hrsg.) (2000), S. 82.
142 Vgl. Straub, Ch. (1999), S. 893.
143 Pilkington, G. und Pilkington, G. (1997), S. 124.
144 Vgl. Richter-Reichhelm, M. (2001), S. 104.
145 Vgl. Fuchs, Chr. (1999), S. 104.
146 Vgl. Schmidlin-von Ziegler, N.I. (1998), S. 55.

Überblick über das Konzept des Disease Managements

Aus guten Leitlinien sollten die Autoren, die Zielgruppe, das Zielumfeld und die Gültigkeitsdauer (bis zur nächsten Überprüfung) entnommen werden können. Die Leitlinie soll Dokumentationspflichten verdeutlichen und angeben, welche Leistungen überflüssig sind. Nicht selten werden Leitlinien auf diese letzte Funktion reduziert und somit Ängste geschürt, sie seien in erster Linie Instrumente der Rationierung und Kostenreduktion. Dies kann die Akzeptanz bei Patienten und Leistungserbringern nachhaltig senken. Deshalb ist Transparenz über die Inhalte der Leitlinien und eine Betonung des Qualitätsaspektes anzustreben. Dies muss keineswegs dem Kostenreduktionsziel widersprechen. Wenn die Grenzkosten der leitliniengestützten Versorgung unterhalb der Grenzerträge (die auch im nicht-monetären Bereich liegen können, z. B. gesteigerte Lebensqualität) liegen, wäre c. p. eine Ausweitung der Leitlinien auf weitere Versorgungsbereiche auch dann ökonomisch sinnvoll, wenn damit (bei gleicher oder gesteigerter Qualität) keine monetären Einsparungen verbunden wären. Im Managed-Care-System der USA werden solche Leitlinien beispielsweise nicht nur eingesetzt, um die medizinische Qualität zu erhöhen, sondern auch um Kosten zu vermeiden, die aufgrund der hohen Varianz bei der Behandlung entstehen. Nach einer Erhebung in den USA sind die Leistungserbringer von über 80% aller Health Maintenance Organizations (HMOs) an Leitlinien unterschiedlicher Bestimmtheit gebunden.[147]

Mittlerweile sind für verschiedene Erkrankungen eine Vielzahl von Leitlinien von verschiedenen Fachgesellschaften veröffentlicht worden. Darüber hinaus gibt es eine noch größere Anzahl, die bei privaten Firmen oder Gruppen von Leistungserbringern (z. B. innerhalb vernetzter Praxen) Verwendung finden. Das größte Problem ist bei den meisten Leitlinien ihre mangelnde wissenschaftliche Begründung.[148] Mit Hilfe von Literaturanalysen, der Auswertung klinischer Studien und anderer dokumentierter Informationsquellen soll ein möglichst qualitäts- und kostenoptimaler, standardisierter Behandlungsplan erstellt werden. Stattdessen entsteht die Mehrheit der entwickelten Leitlinien der Arbeitsgemeinschaft der Wissenschaftlichen Medizinischen Fachgesellschaften (AWMF), die 1995 auf Empfehlung des Sachverständigenrates für die Konzertierte Aktion im Gesundheitswesen auf dem Gebiet der Leitlinienentwicklung gegründet wurde, aufgrund informeller Konsensgespräche zwischen renommierten Experten auf dem jeweiligen Fachgebiet.[149] Nur wenige Leitlinien der AWMF sind in einem formellen Verfahren Evidenz-basiert entstanden. Einer großen Zahl in Deutschland veröffentlichter Leitlinien wird deshalb vorgeworfen, sie seien eher der zusammengefasste Inhalt von „Lehrbüchern und Erfahrungssätzen eines tradierten Konsenses als wirkliche Standardisierung mit gesicherter Wissensbasis"[150]. Die AWMF selbst geht davon aus, dass von den etwa 950 Leitlinien wissenschaftlicher Fachgesellschaften nur etwa 65 als Evidenz-basiert anzusehen sind.[151]

---

147 Vgl. Zitter, M. (1997), S. 15.
148 Vgl. Helou, A., Lorenz, W., Ollenschläger, G. et al. (2000), S. 330–339.
149 Vgl. Oldiges, F.J. (1997), S. 661.
150 Ollenschläger, G., Oesingmann, U., Thomeczek, C., Lampert, U. und Kolkmann, F.W. (1998), S. 502.
151 Vgl. Hart, D. (2002), S. 271.

Zur Sicherstellung der Qualität von Leitlinien wurde vor diesem Hintergrund 1997 das Clearing-Verfahren für Leitlinien eingeführt.[152] Das Clearing-Verfahren wird durch die Leitlinien-Clearing-Stelle der Ärztlichen Zentralstelle Qualitätssicherung (ÄZQ), einer gemeinsamen Einrichtung der Bundesärztekammer (BÄK), der Deutschen Krankenhausgesellschaft (DKG), der Spitzenverbände der gesetzlichen Krankenversicherung und der Kassenärztlichen Bundesvereinigung (KBV) sowie seit 2002 der gesetzlichen Rentenversicherung und des Verbandes der privaten Krankenversicherung (PKV), koordiniert. Die Ergebnisse des Clearing-Verfahrens werden in Form von Leitlinienberichten sowie im Internet (www.leitlinien.de) veröffentlicht.[153] Leitlinien, die von Selbstverwaltungskörperschaften im Gesundheitswesen genutzt oder empfohlen werden sollen, müssen dieses Prüfverfahren vorab durchlaufen haben. Herausgeber von Leitlinien zu vorab festgelegten Themenbereichen (z. B. „Schmerztherapie" oder „Hypertonie") können diese an die Leitlinien-Clearing-Stelle senden, die dort nach einem vorgegebenen Schema beurteilt werden. Qualitätskriterien sind dabei gemäß den Beurteilungskriterien für Leitlinien in der medizinischen Versorgung[154] die Transparenz, Gültigkeit, Zuverlässigkeit und Reproduzierbarkeit, die multidisziplinäre Entwicklung, Anwendbarkeit, Flexibilität, Klarheit und Eindeutigkeit, die Dokumentation der Leitlinienentwicklung, die planmäßige Überprüfung, die Überprüfung der Anwendung und die Verfügbarkeit der Leitlinie.[155] Die Leitlinien-Clearing-Stelle empfiehlt zudem „ökonomische Implikationen als Kriterium bei alternativen Handlungsoptionen ... explizit zu berücksichtigen."[156]

Es besteht jedoch weiterhin kein Konsens darüber, in welchem Umfang in Leit- oder Richtlinien auch organisatorische Fragestellungen (neben den medizinischen Vorgaben und Empfehlungen) beantwortet werden sollten. Aus ökonomischer Sicht sollten Leitlinien für Disease Management mindestens folgende Angaben beinhalten, um Effizienzgewinne aus einer rationaleren Aufgabenverteilung zwischen und innerhalb der einzelnen Versorgungsebenen sicherzustellen:

- Welche Institution fungiert als Disease Manager? Welche Eingriffs- und Informationsrechte hat diese Institution?
- Wer stellt die Grundversorgung sicher, welche Institution übernimmt zu welchem Zeitpunkt welche spezialisierten Aufgaben (z. B. bestimmte fachärztliche Abklärungen, die nur selten anfallen)?
- Welche regionalen Differenzierungen dieser Regelungen sind zu treffen (z. B. bei geringer Facharztdichte im ländlichen Raum)?
- Zu welchem Zeitpunkt werden Behandlungspfade wegen teilweiser oder vollständiger Erfolglosigkeit im Einzelfall abgebrochen? Wie werden diese Fälle vorab definiert (z. B. das Nicht-Erreichen eines bestimmten klinischen Wertes

---

152 Vgl. Ärztliche Zentralstelle Qualitätssicherung (1999), S. A2105 f.
153 Vgl. Ollenschläger, G., Thomeczek, C., Oesingmann, V. und Kolkmann, F. (1999), S. 12–14.
154 Vgl. Bundesärztekammer und Kassenärztliche Bundesvereinigung (1997), S. A2154 f.
155 Vgl. Ollenschläger, G. und Thomeczek, C. (1996), S. 347–353.
156 Thole, H., Weingart, O. und Ollenschläger, G. (2002), S. A2134.

nach einem bestimmten Zeitraum)? Welche Behandlungsoptionen zweiter Wahl sollen dann gewählt werden? Gerade für die Festlegung der letztgenannten Vorgaben sind Informationen zur Kostenwirksamkeit einzelner Maßnahmen mit heranzuziehen.

Bislang liegen kaum Evaluationen der Wirkung von Leitlinien vor, was als ein innerer Widerspruch einer auf Evidenz verpflichteten Forschungsrichtung gewertet werden muss. Im Zuge der Etablierung von Disease Management ist eine Änderung dieser Situation absehbar, denn bislang lag ein Hauptproblem bei der Schaffung von Leitlinien in deren Implementierung in den Praxisalltag. Die Bindung an bestimmte, vorgegebene Behandlungspfade entspricht nicht den traditionellen Vorstellungen einer freien Medizin und verbreitete sich daher eher schwerfällig. Zudem zeigen die Erfahrungen aus Projekten der integrierten Versorgung in Deutschland, bei denen die Versicherten sich nur zögernd in entsprechende Netzstrukturen einschreiben wollten und (wenn das geschehen war) vielfach auch Ärzte außerhalb der Netze konsultierten, dass Patienten sich zumindest zu großen Teilen nicht gern an bestimmte Versorgungsstrukturen binden und steuern lassen. Der Überzeugungsaufwand, der notwendig ist, um Versicherte zur freiwilligen Einschreibung in Disease Management-Programme zu bewegen, sollte nicht unterschätzt werden, denn eine vertragliche Bindung des Versicherten an bestimmte Versorgungsregeln (z. B. hinsichtlich turnusmäßiger Arztkonsultationen wie in den USA) ist im System der gesetzlichen Krankenversicherung nicht denkbar.[157]

Die bei der Leitlinienerstellung bislang weitgehend medizinische definierte Unter- bzw. Überversorgung würde durch eine Einbeziehung von Informationen zur Kosteneffektivität auch ökonomisch abgegrenzt werden. Am medizinischen Ideal definierte Unterversorgung kann langfristig (bei Progredienz der Erkrankung) zu einem Kostenanstieg führen, der durch kurzfristig höhere Ausgaben bei leitliniengerechter Versorgung vermieden werden kann. Allerdings fehlt für das letzte Argument bislang weitgehend der empirische Beweis.[158] Aus ökonomischer Scht ergibt sich eine Unterversorgung, wenn innerhalb eines gegebenen Budgets eine Maßnahme mit niedrigerer Kosteneffektivität einer anderen Maßnahme vorgezogen wird. Vor zu hohen Erwartungen an die kurzfristige Fähigkeit von Leitlinien, zur Kostendämpfung beizutragen, warnen Helou et al.: „Sofort anfallende Kosten können evt. erst mittel- und längerfristig gesundheitlichen Erträgen gegenüberstehen." [159] Eine auf kurzfristige Erfolge ausgerichtete Gesundheitspolitik läuft damit Gefahr, nach kurzer Zeit von leitliniengebundener Versorgung enttäuscht zu werden, da Kosten und Nutzen zeitlich nicht unerheblich auseinander fallen können. Andererseits können gerade Leitlinien dazu beitragen, die Gesamtkosten einer Behandlung einzuschätzen, da eine leitliniengestützte Behandlung sektorale Beschränkungen der Sichtweise nicht kennt. „Clinical guidelines give the opportunity

---

157 Vgl. Ballast, T. (2002), S. 177.
158 Vgl. Häussler, B., Glaeske, G. und Gothe, H. (2001b), S. 35.
159 Vgl. Helou, A., Lorenz, W., Ollenschläger, G. et al. (2000), S. 331.

for the total cost of treatment to be considered and agreement reached on the most effective ... way of delivering the service."[160]

In Deutschland werden ökonomische Fragestellungen bei der Aufstellung von Leitlinien derzeit nur selten berücksichtigt.[161] Dies liegt sowohl daran, dass bislang noch relativ wenige Informationen zu den ökonomischen Konsequenzen von Behandlungsprogrammen vorliegen, als auch an dem bislang eher geringen Interesse der medizinisch-wissenschaftlichen Fachgesellschaften an ökonomischen Fragestellungen. Für eine breite Akzeptanz der Leitlinien sind wirtschaftliche Aspekte (gerade im Hinblick auf die Ausgabenbudgetierung) jedoch von großer Bedeutung.[162] Da von Disease Management-Programmen u.a. auch Kosteneinsparungen erwartet werden, wird der Kosteneffektivität der empfohlenen Maßnahmen bei der Leitlinienerstellung ein höheres Gewicht beigemessen werden müssen. Selbst wenn der Aspekt der Ausgabenreduktion keine Bedeutung hätte (was teilweise mit Hinweis auf die Qualitätsverbesserung durch Disease Management-Programme gefordert wird), müsste im Sinne des Wirtschaftlichkeitsgebotes (§ 12 SGB V) mit den gegebenen Mitteln eine möglichst hohe Steigerung der Behandlungs- und Ergebnisqualität angestrebt werden.

Die Beziehungen zwischen der Versorgungsqualität VQ mit und ohne Disease Management (VQ_{DMP} und VQ_{SV}), dem exogen vorgegebenen Budget, das für Disease Management oder die Standardversorgung (SV) aufgewendet werden kann (K_{DMP} und K_{SV}) sowie dem Nutzen beider Versorgungsalternativen sind in den Abbildungen 4 a-c wiedergegeben. Unterstellt wird, dass bei steigender Versorgungsqualität die Kosten überproportional steigen. Dies gilt ebenso für Disease Management, wo K_{DMP} die Nettogröße der Versorgungs- und Programmkosten einschließlich aller möglichen Einsparungen durch Vermeidung von Krankheitsepisoden aufgrund der besseren Versorgungssituation bezeichnet (I. Quadrant). Somit wird auch für Disease Management-Maßnahmen eine abnehmende Grenzproduktivität unterstellt ($K'_{DMP} > 0$ und $K''_{DMP} > 0$). Da in einer Gesellschaft nicht alle Versicherten zu den chronisch Kranken gehören, ist eine ausschließliche Konzentrierung aller Mittel auf Disease Management nicht sinnvoll. Es muss somit entschieden werden, wie viel des gegebenen Budgets für die Standardversorgung und wie viel für Disease Management-Programme aufgewendet werden soll. Die Präferenzen der Gesellschaft sollen sich in der Nutzen-Isoquante U_{VG} widerspiegeln (IV. Quadrant). Diese drückt den Trade-off zwischen der Versorgungsqualität mit Standardversorgung einerseits und mit Disease Management andererseits aus. Wo diese Nutzenkurve gerade die Isoquante der bei gegebenem Budget und Kostenfunktionen möglichen Kombinationen von Standardversorgung und Disease Management berührt, ist der Punkt, der die Optima der Versorgungsqualität für beide Versorgungsformen bezeichnet: VQ_{SV}^{opt} und VQ_{DMP}^{opt} (Abbildung 4a).

---

160 Panton, R. (1998), S. 66.
161 Vgl. Kelly, J.T. und Bernard, D.B. (1997), S. 160.
162 Vgl. Maynard, A. und Bloor, K. (2003), S. 37.

Abbildung 4a: Trade-off der Leistungsqualität mit und ohne Disease-Management-Programm bei konstantem Budget

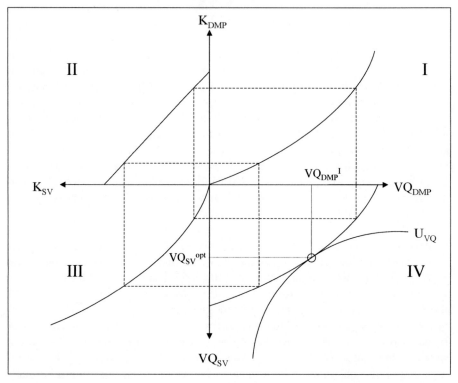

Wird das Budget gesenkt (in Abbildung 4b von B_I auf B_{II}), weil beispielsweise entgegen der Modellannahmen die Erwartung sinkender Kosten aufgrund der Einführung von Disease Management besteht, sinken im Optimum sowohl VQ_{SV} als auch VQ_{DMP} und ein niedrigeres Nutzenniveau (U_{VG}^{II}) wird erreicht.

Abbildung 4b: Trade-off der Leistungsqualität mit und ohne Disease Management-Programm bei sinkendem Budget

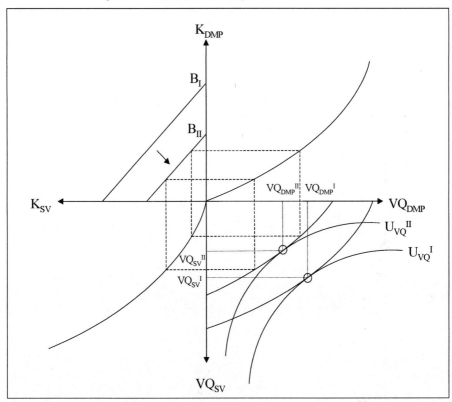

Es ist plausibel, dass im Zeitablauf durch Economies of Scope und Economies of Scale Disease Management-Programme kostengünstiger durchgeführt werden können. Auch technologische Entwicklungen, die den Datenaustausch und die Dokumentation erleichtern, könnten zukünftig Kosten senken helfen. Entsprechende Effekte würden im Modell zu einer Verschiebung der Kostenkurve K_{DMP} nach rechts führen, da jedes Versorgungsniveau VQ_{DMP} nun zu niedrigeren Kosten erreichbar wäre. Eine solche Entwicklung würde (unter der Veraussetzung homothetischer Nutzenfunktionen), wie in Abbildung 4c deutlich wird, c. p. nicht nur zu einer Erhöhung von VQ_{DMP}, sondern auch von VQ_{SV} führen. Somit würde sich im Optimum durch Einsparungen bei der Durchführung von Disease Management-Programmen nicht nur die Versorgungsqualität der chronisch Kranken unter DMP, sondern auch die Standardversorgung verbessern.

Abbildung 4c: Trade-off der Leistungsqualität mit und ohne Disease Management-Programm bei sinkenden DMP-Kosten

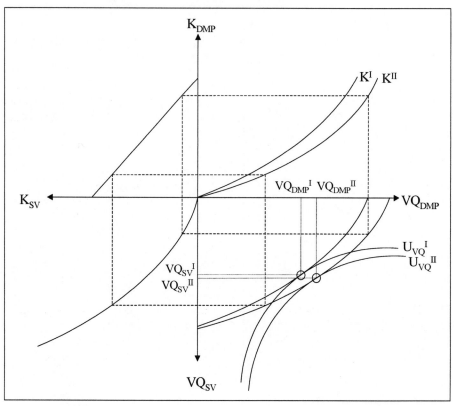

Die Beachtung wirtschaftlicher Aspekte bei der Leitlinienentwicklung wird durch Disease Management eine wesentlich höhere Bedeutung erlangen. Nicht mehr die optimale Behandlung der Patienten unter der unrealistischen Annahme unbegrenzter Ressourcen steht dann im Mittelpunkt, sondern eine optimale Behandlungsqualität bei gegebenen Mitteln,[163] wie dies modellartig in den Abbildungen 4a-c verdeutlicht wurde. Beispielsweise kommen zur Prävention von Herzinfarkten und Apoplexien bei Risikopersonen sowohl das sehr preisgünstige Acetylsalicylsäure als auch (wesentlich teurere) Statine in Frage.[164] Acetylsalicylsäure ist zwar etwas weniger wirksam, würde aber bei rationaler Entscheidungsfindung und begrenztem Budget den Vorzug vor Statinen bekommen, deren Einsatz bei den genannten Bedingungen auf Hochrisikopatienten beschränkt werden sollte.

---

163 Vgl. Ludbrook, A. und Vale, L. (2001), S. 16.
164 Vgl. Popert, U. (2002), S. A2093.

Aus ökonomischer Sicht können Leitlinien insbesondere dazu beitragen, die Auswirkungen der so genannten Defensivmedizin zu mildern. Gemeint ist, dass aufgrund der Erfolge der Medizin das Restrisiko einer Behandlung immer kleiner geworden ist und dessen Vermeidung nur zu hohen Grenzkosten möglich ist. Aufgrund haftungsrechtlicher Gegebenheiten sehen sich Leistungserbringer aber im Zwang, das gesamte diagnostische und therapeutische Potenzial, das ihnen zur Verfügung steht, auszunutzen, ohne dass dies mit nennenswertem Erkenntnisgewinn bzw. einer realistisch erhöhten Heilungschance verbunden wäre. Leitlinien könnten in solchen Situationen dazu beitragen, einen unverhältnismäßigen Aufwand zu vermeiden und den Arzt haftungsrechtlich abzusichern.[165] „Die qualifizierte ärztliche Leitlinie entspricht vermutlich dem medizinischen Standard und gilt deshalb auch haftungsrechtlich."[166] Weitere Vor- und Nachteile von Leitlinien sind in Tabelle 3 zusammengefasst.

Tabelle 3: Vor- und Nachteile von Leitlinien

Vorteile	Nachteile
• flächendeckendes Qualitätsmanagement	• Bedrohung der Therapiefreiheit
• Entlastung des individuellen Arzt-Patient-Verhältnisses von Rationierungsentscheidungen	• Lähmung des technischen Fortschritts
	• Störung des Arzt-Patient-Verhältnisses
	• Einschränkung der Versorgungsqualität im Einzelfall
• stärkere rechtliche Absicherung des Arztes	• Verrechtlichung der Medizin
• Informationsmöglichkeit für Patienten	• Außensteuerung durch Politik, Krankenkassen oder Gerichte
• rationale Diskussionsgrundlage	• Schematisierung ärztlichen Handelns (weniger persönliche Verantwortung)

Quelle: Bauer, H. (1998), S. 161.

Rechtlich kommt in Deutschland Leitlinien allerdings derzeit nur ein Informationscharakter zu. In aktueller Rechtsprechung wird insbesondere auf die mangelnde Legitimität der Leitlinien als Ergebnis von Beratungen wissenschaftlicher Fachgesellschaften sowie die unterschiedliche Qualität und Aktualität hingewiesen.[167] Diese Sichtweise würde sich bei einer stärkeren praktischen Bedeutung der Evidenz-basierten Medizin im Zuge der weiteren Verbreitung von Disease Management verändern und sich in Richtung verbindlicher Handlungsanleitungen wandeln, da auf diese Weise Versorgungswege explizit schriftlich vorab fixiert wären. Abweichungen davon im individuellen Behandlungsfall wären möglich und nicht ungewöhnlich, bedürften dann aber einer fundierten Begründung.

---

165 Vgl. Bauer, H. (1998), S. 168.
166 Hart, D. (2002), S. 296.
167 Vgl. Urteil des Oberlandesgerichtes Naumburg (AZ 1 U 111/01) aus dem Jahr 2002 zur Bedeutung von Leitlinien im Falle einer Frau, bei der trotz eines zerebralen Tumors keine Magnetresonanztomographie durchgeführt worden war.

Aus ordnungspolitischer Sicht wird an einer leitliniengestützten Versorgung kritisiert, dass diese mit einer Konsumentensouveränität der Patienten kaum vereinbar ist.[168] Im Gegensatz zu Akutkranken seien gerade chronisch Kranke aufgrund ihrer täglichen Erfahrung besser als Experten geeignet, Entscheidungen über Versorgungswege zu treffen.[169] Allerdings gilt für Patienten wie für Ärzte, dass die Nutzung von Leitlinien nicht als striktes Behandlungsprotokoll ohne jeden Entscheidungsfreiraum zu verstehen ist. Die Kenntnis von Leitlinien kann stattdessen die Entscheidungskompetenz und damit die Konsumentensouveränität der Patienten stärken, soweit diese ein Grundverständnis für die medizinischen Details und Behandlungsmöglichkeiten ihrer Erkrankung aufbringen.[170]

Die Erstellung von Leitlinien, die den hohen wissenschaftlichen Kriterien der Evidenz-basierten Medizin genügen, ist mit hohen Kosten verbunden. Dies hat zu einer kontroversen Diskussion der Frage geführt, ob ein Wettbewerb bei der Entwicklung von Leitlinien sinnvoll sei. Vielen Leistungserbringern ist aufgrund hierarchischer Denkweisen häufig nicht klar, welchen Wert in diesem Fall die Konkurrenz haben könnte. Allerdings ist es in einem Regelkreis-gebundenen System, das immer wieder die eigenen Ansprüche und Vorgehensweisen an den Ergebnissen in der Praxis misst und die Leitlinien sowie deren Umsetzung ggf. modifiziert, unumgänglich, dass nach einiger Zeit abweichende Inhalte erkennbar werden, die Ausgangspunkt weiterer Diskussionen sein können. Zentral gesteuerte Leitlinien sind tendenziell zu weit entfernt von entsprechenden Praxiserfahrungen und zu inflexibel, schnell auf Veränderungen des Umfeldes (z. B. Innovationen) einzugehen.

Die Kosten der Leitlinienerstellung, die derzeit noch größtenteils von Fachgesellschaften oder der pharmazeutischen Industrie getragen werden, ist momentan noch nicht weiter geregelt. Es ist zu vermuten, dass diese Frage zukünftig detaillierter gesetzlich geordnet werden wird, da die Unabhängigkeit der Leitlinienerstellung von individuellen Zielvorstellungen einzelner Unternehmen gesichert sein muss, um ihnen die nötige Autorität zu verschaffen. „Eine ausschließlich Evidenz-basierte Strategie der Leitlinienentwicklung ist ... nicht unproblematisch, da die Generierung, Auswahl, Interpretation und Umsetzung wissenschaftlicher Erkenntnisse bei der Entwicklung von Leitlinien nicht frei von Interessen ist. Aus diesem Grunde sollte die Entwicklung von Leitlinien von unabhängiger Seite beaufsichtigt werden."[171] Möglich wäre beispielsweise eine steuerliche Finanzierung ihrer Erstellung oder die Zertifizierung durch eine staatliche Behörde.

Leitlinien müssen nach der Implementierung zudem regelmäßig gepflegt und ihre Umsetzung geprüft werden. Es reicht nicht, entsprechende Vorgaben nur den Beteiligten zu präsentieren, sondern sie müssen Bestandteil der Disease Management-Struktur sein, um verhaltensleitend zu wirken. Insbesondere bedeutet dies, dass die Ärzte in die Erstellung und Weiterentwicklung einbezogen werden und bei Nichteinhaltung

---

168 Vgl. Sauerland, D. (2002), S. 436.
169 Vgl. Hurrelmann, K. (1998), S. 41.
170 Vgl. Abschnitt 2.3.3.
171 Sachverständigenrat für die Konzertierte Aktion im Gesundheitswesen (2000/2001), S. 179.

Sanktionen möglich sein müssen. Der empirisch feststellbaren mangelnden Umsetzung von Leitlinien in die alltägliche Praxis kann daher nicht allein durch einen Verweis in einem Gesetz abgeholfen werden.[172]

Zusammenfassend kann festgestellt werden, dass Konzepte zur Erarbeitung, zur Implementierung und zur Evaluation von Evidenz-basierten Leitlinien vorhanden sind, die Umsetzung jedoch erst in einigen Bereichen erfolgt ist. Für viele Ärzte, insbesondere in den Fachgesellschaften, sind Leitlinien und deren Anwendung in der täglichen Praxis bereits eine Selbstverständlichkeit und werden als Entscheidungshilfe für die Therapie begrüßt. Andere Ärzte betrachten Leitlinien weiterhin als ärztlich unethisch, weil sie eine Standardisierung der Behandlung grundsätzlich für unangemessen halten, oder es wird die Ausblendung der klinischen Erfahrung, der „inneren Evidenz", beklagt.[173] Die Kritik an den Leitlinien hat mittlerweile die gesundheitspolitische Auseinandersetzung erreicht und damit die rein wissenschaftliche Diskussion verlassen. Die meist unausgesprochenen Befürchtungen der Ärzte gehen dahin, ihr Handeln könne für Dritte kontrollierbar, beurteilbar und vergleichbar werden.

2.2.3. Outcome- und Behandlungs-Controlling

Eine wichtige Funktion des Disease Managements besteht darin, die vorgegebenen Leitlinien in den Praxisalltag umzusetzen, sie ständig zu aktualisieren und ihre Einhaltung zu kontrollieren. Ein Behandlungs-Controlling mit Steuerungselementen (z. B. speziellen Honorierungsformen), Planung (durch Leitlinien) und Kontrolle erfordert ein hohes Maß an Datentransparenz sowie ein institutionalisiertes Qualitätsmanagementsystem, das insbesondere die Behandlungsleitlinien als auch die institutionellen Beziehungen auf die Zielerreichung des Disease Managements hin überprüft.

„In many respects, disease management should be seen as a learning process."[174] Dieser Zusammenhang ist ein kontinuierlicher Vorgang, der aus der Erstellung von Zielvorgaben und Leitlinien sowie deren Überprüfung auf die adäquaten Outcomes besteht. In Abbildung 5 ist dieser Prozess modellartig als Regelkreis dargestellt.

---

172 Vgl. Windeler, J. (2002), S. 139.
173 Richter, E. (2002), S. A18.
174 Hunter, D.J. und Fairfield, G. (1997), S. 51.

Abbildung 5: Kontinuierliches Qualitätsmanagement bei Disease Management

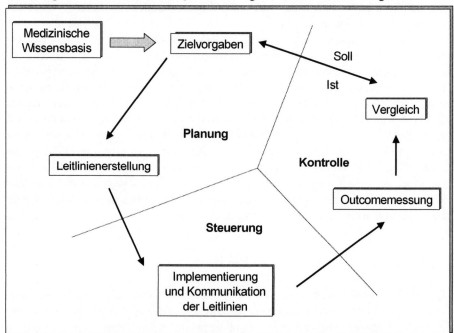

Die Ergebnisqualität nach der Klassifizierung von Donabedian[175] wird durch die Definition und Messung der Ergebnisse diagnostischer und therapeutischer Maßnahmen bestimmt. Als Outcome in diesem Sinne kommen z. B. Mortalitätsraten, Komplikationsraten, Patientenzufriedenheit, Erhöhung der Lebensqualität oder Kostensenkungen in Frage.[176] Als Vergleichsmaßstab werden Benchmarks herangezogen, also qualitätsbezogene Vergleichs- und Richtwerte der bislang erfolgreichsten Programme.[177] Unterschiede in der Patientenstruktur (Alter, Geschlecht oder Krankheitsschwere), die außerhalb des Einflusses der Leistungserbringer liegen, müssen vor einem Vergleich statistisch bereinigt werden. Das Benchmarking kann sowohl auf klinische Prozesse wie auch auf Dienstleistungsprozesse angewandt werden, um so eigene Stärken und Schwächen zu erkennen und Strategien zur Verbesserung der eigenen Wettbewerbsfähigkeit zu entwickeln. Im amerikanischen Gesundheitssystem wird in einigen Managed-Care-Organisationen die Honorierung teilweise von der Ergebnisqualität abhängig gemacht: Beim „Pay for Performance"-Modell aus Kalifornien werden Ärzte für das Erreichen vorgegebener Qualitätsstandards (klinische Qualitätsparameter, Patientenzufriedenheit und der Einsatz von Informationstechnologien) belohnt.[178] Sechs HMOs (darunter Blue

---

175 Vgl. Donabedian, A. (1988), S. 1745 sowie Abschnitt 2.1.1.
176 Vgl. Ward, M.D. und Rieve, J.A. (1997), S. 244.
177 Vgl. Amelung, V.E. und Schumacher, H. (1999), S. 151.
178 Vgl. Pieper, C. (2002), S. 11.

Cross und Blue Shield of Californien) mit insgesamt acht Millionen Mitgliedern knüpfen Bonuszahlungen für Leistungserbringer an die Erfüllung der genannten Qualitätsstandards.

Die strikte Einbeziehung von Outcome-Management in die Erstellung von Leitlinien und ärztliche Entscheidungen bezeichnet einen Wechsel von der Konsensorientierten Medizin zur Evidenz-basierten Medizin. Dieses neue Paradigma ist Bevölkerungs-basiert und verbindet Präventionsbemühungen mit wissenschaftlichen Informationen, die als Ergebnis des Outcome-Managements in Leitlinien einbezogen werden. Zum Qualitätsmanagement stehen eine Reihe von Maßnahmen zur Verfügung. Dazu zählen die regelmäßige Wartung der Geräte, die Einholung von Zweitmeinungen, statistische Qualitätskontrollen und -audits sowie Qualitätszirkel. Letztere sind Arbeitsgruppen zum interkollegialen Erfahrungsaustausch über selbst gewählte Themen und Probleme, Fortbildungsmaßnahmen und Leitlinien. Neben diesen auf interne Abläufe gerichtete Maßnahmen treten externe Begutachtungen. So ist bei den Disease Management-Programmen im Rahmen des neu gestalteten Risikostrukturausgleiches in Deutschland eine unabhängige, wissenschaftliche Evaluation zwingend vorgeschrieben, um die Akkreditierung des Programms langfristig zu erhalten.[179] Probleme in der praktischen Umsetzung ergeben sich meist im Hinblick auf die Messbarkeit des Outcome sowie die Verfügbarkeit der Daten.[180] Bedingt durch die Freiwilligkeit der Teilnahme sind auch Schwierigkeiten bei der Evaluation durch Zu- und Abgänge von Patienten und Ärzten zu erwarten, da die Kontinuität der Beobachtung und Auswertung nur eingeschränkt gegeben ist, wie Erfahrungen mit bisherigen Modellvorhaben in der Diabetikerversorgung zeigen.[181]

Die Ergebnismessung (Outcome-Measurement oder Outcomes Research) ist eine der wichtigsten Bestandteile und Abgrenzungsmerkmale des Disease Managements im Vergleich zur konventionellen Behandlung chronisch Kranker.[182] Im Gegensatz zur klinischen Forschung ist es das Ziel von Outcomes Research, die Behandlungsergebnisse im therapeutischen Alltag (statt unter den standardisierten Bedingungen klinischer Studien) zu untersuchen. Zwischen drei großen Bereichen des Outcome-Measurements kann unterschieden werden: Erstens Morbiditäts- und Mortalitätsdaten (z. B. Veränderungen der Lungenfunktionswerte bei Asthmakranken), zweitens die Kosten der Behandlung und drittens die Lebensqualität und Zufriedenheit von Patienten, denn der Erfolg der Disease Management-Maßnahmen hängt in hohem Maße von der Akzeptanz und Zufriedenheit der Endkonsumenten ab.[183]

In den frühen Jahren des Outcome-Measurement standen vor allem einfache dichotome Variablen bei der Messung im Vordergrund (z. B. Überlebensraten oder das

---

179 Schmidt weist in diesem Zusammenhang darauf hin, dass die Gewichtung der Evaluationsparameter (z. B. Lebensqualität, Kosten, medizinische Surrogatparameter) bei der Reakkreditierung der Disease-Management-Programme bislang noch ungeklärt ist. Vgl. Schmidt, D. (2003), S. 42.
180 Vgl. Kirby, S. und Peel, S. (1998), S. 80.
181 Vgl. Schröder, U. und Ratzeburg, E. (2002), S. 144.
182 Vgl. König, H.-H. (1995), S. 898.
183 Vgl. Häussler, B. (1996), S. 238.

Auftreten eines bestimmten klinischen Ereignisses).[184] In den letzten beiden Jahrzehnten hat sich die Bedeutung des Begriffes „Outcome" sehr stark in Richtung Zufriedenheit, Lebensqualität und funktionaler Status der Patienten geweitet. Neben physiologischen Daten werden je nach Studienziel und Inhalt der Studie auch intangible Parameter herangezogen. In Tabelle 4 sind verschiedene Outcome-Maße verzeichnet.

Tabelle 4: Outcome-Maße in Evaluationsstudien

Outcome-Typ	Formen	Beispiele
klinische Maße	• klinische Ergebnisse • physiologische und metabolische Maße • Mortalität	• Herzinfarktrate • Blutdruck • Todesraten (krankheitsspezifisch oder gesamt)
ökonomische Maße	• direkte Kosten/Nutzen • indirekte Kosten/Nutzen	• Krankenhausaufenthalte • Arztkontakte • Notfallbehandlungen • Arbeitsunfähigkeitstage
intangible Maße	• Symptome • Lebensqualität • funktioneller Status • Patientenzufriedenheit	• Symptomskalen • SF-36, EQ-5D, NHP • Karnofsky-Skala • Zufriedenheitsskalen

Quelle: Angelehnt an Epstein, R.S. und Sherwood, L.M. (1996), S. 833.

Da ökonomische Fragestellungen zunehmend in den Mittelpunkt der Gesundheitspolitik gerückt sind, ist auch das Interesse an ökonomischen Outcomes gewachsen. Für die ökonomische Evaluation stehen eine Reihe von Instrumenten zur Verfügung, die nicht nur im Gesundheitswesen regelmäßig zum Einsatz kommen. Kosten-Kosten-, Kosten-Wirksamkeits-, Kosten-Nutzen- und Kosten-Nutzwert-Analysen bieten die Chance je nach Fragestellung die Effizienz einzelner Maßnahmen oder Programme zu bestimmen.[185] Lange Zeit wurden Disease Management-Programme insbesondere aufgrund ihrer potenziellen finanziellen Vorteile gefördert, während sich, teilweise durch die politische Vorgaben, der Fokus des Interesses in Ländern mit längerer Disease Management-Tradition nun eher den patientenorientierten Ergebnisgrößen zuwendet. „Too often Disease Management is bought and sold as strictly a financial risk management tool."[186] In Deutschland setzt diese Entwicklung gerade erst ein.

Zur Messung der Patientenzufriedenheit ist bereits eine Reihe von Instrumenten entwickelt worden. Ein Weniger an Zufriedenheit ist im Rahmen des Outcome-Measurement gleichbedeutend mit einem suboptimalen Management der Erkrankten. Ein Beispiel für ein solches Instrument ist der Asthma Therapy Assessment Question-

---

184 Vgl. Epstein, R.S. und Sherwood, L.M. (1996), S. 832.
185 Vgl. Greiner, W. (1999).
186 Vgl. Doyle, J.B. (1997), S. 61.

naire (ATAQ), für den zurzeit noch keine deutsche Übersetzung vorliegt.[187] Anders als krankheitsspezifische Lebensqualitätsbögen heben solche Instrumente eher darauf ab, welche Parameter im Behandlungsverlauf (z. B. Kommunikation mit dem Arzt oder Erreichbarkeit der Leistungserbringer, aber auch Verschlimmerung der Krankheitssymptome) für den Patienten von Bedeutung sind. „When patients express dissatisfaction with current asthma treatment, there may be disease management problems that can be rectified to potentially improve patient outcomes."[188] Patientenzufriedenheit wird häufig ebenfalls als gesundheitsbezogener Ergebnisparameter angesehen. Dies ist begrifflich allerdings nicht ganz korrekt, denn bei den meisten Zufriedenheitsmaßen steht eher die Servicequalität (z. B. Wartezeit, Freundlichkeit des Personals etc.) im Mittelpunkt. Ziel der Messung bei Zufriedenheitsmaßen ist somit hauptsächlich die Prozessqualität aus Sicht der Patienten und weit weniger die Ergebnisqualität.[189]

Ein funktionierendes Outcome Management setzt den Einsatz entsprechender Informationstechnologie voraus, die ein umfassendes Krankheits-Monitoring bei den Patienten zulässt.[190] Dabei müssen zumindest all diejenigen Leistungserbringer berücksichtigt werden, die einen wesentlichen Beitrag zu den Hauptbereichen des Outcome Measurements (Mortalität/Morbidität, Kosten und Patientenzufriedenheit) leisten. Wie bei allen Controlling-Maßnahmen ist auch hier der Kostenaufwand für die Datenerhebung gegen den Nutzen aus dem Informationsgewinn der Datenbanken abzuwägen. So ist es durchaus möglich, auf eine detaillierte Kostenerhebung in einzelnen Bereichen zu verzichten, soweit diese auf die Gesamtkosten der Versorgung keinen wesentlichen Einfluss haben bzw. nicht zu erwarten ist, dass sich durch Disease Management diese Kostenblöcke bedeutend verändern. Explorationsstudien können dazu beitragen, entsprechende Bereiche zu identifizieren. So wurde beispielsweise in mehreren Studien nachgewiesen, dass Disease Management bei Asthma nur wenig Einfluss auf die Kosten im ambulanten Bereich hat. Deshalb kann erwogen werden, diesen Bereich, in dem die Kostenerhebung relativ aufwändig ist, nicht zu berücksichtigen oder nur bestimmte Teilkomponenten (z. B. die Zahl der Facharztbesuche) zu erheben. Die Anforderungen an ein modernes EDV-System beim Disease Management wird im folgenden Abschnitt noch eingehender diskutiert.

2.2.4. Bedeutung der EDV und des Internets

Aus den USA ist bekannt, dass eine Reihe von Disease Management-Gesellschaften den Aufwand für die Betreuung der Patienten erheblich unterschätzt hat, da anfangs vielfach eine kostenintensive Einzelfallbetreuung durchgeführt wurde.[191] Kostendeckend kann

---

187 Vgl. Markson, L.E., Vollmer, W.M., Fitterman, L., O'Connor, E., Narayanan, S., Berger, M. und Buist, A.S. (2001), S. 379–384.
188 Markson, L.E., Vollmer, W.M., Fitterman, L., O'Connor, E., Narayanan, S., Berger, M. und Buist, A.S. (2001), S. 383.
189 Vgl. Doyle, J.B. (1997), S. 65.
190 Vgl. Schmidlin-von Ziegler, N.I. (1998), S. 55.
191 Vgl. Adomeit, A., Baur, A. und Salfeld, R. (2002), S. 29.

Überblick über das Konzept des Disease Managements

Disease Management auf Dauer nur sein, wenn ein ausreichender Grad von Standardisierung und teilweiser Automatisierung erreicht wird.[192] Deshalb werden in der Gesundheitsbranche zunehmend elektronische Medien als so genanntes E-Health eingesetzt.

Durch Innovationen der Informationstechnologie haben sich in den letzten Jahren zahlreiche Anwendungspotenziale im Gesundheitswesen herauskristallisiert. Als Telemedizin wird dabei die Anwendung der Telematik, also der Verknüpfung von Informations- und Kommunikationstechnologie im Gesundheitswesen, bezeichnet, durch die v. a. eine Integration der Informationsverarbeitung ermöglicht wird. „Telemedizin bringt Expertenwissen unmittelbar an den Patienten, spart Aufwand für Arztbesuche oder gar Krankenhausaufenthalte und ergänzt die haus- und fachärztliche Versorgung sinnvoll."[193] Man kann dabei nach Daten- und Prozessintegration unterscheiden. Zur Datenintegration gehört die Zusammenführung bis dahin verstreuter, im Format unterschiedlicher und teilweise redundanter Datenbestände zu einer einheitlichen Datenbank. Prozessintegration basiert auf solchen zusammengefassten Datenbeständen und bezeichnet die Vernetzung der Akteure, die einen gegenseitigen Informationsfluss aufweisen (wie z. B. im Zusammenspiel von Haus- und Facharzt). Eine Vernetzung der Leistungserbringer schafft die Voraussetzung für eine über die Sektoren integrierte Gesundheitsversorgung, was wiederum die Effizienz des Ressourceneinsatzes zur Beschaffung und Verarbeitung von Daten erhöht. Der technische Fortschritt bei der Datenverarbeitung verändert somit auch im Gesundheitswesen mittels der Senkung der Transaktionskosten die institutionellen Rahmenbedingungen. Dies gilt, solange die Investitionskosten für den Aufbau und die Unterhaltung der neuen Informationstechnologie nicht die möglichen Effizienzgewinne aus Spezialisierung, Qualitätskontrolle und Vermeidung von Doppelarbeit durch besseren Informationsfluss aufzehren.

2.2.4.1. Einsatz integrierter Informationssysteme

Disease Management erfordert eine gut ausgebaute informationstechnologische Infrastruktur, um den Behandlern und Patienten die nötigen and angemessenen Informationen zur Verfügung zu stellen.[194] Dazu gehören Leitlinien, Schulungsmaterialien, Erinnerungssysteme, Fortbildungssoftware und individualisierte Datenaufbereitungen wie z. B. Behandlungspläne.[195] Voraussetzung für diese Maßnahmen ist eine umfassende Informationsbasis, die sich sowohl auf die Einzelheiten einer angemessenen Therapie bezieht (d. h. die verfügbaren medizinisch-wissenschaftlichen Informationen zur Erkrankung, zur Diagnostik und zur Therapie) als auch umfassende Informationen zum Patienten und dessen Krankheitsverlauf vorhält. Beide Elemente dieser Wissensbasis sind jeweils schwierig zu erlangen. Die Vielzahl der unterschiedlichen fachlich-

---

192 Vgl. Grätzel von Grätz, P. (2003b), S. 12.
193 Standl, E. (2002), S. 355.
194 Vgl. Caeser, M. (1996), S. 161.
195 Vgl. Lauterbach, K.W., Stock, S., Redaelli, M., Kühn, M. und Lüngen, M. (2001), S. 367.

medizinischen Informationen macht es dem Arzt nicht leicht, diejenigen neuen Erkenntnisse herauszufiltern, die für die konkrete Behandlungssituation von Bedeutung sind, soweit die Behandlungsentscheidung nicht eindeutig durch eine Leitlinie vorgegeben ist.

Disease Management erfordert einen Zugang aller Beteiligten zu einem integrierten Informationssystem, in dem die Behandlungsoptionen, die langfristigen Kostenkonsequenzen und die zugehörigen Ergebnisse (Outcomes) verfügbar sind. Deshalb ist der Aufbau einer solchen Datenbank von elementarer Bedeutung für ein funktionierendes Disease Management. Allerdings ist in der Praxis festzustellen, dass Informationen dieser Art größtenteils entweder nicht verfügbar oder nicht valide sind.[196] Im Idealfall sind derartige Systeme in der Lage, Patienten über verschiedene Versorgungswege hinweg zu dokumentieren, kontinuierlich die Behandlungsalgorithmen zu verbessern und die Leistungserbringer bei der Diagnose und Therapie mit Expertensystemen zu unterstützen.[197]

Gerade im Bereich der Mitwirkung bei der Therapieentscheidung hat es in den vergangenen Jahren eine Reihe von Fortschritten gegeben, die meist als Software-Eigenentwicklung der Disease Management-Unternehmen sehr individuell für bestimmte Erkrankungen konzipiert wurden. Standardsysteme zum Einsatz im Disease Management gibt es zurzeit weder in den USA noch in Europa. Aufgrund der derzeitigen Entwicklung des Marktes, bei dem sich verschiedene Anbieter von Disease Management-Programmen positionieren möchten, ist eine stärkere Standardisierung noch nicht zu erwarten, da das Hauptangebot dieser Unternehmen gerade die Leistungsfähigkeit ihrer Softwarelösungen darstellt.[198]

Die Zusammenfassung der Patienteninformationen wirft hohe organisatorische, EDV-technische und datenrechtliche Probleme auf. Im Gesundheitswesen besteht allerdings noch erheblicher Nachholbedarf beim IT-Einsatz, wenn man den Anteil, der von den Umsätzen für EDV verwendet wird, mit anderen Branchen vergleicht: Während im Gesundheitsbereich in den neunziger Jahren nur knapp 2% für IT aufgewendet wurden, belief sich diese Kennzahl bei Versicherungsunternehmen auf 4,8% und bei anderen Finanzdienstleistern auf fast 12%.[199] „Viele Kassen müssen kurzfristig erhebliche Anstrengungen unternehmen, um die für Disease Management notwendige Datenbasis und -transparenz herzustellen."[200]

Organisatorisch ist insbesondere die Frage zu klären, wie eine vollständige Patientenakte zusammengestellt werden kann, die nicht nur Informationen einer bestimmten Behandlungsebene enthält. Die Fragmentierung des Gesundheitssystems in Primär- und

---

196 Vgl. Hunter, D.J. und Fairfield, G. (1997), S. 51.
197 Vgl. Zitter, M. (1997), S. 9.
198 So wird derzeit in einem Pilotprojekt die Einführung eines elektronisch gestützten Disease Management-Programms (eDisMan) zur Hypertonie beim Praxisnetz Nürnberg-Nord (PNN) mit etwa 20 niedergelassenen Ärzten erprobt. Dokumentation, Feedback- und Erinnerungsfunktion sind damit in einem papierlosen, integrierten System vorgesehen, zu dem alle Praxen Zugang haben. Entwickelt wurde diese Software von der Firma Clinische Studien Gesellschaft (CSG) in Berlin. Vgl. o.V. (2002b), S. 5.
199 Vgl. Bishop, H. und Gonalez-Carvajel, J. (1998), S. 112.
200 Schaaf, M. (2001), S. 326.

Facharztebene sowie den stationären Bereich macht es zurzeit sehr schwierig, einen umfassenden, auf einzelne Patienten bezogenen Datenpool zu schaffen. Selbst wenn einem Kostenträger all diese Informationen vorliegen, wie dies z. B. bei der privaten Krankenversicherung der Fall ist, ist durch Selbstbeteiligungsregelungen und Eigenmedikation eine vollständige Informationszusammenstellung sehr unwahrscheinlich. Zur Vereinfachung wird meistens darauf verzichtet, den Patienten zur Informationsermittlung bezüglich des Ressourcenverbrauchs für Diagnostik und Therapie heranzuziehen. Dies kann höchstens für begrenzte wissenschaftliche Studien eine Lösung bieten oder wenn der Krankheitsfortschritt (und die damit verbundenen Kosten) den Einsatz eines Case Managers erfordert und deshalb ein engerer Kontakt mit dem Patienten notwendig erscheint.

Die EDV-technischen Probleme beziehen sich vor allem darauf, dass die unterschiedlichen Träger der Behandlung unterschiedliche Systemvoraussetzungen aufweisen und deshalb eine Datenpoolung zumindest anfänglich problematisch ist.[201] Zudem sind die zu verarbeitenden, immensen Datenmengen trotz hoher Leistungsfähigkeit der Datenverarbeitung noch immer ein technisches Problem. Neben der Datensammlung und der Datenintegration stellt zudem die Datenanalyse hohe Anforderungen an das EDV-System. So kann beispielsweise mit Hilfe externer Daten (im Sinne von Benchmarking) ermittelt werden, ob es zu einer Über- oder Unterversorgung bei bestimmten krankheitsspezifischen Schweregraden kommt.[202] Dadurch können im Idealfall variable Kosten identifiziert, zukünftige Kosten prognostiziert und der Einfluss der Prävalenz und des Fallmixes auf die Gesamtkosten deutlich gemacht werden. Mittelfristig sind diese EDV-technischen Probleme überwindbar, soweit der Wille aller Beteiligten besteht, diese Daten tatsächlich in einer zentralen Sammelstelle zusammenzuführen.

2.2.4.2. Strategien zur Nutzung des Internets

Das Internet wird in allen Industriestaaten für viele Patienten immer mehr zur wichtigen Informationsquelle. Dabei suchen eher Frauen als Männer Informationen über ihre Erkrankungen im Internet. Nutzer von gesundheitsbezogenen Websites sind im Durchschnitt älter als andere Internetnutzer. Zudem haben Patienten, die über 65 Jahre alt sind und das Gesundheitswesen tendenziell überdurchschnittlich in Anspruch nehmen, höhere Zuwachsraten der Internetnutzung als andere Altersgruppen.[203] Andererseits ist die Erfahrung in Deutschland, dass trotz hoher Zuwachsraten insgesamt die Verbreitung von Internetzugängen noch nicht ausreicht, um den Informationsaustausch im Rahmen von Disease Management-Programmen allein darauf zu basieren.

Bei der Rekrutierung zu einer noch unveröffentlichten Studie im Bereich Asthma gab nur ein einziger (von etwa 200) Patient an, im Rahmen der Studie einen Internetzugang nutzen zu wollen. Diese Online-Abstinenz betrifft tendenziell eher Patienten

---

201 Vgl. Jersch, N. (1996), S. 173.
202 Vgl. Eichert, J.H., Wong, H. und Smith, D. (1997), S. 54.
203 Vgl. Ferguson, T. (2000), S. 1130.

niedriger Bildungsschichten und höheren Alters,[204] also gerade diejenigen Patientengruppen, die ohnehin für strukturierte Behandlungs- und Präventionsprogramme weniger gut motivierbar sind.

Insofern wird das Internet für die Anwendung bei Disease Management-Programmen auf absehbare Zeit nur ein Zusatzinstrument bleiben. Es kann die direkte, persönliche Ansprache in der Arztpraxis oder per Telefon nur in wenigen Fällen teilweise ersetzen, wohl aber um ein weiteres interaktives Medium ergänzen. Andererseits nutzen nach Angaben der Firma Innovacare GmbH, einem auf Disease Management spezialisierten Dienstleister in Oberhachingen, bereits 160 Patienten das Angebot, am dortigen Passwort-geschützten Telemonitoring teilzunehmen, das seit Oktober 2000 über eine personalisierte Homepage für die Programme Asthma, Diabetes, Osteoporose, Adipositas und Allergie zur Verfügung steht.[205]

Für die Zukunft wird allerdings mit einer stetig ansteigenden Bedeutung des Internets bei der Umsetzung von Disease Management Strategien gerechnet. „Es kann davon ausgegangen werden, dass eine breite Realisierung des Disease Managements in der GKV alleine aus Kostengründen nicht ohne Nutzung des Internets denkbar ist."[206] Allerdings ist es wichtig, dabei nicht zu übersehen, dass internetbasierte Kontakte des Disease Managers zu Patienten und Ärzten oder der Beteiligten untereinander nur für einen Teil dieser Gruppen in Frage kommt, da zwar einerseits die Patientenmündigkeit steigt, andererseits aber bei einem großen Teil der Patienten (und auch Ärzten) noch eine gewisse Schwellenangst besteht, solche Angebote aktiv zu nutzen. Dies kann auf Unwissenheit, mit dem Internet umzugehen, aber auch auf Sicherheitsbedenken zurückzuführen sein, Krankheitsdaten per weltweitem Datennetz auszutauschen. Hier müssen speziell gesicherte Angebote geschaffen werden, um auch diesen Personenkreis zu erreichen.

Das Internet kann im Disease Management grundsätzlich fünf Aufgaben übernehmen:

1. Diffusion von Informationen zur betreffenden Erkrankung durch Gesundheitsportale (Patienten- und Ärzteschulung)
2. Informationsaustausch zwischen Leistungserbringern (elektronische Patientenakte)
3. Outcomes Research (insbesondere Home Monitoring der Patienten)
4. Administration der Programme (z. B. Einschreiben der Patienten, Online-Fragebogen zur Lebensqualität oder Meldung von Ressourcenverbräuchen)
5. Diskussionsforum (Erfahrungsaustausch zwischen Patienten, zwischen Ärzten und Patienten oder zwischen Ärzten)

---

204 Entsprechende Nutzerprofile des Internets werden seit Jahren regelmäßig erhoben und im Internet veröffentlicht (www.w3b.de). Es zeigt sich allerdings, dass die prozentuale Verteilung der Nutzer über die Altersklassen und Bildungsschichten immer weniger steil verläuft, also ältere und weniger gebildete Bevölkerungskreise zwar immer noch unterrepräsentiert sind, aber mehr und mehr Interesse am Internet zeigen.
205 Vgl. Stoschek, J. und Prinoth, M. (2001), S. 12.
206 Vgl. Häussler, B., Glaeske, G. und Gothe, H. (2001c), S. 34.

Die Einsatzmöglichkeiten sind in der folgenden Graphik (Abbildung 6) nochmals übersichtsartig zusammengefasst und werden im Anschluss ausführlicher erläutert.

Abbildung 6: Einsatz von Internet-Technologie bei Disease Management

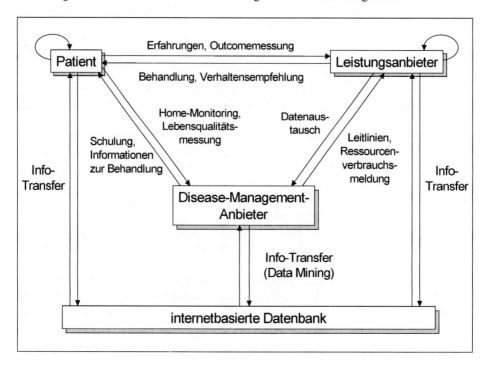

Zu 1.: Diffusion von Informationen zur betreffenden Erkrankung (Patienten- und Ärzteschulung)

Ein wichtiger Bestandteil des Disease Management ist die Vermittlung von Wissen auf der Grundlage Evidenz-basierter Leitlinien. Sowohl Patienten wie Leistungserbringer sollten über den aktuellen Stand der Medizin, der Diagnostik, Therapie und Nachsorge in der betreffenden Erkrankung umfassend informiert werden. Dazu gehören Patientenschulungen, die unterstützend online (z. B. zur Nachbereitung) durchgeführt werden können. Als allgemeines Nachschlagewerk zu Fragen der Erkrankung oder in Form von FAQ (Frequently Asked Questions) kann dieses Wissen online zugänglich gemacht werden.[207] In der Regel wird dieses Angebot ergänzend zu Callcentern angeboten werden, wobei die Call-Agents ihrerseits die Internetdatenbank nutzen können, um die Fragen der Patienten (und ggf. Leistungsanbieter) zu beantworten. Auf diese Weise können

---

207 Vgl. Lenz. Ch.F.W., Waller, T. und Brucksch, M.M., S. A2242.

Überblick über das Konzept des Disease Managements

generelle Informationen individualisiert und auf die Bedürfnisse des einzelnen Patienten zugeschnitten werden. Wegen des raschen medizinischen Fortschritts und des hohen Aufwandes, den Medizin-Portal-Anbieter treiben müssen, um ihre Seiten auf dem aktuellsten Stand zu halten, können auch gute Informationsangebote aus dem Internet kein durchgehend hohes Niveau garantieren.[208] Die Vermischung von wissenschaftlichen Inhalten mit Werbebotschaften von so genannten Sponsoring-Partnern der Portale, die nicht immer sofort als solche zu erkennen sind, schafft ein zusätzliches Glaubwürdigkeitsproblem.[209] Anders als andere gesundheitsbezogene Internetangebote kann das weltweite Datennetz beim Disease Management eine qualitätsgesicherte Informationsquelle darstellen.

Internetseiten von Disease Management-Programmen hätten einen wesentlich höheren Grad an Glaubwürdigkeit und Nachprüfbarkeit als andere Anbieter gesundheitsbezogener Inhalte im Internet, da bei letzteren häufig keinerlei Qualitäts- und Reliabilitätskontrolle stattfindet.[210] Wegen der fehlenden Qualitätssicherung der Internetangebote ist eine schlechte oder sogar falsche Beratung der Patienten nicht auszuschließen.[211] Weitere Problembereiche bei den traditionellen Internetseiten sind:

- Wenig klare Hinweise, ob die Seiten für Patienten oder für eine professionelle (ärztliche) Leserschaft gedacht sind. Um Missinterpretationen zu vermeiden, sollte die sprachliche Gestaltung dem Leserkreis angepasst sein.
- Anonymität der Autoren, was zu einer geringeren Verantwortlichkeit der Urheber von solchen Informationen führt.
- Falsche Anwendung an sich korrekter Informationen: Was in einer bestimmten Krankheits- oder Versorgungssituation richtig ist, kann unter anderen Umständen (z. B. beim Vorliegen von Co-Morbiditäten) völlig falsch sein.
- Bildung falscher Erwartungen an das, was ein Gesundheitssystem leisten kann: Nicht für jede denkbare Behandlungsform können dauerhaft und in breiter Anwendung Kapazitäten vorgehalten werden. Stattdessen zwingen begrenzte Ressourcen dazu, gesundheitspolitische Prioritäten zu setzen. Bei vollständigerer und unabhängiger Information via Internet wird diese Form der Rationierung für die Betroffenen wesentlicher transparenter und spürbarer. „A free market of information will conflict with a controlled market in health care."[212]

---

208 Vgl. Jutzi, S. (2002), S. 209.
209 Derzeit gibt es eine Reihe von Initiativen, diesem Problem mithilfe von Zertifizierungen und Gütesiegeln für einzelne Internetangebote zu begegnen. Bekannt geworden ist beispielsweise das Med-CERTIAN-Siegel (www.medcertian.org), das von der Europäischen Union gefördert wird. Betreiber solcher Seiten verpflichten sich, bestimmte Informationen über sich selbst dem Nutzer offen zu legen, z. B. zur Frage der Finanzierung der Online-Angebote. Die Seiten werden in der höchsten Zertifizierungsstufe auch inhaltlich (z. B. von medizinischen Fachgesellschaften) geprüft.
210 Vgl. Eysenbach, G. und Diepgen, T.L. (1998), S. 1496–1502.
211 Kruse, U. und Kruse, S. (2002), S. 30.
212 Coiera, E. (1996), S. 3.

Zu 2.: Informationsaustausch zwischen Leistungserbringern (elektronische Patientenakte)

Schon heute werden in einzelnen vernetzten Praxen Informationen zu Patienten verschlüsselt per Internet ausgetauscht, um die einzelnen Behandler mit allen bisherigen Diagnosen und Therapien der Patienten vertraut zu machen.[213] Auf diese Weise sollen Doppeluntersuchungen vermieden, die Qualität der ärztlichen Entscheidung erhöht und ein aufwändiges postalisches Berichtssystem zwischen den Ärzten überflüssig gemacht werden.[214] Der Weg zur elektronischen Patientenakte ist allerdings lang. Neben datenschutzrechtlichen Bedenken (Befürchtungen vor dem „gläsernen Patienten")[215] bestehen vor allem Probleme der technischen Umsetzung und der Datensicherheit, wobei letzteres noch am schnellsten lösbar erscheint. Unterschiedliche Praxissoftware und mangelnde Einsicht in den Investitionsbedarf haben bislang aber meist den Aufbau integrierter Informationssysteme verbundener Praxen und Krankenhäuser verhindert. Zukünftig werden solche Technologien im Rahmen integrierter Versorgung an Bedeutung gewinnen, da die Verbesserung des Informationsaustausches als Grundlage jeder weiteren Kooperationsform gesehen werden kann. Auch datenschutzrechtlich sind in den letzten Jahren verschiedene Lösungen vorgestellt worden, damit Patienteninformationen schnell, aber gleichzeitig nur solchen Personen zugänglich gemacht werden soll, die dazu befugt sind.[216] Übertragungs- und Verschlüsselungstechnologien zur Nutzung des Internets auch für sensible personenbezogene Patientendaten liegen aus dem Bankwesen vor und sind auch ohne doppelte Dokumentation innerhalb der neueren Praxissoftware-Programme möglich.[217]

Die Koordination des Leistungsgeschehens erfordert sowohl in der Planung wie bei der Durchführung und Kontrolle einen engen Informationstransfer sowohl zwischen den Leistungsanbietern als auch dem Disease Management-Koordinator.[218] Elektronischer Austausch von Patienteninformationen ist essenziell, um anderen Behandlern Vordiagnosen, Unverträglichkeiten und den Erfolg bisheriger Therapien zur Kenntnis zu bringen.[219] Man spricht in diesem Zusammenhang bereits vom Übergang des „Disease-based Management" zum „Patient-based Management".[220] Die kassenärztlichen Vereinigungen drängen allerdings darauf, dass die Fähigkeit der Leistungsanbieter zu elektronischer Kommunikation nicht Voraussetzung für die Teilnahme an Disease Management-Maßnahmen sein könne, da eine solche Hürde für zu viele Praxen zu hoch gesetzt sei.[221] Papiergebundene Dokumentation kann aber nur ein Übergangsstadium sein, da der damit verbundene Eingabe- und Kontrollaufwand für ein Gelingen der neuen Ver-

---

213 Vgl. Asendorf, D. (2003), S. 32.
214 Vgl. Bornemann, S. und Daumann, F. (2002), S. 11.
215 Vgl. Orlowski, U. (2002), S. 336.
216 Vgl. Schmidlin-von Ziegler, N.I. (1998), S. 55.
217 Vgl. Häussler, B., Glaeske, G. und Gothe, H. (2001a), S. 397.
218 Vgl. Herholz, H. und Ollenschläger, G. (2001), S. 388.
219 Vgl. John, B. (2002), S. 147.
220 Vgl. Lenz, Ch.F.W., Waller, T. und Brucksch, M.M. (2001), S. A2244.
221 Vgl. Tophoven, C. (2002), S. 220.

sorgungsform zu hoch ist.[222] Es war deshalb seitens der Krankenkassen vorgesehen, bis Ende 2003 auf Datenfernübertragung (oder zumindest Datenträgeraustausch) umzustellen.

Zu 3.: Outcomes Research (insbesondere Home-Monitoring der Patienten)

Disease Management ist auf ausreichende Informationen zum Krankheitsverlauf angewiesen, um rechtzeitig Maßnahmen zur Vermeidung weiterer Krankheitsereignisse (Komplikationen wie akute Asthmaanfälle oder Schlaganfälle) bzw. zur Verlangsamung des Krankheitsfortschrittes einzuleiten. Dazu eignet sich das so genannte Tele- oder Home-Monitoring, bei dem der Patient zu Hause Krankheitswerte (z. B. Lungenfunktions- oder Blutdruckwerte) bestimmt und diese online an den Disease Manager übermittelt. Der Patient erhält als Feedback Charts über den Verlauf seiner Werte und regelmäßige Hinweise zur weiteren Therapie bzw. notwendigen Verhaltensänderungen. Dadurch kann die Einsicht der Patienten in die entsprechenden ärztlichen Anweisungen steigen und die Compliance verbessert werden.[223] Damit steigt tendenziell die Effizienz der eingesetzten Ressourcen, was nicht gleichzeitig zu Kosteneinsparungen führen muss, da dies von weiteren Faktoren (wie dem bisherigen Umgang mit anderen Ressourcen) abhängt.

Ein weiterer Schritt zur Integration des Home-Monitoring in das Versorgungssystem chronisch Kranker ist das Bio-Monitoring. In Erprobung sind Technologien, die permanent im Körper des Patienten Daten erheben, diese vollautomatisch an Expertensysteme weiterleiten und so zu einer lückenlosen Erhebung und Kontrolle des Krankheitsverlaufes führen können. Möglich ist dann z. B. mittelfristig ein Abbau von Krankenhauskapazitäten, da bei nicht schwer erkrankten Patienten die post-stationäre Überwachung zu Hause erfolgen kann.

Home-Monitoring entlastet Patienten zudem von Routinebesuchen beim Arzt, die nur zur Bestimmung einzelner Outcome-Parameter erforderlich sind und nur einen geringen therapeutischen Nutzen haben. Im Übergang zu pauschalisierten Vergütungssystemen bedeutet dies für Leistungsanbieter keinen Umsatzverlust, sondern Zeitersparnis und Konzentration auf wesentliche Patientengespräche und -untersuchungen, die nur in der Praxis durchgeführt werden können.

Zu 4.: Administration der Programme (z. B. Einschreiben der Patienten, Online-Fragebogen zur Lebensqualität oder Meldung von Ressourcenverbräuchen)

Die Kosten der Disease Management-Programme selbst hängen zurzeit noch sehr von dem Ausmaß des administrativen Aufwandes ab, der nötig ist, um die Patienten zu rekrutieren, regelmäßig die Daten zum Krankheitsverlauf und Ressourcenverbrauch über-

---

222 Vgl. Zieler, P. (2003), S. 8.
223 Vgl. Lenz, Ch.F.W., Waller, T. und Brucksch, M.M. (2001), S. A2244.

mittelt zu bekommen und Adressänderungen, Arztwechsel etc. zu erfassen. Diese Arbeiten könnten per Internet wesentlich kostengünstiger durch den Patienten bzw. Leistungsanbieter selbst übermittelt werden. Dies gilt allerdings nur, soweit es gelingt, die Erfassungsseiten im Internet übersichtlich zu gestalten sowie eine schnelle Abrufbarkeit und eine rasche Abwicklung im Internet sicherzustellen. „It will be data/computer integration that will make or break disease management."[224]

Der direkte, elektronische Austausch von Daten zwischen Praxen scheitert derzeit noch häufig an der Schnittstellenproblematik, die sich durch unterschiedliche Software ergibt. Eine Internetbasierung des Datenaustausches könnte zu einer entsprechenden Standardisierung der Datenformate beitragen.

Zu 5.: Diskussionsforum (Erfahrungsaustausch zwischen Patienten, zwischen Ärzten und Patienten oder zwischen Ärzten)

Als weiteren Anreiz zur Teilnahme und Compliance sind bei Internet-basierten Disease Management-Programmen i.d.R. Chat-Foren vorgesehen, bei denen die Patienten offen oder anonym über ihre Erfahrungen und Ängste berichten können. Gerade die Hilfe bei emotionalen Problemen, die im Zusammenhang mit der Erkrankung stehen, ist durch Personen in ähnlicher Situation (z. B. Patienten mit derselben chronischen Erkrankung) häufig eher möglich als durch die Leistungsanbieter, denen nicht selten entweder die Zeit oder der Zugang zu spezifischen psychologischen Problemen des Patienten fehlt. Die emotionale Unterstützung der Patienten hat eine eminente ökonomische Bedeutung, da die Akzeptanz der Disease Management-Programme durch die Betroffenen Voraussetzung für deren Mitwirkung und Compliance (und damit für den Erfolg des Programms) ist.[225]

Insbesondere für den Erfahrungsaustausch der Patienten untereinander erscheint diese Option gut geeignet. Für viele chronisch kranke Patienten ist das Diskussionsforum mit anderen Leidensgenossen zu einer wichtigen Informationsquelle geworden. Für Ärzte bedeuten solchermaßen informierte Patienten einen höheren Bedarf an Gesprächszeit, also zunächst einen höheren Ressourcenaufwand. „Physicians feel uneasy when patients ... question their recommendations, disagree with their advice, or request inappropriate treatments."[226]

Andererseits ist der aufgeklärte und selbst bestimmte Patient gerade Ziel des Disease Management, denn er übernimmt selbst Verantwortung für das Management seiner Erkrankung, hat Einsicht in die eingeleiteten Behandlungsmaßnahmen und zeigt ein höheres Maß an Compliance als andere Patienten.[227] Entsprechende Gespräche können also (wie jede Präventionsmaßnahme) als Investition in ein gesundheitsbewussteres Verhalten in der Zukunft gesehen werden.

---

224 Vgl. Todd, W.E. (1997), S. 302.
225 Vgl. Richter-Reichhelm, M. (2002), S. 11.
226 Ferguson, T. (2000), S. 1131.
227 Vgl. Kayser, B. und Schwefing, B. (1998), S. 119.

Auch für Ärzte kommt ein entsprechender Austausch in Frage, um Zweifelsfragen im Kollegenkreis online zu erörtern. Von dieser Möglichkeit wird zurzeit erst sehr zögerlich Gebrauch gemacht. Die Gründe dafür sind bislang nicht evaluiert worden, werden aber häufig mit Zeitmangel, zu geringen Bekanntheitsgrad der Angebote und Nutzung anderer Informationsquellen (wie Qualitätszirkel und Fortbildung der Ärztekammern) erklärt. Die Etablierung von Meinungsforen für Leistungsanbieter ist aus diesen Gründen daher eher langfristig zu erwarten.

Die Kontaktaufnahme zwischen Arzt und Patient kann im Internet auch auf direktem Weg per E-Mail erfolgen. Das Bearbeiten von E-Mail-Anfragen von Patienten ist zwar zunächst zusätzlicher Aufwand, kann aber auf lange Sicht Gesprächszeit einsparen. „Answering patients' questions by e-mail can be surprisingly time efficient."[228] Viele Antworten können vorab als „frequently asked Questions" (FAQ) abgelegt und bei Bedarf mitgeteilt werden. Einzelne Patientenkontakte können auf diese Weise ganz vermieden werden (was insbesondere bei Pauschalhonorierung für die Leistungsanbieter interessant ist).

Die Zeiteinteilung ist bei E-Mail-Korrespondenz im Vergleich zu Anrufen der Patienten wesentlich flexibler, d. h. die Mails können beantwortet werden, wenn Lücken im Tagesablauf dies zulassen. Zudem können den Patienten für weitergehende Informationen auch einzelne Websites genannt werden, was wiederum Zeit beim direkten Patientengespräch sparen hilft, wenn im Vorhinein die Behandlungsoptionen bekannt und gut beschrieben sind.

Wichtige Grundsätze bei der Verwendung elektronischer Medien für die Kommunikation der Leistungserbringer untereinander und zu den Patienten sind:[229]

- Sicherung der Originalität (d. h. Dateninhalte dürfen weder beabsichtigt noch durch Datenübermittlungsfehler verändert werden können)
- Sicherung der Authentizität (d. h. die Herkunft der Daten muss eindeutig überprüfbar sein, z. B. durch digitale Signatur)
- Sicherung der Vertraulichkeit (d. h. Unbefugten muss der Zugang zu den Daten unmöglich sein)

Besonders der letzte Punkt ist im Bereich der medizinischen Datenübermittlung unabdingbar, um der ärztlichen Schweigepflicht Genüge zu tun. Es stehen eine Reihe kryptografischer Verfahren zur Verfügung, um diesem Anspruch gerecht zu werden (symmetrische und asymmetrische Verschlüsselung, Hybrid-Key-Verfahren)[230].

---

228 Ferguson, T. (2000), S. 1131.
229 Vgl. Paul, V. und Bresser, B. (2001), S. 168.
230 Vgl. Bölscher, J. (2002), S. 19 ff.

2.2.5. Phasenmodell zur Einführung von Disease Management

Die Einführung von Disease Management-Programmen kann idealtypisch in verschiedene Phasen unterteilt werden, um einen geregelten Aufbau von Institutionen und Erfahrungen zu gewährleisten. Am Beginn jeder Einführung von Disease Management-Programmen steht der Aufbau einer Wissensbasis, um bereits in der Planungsphase zu klären, welche Krankheitstypen und Patientengruppen in das Programm sinnvollerweise aufgenommen werden sollten und welche Leistungserbringer man an dem Behandlungsprozess beteiligen muss, um die kritischen Versorgungsschnittpunkte vollständig zu erfassen.[231] Daran schließt sich die Evaluation von möglichen Interventionen an, um deren Potenzial zur Verbesserung der medizinischen und ökonomischen Ergebnisse festzustellen. Diese Informationen sind durch Evaluationsstudien oder Auswertung vorhandener Literatur und Behandlungs-Guidelines der Fachgesellschaften zu erheben.

Diese Wissensbasis ist die Grundlage für die Ausarbeitung von Diagnose- und Behandlungsstandards in allen Versorgungsstufen (von der Prävention bis zur Rehabilitation). Diese müssen genügend praktikabel sein, um auf eine breite Akzeptanz der am Versorgungsprozess Beteiligten zu treffen. Die gefundenen Standards müssen dann in übersichtlicher Form zusammengefasst werden, damit eine möglichst effektive Kommunikation an die betroffenen Leistungserbringer möglich ist. Dabei sind ggf. auch Meinungsführer zu beteiligen, um die Akzeptanz bei den Fachkollegen zu erhöhen.[232]

In der Einführungsphase des Disease Managements ist der Informationsbedarf aller Beteiligten naturgemäß besonders groß. Sowohl die Patienten wie die Ärzte müssen hier in einem aufwändigen Prozess über die Ziele und Abläufe im geplanten Programm in Kenntnis gesetzt werden. Dies kann in Form von Qualitätszirkeln der Ärzte und Einzelgesprächen mit den Versicherten erfolgen, erforderlich sind aber zudem regelmäßige schriftliche Informationen zu Art und Umfang der geplanten Maßnahmen. Dazu gehören auch Informationen zu erfolgsorientierten Vergütungsformen[233] und der Ausgestaltung der Verträge mit den Leistungsanbietern.

Direkt nach Einführung des Disease Management-Programms muss die Ergebnismessung einsetzen, um frühzeitig Behandlungspfade und andere Vorgaben auf ihre Zweckmäßigkeit und Validität zu prüfen. Dazu müssen vorab klinische und ökonomische Ergebnisvariablen definiert und bekannt gemacht werden, damit das Ergebnis der Evaluation Akzeptanz findet. Bei dieser Auswahl mag es durchaus zu Interessenkonflikten kommen, da für Leistungserbringer ggf. eher medizinische Variablen im Mittelpunkt stehen, für den Versicherer eher ökonomische. Ein Interessenausgleich hinsichtlich dieser Frage muss bereits vor Einführung des Programms abgeschlossen sein, nicht erst in der Auswertungsphase.

Die Ergebnismessung ist häufig schwer zu organisieren, da die Daten in vorgegebenen Abständen zu erheben sind und die Weiterleitung an den Disease Manager si-

---

231 Vgl. Ellrodt, G. (1997), S. 1687–1692 sowie Eichert, J.H. (1997), S. 27–59.
232 Vgl. Amelung, V.E. und Schumacher, H. (1999), S. 125.
233 Vgl. Lauterberg, J. und Becker-Berke, S. (1999), S. 27.

Überblick über das Konzept des Disease Managements

chergestellt sein muss. An dieser Schnittstelle der Datenerhebung entstehen nicht unerhebliche Kosten, deren Deckung vorab geklärt sein muss.

Nach vollständiger Implementation kann der Steuerungskreislauf von

- Aufbau einer Wissensbasis,
- Prozessverbesserung und
- Feedback-System

beginnen.[234] Die Behandlungsstandards und vorgegebenen Abläufe der Versorgung werden dabei kontinuierlich durch das Feedback der Ergebnismessung überprüft und ggf. modifiziert.

Eine besondere Herausforderung stellt die Übertragung eines bestehenden Disease Management-Programms auf andere Gesundheitssysteme dar. Ähnlich wie bei der Übertragung von Ergebnissen aus nationalen gesundheitsökonomischen Evaluationsstudien[235] sind auch bei der Übertragung von Disease Management-Programmen einer Standardisierung Grenzen gesetzt. Zu unterschiedlich sind die strukturellen Rahmenbedingungen in verschiedenen Gesundheitssystemen. Am Beispiel der Erkrankung des oberen Gastrointestinaltraktes (UGI) haben Haycox et al.[236] dargelegt, welche Schritte nötig wären, um ein Disease Management-Programm simultan in verschiedenen Gesundheitssystemen einzusetzen. In einem Modell wird diese Vorgehensweise exemplarisch anhand der Gesundheitssysteme Großbritanniens, Schwedens, Deutschlands und der Schweiz durchgerechnet.[237] So stellten die Autoren beispielsweise fest, dass die für gastrointestinale Erkrankungen bedeutsamen Medikamente in Deutschland zu höheren Preisen angeboten werden als in Großbritannien, während für diagnostische Tests in Deutschland signifikant niedrigere Preise festgestellt wurden. Entsprechende Variationen haben entsprechenden Einfluss auf die Auswahl der kosteneffektivsten Therapie und damit auf die Ausgestaltung des Disease Management-Programms.

Die Vorteile einer simultanen Einführung eines Disease Management-Programms in mehreren Ländern liegen insbesondere darin, Kosten der Leitlinienerstellung zumindest teilweise einzusparen, da die Daten zur Wirksamkeit von Maßnahmen sich von Land zu Land in der Regel nicht grundsätzlich unterscheiden. Lernprozesse bei der Umsetzung der Disease Management-Maßnahmen können ebenfalls bei der Implementierung in einem anderen Land genutzt werden. Andererseits sind die Verschiedenartigkeiten der einzelnen Gesundheitssysteme von Bedeutung, wenn einzelne Modelle auf unterschiedliche Länder übertragen werden sollen. So sollte am Anfang einer solchen Umsetzung die Analyse der bisherigen und zu erwartenden Gesundheitspolitik (insbesondere Fragen der Budgetierung und Wettbewerbssituation der Leistungserbrin-

---

234 Vgl. Neuffer, A.B. (1997).
235 Vgl. Greiner, W., Schöffksi, O. und Schulenburg, J.-M. Graf v.d. (2000).
236 Vgl. Haycox, A., Dubois, D. und Butterworth, M. (1998), S. 39–56.
237 Vgl. Haycox, A., Dubois, D. und Butterworth, M. (1998), S. 48.

ger)[238] mit ihrem Einfluss auf die klinische Praxis und den Ressourceneinsatz stehen. Diese Erkenntnisse müssen in einem weiteren Schritt auf die Gesamtkosten und die Wirksamkeit der verschiedenen Behandlungsoptionen bei der fraglichen Krankheit übertragen werden.

2.2.6. Vergütung

Die Frage der Vergütung ist im Gesundheitswesen von besonderer Bedeutung, da in diesem Bereich nur sehr selten eine freie Preisbildung als Zusammenspiel von Angebot und Nachfrage stattfindet. „Krankenversicherungsschutz und freie Preisbildung vertragen sich nicht miteinander. ... Preisregulierungen sind somit bei Existenz einer Krankenversicherung erforderlich."[239] Insofern müssen in einem Disease Management-System Wege gefunden werden, den Leistungserbringern Anreize zur Teilnahme und zu einer kosteneffektiven Versorgung zu geben sowie adverse Selektion (insbesondere die Fokussierung auf vergleichsweise gute Risiken unter den chronisch Kranken) zu vermeiden.

Honorierung kann an verschiedene Bemessungskriterien anknüpfen.[240] Da der Heilungserfolg schwer messbar ist und nur teilweise von ärztlichem Bemühen abhängt, wird in der Regel nach Inputkriterien wie Faktoreinsatzmenge, eingesetzte Arbeitszeit der Leistungserbringer, Anzahl der Patienten oder nach Einzelleistungen honoriert. Die letztgenannte Form der Honorierung ist für Disease Management weniger gut geeignet, da sie durch das Risiko der angebotsinduzierten Nachfragesteigerung einen unangemessenen Kontrollaufwand erfordert, ob die Behandlungsstandards eingehalten wurden. Dieses Risiko einer Ausweitung der Leistungsmenge besteht auch, wenn Leitlinien die Behandlung determinieren sollen, weil die Leistungserbringer einen Anreiz haben, die Leistungsmenge so auszuweiten, wie es die Leitlinien gerade noch zulassen (oder darüber hinaus, wenn die Sanktionswahrscheinlichkeit gering ist). Angemessener sind pauschalisierte Entgeltformen, die zeitlich, organisatorisch oder inhaltlich abgegrenzt sein können. Dazu sind dementsprechende Behandlungseinheiten zu definieren, wie dies in Tabelle 5 aufgelistet ist. Leitlinien können dazu beitragen, entsprechende Leistungsbündel zu definieren, die pauschal vergütet werden.

---

238 Vgl. Kayser, B. und Schwefing, B. (1998), S. 158.
239 Schulenburg, J.-M. Graf v.d. (1992), S. 113.
240 Vgl. Schulenburg, J.-M. Graf v.d., Greiner, W. (2000), S. 143–155.

Tabelle 5: Behandlungseinheiten

Grenzziehung	Behandlungseinheit	Beschreibung
organisatorisch	Kontakt	einzelner Kontakt mit einem Leistungserbringer, eingeteilt nach Aufenthaltsort: • ambulant • teilstationär • stationär
zeitlich	Periode	alle Behandlungen innerhalb eines bestimmten Zeitraumes: • Tag • Woche • Jahr
inhaltlich	Episode	mehrere Kontakte bei einem oder bei mehreren Leistungserbringern zur Behandlung eines Problems
	Behandlungsabschnitt	Abschnitte im Behandlungsverlauf mit unterschiedlichen Behandlungszielen: • Kontaktaufnahme • Prävention • Akutbehandlung • Rehabilitation • Betreuung/Pflege • Behandlungspause
	Behandlungsphase	Elemente eines Behandlungsabschnittes (mit unterschiedlicher Behandlungsmethodik) • Diagnostik • Therapie • Operation • andere Therapie • Nachbetreuung

Quelle: Greulich, A., Berchtold, P. und Löffel, N (2000), S. 114.

Organisatorische Grenzziehungen haben vor allem den Vorteil der höheren Abrechnungsklarheit, weil bei diesem System unstrittig ist, dass das Honorar gerade demjenigen Leistungsanbieter zufließt, der mit der Behandlung befasst war. Dieser Ansatz stärkt jedoch das alte sektorale Denken und Egoismen. Ziel des Disease Management ist demgegenüber aber, einen ganzheitlichen Ansatz für die Patientenversorgung zu finden. „Die einzelnen Leistungsanbieter benötigen auf sie bezogene Auftragseinheiten, zumindest damit es möglich wird, eine leistungsanbieterübergreifende Vergütung unter sich aufzuteilen."[241] Diese sollten wegen der bekannten Nachteile nicht auf Kontakten oder Einzelleistungen beruhen, sondern inhaltlich bestimmt sein, z. B. definiert als Behandlungsphase (z. B. Operation). Eine Leistungserbringer-übergreifende Honorierung (z. B. gesamte Versorgung eines Diabetikers Typ 2 für sechs Monate) erfordert allerdings schon ein hohes Maß organisatorischer Integration, von der nur in wenigen Fällen ausgegangen werden kann. Die Erfahrung mit Modellvorhaben und Strukturverträgen in Deutschland zeigt, dass dies in Systemen mit traditioneller Prägung einer fragmentierten Versorgung nur schwer umsetzbar ist.[242]

Realistischer ist es deshalb, eine für den einzelnen Patienten zentrale Institution als Disease Manager zu etablieren (z. B. Hausärzte, aber auch Schwerpunktpraxen oder spezialisierte Disease Management-Unternehmen), die die Behandlung über in Leitlinien erarbeitete Behandlungspfade steuert und dafür eine Pauschale erhält (wie in Abbildung 7 dargestellt). Alle anderen Leistungsanbieter würden dann weiter separat nach den bisherigen Abrechnungsmodalitäten entlohnt. Eine bei den Kostenträgern installierte Controllingstelle würde die Outcome-Analyse, die Organisation und Überprüfung der Leitlinien sowie die stichprobenartige Kontrolle für deren Einhaltung übernehmen.

Abbildung 7: Organisatorischer Aufbau und Honorierung im Disease Management

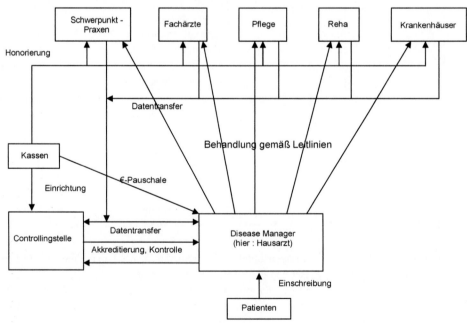

---

241 Greulich, A., Berchtold, P. und Löffel, N. (2000), S. 112.
242 Vgl. Hess, R. (1999), S. 92.

Überblick über das Konzept des Disease Managements

Die Vergütung der Leistungen an externe Dienstleister kann über verschiedene Zahlungsoptionen abgewickelt werden. Teilweise werden Falltarife vereinbart, die z. B. pro Kontakt mit dem Patienten gezahlt werden. Andererseits sind auch Kopfpauschalen (Capitations) möglich, die auf dem Versichertenbestand einer Krankenversicherung oder eines Arztnetzes beruhen. In diesem Falle wird das Ergebnisrisiko wegen des unerwartet hohen Behandlungsaufwandes einzelner Patienten auf den Dienstleister übertragen. Dieser kann sich mittels Rückversicherung einen Teil dieses Risikos abnehmen lassen. Die Einbindung von Rückversicherungsunternehmen erfordert eine gesicherte Datenbasis, die in regelmäßigen Abständen überprüft werden muss.[243] Dazu gehört die genaue Beschreibung der Patientengruppe (Zahl und Morbiditätsstruktur), die Höhe und Kalkulation der Beiträge, die Durchschnittskosten für medizinische Behandlungen, die für das Disease Management gesetzten Ziele und deren Erreichung. Bevor diese Daten nicht verfügbar sind, wird es für einen Rückversicherer schwer sein, eine geeignete Prämie festzusetzen. Die Dokumentation des Leistungsgeschehens, der Behandlungsergebnisse und Kosten ist auch deshalb von besonderer Bedeutung.[244]

Schließlich können Bonusvergütungen, die unabhängig von einzelnen Behandlungsepisoden gezahlt werden, zur Honorierung von Disease Management-Leistungen herangezogen werden.[245] Bewertungsmaßstab sind dann entweder inputorientierte Größen, insbesondere die Behandlung gemäß vorgegebener Qualitätsstandards bzw. Leitlinien, oder outputorientierte Parameter (wie die Patientenlebensqualität bzw. -zufriedenheit oder medizinische Outcomes). Allerdings ist die Ergebnismessung und die Überwachung einer leitlinienorientierten Behandlung in der praktischen Umsetzung sehr aufwändig. Die Gewährung eines Bonus könnte wegen des damit verbundenen administrativen Aufwandes ggf. mehr kosten als der Bonus selbst. Zahlt man den Bonus nach weniger strengen Maßstäben ist dagegen seine Steuerungswirkung fraglich.

In der Praxis setzt sich in Deutschland derzeit eine reine Dokumentationspauschale als Zusatzhonorierung im Einzelleistungssystem durch. In Modellen unter Beteiligung der AOK wurden im Jahr 2002 beispielsweise 25 Euro für die Erstdokumentation sowie 15 Euro für die Folgedokumentationen pro Quartal vereinbart.[246] In Verhandlungen mit den kassenärztlichen Vereinigungen war dabei nicht das Honorierungssystem, sondern nur die Höhe der Zuwendung strittig. Überlegungen zu einer „Kontinuitäts-Komponente"[247], d. h. eine Bonuszahlung für Ärzte, die Patienten im Programm halten, konnten sich bislang nicht durchsetzen. Ein derartiger zusätzlicher Anreiz zur Kundenbindung und langfristiger Qualitätsverbesserung sollte in der Regel auch nicht nötig sein, sondern durch die Aussicht auf zukünftige Honorierung der Leistungen abgedeckt sein.

Die flächendeckende Einführung von Disease Management-Programmen in die gesetzliche Krankenversicherung hätte allerdings eine Chance zur Novellierung der

---

243 Vgl. Weihe, J.H., Marlowe, J.F. und Norris, G. (2002), S. 348.
244 Vgl. Raths, J. (1996), S. 274.
245 Vgl. Greulich, A., Berchthold, P. und Löffel, N. (Hrsg.) (2000), S. 165.
246 Vgl. Durst, C. (2003), S. 2.
247 Jacobs, K. und Häussler, B. (2002), S. 29.

Honorierung ambulanter ärztlicher Leistungen bedeuten können. Damit wäre in diesem Bereich vollzogen worden, was im stationären Sektor durch die Einführung von Fallpauschalen und zukünftig DRGs verändert wurde und dort zu geringeren Verweildauern der Patienten geführt hat. Allerdings entspricht die deutsche Form der Einzelleistungsvergütung ambulanter Leistungen bereits heute eher einer Pauschalhonorierung nach Anzahl der behandelten Patienten, da in den meisten KV-Bezirken höchstens ein bestimmter Durchschnittsbetrag pro Patient (in Abhängigkeit von Arztspezialisierung und Versichertenstatus) abgerechnet werden kann. Mit dieser Honorierungsform ist jedoch der Anreiz zu Selektionsprozessen und vorschnellen Überweisungen verbunden. Aus Institutionen-ökonomischer Sicht stellt sich bei Honorierungsfragen immer das Problem der asymmetrischen Information zwischen Auftraggeber (Prinzipal) und Auftragnehmer (Agent). Wären alle Informationen allen Beteiligten bekannt, wäre auch die Einzelleistungsvergütung effizient. Da aber beiderseits Informationsdefizite vorliegen, muss nach Honorierungsformen gesucht werden, die die Informations- und Kontrollkosten insbesondere für den Prinzipal (in diesem Fall die Krankenversicherungen) klein hält.[248] Die Honorierung sollte deshalb nach der Art der Erkrankung bzw. des Schweregrades differenziert sein, wofür Disease Management aufgrund der leitliniengestützten Standardisierung der Versorgung und der regelmäßigen Überprüfung des Krankheitsstatus der Patienten sehr gute Voraussetzungen bietet.

Die Frage der Honorierungsform und -höhe ist zwar nicht die einzige kritische Größe für die von Durchsetzung des Disease Managements, sie hat aber erhebliche Bedeutung für dessen Gelingen. Das neue Versorgungskonzept wird von den Leistungsanbietern nur dann befolgt werden, wenn eine Teilnahme dem jeweiligen Akteur größere individuelle Vorteile verheißt als eine Nicht-Teilnahme.[249] Im folgenden Exkurs sollen daher einige wesentliche Bedingungen für eine optimale Honorierung von Disease Management-Aktivitäten theoretisch herausgearbeitet werden. Als Grundlage des Handelns der Ärzte werden dabei nicht altruistische Motive unterstellt, sondern im Sinne von Adam Smith das Streben nach individuellen Vorteilen: „Nicht vom Wohlwollen des Metzgers, Brauers und Bäckers erwarten wir das, was wir zum Essen brauchen, sondern davon, dass sie eigene Interessen wahrnehmen. Wir wenden uns nicht an ihre Menschenliebe, sondern an ihre Eigenliebe, und wir erwähnen nicht die eigenen Bedürfnisse, sondern sprechen von ihrem Vorteil."[250]

Exkurs: *Mikroökonomische Fundierung der Honorierung von Disease-Management-Aktivitäten*

Zurzeit ist in Deutschland geplant, dass Disease Management sowohl für die Versicherten wie für die Leistungserbringer eine freiwillige Leistung darstellt.[251] Für den Medizi-

---

248 Vgl. Abschnitt 3.4.2.3.
249 Vgl. Homann, K. (2001), S. 91.
250 Smith, A. (1776/1978), S. 17.
251 Vgl. Hoffmann, A. (2003), S. 5.

ner als Unternehmer in eigener Praxis stellt sich somit das Optimierungsproblem, welche Leistungen er zusätzlich im Rahmen von Disease Management-Programmen erbringen will. Einerseits können die Leistungserbringer durch ein entsprechendes Verhalten mehr Einkommen generieren, z. B. in Form von Boni, die nur gezahlt werden, wenn streng nach Leitlinien vorgegangen wurde. Andererseits entstehen daraus nicht nur dem Gesundheitssystem insgesamt Kontroll- und Administrationskosten, sondern auch dem individuellen Leistungserbringer zusätzlicher Zeit- und Kostenaufwand.

Zusätzlicher Zeitaufwand ergibt sich insbesondere, wenn wegen der Leitlinien zusätzliche, bislang bei dem Arzt nicht übliche Diagnostik anfällt. Soweit die Honorierung nicht pauschalisiert (z. B. mit Kopfpauschalen oder Patientenbudgets) erfolgt, könnte dies auch zu finanziellem Mehraufwand führen. Pauschalisierte Vergütungsformen bieten dagegen wenig Anreiz für eine verbesserte Versorgung: „Capitated payment systems often lack sufficient resources to develop sophisticated disease management programs."[252] Zudem ist die Implementierung von Behandlungsleitlinien in der Regel mit Fortbildungen verbunden, die bei einem System des Qualitätsmanagements auch nach der Einführungsphase kontinuierlich weiter erfolgen. Überdies kostet den Arzt die Kontrolle durch externe Beobachter (als Praxisbesuche oder in Form von schriftlichen Befragungen) Zeit. Schließlich muss er ggf. auch die intrinsischen Kosten tragen, die durch die partielle Aufgabe seiner Therapiefreiheit wegen der Befolgung der Leitlinien entstehen.

Dabei kann man unterschiedliche Szenarien unterscheiden, die für den Mediziner als Rahmenbedingung von Bedeutung sind. Das gilt insbesondere für die Bestimmungen zur Honorierung der Versorgung der Patienten sowie zur Honorierung der Disease Management-Maßnahmen. Es ist möglich, diese speziellen Leistungen zur Abwicklung des Disease Managements außerhalb der üblichen Honorierung zu regeln (z. B. als Bonus in Abhängigkeit von den Aktivitäten der Ärzte) oder aber diese Leistungen innerhalb von Leistungsbündeln (z. B. die Dokumentation einer Leistung zusammen mit der betreffenden Leistung) zu honorieren.

Um das Optimum für dieses ärztliche Entscheidungsproblem der optimalen Befolgung von Leitlinien und Teilnahme an Disease Management-Programmen abzuschätzen, kann ein einfaches analytisches Modell herangezogen werden, das bei der Analyse von angebotsinduzierter Nachfrage angewendet wurde.[253] In Disease Management-Programmen sind die Behandlungsabläufe weitgehend standardisiert. Es kann deshalb davon ausgegangen werden, dass das Potenzial für eine Angebotsinduktion durch solche Programme bezogen auf die Leistungsmenge pro Patient gering ist. Zudem ist dieser Anreiz bei einer weitgehenden Pauschalisierung der Honorierung (wie bei patientenbezogenen Budgets im ambulanten Bereich) ohnehin nicht relevant. Für den Leistungsanbieter verbleibt aber der Anreiz, möglichst viele seiner chronisch kranken Patienten zu überzeugen, an Disease Management-Programmen teilzunehmen. Betrachtet wird ein repräsentativer Arzt mit folgender Zielfunktion:

---

252 Rich, M.W. (2001), S. 411.
253 Vgl. Schulenburg, J.-M. Graf v.d. und Greiner, W. (2000), S. 159–164.

Überblick über das Konzept des Disease Managements

(1) $\quad \max U(Y,L) \quad$ mit $U_Y > 0$, $U_L > 0$, $U_{YY} < 0$, $U_{LL} < 0$,

wobei der Nutzen U über das Einkommen Y und die Freizeit des Arztes L maximiert wird. Der Arzt erzielt einen positiven aber abnehmenden Grenznutzen, wenn sein Einkommen und/oder seine Freizeit ansteigen. Die Gesamtzahl dieser Leistungen der Standardversorgung (also ohne Disease Management) wird mit der Variable SV beschrieben und ist durch Budgetierung und Obergrenzen für Patientenzahlen pro Arzt weitgehend unflexibel. Auch der zeitliche Aufwand für die Standardversorgung (H_{SV}) ist weitgehend optimiert und konstant. Der Arzt hat außerdem die Möglichkeit, Disease Management-Leistungen (D) anzubieten. Wenn Patienten sich in solche Programme eingeschrieben haben, ist der Umfang der Leistungen pro Kopf d (z. B. besondere Behandlungsschemata, Dokumentation, Kontakt mit dem Disease Manager und die Arbeit in Qualitätszirkeln) ebenfalls weitgehend festgelegt. Der Arzt kann aber durch besondere Anstrengungen µ den Anteil α der Chroniker erhöhen, die sich bei entsprechenden Programmen einschreiben, was aber Zeit kostet. Die Gesamtzahl der Disease Management-Programm-Leistungen beträgt somit

(2) $\quad D = \alpha N d$,

wobei N die Zahl der Chroniker bezeichnet. Patienten ohne chronische Erkrankungen werden somit nachfolgend nicht weiter betrachtet. N ist abhängig von der Arztdichte AD, der Selbstbeteiligung SB, die die Patienten zu tragen haben, sowie von ε (N = N (AD, SB, ε)). ε steht für einen Vektor bestimmter Eigenschaften des Arztes (z. B. sein Alter, die Fachrichtung und seine Qualifikation) und der Patienten (z. B. der Altersdurchschnitt, das Bildungsniveau und der Frauenanteil). Es ist $N_{AD} < 0$ und $N_{SB} < 0$. Der Anteil der Patienten mit Disease Management α ist abhängig von µ und ε:

(3) $\quad \alpha = \alpha(\mu,\varepsilon) \quad$ mit $\alpha_\mu > 0$ und $\alpha_{\mu\mu} < 0$.

Der Zeitaufwand des Arztes weist also eine abnehmende Grenzproduktivität bezüglich des Disease Management-Anteils auf, da auf Dauer eine gewisse Sättigung der Arztaktivitäten eintritt. Als Honorar erhält er eine Einzelleistungsvergütung von insgesamt p * SV. p ist das Gebührensatzniveau, das der Arzt für die Standardarztleistungen erhält. Zur Abgeltung des Disease Managements gilt ein spezieller Gebührensatztarif: π * D. p und π sind exogen vorgegeben. Die Produktion der Gesundheitsleistungen bedeutet für den Arzt Kosten (z. B. für Personal und Geräte) in Höhe von K (SV) bzw. K (D) mit $K_{SV} > 0$ und $K_{SV\,SV} > 0$ sowie $K_D > 0$ und $K_{DD} > 0$. Die Grenzproduktivität der eingesetzten Produktionsfaktoren ist also negativ. Das Einkommen ergibt sich wie folgt:

(4) $\quad Y = p\,SV - K(SV) + \pi D - K(D)$.

Die zeitliche Restriktion des Arztes ergibt sich aus der Summe T seiner Freizeit und seiner Arbeitszeit, die wiederum aus der Zeit für ärztliche Standardleistungen (H) und für Disease Management-Aktivitäten (D * σ) besteht, wobei σ den durchschnittlichen zeitlichen Arbeitsaufwand je Arbeitsleistung darstellt:

(5) $T = L + H + \sigma D + \mu (N - D)$.

Der Arzt konzentriert seine Überzeugungsarbeit also auf diejenigen Chroniker, die an dem Disease Management noch nicht teilhaben (N – D). Im folgenden Kasten sind die Modellparameter nochmals zusammengefasst:

p :	Preis für Standardversorgung
SV:	Standardversorgung
K:	Kosten der Produktion von Gesundheitsleistungen
π:	Preis für Disease Management-Leistungen
N:	Anzahl Chroniker
α:	Anteil Chroniker, die an Disease Management-Programm teilnehmen
d:	Leistungen pro Disease Management-Patient
D:	Gesamtzahl Disease Management-Leistungen
μ:	Zeitaufwand zur Überzeugung potenzieller Disease Management-Teilnehmer
σ:	Zeit pro Disease Management-Leistung
H:	Zeit für ärztliche Standardleistungen
ε:	Spezielle Eigenschaften des Arztes und der Patienten
AD:	Arztdichte
SB:	Selbstbeteiligung

- p, SV, π, SB, AD, H, d, ε und σ sind exogen vorgegeben.
- N, α und K ergeben sich endogen im Modell.
- μ und D sind variabel.

Aus den genannten Modellbedingungen kann zur Optimierung folgende Lagrange-Funktion abgeleitet werden:

(6) $\max_{D, \mu, \lambda} (U (p\, SV - K (SV) + \pi D - K (D), T - H - \sigma D - \mu (N - D)) + \lambda (D - \alpha (\mu) N d)$

Daraus ergeben sich folgende Optimalitätsbedingungen:

(7a) $- U_L (N - D) - \lambda (\alpha_\mu N d) = 0$
(7b) $U_Y (\pi - K_D) - U_L (\sigma + \mu) + \lambda = 0$
(7c) $D - \alpha (\mu) N d = 0$

Wenn man Gleichung (7a) nach λ umformt und in (7b) einsetzt, ergibt sich:

Überblick über das Konzept des Disease Managements

(8) $U_Y (\pi - K_D) = U_L (\sigma + \mu + \frac{1 - \alpha d}{\alpha_\mu d})$

(9) $\pi - K_D = \frac{U_L}{U_Y} (\sigma + \mu + \frac{1 - \alpha d}{\alpha_\mu d})$

bzw.

(10) $\pi - K_D = \frac{U_L}{U_Y} (\sigma + \mu + \frac{1}{\alpha_\mu d} - \frac{\alpha}{\alpha_\mu})$

Auf der linken Seite der Gleichung steht der Grenzgewinn des Arztes aus Disease Management. Er entspricht im Optimum dem mit dem Verhältnis der Grenznutzen U_L / U_Y monetär bewerteten Grenzzeitaufwand für das Disease Management $(\sigma + \mu + (1 - \alpha d) / (\alpha_\mu d))$. U_L/U_Y stellt eine monetäre Bewertung der Zeit dar (ein impliziter „Lohnsatz"), weil $U_L = dU/dL$ und $U_Y = dU/dY$, somit $U_L/U_Y = dY/dL$. Y ist eine monetäre Größe, L eine zeitliche. Die Dimension von U_L/U_Y ist somit Geldeinheit/Zeiteinheit. Die Brüche $1/\alpha_\mu d$ und α/α_μ stehen für Zusatzeffekte für alle Leistungen. Der erste Bruch verstärkt den Einfluss von µ auf das Ergebnis, allerdings wird dieser Effekt mit zunehmenden µ immer kleiner. Der zweite Bruch wird durch ein zunehmendes µ ebenfalls immer kleiner und kann als Ausmaß der Beschwerlichkeit gedeutet werden, mit der durch Überzeugungsarbeit des Arztes der Anteil der Patienten mit Disease Management gesteigert werden kann. Wenn α_μ sehr klein ist, wäre der Aufwand sehr groß.

Eine Steigerung des Gebührensatzniveaus π würde c. p. zu einer Steigerung der Anstrengungen des Arztes führen, den Anteil mit Patienten zu erhöhen, die sich bei Disease Management einschreiben. Wenn die Nachfrage sinkt (z. B. weil die Selbstbeteiligungen angehoben wurden oder in der Nähe eine weitere Praxis eröffnet wurde), so sinkt D und damit K_D. Im Optimum muss in diesem Falle ebenfalls µ steigen, damit beide Seiten der Gleichung ausgeglichen sind. Der Arzt wird also versuchen, Einkommensverluste wegen einer Minderung der Patientenzahl durch eine Erhöhung des Anteils von Patienten mit Disease Management zu kompensieren, soweit deren Versorgung - wie hier im Modell angenommen - vergütet wird. Wenn σ von dem Arzt beeinflussbar wäre, könnte er alternativ auch die Einzelleistungen pro Patient steigern. Wenn die Vergütung dieser Leistungen pro Patient nach oben begrenzt ist, würde der Arzt zu genau diesem Höchstbetrag Leistungen anbieten, wenn das theoretische Optimum oberhalb dieses Betrages liegt.

Einzelleistungsvergütungen stellen somit auch bei Disease Management Anreize zur Erstellung eines ineffizienten Leistungsvolumens dar. Pauschalzahlungen mit Vorgabe bestimmter Qualitätsanforderungen sind daher eher geeignet, ineffiziente Leistungsmengen pro Patient zu vermeiden und den Anteil der Disease Management-Versorgung zu erhöhen.

2.3. Bewertungen von Disease Management

Die Bewertungen des Disease Managements stellen sich je nach Perspektive und Interessengruppe sehr unterschiedlich dar, wie aus der Zusammenstellung in Tabelle 6 deutlich wird.

Tabelle 6: Vor- und Nachteile des Disease Managements aus Sicht verschiedener Interessengruppen

Interessengruppe	Vorteile	Nachteile
Kostenträger	• höhere Kosten-Effektivität • Behandlungskontinuität • verbesserte Kooperation mit Leistungserstellern	• höhere Verwaltungskosten • Investitions- und Zeitbedarf
Leistungsanbieter	• effektive und kooperative Arbeitsweise • stabile Beziehungen zu anderen Leistungsanbietern • guter Zugang zu Informationen • erhöhte Professionalität	• Bedrohung der Therapiefreiheit • Statusverminderung • Interessenkonflikt zwischen Patientenwünschen und Standards • Belastung des Arzt-Patienten-Verhältnisses
Versicherungsnehmer und Patienten	• besseres Behandlungsergebnis • bessere Informationen • größere Partizipation • kontinuierliche und nahtlose Versorgung • Vorrang präventiver Versorgung	• Leistungseinschränkung • Überforderung mit größerer Verantwortung • geringe Bereitschaft, sich „überwachen" zu lassen • Gefahr, dass Kosten mehr im Vordergrund stehen, da leichter messbar

Quelle: Nach Amelung, V.E. und Schumacher, H. (1999), S. 129.

Im Folgenden sollen diese unterschiedlichen Perspektiven der Beurteilung von Disease Management eingehender diskutiert werden.

2.3.1. Bewertung aus Sicht der Kostenträger

Gesetzliche wie private Krankenversicherer werden bei einer Stärkung des Disease Managements eine wesentlich aktivere Rolle im Leistungsgeschehen spielen und erbrachte Leistungen nicht nur bezahlen, sondern Handlungen der Leistungserbringer beeinflussen und kontrollieren.[254] Dazu tragen sowohl ein selektives Kontrahieren[255] wie auch

---
[254] Vgl. Schaaf, M. (2001), S. 326 f.
[255] Vgl. Henke, K.-D. (2003), S. 20.

der Einsatz ökonomischer Evaluationsverfahren zur Festlegung des Leistungskataloges bei. Für die Krankenversicherungen bedeutet dies in Zukunft die Wandlung zu unternehmerisch ausgerichteten Institutionen. Da der Behandlungsprozess im Disease Management bezüglich Wirksamkeit systematisch hinterfragt wird, ist es durchaus möglich, dass man kostenintensiveren, aber wirksameren Behandlungen den Vorzug gibt. Es kann deshalb nicht ohne weiteres gefolgert werden, dass durch die Einführung von Disease Management die Kosten stabilisiert oder gesenkt werden können.

Disease Management bietet eine Reihe von Vorteilen für die Krankenversicherungen bzw. nationalen Gesundheitssysteme, was der Grund dafür ist, dass diese Institutionen bislang meist als Träger solcher Projekte aufgetreten sind. Zu diesen Vorteilen gehört insbesondere die Erwartung, dass eine höhere Behandlungsqualität auch zu einer engeren Kundenbindung der Versicherten führen wird. Damit verbunden ist die Hoffnung auf eine höhere Kosten-Effektivität der Maßnahmen und somit auf eine verbesserte Allokation der eingesetzten Ressourcen, ggf. sogar auf Einsparpotenziale bei den Behandlungsausgaben.[256]

Die Krankenkassen sind damit mitverantwortlich für die Gestaltung der Strukturen. Ihre Leistung wird nicht mehr nur an der Erfüllung von Verwaltungsaufgaben, sondern am wirtschaftlichen Erfolg gemessen. Der zunehmende Wettbewerb zwingt die Krankenkassen, sich stärker an den Bedürfnissen der Versicherten zu orientieren.[257] Qualitativ hochwertige Disease Management-Programme können potenzielle Kunden anziehen und auch dann Wettbewerbsvorteile darstellen, wenn keine Kostenersparnisse zu verzeichnen sind.[258] Daher werden sich die Versicherer bei der Auswahl der Leistungsanbieter in Zukunft vermehrt an den Outputs, der Qualität und der Kosteneffektivität eines Arztes oder einer Institution orientieren. Entsprechende Wettbewerbsvorteile werden allerdings nur bei einem ausreichenden Risikostrukturausgleich zu realisieren sein, da sich sonst zu viele schlechte Risiken bei einzelnen Anbietern konzentrieren. Zudem wäre die Möglichkeit zur Auswahl der Leistungsanbieter Voraussetzung.[259]

Für Versicherungen kann Disease Management somit ein gut kommunizierbares Marketinginstrument sein. Managed-Care-Organisationen bieten in den USA werdenden Müttern z. B. unterstützende Informationen in verschiedenen Medien (Videos, Informationsbroschüren etc.) an, um so Frühgeburten zu verhindern. Es gibt allerdings keinerlei wissenschaftlichen Nachweis, dass solche Programme tatsächlich zu einer Senkung der Frühgeburtenrate führen.[260] Es wird deshalb angenommen, dass diese strukturierten Präventions- und Behandlungsprogramme im Bereich pränataler Vorbeugung eher ein Marketinginstrument sind, das gern von den Versicherten angenommen

---

256 Vgl. Hunter, D.J. und Fairfield, G. (1997), S. 52.
257 Zum Begriff des Wettbewerbs im Gesundheitswesen vgl. Paulus, A., Raak, A. van, Made, J. v.d. und Mur-Veeman, I. (2003), S. 283.
258 Merten weist allerdings darauf hin, dass aus rechtlicher Sicht Disease Management-Programme so durchgeführt werden müssen, „dass grundsätzlich alle Versicherten ... die durch den RSA gesamtfinanzierten Leistungen in einer medizinisch gleichen Bedarfssituation von ihrer Krankenkasse erhalten." Merten, D. (2002), S. 22.
259 Vgl. Jacobs, K. (2003), S. 17.
260 Huntington, J.und Connell, F.A. (1994), S. 1303–1307.

wird. Da sich das Angebot gerade an jüngere Versicherte wendet, ist es für Versicherungsgesellschaften interessant, ein solches Programm aufzulegen, denn diese Zielgruppe weist naturgemäß ein geringes Krankheitskostenrisiko auf.[261]

Bei den meisten Krankheiten, für die ein Disease Management-Programm sinnvoll ist, ergibt sich allerdings leicht ein gegenläufiger Effekt: Programme für chronische, kostenintensive Erkrankungen wie Aids, Asthma oder Diabetes werden kaum werbewirksam an die Öffentlichkeit gebracht, weil dies dazu führen kann, dass die Versicherer Risiken auf sich ziehen, denen keine entsprechend hohen Prämien gegenüberstehen.[262] Krankenkassen sehen daher einerseits das Kostensenkungspotenzial für die Bestandsversicherten, wollen aber in der Regel andererseits vermeiden, dass ihr Engagement bekannt wird. Dies ist angesichts der Informationsstrukturen chronisch Kranker mit Selbsthilfeeinrichtungen, spezialisierten Internetportalen und informalem Austausch von Neuigkeiten wenig wahrscheinlich. „Paradoxerweise herrscht somit die Situation, dass je besser ein Disease Management-Programm eingerichtet wäre, desto mehr teure Versicherte würden zu dieser Krankenkasse wechseln."[263] Ein Morbiditäts-basierter Risikostrukturausgleich zwischen den Krankenversicherungen (soweit die Prämien nicht risikoadäquat, sondern einkommensabhängig kalkuliert sind) könnte hier für einen entsprechenden Ausgleich sorgen, wenn auch zurzeit noch ungeklärt ist, in welcher Weise die dafür erforderlichen Informationen in ausreichender Qualität zentral erhoben bzw. verarbeitet werden sollen.

Disease Management kann bei den Versicherern schließlich zur Senkung der administrativen Kosten im Bereich der Leitungsvergütung beitragen. Die durch die Art der Honorierung bestimmten Anreizstrukturen können dazu führen, dass gemessen an der Kosten- und Nutzenrelation zu viele Gesundheitsleistungen produziert werden (z. B. bei Einzelleistungsvergütung[264]) oder auch zu wenige (z. B. bei Kopfpauschalen). Der Disease Management-Ansatz gibt dagegen die gewünschte Einsatzmenge einzelner Produktionsfaktoren (z. B. Krankenhausaufenthalt, Besuch beim Hausarzt) a priori vor. Der Suchprozess nach dem effizientesten Versorgungsweg erfolgt ergo nicht als Marktprozess, sondern im Vorfeld der Behandlung bei der Aufstellung der Leitlinien mit Hilfe des vorhandenen Expertenwissens. Die Ergebnisse dieser Leitlinien gehen zwar im Idealfall immer wieder in Modifikationen dieser Standards ein, aber auch dies erfolgt streng genommen nicht als Marktprozess. An die Stelle der schwer kontrollierbaren Einzelleistungsvergütungen bei Disease Management-Programmen treten vermehrt Pauschalbeträge für vorher eindeutig und klar definierte Prozesse oder Leistungsbündel und senken so administrative Kosten der Vergütung (in Deutschland fallen diese allerdings bei den kassenärztlichen Vereinigungen und nicht bei den Krankenkassen an).

Zu den Nachteilen von Disease Management aus Sicht der Kostenträger gehört insbesondere der (finanzielle und zeitliche) Investitions- und Administrationsbedarf

---

261 Vgl. Harris, J.M. (1996), S. 840.
262 Auch in den USA, wo private Versicherungsgesellschaften aktuarische Prämien berechnen, ist die Handlungsweise verbreitet, Disease Management-Programme für chronisch Kranke eher geheim zu halten. Vgl. Harris, J.M. (1996), S. 841.
263 Vgl. Lauterbach, K.W. (2002b), S. 280.
264 Vgl. Breyer, F., Kifmann, M. und Zweifel, P. (2003), S. 405.

derartiger Programme.[265] Dies könnte wiederum einer der Gründe sein, warum in Deutschland bislang nur ein kleiner Anteil der Krankenkassen solche Programme umfassend aufgelegt haben. Ob andererseits Disease Management auf Dauer wirklich Kosten einspart, ist nicht garantiert. Wenn bei gleichen Kosten die Qualität steigt, wäre ein solches Programm zwar effizient, nicht jedoch entsprechend den Zielvorstellungen der Kostenträger.

Ein besonderes sowohl medizinisches wie betriebswirtschaftliches Problem ist die Festlegung des optimalen Betreuungsgrades der Patienten. Dies kann auch in Leitlinien nicht vollständig festgelegt werden. Externe Dienstleister berichten, dass initiale Gespräche mit Asthma-Patienten etwa 30–40 Minuten andauern und eine Nachbereitungszeit von 30 Minuten notwendig ist. Es kommt daher in besonderer Weise darauf an, den individuell optimalen Betreuungsgrad der Patienten bestimmen zu können. Ökonomisch kann sowohl ein sehr langer Zeitaufwand wie auch eine eher sporadische Betreuung sinnvoll sein, abhängig von dem medizinischen Status der Betroffenen und von deren zu erwartenden Verhaltensweisen (z. B. ob Compliance schon nach kurzer Ansprache erzielt wird oder ob häufigere Erinnerungen notwendig sind). Der wirtschaftliche Erfolg der Disease Management-Anbieter selbst hängt (bei gegebenem Qualitätsniveau) damit insbesondere davon ab, ob diese Differenzierung des notwendigen Betreuungsaufwandes gelingt oder nicht. Dafür sind Expertensysteme erforderlich, die die individuelle Entscheidung des Disease Managers zur Regelmäßigkeit und Dauer der Kontaktaufnahme auf eine rationale Grundlage stellen.

2.3.2. Bewertung aus Sicht der Leistungserbringer
2.3.2.1. Disease Management aus Sicht der Ärzte

Disease Management stellt erhöhte Anforderungen an die Leistungserbringer:

- Messung, Dokumentation und Bewertung der medizinischen Maßnahmen,
- Einsatz moderner Informationstechnologie, Teamfähigkeit, Kooperationsbereitschaft und Qualitätsarbeit,
- Auseinandersetzung mit den ökonomischen Konsequenzen des eigenen ärztlichen Handelns,
- unternehmerisches Denken bedingt durch verstärkten interdisziplinären Wettbewerb.

Ärzte fürchten häufig insbesondere einen Verlust individueller Therapiefreiheit durch die Einführung strukturierter Disease Management-Programme.[266] Dieser Meinung kann kaum widersprochen werden, wenn unter Therapiefreiheit die völlige Abwesenheit von medizinischen Behandlungsleitlinien verstanden wird. Da Disease Management-

---

265 Grobe Schätzungen gehen von Kosten für die Krankenkassen in Höhe von 0,3 Beitragspunkten aus. Vgl. Bloch, E. und Wolf, Ch. (2002), S. 57.
266 Vgl. Schenk, R. (1998), S. 26–29.

Überblick über das Konzept des Disease Managements

Programme aber gute ärztliche Praxis auf der Grundlage des aktuellen medizinischen Wissens abbilden sollen, sind die Freiheitsgrade der Leistungserbringer bei der Behandlung nur insofern beschränkt als unwirksame und unwirtschaftliche Maßnahmen ausgeschlossen werden.[267] „Für die Leistungserbringer ist es deshalb wichtig, ... das Aufstellen von Therapieleitlinien beeinflussen zu können, sonst reduziert sich ihre Aufgabe auf die bloße Durchführung der von außen in Form von Therapierichtlinien vorgegebenen Handlungsanweisungen."[268]

Das Gegenargument, man könne ärztliche Behandlung nicht in enge Schemata wie einen industriellen Produktionsprozess pressen, da jeder Patient ein Einzelfall sei, der einzeln betrachtet werden müsse,[269] ist demgegenüber wenig überzeugend. Zumindest ist ein erheblicher Anteil der Patienten, die an einer bestimmten Erkrankung leiden, bezüglich der notwendigen Diagnostik und Therapiemaßnahmen vergleichbar; für die weniger standardisierbaren Fälle (z. B. besonders schwere Fälle oder Patienten mit geringer Compliance) ist Disease Management nicht mehr tauglich. Dort sind Maßnahmen des Case Managements[270] mit speziellen, Patienten-zugeschnittenen (und wesentlich kostenaufwändigeren) Programmen erforderlich. Zudem sollte zwischen gewünschten Behandlungsvariationen, die sich aufgrund der Unterschiedlichkeit der Patienten ergeben und deshalb erwünscht sind, und unbeabsichtigten Schwankungen differenziert werden.[271] Leitlinien setzen an den letztgenannten Variationen an.

Bei Disease Management-Programmen werden viele Entscheidungen gemeinsam mit anderen Leistungserbringern (z. B. Facharzt, Krankenhausarzt oder Apotheker) getroffen. Dies kann einerseits die Behandlungsqualität sichern, andererseits durch erhöhte Transparenz aber auch Qualitätsdefizite einzelner Ärzte offen legen.[272] Ebenso wirken Maßnahmen eines kontinuierlichen Outcomes Research, bei dem ständig Daten zum Behandlungserfolg erhoben werden und so die weitere Therapie beeinflussen sollen, gleichzeitig aber auch zum Zwecke der Qualitätserfassung der bisherigen Behandlung verwendet werden könnten. Für Ärzte ist diese Art der direkten Qualitätskontrolle ungewohnt und wird teilweise als Bedrohung empfunden. Die höhere Transparenz der Leistungserstellung erlaubt einerseits Einsparungen, indem ineffektive und/oder unnötige Behandlungen unterlassen werden, andererseits birgt sie die Gefahr, dass effiziente, aber teure Behandlungen unterlassen werden. Dies kann ganz besonders dann der Fall sein, wenn die Ärzte am finanziellen Erfolg eines Disease Management-Programms beteiligt sind.

Insbesondere der Einsatz zusätzlicher, bislang nicht bekannter Institutionen wie spezialisierter Disease Management-Dienstleister stößt teilweise auf Misstrauen.[273] Die

---

267 Vgl. Fälker, M., Meyers-Middendorf, J., Stiel, H. (2003), S. 59.
268 Schmidlin-von Ziegler, N.I. (1998), S. 55.
269 So etwa argumentiert der Präsident der Bundesärztekammer Hoppe, zitiert nach Schlingensiepen, I. (2002), S. 3.
270 Vgl. Abschnitt 2.1.2.
271 Vgl. Kayser, B. und Schwefing, B. (1998), S. 184.
272 Vgl. Monka, M. und Benner, V. (2000), S. M182.
273 So z. B. bei dem Vorsitzenden der KV Nordrhein, Leonhard Hansen. Vgl. Hansen, L. (2002a), S. 345.

Überblick über das Konzept des Disease Managements

Bayerische Landesärztekammer hat in diesem Zusammenhang auf Beschwerden von Ärzten hingewiesen, die berichten, Patienten kämen mit konkreten Empfehlungen der Callcenter zur weiteren Behandlung in die Praxen, was das Arzt-Patient-Verhältnis störe.[274] Andererseits ist im gegenwärtigen System Callcenter-basiertes Disease Management kaum als Konkurrenz zur herkömmlichen ambulanten Versorgung zu sehen. In einem pauschalisierten Honorierungssystem (das in Deutschland auch im ambulanten Bereich durch abgestaffelte Punktwerte faktisch fast überall besteht) ist Unterstützung bei der Versorgung in der Regel bei den Ärzten sogar willkommen. Aus zeitlichen Gründen ist eine umfassende Leitlinien-gestützte und Qualitäts-gemanagte Versorgung durch den Hausarzt effektiv kaum denkbar. „Time is a common provider barrier."[275] Allerdings setzt eine Kooperation des Disease Managements mit den behandelnden Ärzten Transparenz und ausreichende Information der Mediziner voraus, um Misstrauen gegenüber diesem neuen Versorgungsweg zu vermeiden.

Für eine Beurteilung von Disease Management sollten nicht nur die Kosten einzelner Aktionen, sondern die gesamten langfristigen Kosten der Behandlung betrachtet werden. Die sektorale Sicht einzelner Leistungserbringer, also die Optimierung von Budgets für ambulante Behandlung (teilweise noch verfeinert nach Regionen, Fachgruppen und Gruppen von Leistungen wie Deutschland), stationäre Behandlung, Arzneimittel, Heil- und Hilfsmittel usw. führt nur dann zu einem optimalen Ergebnis, wenn die Einzelbudgets und ihre jeweilige Ausnutzung gerade so zugeschnitten war, dass sie die Optimalitätsbedingungen erfüllen. Wegen des politischen Entscheidungsprozesses ist dieser Fall allerdings eher unwahrscheinlich. Und selbst wenn diese besondere Konstellation eingetreten wäre, bedeutet dies keinesfalls automatisch, dass die Beteiligten mit der Verteilung einverstanden wären. Disease Management kann dazu beitragen, dieses Problem zu überwinden, denn bei einer Leitlinien-gestützten Behandlung sind sektorale Einzelbudgets obsolet. So ist es widersinnig, einerseits von einem Leistungserbringer zu erwarten, bestimmte Medikamente zu verschreiben, ihn anschließend aber im Arzneimittelregress für diese Verschreibungen zu bestrafen.

Am deutlichsten wird die Veränderung, die Disease Management für die Ärzteschaft mit sich bringt, an der Beteiligung von kassenärztlichen Vereinigungen (KVen) an solchen Programmen. Diese Standesvertretungen der Kassenärzte stehen am Scheideweg zwischen Verhinderung neuer Versorgungsformen und einer neuen Rolle als treibender Reformkraft im deutschen Gesundheitswesen.[276] Es wurde ärztlicherseits bereits ein schleichendes Ende des KV-Monopols befürchtet, „quasi als Kollateralschaden einer RSA-Reform"[277]. Die bisherige Einstellung der verschiedenen KVen gegenüber neuen Versorgungsformen reicht dementsprechend von kompletter Ablehnung und

---

274 Vgl. Stoscheck, J. (2003), S. 2.
275 Vgl. Barr, C.E., Bouwman, D.L. und Lobec, F. (1997), S. 144.
276 In Hessen haben die Krankenkassen 2003 nicht mit der dortigen kassenärztlichen Vereinigung, sondern mit dem Hausärzteverband, also einem freien Berufsverband, einen flächendeckenden Disease Management-Vertrag geschlossen. Vorausgegangen waren ergebnislose Verhandlungen mit der KV Hessen, die insbesondere an der Frage der Datenverfügbarkeit und der Zusatzhonorierung scheiterten. Vgl. Salhi, R. (2003), S. 16 f.
277 Straub, Ch. (2002), S. 374.

Überblick über das Konzept des Disease Managements

Boykottierung über Zurückhaltung bis hin zu Kooperation.[278] Die Veränderungen stellen für die KVen eine beträchtliche Herausforderung aber auch eine Chance zur Neuorientierung dar. Es sind eine Reihe neuer Aufgabenfelder denkbar:

- Beratungsleistungen bei der strategischen Positionierung im Wettbewerb der Anbieter,
- Unterstützung der Ärztenetze bei Organisation und Administration,
- Entwicklung neuer Vergütungssysteme für verschiedene Zwecke und
- Aufbau und Betrieb intelligenter IT-Strukturen zur besseren Kommunikation und vereinfachten Vergütungsabwicklung.

Die Bedenken der KVen knüpfen vor allem an die höheren Anforderungen der Dokumentation sowie der Abstimmung mit Kollegen an. Gefordert werden für diese Mehrleistungen finanzielle Ausgleichsregelungen in den Verträgen zum Disease Management. Qualitätsboni oder -mali könnten den Investitionsaufwand für den Ausbau der Informationstechnologie und den damit verbundenen Arbeits- und Weiterbildungsaufwand abdecken. Die Kassenärztliche Bundesvereinigung (KBV) hält eine kostenneutrale Einführung von Disease Management-Programmen für nicht möglich.

Die KVen befürchten neben einem hohen Dokumentationsaufwand die versichertenbezogene Zusammenführung der erhobenen Daten bei den Krankenkassen. „Eine derart verstandene Datentransparenz erlaubt Rückschlüsse auf individuelles Verhalten des einzelnen Patienten, sie umfasst die Kontrolle seiner Lebensführung und schließt auch die lückenlose Rückverfolgung und Kontrolle individueller ärztlicher Entscheidungen nicht aus."[279] Aus dem letzten Halbsatz dieses Zitates wird deutlich, dass die Argumente des datenschutzrechtlichen Patientenschutzes, die von standesrechtlicher Seite der Ärzte sehr in den Vordergrund geschoben werden, neben der Vermutung stehen, in einem Disease Management-System als Leistungsanbieter selbst besser kontrolliert werden zu können.[280] Befürchtet wird, dass durch die Zusammenführung von Abrechnungs- und Behandlungsdaten Informationen zu therapeutischen Strategien und Erfolgen einzelner Ärzte gewonnen werden sollen (so genanntes „physician profiling").[281] Der Sachverständigenrat zur Begutachtung der gesamtwirtschaftlichen Entwicklung führt die ablehnende Haltung der Ärzte „in einem hohen Maß auch auf die Angst vor einer stärkeren Qualitätsbeurteilung ihrer Leistungen"[282] zurück.

Diese Befürchtung ist plausibel, da Disease Management durch die Leitlinienorientierung eine Einschränkung der Therapiefreiheit nach sich zieht, die letztlich auch effektiv kontrolliert werden muss, wenn die Behandlungsvorgaben Relevanz haben sollen. Ob diese Kontrolle besser durch ärztliche Standesorganisationen oder Krankenkassen durchgeführt werden sollte, ist eine Frage des Selbstverständnisses der gesundheits-

---

278 Vgl. Tesic, D. (2001), S. 17.
279 Vgl. Hansen, L. (2002b), S. 6.
280 Dies befürchtet auch Beyerle, L. (2002), S. 16.
281 Vgl. Straub, Ch. (2002), S. 376.
282 Sachverständigenrat zur Begutachtung der gesamtwirtschaftlichen Entwicklung (2002), S. 253.

politisch Agierenden: Wenn man kassenärztlichen Vereinigungen nur als Anbieterverbände sieht, käme das Kontrollrecht den Krankenkassen als Käufer der ärztlichen Leistungen zu, die dies stellvertretend für die unmittelbar betroffenen Patienten wahrnehmen. Wenn man den KVen dagegen eine hoheitliche Funktion zuschreibt, könnte diese Kontrolle auch durch die Anbieter selbst vorgenommen werden. Bei dem zuletzt beschriebenen Modell kann es in höherem Maße zu Interessenkollisionen kommen, da die KVen einerseits die Interessen ihrer Mitglieder vertreten sollen, andererseits aber auch verantwortlich für eine medizinisch wie ökonomisch bedeutsame Kontrolle dieser Gruppe sind. Der Anreiz, diese Aufgabe ohne Benachteiligung eines Dritten (z. B. der Krankenkassen) zu lösen, ist höher, wenn die Ärzteschaft die Folgen eines ineffizienten Ressourceneinsatzes zu tragen hätte, wie dies bei dem Regress wegen Überschreitung des Arzneimittelbudgets (Richtgrößen) geregelt ist.[283] Nicht-Leitlinien-konformes Verhalten bei Disease Management-Maßnahmen ist aber extern weit schwerer einzuschätzen als bei einer Budgetierungsregelung für das Einhalten der finanziellen Vorgaben. Die Gefahr des Verschleierns einer individuellen, nicht-Leitlinien-konformen Behandlung durch Standesorganisationen zu Lasten der Krankenkassen ist somit nicht auszuschließen.

Derzeit ist eine individualisierte Analyse der Diagnose- und Leistungsdaten im ambulanten Sektor für die Krankenkassen weder möglich noch zulässig. Die KVen übermitteln gemäß § 295 SGB V zwar Fallnummern, Diagnoseschlüssel und in Anspruch genommene Leistungen, aber diese Daten können einzelnen Versicherten nicht zugeordnet werden.[284] Da auch die Fallnummern quartalsweise unsystematisch verändert werden, können zudem einzelne Fälle nicht zeitlich verfolgt werden. Außerdem ist vorgesehen, die Arztnummer bei der Übertragung von Daten für Disease Management-Programme durch ein Pseudonym zu ersetzen, wodurch es den Krankenkassen zumindest erschwert werden soll zu erkennen, welcher Arzt welchen Patienten behandelt hat.

Gegen eine Zusammenführung der Behandlungs- und Ergebnisdaten aus dem ambulanten Bereich bei den Krankenkassen werden insbesondere von den KVen datenschutzrechtliche Einwände entgegengebracht: Die Krankenkassen seien durch diese höhere Transparenz in der Lage, eine Selektion vorzunehmen sowohl hinsichtlich Versicherter mit niedrigem Schadenaufwand als auch hinsichtlich der Leistungserbringer, die gemessen an deren Patientenzahl und -struktur nur unterdurchschnittliche Leistungsausgaben aufweisen. Allerdings liegt den Krankenkassen bereits eine Fülle von Informationen zu den Behandlungen der Patienten aus dem stationären Bereich und zu den verbrauchten Arzneimitteln vor, ohne dass Verstöße gegen den Datenschutz bekannt geworden wären. Zudem belegen Erfahrungen aus der PKV und dem Ausland (z. B. aus Polen)[285], dass vollständige Informationen zu den Ressourcenverbräuchen einen Datenmissbrauch durch die Kostenträger nicht zwingend hervorrufen. Die datenschutz-

---

283 Vgl. § 84 Abs. 3 SGB V.
284 Vgl. Möws, V. (2001), S. 365.
285 „Die Gebietskrankenkasse Katowice bietet ihren Versicherten beispielsweise seit kurzem einen Online-Einblick über alle über den jeweiligen Versicherten gespeicherten Daten. Der Datenschutzstandard beim Zugriff auf den Rechner der Kasse ist mit dem beim neusten Online-Banking-Standard vergleichbar." Fruschki, H. (2001), S. 363.

rechtliche Diskussion ist aus diesen Gründen stichhaltig nur bezüglich der medizinischen Parameter zu führen, die für ein umfassendes, zentral geleitetes Disease Management nötig sind.

Für die ambulant tätigen Ärzte könnten die derzeit bestehenden Richtgrößen (also individuelle, fachgruppenspezifische Arzneimittelbudgets) nach § 84 SGB V ein zusätzliches Problem bei Einführung von Disease Management darstellen. Für den Fall einer Leitlinien-konformen Verschreibungspraxis könnte es zu Überschreitungen dieser Richtgrößen kommen, da sich diese am durchschnittlichen Verschreibungsvolumen einer Facharztgruppe orientieren. Ob die Teilnahme an Disease Management-Programmen den Tatbestand einer so genannten Praxisbesonderheit erfüllt, was im Falle einer Praxisprüfung (SGB V § 106 Abs. 5a) den Arzt vom Regress freistellen würde, ist noch unentschieden. Bislang ist ein solcher Ausnahmetatbestand noch nicht rechtlich fixiert.

Die organisierte Ärzteschaft spricht sich naturgemäß massiv gegen eine Verschiebung der Funktion des Disease Managers an die Krankenkassen bzw. an von diesen beauftragte Dienstleister aus. Würden Krankenkassen beispielsweise dazu übergehen, ihren Versicherten konkrete Therapievorschläge oder Hinweise zur Arztwahl zu unterbreiten, fühlen sich Ärztevertreter „ans Gängelband der Kassen"[286] gelegt. Eine solche Entwicklung ist zwar in Deutschland derzeit nicht vorgesehen, aufgrund der ausländischen Erfahrungen aber denkbar, wenn auch unwahrscheinlich. Zu unklar wären die Verantwortlichkeiten geregelt, die sich aus falscher oder widersprüchlicher Beratung ergeben würden. Potenziell stellen Disease Management-Programme aber dennoch langfristig eine Bedrohung für die strategische Position der Ärzteschaft dar, da deren Handeln transparenter und somit auch leichter angreifbar wird. Da Disease Management aber ohne Beteiligung der Ärzte schlechthin unmöglich ist, hält sich die Machtbalance bei dieser gesundheitspolitischen Auseinandersetzung letztlich die Waage.

2.3.2.2. Disease Management aus Sicht der pharmazeutischen Industrie

Für pharmazeutische Unternehmen ist Disease Management eine Chance zur Ausweitung bzw. Sicherung des Geschäftes.[287] Die zunehmende Marktdynamik mit der Folge eines erhöhten Wettbewerbs auf dem Gesundheitsmarkt ist verursacht durch sinkende Gewinnmargen infolge ablaufender Patentlaufzeiten (mit höheren Marktanteilen von Generika), Preisdruck aufgrund von Kostendämpfungsmaßnahmen in einer Reihe von Gesundheitssystemen (z. B. der Festbetragsregelung in Deutschland) sowie dem Auftreten institutionalisierter Nachfrager wie Pharmaceutical Benefit Managern (PBMs) in den Vereinigten Staaten.[288]

Disease Management eröffnet für pharmazeutische Unternehmen die Chance, ihr medizinisches Leistungsangebot transparenter zu präsentieren und die Wirksamkeit und

---

286 Saatkamp, J. (2002), S. 367.
287 Vgl. Cap Gemini Ernst & Young (Hrsg.) (2002), S. 20.
288 Vgl. König, H.-H. (1995), S. 900.

Effizienz ihrer Produkte darzustellen.[289] Arzneimittel können in Disease Management-Programmen im Praxisalltag auf ihre Wirksamkeit jenseits klinischer Studienbedingungen getestet und verbessert werden. Zudem bietet sich die Perspektive, dass sich Pharmaunternehmen durch ihre Beteiligung an Disease Management am Markt als Marke etablieren und festigen können.[290] Die Basis dieses Markenkonzeptes bilden die Präparate und die in deren Umfeld liegenden Dienstleistungen (z. B. Asthma-Inhalationssprays und Schulung zu deren korrekter Anwendung). Die Präsentation des Leistungsangebotes als eine einheitliche Marke kann für die Unternehmen neue Akzente im Wettbewerb setzen.

In den USA waren führende Unternehmen, die Medikamente gegen Asthma anbieten, maßgeblich an der Entwicklung von Disease Management-Programmen beteiligt.[291] Die Strategien der Pharmaunternehmen waren dabei sehr unterschiedlich. Nur wenige Firmen wandelten sich zu umfassenden Disease Management-Anbietern, d. h. mit spezifischen Produkten in einem Krankheitsfeld, einem Schulungsprogramm für Patienten, einer Telefonhotline, finanziellen Ausgleichsregelungen (z. B. Capitation-Prämien für einzelne Programmelemente) und strategischen Allianzen (z. B. mit Anbietern von Diätprodukten oder Gewichtsreduktionskliniken). Merck, Baxter[292], Eli Lilly und GlaxoSmithKline positionierten sich Mitte der neunziger Jahre in diesem Bereich.[293] Andere Firmen wie Hoffmann LaRoche hatten sich zu diesem Zeitpunkt bereits wieder von einer Beteiligung an Disease Management zurückgezogen. Eine weitere Strategie besteht darin, nicht selbst oder mit Tochterfirmen als umfassender Disease Management-Anbieter aufzutreten, sondern neben dem pharmazeutischen Kerngeschäft bestimmte Funktionen des Datenhandlings (z. B. im Outcome-Research oder bei Expertensystemen zur Umsetzung von Behandlungsleitlinien) zu übernehmen.

Auch in Deutschland war die Pharmaindustrie aufgrund ihrer globalen Erfahrung (und häufig auch internationalen Konzernsteuerung) Wegbereiter für eine Reihe von Pilotstudien im Bereich Disease Management (v. a. für Patienten mit Herzinsuffizienz, Adipositas, Diabetes, Asthma und Osteoporose).[294] Dies hat einerseits die Verbreitung solcher Maßnahmen erheblich beschleunigt, andererseits aber zu Befürchtungen geführt, dass der Einfluss der Unternehmen zu Lasten der Ärzteschaft gestärkt wird. Demnach sind die Programme lediglich Marketing-Instrumente, die keinen substanziellen Beitrag zur Gesundheitsversorgung leisten und die Hauptverantwortlichkeit von den Ärzten zu den Pharmafirmen verlagert. Andererseits ist es wesentlich wichtiger, ob das Programm überhaupt die Erwartung an eine verbesserte Qualität (ggf. auch zu niedrigeren Kosten) erfüllt, als die politische Frage, in wessen Händen die Kostenkontrolle liegt. So ist die Compliance bei der Medikamenteneinnahme eine der wichtigsten Komponenten, um den Erfolg eines Disease Management-Programms zu gewährleisten. Gerade in diesem Bereich haben Pharmaunternehmen durch ihre Marketingaktivitäten und ihr pharmazeu-

---

289 Vgl. Holtorf, A.-P. (2001), S. 143.
290 Vgl. Laschet, H. (1997), S. WR3.
291 Vgl. Harris, J.M. (1996), S. 840.
292 Vgl. Nissenson, A.R. et al. (2001), S. 939.
293 Vgl. Gross, P.F. (1998), S. 133.
294 Vgl. Tacke, J. und Lauterbach, K.W. (1997), S. 161.

tisches Wissen komparative Vorteile. Letztlich sind dies weniger politische als medizinische Fragen, die insbesondere bei der Aufstellung der Behandlungsleitlinien kaum ohne Ärzte beantwortet werden können.

Aus Sicht der pharmazeutischen Industrie ist ein weiterer Vorteil, dass die Kosten der Arzneimitteltherapie nicht mehr nur isoliert betrachtet, sondern im Zusammenhang und Verhältnis zu anderen Kosten gesetzt werden.[295] Wie bei pharmakoökonomischen Studien wird bei Disease Management-Maßnahmen eine Gesamtbetrachtung der eingesetzten Ressourcen vorgenommen.[296] Ökonomische Evaluationen des Verhältnisses von Kosten und Nutzen sind besonders bei pharmazeutischen Innovationen sehr verbreitet, denn eine rationale Auswahl bei der Pharmakotherapie ist integraler Bestandteil von Disease Management-Programmen.[297] Auf internen Positivlisten oder in detaillierten Arzneimittelempfehlungen in Behandlungsleitlinien werden Medikamente keinen Platz haben, für die Alternativen vorhanden sind, mit denen ähnliche Ergebnisse zu geringeren Kosten erreicht werden können. Deshalb ist es aufgrund der zunehmenden Bedeutung von Disease Management wahrscheinlich, dass auch ohne weitere staatliche Regulierung die Zahl der pharmakoökonomischen Studien zunehmen wird. Die Rationalität der Allokation betrifft dabei keineswegs nur die Arzneimitteltherapie: „Resources must be allocated to fund the best and most cost-effective intervention, regardless of treatment method or the type of care facility."[298] Damit tritt als Kriterium die Kosten-Effektivität an die Stelle reiner Budgeteinhaltung.[299]

Bloor und Maynard[300] sehen Disease Management als Katalysator einer vertikalen Integration der pharmazeutischen Industrie mit weiteren Bereichen des Gesundheitswesens. Während diese bislang nur an bestimmten Punkten im Behandlungsablauf beteiligt war, könnte Disease Management ein Einstieg in andere, bislang nicht bearbeitete Stufen der Versorgungskette sein. Prävention, Diagnose, Therapie, Überweisung und Nachbehandlung in einer Hand hat für den pharmazeutischen Anbieter den Vorteil, die Unsicherheit zu reduzieren, da gleichzeitig ein monopolistischer Spielraum besteht, wenn Kunden oder Leistungserbringer langfristig gebunden werden können. „Manufacturers transform themselves from pharmaceutical companies to healthcare companies."[301]

Eine solche Konzentration der Anbieter nicht nur auf der horizontalen Ebene, sondern auch auf der vertikalen Ebene kann zu einer Minderung der Markttransparenz und des Wettbewerbes führen und letztlich sogar eine Schlechterstellung der Anbieter von Gesundheits- und Versicherungsleistungen führen. Dies eröffnet einerseits Chancen auf eine engere Kundenbindung mit „Value Added Services", in die das vorhandene

---

295 Vgl. Drummond, M. (1998), S. 9.
296 Allerdings ist es bei pharmakoökonomischen Studien von der gewählten Studienperspektive abhängig, welche Kostenkomponenten in welcher Detailliertheit einbezogen werden. Vgl. Greiner, W. und Schöffski, O.: Grundprinzipien einer Wirtschaftlichkeitsuntersuchung, in: Schöffski, O. und Schulenburg, J.-M. Graf v.d. (Hrsg.) (2000), S. 206.
297 Vgl. Evans, Chr., Kennedy, L., Crawford, B. und Malek, M. (2001), S. 20.
298 Marwick, C. (1995), S. 1417.
299 Vgl. Chang, K. und Nash, D. (1998), S. 13.
300 Vgl. Bloor, K. und Maynard, A. (1998), S. 90.
301 Bloor, K. und Maynard, A. (2000), S. 542.

pharmazeutische und gesundheitspolitische Know-how der pharmazeutischen Unternehmen eingebracht werden kann.[302] Andererseits ist in Deutschland bislang noch kein Pharmaunternehmen weit über das Stadium des Experimentierens mit Disease Management hinausgekommen, weil Krankenkassen bislang wenig Anreiz zur Kooperation hatten und ohne deren Unterstützung entsprechende Projekte kaum umsetzbar sind. Denkbar ist auf kürzere Sicht das Angebot einzelner Komponenten (z. B. Patientenschulungsprogramme) durch Arzneimittelhersteller.[303] Auf längere Sicht ist wahrscheinlicher, dass Versicherungsunternehmen selbst in der Lage sind, integrierte Versorgungskonzepte zu implementieren und dazu eigene Tochterunterunternehmen einzusetzen, wie dies beispielsweise die schweizerische Winterthur-Versicherung AG mit der Gründung des spezialisierten Gesundheitsdienstleisters Medvantis AG, Wiesbaden, betrieben hat.

Pharmazeutische Unternehmen verlassen mit einer solchen vertikalen vorwärts gerichteten Diversifikationsstrategien die traditionelle Rolle als Hersteller auf einer bestimmten Produktionsstufe von Gesundheit (z. B. Diagnose – Prävention – Therapie – Rehabilitation).[304] Vielmehr übernehmen sie die Rolle eines Organisators für ein effizientes Zusammenwirken all dieser Versorgungsstufen. Gründe für eine vertikale Integration sind insbesondere:

1. die Minderung von Unsicherheit,
2. die bessere Ausnutzung von Preisdiskriminierung,
3. die Minderung von Transaktionskosten und
4. die Änderung von Marktbedingungen (Lebenszyklustherapie).

Zu 1.: Die Gefahr, an den Nachfragerbedürfnissen vorbeizuproduzieren, existiert aufgrund der Unvollkommenheit der Märkte für jeden Produzenten. Die Pharmabranche ist allerdings mit besonderer Unsicherheit belastet, weil die immensen Forschungs- und Entwicklungskosten bei neuen Arzneimitteln ein ungewöhnlich hohes Risiko darstellen. Wenn es gelänge, diese Unsicherheit durch feste Absatzmärkte zu mindern, indem die Leistungserbringer zum Kauf bestimmter Arzneimittel verpflichtet werden, ist dies gerade für Pharmaunternehmen sehr attraktiv. Allerdings kann auf diese Weise nicht das beschriebene Innovationsrisiko umgangen werden, denn unwirksame Arzneimittel dürfen selbstverständlich auch in einem Disease Management-System nicht zur Anwendung kommen.[305]

Zu 2.: Eine Preisdifferenzierung könnte z. B. darin bestehen, Disease Management-Unternehmen einen Preisnachlass (aufgrund hoher Mengen oder langfristiger Lieferverträge) zu gewähren und Einzelabnehmern höhere Preise abzuverlangen. Damit auf diese Weise ein höherer Gesamtgewinn entsteht, sollte Arbitrage möglichst ausgeschlossen

---

302 Vgl. König, H.-H. (1995), S. 900.
303 Vgl. Gebhart, K.N. (1996), S. 194.
304 Vgl. Bloor, K., Maynard, A. (1998), S. 93.
305 Vgl. Greulich, A., Berchthold, P. und Löffel, N. (Hrsg.) (2000), S. 78.

Überblick über das Konzept des Disease Managements

sein, damit Wiederverkäufer die niedrigeren Preise nicht an andere Konsumenten weitergeben können. Gerade diese Gefahr könnte in strikt organisierten Disease Management-Systemen vertraglich ausgeschlossen werden.

Zu 3.: Transaktionskosten[306] entstehen an jeder Schnittstelle zwischen den einzelnen Produktionsstufen, z. B. durch die Notwendigkeit einzelvertraglicher Vereinbarungen, durch Kontrollaufwendungen oder Zwischenhandel mit eigenen Gewinnmargen.[307] Durch Disease Management könnte theoretisch Arzneimittelproduktion, Großhandel und Apothekeneinzelhandel zu einer Kette zusammengefasst werden, die zu einem einzigen Unternehmen gehört und deshalb bestimmte Transaktionskosten nicht aufweist. Die möglichen Kostenersparnisse können durch niedrigere Preise an den Konsumenten fließen und/oder als höhere Gewinne beim Produzenten verbleiben.

Zu 4.: Nach der Lebenszyklustherapie von Stigler[308] ist der vertikale Integrationsgrad einer Branche von ihrem derzeitigen Stand im Lebenszyklus innerhalb eines Wirtschaftssystems abhängig. Zu Beginn dieses Zyklus arbeiten Unternehmen noch nicht sehr spezialisiert, da der Stand der Technik und der Erfahrungsschatz noch nicht sehr ausgeprägt sind. Im Laufe der Zeit tritt immer mehr eine Spezialisierung der Produktion ein, da die Marktbedingungen einzelne Unternehmen zwingen, Nischen zu suchen, um sich von der Konkurrenz abzuheben. Im weiteren Verlauf des Branchenlebenszyklus kommt es dann zu einer vertikalen Integration, weil der Markt für die Menge der unabhängigen Produzenten zu klein wird und sie sich wettbewerbsbedingt einem steigenden Margendruck ausgesetzt sehen. Genau diese Situation tritt offenbar zurzeit im Bereich der pharmazeutischen Industrie ein, wenn die Anzahl der Unternehmensfusionen der vergangenen Jahre betrachtet wird.

Sowohl die abnehmende Bedeutung des traditionellen Arzneimittelgeschäftes wie auch die aufgezeigten vielfältigen Anreize zur Integration im Arzneimittelbereich haben im Bereich der pharmazeutischen Industrie dazu geführt, im Disease Management aktiv zu werden. Gerade die großen Unternehmen wie GlaxoSmithKline und HoffmannLaRoche sehen sich immer weniger als reiner Produzent von Medizinprodukten, sondern eher als umfassender Partner im Bereich des Gesundheitswesens. Dazu stellt gerade der integrierte Ansatz von Disease Management einen aus Sicht der Industrie wertvollen Weg dar, dieses Ziel zu erreichen.

Einer der Hauptgründe für das Engagement von Pharmafirmen ist eine höhere Kundenbindung.[309] Die Aufnahme eines bestimmten Wirkstoffes in Behandlungsleitlinien bedeutet für betroffene Unternehmen eine sehr wirkungsvolle Umsatzgarantie, soweit die Leitlinien die gewünschte Wirkung bei den Leistungserbringern entfalten. Dieser Effekt muss für die Kostenträger nicht negativ sein, soweit eine qualitativ gute Arzneimitteltherapie die Gesamtkosten senkt oder wenigstens insgesamt zu einer akzeptab-

---

306 Vgl. Abschnitte 3.1.2. und 3.2.3.
307 Vgl. Eidenmüller, H. (2001), S. 39.
308 Vgl. Stigler, G.J. (1951), S. 185–193.
309 Vgl. Drummond, M. (1998), S. 12.

len Kostenwirksamkeit führt. Ein Engagement der Pharmaindustrie in Deutschland wird dauerhaft nur dann von der Ärzteschaft akzeptiert werden, wenn eine ökonomische Vorteilhaftigkeit des Arzneimittels bei zumindest gleicher Wirkung nachgewiesen werden kann. "The success of failure of particular partnerships will depend on whether there is a real shared interest."[310]

Allerdings besteht die Befürchtung, dass der Einfluss der Unternehmen zu sehr auf eigene Gewinninteressen gerichtet ist.[311] "From the industry viewpoint, the ultimate judgement on disease management will be relatively straigth forward: does it increase profits?"[312] Eine Bevorzugung eigener Produkte könnte in unterschiedlicher Weise erfolgen, z. B. durch direkten Einfluss auf die Leitlinien oder durch das Erzeugen von Dankbarkeitsdruck nach unentgeltlichen Serviceleistungen bei den Verschreibern. Wenn so Disease Management von Pharmaunternehmen nur als Marketinginstrument gesehen wird, um die eigenen Umsätze zu steigern, sind nur kurzfristig Erfolge zu erwarten, da die Kunden diese Politik sehr schnell erfassen und sanktionieren werden.[313]

Kaum zu erfüllen ist die Erwartung, dass Kosten der pharmazeutischen Industrie für Werbemaßnahmen durch den Außendienst gesenkt werden könnten. Doch sind innerhalb von Disease Management weniger Kontakte nötig, um ein Produkt bekannt zu machen oder dessen Bekanntheitsgrad zu halten? Die Überlegung dabei ist, besser diejenigen Personen zu überzeugen, die für den Kauf von Arzneimitteln in Disease Management-Programmen bzw. für ihre Implementierung in Positivlisten und Leitlinien zuständig sind, als eine Vielzahl individueller Verschreiber.[314] Zumindest zwei Gründe sprechen dagegen, auf diese Weise Kosten beim Außendienst einsparen zu können: Erstens beziehen sich Leitlinien selten auf bestimmte Produkte, sondern eher auf Wirkstoffe oder Wirkstoffgruppen. Damit bleiben dem Arzt Freiheitsgrade, wirkstoffgleiche Arzneimittel anderer Firmen zu verschreiben. Zweitens gibt es bei der Diagnose und Therapie einen nicht vollständig eindeutigen Graubereich, den Ärzte weiterhin im Sinne von Therapiefreiheit nutzen werden, da die Therapiestandardisierung wie bereits dargestellt nur bis zu einem gewissen Grad möglich ist. In dieser Situation macht es für Pharmaunternehmen im Gegenteil sogar Sinn, den aufwändigen Außendienst aufrecht zu erhalten.

Die pharmazeutische Industrie kann sich in vielfacher Weise an dem Aufbau, der Organisation und der Analyse von Disease Management-Programmen beteiligen. Die weitest gehende Beteiligung ist das direkte Management solcher Aktivitäten, meist durch Tochterfirmen. Dabei wird das eigene betriebswirtschaftliche, medizinische, pharmazeutische und gesundheitspolitische Know-how zum Aufbau einer neuen Sparte im Sinne der Diversifikation von Geschäftsbereichen genutzt. Teilweise wird eine Unterstützung nur für bestimmte Teilaufgaben (insbesondere beim Aufbau der Programme) als Marketingtool geleistet.

---

310 Drummond, M. (1998), S. 12.
311 Vgl. Schmacke, N. (2002), S. 17.
312 Drummond, M. (1998), S. 16.
313 Vgl. Bernard, S. (1997), S. 203.
314 Vgl. Drummond, M. (1998), S. 14.

Ein Beispiel für eine Disease Management-Tochterfirma eines pharmazeutischen Unternehmens ist Greenstone Healthcare Solutions (GHS), eine Tochtergesellschaft der Firma Pharmacia & Upjohn, die 1995 gegründet wurde.[315] Neben Disease Management werden auch Aufgaben des Datenmanagements für andere Unternehmen im Gesundheitswesen angeboten. Die Firma unterstützt Krankenversicherer bei der Auswahl von Patienten für Disease Management-Programme, bei Präventionsmaßnahmen, der praktischen Implementierung von Leitlinien und der Sicherstellung von Patienten-Compliance. Beim Datenmanagement werden Verbrauchsdaten von Medikamenten und anderen Ressourcen mit demographischen und klinischen Daten verbunden, um so die Individualentscheidungen zu unterstützen, aber auch um die Behandlungsleitlinien fortwährend zu optimieren. Als Kunden sieht GHS neben Managed-Care-Anbietern und anderen Krankenversicherern insbesondere Krankenhäuser.

Die Disease Management-Programme werden nicht allein mit eigenen Mitteln erstellt und durchgeführt: GHS arbeitet eng mit anderen spezialisierten Unternehmen wie Lovelace Health Systems[316] zusammen, die Disease Management-Programme entwickeln und dann über Lizenzen vertreiben.[317] Solche Verträge ermöglichen GHS, in relativ kurzer Zeit eine große Zahl an Indikationen für Disease Management-Programme abzudecken und gleichzeitig von dem hohen Qualitätsstandard und guten Ruf des Lizenzgebers zu profitieren. Lovelace hätte andererseits ohne Hilfe von Greenstone kaum die entsprechende Anzahl von Leitlinien in einem Zeitraum von nur drei Jahren entwickeln und testen können.[318] So war die strategische Allianz für beide Seiten von Vorteil und wird heute in den USA als gelungenes Beispiel der erfolgreichen Zusammenarbeit von Unternehmen im Bereich Disease Management gesehen.

In Europa sind solche Unternehmensgründungen durch die pharmazeutische Industrie noch selten. Ein Beispiel ist die Firma Hestia Health Care GmbH in Mannheim, die eine Tochter der Roche Diagnostics GmbH ist. Sie bietet Disease Management-Programme für Krankenkassen, z. B. „Mellibase" an, ein Programm für Diabetiker, das den Ärzten individuelle Risikoberichte bezüglich der Folgekomplikationen und Behandlungschancen offeriert.

Disease Management-Unternehmen sollten aus den dargestellten Gründen als Handlungsoption mit dem Ziel der Umsatzsteigerung, der Risikodiversifikation und der Erweiterung des Serviceangebotes Beachtung finden. Allerdings müssen Befürchtungen, dass die Behandlungsempfehlungen solcher Firmen einseitig auf die Produkte der Mutterunternehmen ausgerichtet sein könnten, ebenfalls ernst genommen werden. Deshalb erscheinen Modelle, bei denen pharmazeutische Unternehmen strategische Allianzen eingehen, um gemeinsam Disease Management-Programme darzustellen, eher zukunftsgerichtet, obwohl auch dieser Konstruktion der Vorwurf gemacht werden kann,

---

315 Vgl. Bernard, S. (1997), S. 191.
316 Vgl. Greulich, A., Berchthold, P. und Löffel, N. (Hrsg.) (2000), S. 179 ff.
317 Vgl. Bernard, S. (1997), S. 197.
318 Vgl. Todd, W.E. (1997), S. 298 f.

wie ein Kartell tendenziell andere Mitbewerber auszuschließen.[319] Dies führt in der Folge unter Umständen zu negativen Folgen für andere Marktteilnehmer.

Wichtige Voraussetzung für ein erfolgreiches Engagement im Disease Management ist, das den Pharmaunternehmen in Bezug auf die betrachtete Krankheit der Therapieprozess und die Verwendung der Arzneimittel und Anwendungstechniken in den einzelnen Behandlungsstufen genau bekannt sind. Darüber hinaus muss das Unternehmen zeigen können, welcher Nutzen im Vergleich zu den Kosten für das Gesundheitssystem durch Disease Management entsteht. Fragen der Datenverfügbarkeit, -bereitstellung, -anwendung und -vermarktung spielen also auch hier eine entscheidende Rolle.

Von Bedeutung ist zudem, dass die geplanten Disease Management-Aktivitäten mit der Unternehmensstrategie übereinstimmen. Daher sollte zunächst festgestellt werden, in welchen Bereichen (d. h. bei welchen Indikationen) das Unternehmen bislang schon Know-how aufgebaut hat und in welchen es zukünftig tätig sein will. Anschließend muss kritisch geprüft werden, ob und in welcher Weise ein Engagement zur Erreichung der strategischen Ziele in den genannten Bereichen beitragen kann.

Ob Disease Management ein sinnvolles neues Geschäftsfeld für pharmazeutische Unternehmen ist, kann somit nicht eindeutig festgestellt werden. Dies hängt vielmehr von den zu erwartenden kurzfristigen Mehrumsätzen, der Steigerung der Reputation, dem Zuwachs an Information und anderen Synergieeffekten ab, die vorab nur schwer zu quantifizieren sind.[320] Gerade die kurzfristigen Erwartungen an Umsatzzuwachs sind dabei eher vorsichtig anzusetzen und sollten bei Entscheidungen über die langfristige strategische Ausrichtung nicht im Mittelpunkt stehen.

2.3.3. Bewertung aus Sicht der Versicherungsnehmer und Patienten

Wie dargestellt sinkt durch Disease Management tendenziell die Therapiefreiheit der Ärzte, und die Einflussmöglichkeiten von anderen Institutionen steigen. Zu diesen gehören je nach Ausgestaltung des Programms die Krankenversicherungen, Gesundheitsdienstleister oder auch der Patient selbst, der durch mehr Informationen über die Erkrankung und Behandlungsoptionen in die Lage versetzt werden soll, sein Mitwirkungsrecht wirksam umzusetzen.

Durch Disease Management steigt tendenziell die Informiertheit der Patienten, sowohl was den eigenen Gesundheitszustand angeht als auch bezüglich der notwendigen und sinnvollen Behandlungsmaßnahmen. Damit steigt der Einfluss der Patienten auf Entscheidungen des Arztes über die Auswahl der zu erbringenden Gesundheitsgüter. In der Vertretungsbeziehung zwischen Arzt und Patient kann diese Minderung der Entscheidungsmacht der Ärzte Institutionen-ökonomisch als Verringerung der Delegation interpretiert werden. Damit ist Disease Management ein Teil des so genannten „consu-

---

319 Vgl. Lambden, P. (1998), S. 44.
320 Vgl. Porsche, R. (1996), S. 472.

merism in health care"[321], also der stärkeren Einbeziehung von Patienten als Partner bei der Entscheidungsfindung im Gesundheitswesen, nicht nur als Empfänger und Objekt von Leistungen.

Im Gegensatz zum bisherigen, traditionellen Ansatz der Patientenbehandlung ist Disease Management somit in besonders hohem Maße auf die Mitwirkung des Patienten bei der Therapie angewiesen.[322] „Patients are the ultimate customers of disease management programs. Their program feedback ... can significantly influence the program's acceptance."[323] Zwar wurde auch im traditionellen Modell des Verhältnisses von Patient und Arzt der Aspekt der Compliance in den letzten Jahren besonders betont.[324] Disease Management geht aber darüber hinaus und bedeutet für den Patienten mehr Mitverantwortung, die durch umfassende Information und ein integriertes Behandlungskonzept unterstützt wird.[325] Der Vorstandsvorsitzende einer großen deutschen Ersatzkrankenkasse hat dies folgendermaßen ausgedrückt: „Der Patient soll in die Lage versetzt werden, dem eigennützigen Leistungsanbieter „nein" sagen zu können."[326]

Nicht immer ist diese neue Rolle, aktiv am Behandlungsprozess teilnehmen zu sollen, bei den Patienten gewünscht. Zudem fällt vielen Versicherten das Verständnis für ein höheres Kostenbewusstsein schwer. Es ist nicht leicht zu vermitteln, warum bis dahin verschriebene Medikamente oder Therapiemethoden nicht mehr angewandt werden sollen. Dies kann zu einer Störung des Arzt-Patienten-Verhältnisses führen, wenn es nicht gelingt, deutlich zu machen, dass keine notwendigen Leistungen verweigert werden und mit den Behandlungsdaten gewissenhaft umgegangen wird.[327] Das Vertrauen zwischen Arzt und Patient kann Institutionen-theoretisch als Investitionsgröße angesehen werden, um langfristige Agency-Beziehungen aufzubauen. Insofern kann eine leitlinien-orientierte Behandlung negative Signalwirkungen auf dem Markt für ambulante Leistungen haben und zum Verlust von Patienten führen, wenn Patienten Disease Management lediglich als Mittel der offenen Rationierung wahrnehmen. Im Sinne von Akerlofs „lemons" wäre dann gerade der Arzt erfolgreich, der Umgehungsstrategien wählt und keine Leitlinien-orientierte Behandlung anbietet. Die geringere Qualität würde sich in diesem Falle durchsetzen.[328] Insofern ist die Beteiligung der Patienten und ein weit gehender Abbau von asymmetrischen Informationsverteilungen in Fragen der Qualitätssicherung und der Kostenkontrolle bei Disease Management von besonderer Bedeutung.

Nicht alle Patienten sind zudem bereit, sich den Regeln des Disease Management anzupassen und beispielsweise regelmäßige Kontrollen und Nachfragen, die Teilnahme an Patientenseminaren und/oder die Änderung von Lebensgewohnheiten zu akzeptieren. Die Akzeptanz ist insbesondere bei solchen Patienten eingeschränkt, die mit

---

321 National Research Council (2000), S. 61.
322 Vgl. Pilkington, G. und Pilkington, G. (1997), S. 125.
323 Bernard, S. (1997), S. 195.
324 Vgl. Greiner, W. und Schulenburg, J.-M. Graf v.d. (1998), S. 558–562.
325 Vgl. Hildebrandt, H. und Domdey, A. (1996), S. 51.
326 Zitat von Dr. Eckhard Fiedler, Barmer Ersatzkasse, zitiert nach Vollmer, R. (2001a), S. 4.
327 Vgl. Haubrock, M., Hagmann, H. und Nerlinger, T. (2000), S. 71.
328 Vgl. Akerlof, G.A. (1970), S. 488–500.

den Disease Management-Projekten vorrangig erreicht werden sollen, also beispielsweise Patienten mit geringem Bildungsstand und Einkommen. Insbesondere ältere Versicherte stehen den Einflussmöglichkeiten der Krankenkassen bei der Patientenversorgung (z. B. bezüglich der Leitlinienfestlegung) sehr kritisch gegenüber.[329]

Andererseits sind gerade für chronisch Kranke die Nachteile eines Systems fragmentierter Patientenbehandlung (mit strikter Trennung in eine ambulant-hausärztliche, ambulant-fachärztliche und stationäre Versorgung)[330] sehr deutlich. Insbesondere für ältere, chronisch und/oder psychisch kranke Versicherte bedeutet dies eine deutliche Verbesserung der Qualität. Bei diesem Personenkreis können durch eine kontinuierliche Betreuung und Koordination der erforderlichen Maßnahmen - z. B. nach einem Krankenhausaufenthalt (Information des ambulanten Pflegedienstes, Beschaffung von Heil- und Hilfsmitteln, Information des Hausarztes, der Sozialarbeiter und der Physiotherapie - die Patienten unterstützt und der Heilungsprozess beschleunigt werden.

Aus Sicht des Patienten kann eingewandt werden, dass dieser mit Disease Management einen Teil seiner Konsumentensouveränität abgibt.[331] Es ist allerdings fraglich, ob Leitlinien eine solch enge Bindungswirkung im Verhältnis zwischen Arzt und Patient wirklich entfalten können, denn Leitlinien können kaum derart detailliert formuliert sein, dass sie als Handlungsempfehlungen in jeder denkbaren Krankheitssituation passen. Im Gegenteil könnten Leitlinien gerade bei den Patienten zu mehr Transparenz führen und so ihre Konsumentensouveränität stärken, wenn die Behandlungspfade zumindest im Überblick bekannt gemacht werden. In den USA werden hierzu im Internet Patientenleitlinien veröffentlicht, die in für Laien verständlicher Sprache einen Überblick zu den Behandlungsleitlinien geben.[332] Zudem kann eine solche Leitlinie für Patienten eine höhere Rechtssicherheit bedeuten, wenn sie als guter Standard ärztlichen Handelns akzeptiert ist. Obwohl nämlich Versicherte einen Anspruch auf eine den medizinischen Erkenntnissen entsprechende, ausreichende und wirtschaftliche Versorgung haben, können sie diesen Anspruch mangels Wissen um ihre Rechte und aufgrund des Informationsvorsprungs des Arztes häufig nicht einfordern. Verbindliche Leitlinien könnten dieses Problem zumindest mildern.

Die Umstellung der Versorgung auf Disease Management erfolgt für Patienten immer freiwillig (z. B. durch Einschreibung oder durch Wechsel des PKV-Tarifes), ist aber auch für Patienten, die für sich eine solche Behandlung nicht wünschen, bedeutsam, wenn Ärzte vermehrt nach diesem Konzept behandeln würden. Sollte Disease Management z. B. in Deutschland insgesamt erfolgreich sein, hätte ein dauerhafter Wechsel in der Organisation medizinischer Leistungen sehr wohl Ausstrahlwirkungen auf den verbleibenden Teil des Gesundheitssystems. Solche externen Effekte können positiv wie negativ sein. Positive Effekte sind beispielsweise ein tieferes Verständnis der Leistungserbringer von Evidenz-basierten Therapien und der bessere Informationsstand der

---

329 Vgl. Eßer, P. (2002), S. 76.
330 Vgl. Busse, R. (2001), S. 33.
331 Vgl. Rüter, G. (2001), S. A3018.
332 Ein Beispiel für eine Organisation, die solche Patientenleitfäden auf ihrer Homepage bereitstellt (www.ecri.org), ist das ECRI (Emergency Care Research Institute), eine in den USA renommierte HTA-Institution.

Patienten, den diese untereinander austauschen. Ein negativer externer Effekt wäre für einige Patienten, nicht mehr gewohnte Arzneimittel zu erhalten, weil sich Ärzte an die Verschreibung anderer Produkte gewöhnt haben oder die Industrie die Produktion wegen Umsatzeinbußen eingestellt hat.

Die Einführung von Disease Management-Programmen wird also auch für diejenigen Patienten Auswirkungen haben, die nicht an einer der Krankheiten leiden, für die Disease Management-Programme aufgelegt worden sind. In Deutschland sind diese nur für Erkrankungen vorgesehen, die häufig und kostenintensiv sind und für die Leitlinien bestehen. Seltene Erkrankungen oder solche, für die es keine Leitlinien gibt, sind somit nicht Disease Management-fähig.[333] Betroffene Patienten werden durch entsprechend veränderte Schwerpunktsetzungen im Gesundheitswesen tendenziell schlechter gestellt, weil Ressourcen stärker als zuvor auf die Erkrankungen mit Disease Management fokussiert werden könnten. In der gesundheitspolitischen Auseinandersetzung kulminiert dieser Zusammenhang im Vorwurf der „Zwei-Klassen-Medizin"[334], womit sich aber wohl jede Veränderung im Gesundheitswesen konfrontiert sieht, die mit einer stärkeren Differenzierung (als Folge von mehr Wettbewerb oder Prioritätensetzung) verbunden ist.

Die Freiwilligkeit der Patientenentscheidung für oder gegen Disease Management erfordert eine gute Kommunikation der Ziele, weil Patienten sonst nur die Nachteile aus ihrer Sicht (z. B. geringere Arzneimittel-Auswahl, Einschränkung der Arztwahlfreiheit) sehen. „The risk of a patient backlash is a potential and must be effectively countered through careful patient education before any problems arise."[335]

Deshalb sollte nach Lambden ein Patientenkommunikationskonzept folgende Maßnahmen umfassen:

- Zusicherung individueller Betreuung durch den eigenen Hausarzt,
- Informationsmaterial, in dem Ziele und Maßnahmen des geplanten Disease Managements verständlich dargelegt werden,
- direkt erkennbare Verbesserungen der Betreuung, z. B. durch Hausbesuche, wenn Reisen zu beschwerlich sind,
- Notfallsprechstunden und
- angemessene Informationen der Lokalpresse zur Hervorhebung der Vorteile des Konzeptes.[336]

Nicht ganz einfach ist die Einbindung multimorbider Patienten in ein standardisiertes Disease Management-System, da deren besondere individuelle Bedürfnisse kaum abgebildet werden können.[337] Es bietet sich dann entweder ein individualisiertes Case Management oder die Entscheidung darüber an, welche Erkrankung die für die Beschwerden

---

333 Vgl. Kossow, K.-D. (2002), S. 361.
334 Vgl. Kossow, K.-D. (2002), S. 360.
335 Lambden, P. (1998), S. 42.
336 Vgl. Lambden, P. (1998), S. 42.
337 Vgl. Smith, S. (1995), S. 139.

dominierende darstellt bzw. mit welchem Programm der höchste gesundheitliche Nutzen erzielt werden kann. Andererseits kann die Therapieentscheidung für eine Erkrankung richtig sein, eine weitere gleichzeitige chronische Erkrankung bei multimorbiden Patienten aber negativ beeinflussen.[338]

In Deutschland ist zur Lösung dieses Problems vorgesehen, dass die Entscheidung, in welches Disease Management-Programm ein multimorbider Patient eingeschrieben werden soll, nach der durchschnittlichen Höhe der Leistungsausgaben pro Patient getroffen wird. Im Jahr 2001 waren bei den Indikationen, für die im Jahr 2003 Disease Management-Programme aufgelegt werden konnten, die durchschnittlichen Kosten bei Brustkrebs am höchsten, gefolgt von KHK, Diabetes und COPD/Asthma. Das hieße beispielsweise, dass ein Diabetiker, der einen Herzanfall erleidet, ggf. auf das KHK-Programm umgestellt werden müsste. Diese Regelung kann Patienten kaum irritationsfrei nahe gebracht werden. Es ist daher zu erwarten, dass Ärzte in der Praxis eine solche Umstellung nur selten durchführen werden, zumal eine Kontrolle ihres entsprechenden Verhaltens nur mit hohem Aufwand für die Krankenkassen möglich ist.

Eine Befragung von Versicherten der Ersatzkassen im Jahr 2001 ergab, dass etwa drei Viertel der chronisch Kranken die Einführung von Disease Management-Programmen als wichtig ansehen.[339] Einbezogen wurden Patienten, die selbst angegeben hatten, an Asthma, Diabetes, koronarer Herzkrankheit (KHK) oder Brustkrebs zu leiden. Da Disease Management-Programme bislang noch nicht sehr verbreitet sind, sind die Antworten zwar nicht erfahrungsgestützt, zeigen aber, dass die Betroffenen durchaus Bedarf für strukturierte Behandlungsprogramme sehen. Nach dieser Studie halten chronisch kranke Patienten die Einführung von strukturierten Behandlungsprogrammen für eher wichtig (Tabelle 7). Besonders hoch ist die Teilnahmebereitschaft bei Diabetikern (78,6%), bei Brustkrebspatientinnen ist sie am geringsten (55,6%).

Tabelle 7: Haltung chronisch Kranker zu Disease Management-Programmen

	Diabetes	**Asthma**	**KHK**	**Brustkrebs**
Anteil Befragter, die die Einführung von DMP für wichtig halten	79,4%	78,0%	72,4%	77,5%
Anteil Befragter, die an DMP teilnehmen würden	78,6%	61,5%	70,4%	55,6%

Quelle: Andersen, H.H. (2002), S. 100 und S. 103.

Auffällig ist, dass Asthma- und Diabetespatienten, die sich bei dieser Befragung als teilnahmebereit gezeigt haben, eine höhere Inanspruchnahme ambulanter und stationärer Leistungen aufwiesen als Patienten, die nicht teilnahmebereit waren.[340] Eine höhere Teilnahmebereitschaft könnte sich somit aus größerer Schwere der Erkrankungen als

---

338 Vgl. Schönbach, K.H. (2001), S. 315.
339 Vgl. Andersen, H.H. (2002), S. 100.
340 Für KHK und Brustkrebs konnte dieser Zusammenhang allerdings nicht nachgewiesen werden. Vgl. Andersen, H.H. (2002), S. 104.

auch aus größerer Anspruchshaltung der Patienten ergeben. Für den Erfolg des Disease Managements ist diese Feststellung aber zunächst nicht nachteilig, denn damit steigt auch das Kostenreduktionspotenzial.

Allerdings bezog sich die Studie lediglich auf bekundete Präferenzen, die, da ihre Antworten für die Befragten völlig folgenlos bleiben, nicht unbedingt mit deren realem Verhalten (observed preferences) übereinstimmen müssen. Die Teilnahmequoten werden hingegen stark durch den administrativen Aufwand für die Patienten (z. B. das Unterzeichnen und Rücksenden von Teilnahmeerklärungen und/oder der wiederholten Einverständniserklärung zur Datenwiedergabe) sowie die Haltung des behandelnden Arztes zum Disease Management-Programm bestimmt. In der Praxis sind daher geringere Teilnahmequoten zu erwarten.[341]

Die stärkere Einbeziehung von Patienten in den Behandlungsprozess muss sich nicht zwingend über Disease Management vollziehen. In den USA entwickelten sich in den vergangenen Jahren neue Formen von Krankenversicherungsverträgen, so genannte **Medical Savings Accounts,** die neben hohen Selbstbeteiligungen und einem auf den (finanziellen) Katastrophenschutz beschränkten Versicherungsumfang[342] eine stärkere Beteiligung und Information der Patienten beinhalten („consumer driven health plans"). Dazu werden über das Internet Informationen zu einzelnen Krankheiten und Gesundheitsgütern (wie z. B. Arzneimittel) zur Verfügung gestellt. Wegen der höheren Partizipation der Versicherten an von ihnen beeinflussten Einsparungen (z. B. ein höherer Anteil von Generika) werden diese Programme zu niedrigeren Prämien als herkömmliche Managed-Care-Verträge angeboten. Durch die für die Versicherten direkten finanziellen Folgen einer Behandlung haben sie als Patienten einen wesentlich größeren Anreiz, das Informationsangebot für Entscheidungen über die weitere Inanspruchnahme von Gesundheitsleistungen zu nutzen. Der Patient übernimmt somit einen Teil der Koordinierungsfunktion selbst und wird (wenigstens partiell) sein eigener Disease Manager.

2.4. Umsetzbarkeit von Disease Management in Deutschland
2.4.1. Umsetzbarkeit in der gesetzlichen Krankenversicherung
2.4.1.1. Eignung des deutschen Krankenkassensystems für Disease Management

In der Literatur wird verschiedentlich die Auffassung vertreten, gerade das deutsche Gesundheitswesen sei für die Umsetzung von Disease Management-Maßnahmen prädestiniert.[343] Eine sektorübergreifende Effizienzsteuerung sollte gerade dort gut gelingen, wo wie in Deutschland umfassende staatliche Regulierungsmöglichkeiten bestehen und einzelne Versicherer (wie z. B. die AOKn) eine Marktposition haben, die z. B. amerikanische Health Maintenance Organizations (HMOs) in ihrem Heimatmarkt in der

---

341 Siehe auch Abschnitt 5.1. Bei dem dort evaluierten Programm lag die Antwortquote unter 30%.
342 Vgl. Panko, R. (2002), S. 86.
343 Vgl. Hildebrandt, H. und Domdey, A. (1996), S. 53.

Regel kaum erreichen.[344] Diese stärkere Marktdurchdringung sollte die Auflegung eines Disease Management-Programms erleichtern.

Vereinzelt wird sogar die Auffassung vertreten, dass verschiedene Ansatzpunkte für Disease Management bereits heute im deutschen Gesundheitssystem umgesetzt seien. Dazu gehörten „Versorgungsrichtlinien für Arzneimittel, die Förderung von Qualitätszirkeln, die Wirtschaftlichkeitsprüfung und besondere Versorgungsformen für spezielle Erkrankungen."[345] Dabei wird leicht verkannt, dass Disease Management kaum in einzelnen Teilaspekten separat realisierbar ist, sondern nur in integrierter Form eine sinnvolle Alternative zur bisherigen Form der Patientenversorgung darstellt. Es ist zudem zweifelhaft, ob Disease Management auf der Ebene des gesamten Gesundheitssystems eines Landes zentral geführt werden sollte. Die ständige Weiterentwicklung der Leitlinien und der hohe Datenerhebungsaufwand im Outcome Controlling machen es wahrscheinlicher, dass ein Erfolg sich eher in dezentralen Systemen verwirklicht.

Eines der schwierigsten Probleme bei der Umsetzung in Deutschland ist die Datenverfügbarkeit.[346] Infolge des strikten Datenschutzes in Deutschland können Krankenkassen die erforderlichen Daten grundsätzlich nicht personenbezogen zusammenfassen und an Dritte herausgeben, die an dem Disease Management-Prozess beteiligt sind.[347] Zudem ist die Vernetzung deutscher Arztpraxen zurzeit noch völlig unzureichend umgesetzt. Ein vollständig integriertes Disease Management würde die kontinuierliche Erfassung der Diagnose-, Behandlungs- und Ergebnisdaten voraussetzen. Dies ist unter den derzeitigen datenschutzrechtlichen und EDV-technischen Bedingungen im deutschen Gesundheitswesen nur mit großen Abstrichen möglich.[348] Diskutiert wird die Trennung der Daten in einen Teil, der direkt an die Krankenkassen geliefert wird (insbesondere Daten zur Einschreibung), und einen Teil (insbesondere medizinische Daten), der in einer Datenbank gespeichert wird, die nur gemeinsam von Ärzteschaft und Krankenkassen genutzt werden kann. Damit fallen Krankenkassen allerdings als Disease Manager weitgehend aus.[349]

Disease Management setzt zudem die Überwindung der klassischen sektoralen Gliederung im Gesundheitssystem voraus, um so die rein auf den eigenen Sektor bezogenen Anreize zu überwinden. Einsparungen im Krankenhausbereich werden beispielsweise nicht selten durch höheren Behandlungsaufwand im ambulanten Sektor erkauft. Insofern hätte ein ambulant tätiger Leistungserbringer kaum Interesse am Erfolg eines solchen Programms, wenn er nicht am wirtschaftlichen Gesamtergebnis des Projektes beteiligt wäre. Auch die Einbindung ambulanter Pflegedienste in ein Disease Management-Konzept kann bei sehr aufwändigen Patienten zu Einsparungen führen, wenn dadurch stationäre Notaufnahmen vermieden werden.[350]

---

344 Vgl. Lauterbach, K.W. (1996), S. 190.
345 Vgl. König, H.-H. (1995), S. 901.
346 Vgl. Neuffer, A.B. (1997), S. 157.
347 Vgl. Glaeske, G. und Stillfried, D. Graf v. (1996), S. 209.
348 Siehe Abschnitt 2.2.4.
349 Vgl. Abschnitt 2.3.2.1.
350 Vgl. Lee, S.S. (1997), S. 277.

Überblick über das Konzept des Disease Managements

Die Einführung von Disease Management-Programmen auf breiter Basis stößt v. a. auf logistische Probleme. Es scheint kaum möglich, die große Zahl der anfallenden Daten zu verarbeiten, die kontinuierlich erhoben, verarbeitet und nach Analyse an die Leistungserbringer rückgekoppelt werden müssen. Da für diese zusätzlichen administrativen Ausgaben nur wenig Mittel zur Verfügung stehen, waren bislang die Bemühungen zur flächendeckenden besseren Dokumentation von Leistungen und Ergebnissen nicht sehr erfolgreich. Insbesondere der Ansatz, den Datentransfer innerhalb des bestehenden Abrechnungswesens zu etablieren, kann als gescheitert angesehen werden.[351] Stattdessen ist der Dokumentationsprozess separat zu organisieren, was allerdings den Aufbau zusätzlicher Institutionen mit entsprechenden Kostenwirkungen bedeutet.

Die Frage, wie viele Disease Management-Programme in der GKV sinnvoll sind, wird zurzeit ebenfalls kontrovers diskutiert. Die Vorschläge variieren zwischen einem einzigen akkreditierten Programm pro Erkrankung, um so die qualitativen Vorgaben für die Leistungserbringer überschaubar zu halten,[352] über Programme der einzelnen Verbände (d. h. der Betriebskrankenkassen, der Innungskrankenkassen usw.) bis zum intensiven Wettbewerb einzelner Krankenkassen oder anderer Gesundheitsdienstleister, die jeweils unterschiedliche Wege gehen, um eine Integration der Versorgungsstrukturen auf eine bestimmte Krankheit bezogen zu verwirklichen. Obwohl aus wettbewerblicher Sicht die letztgenannte Option am besten die Kriterien an ein Suchverfahren zur Feststellung der optimalen Struktur erfüllen würde, ist dies gegen eine erleichterte praktische Umsetzung von Disease Management abzuwägen, die sich durch eine begrenzte Zahl von Leitlinien pro Erkrankung ergibt. Befürchtet wird sonst ein Chaos bei den Leistungserbringern.[353] Deshalb wäre es möglich, dass die einzelnen Kassenverbände eigene Disease Management-Programme akkreditieren lassen werden, ggf. mit einzelnen Kooperationen kleinerer Verbände (z. B. der Innungskrankenkassen), oder dass größere Einzelkrankenkassen (z. B. die Technikerkrankenkasse) Einzellösungen umsetzen. Inwieweit sich eine kollektive oder Kassenarten-übergreifende Lösung „mit einem Wettbewerb unter den Kassen verträgt, bleibt abzuwarten".[354] Bei einem einheitlichen Disease Management-Programm für alle Kassenarten gäbe es nur noch sehr begrenzte Wettbewerbsfelder: Dazu gehört insbesondere die direkte Ansprache der Patienten bei Rekrutierung, Erinnerung und Schulung.[355] Der Einsatz qualifizierter Callcenter bei der regelmäßigen Betreuung der Patienten könnte beispielsweise eine

---

351 Vgl. Häussler, B., Glaeske, G. und Gothe, H. (2001b), S. 34.
352 So hält beispielsweise die Kassenärztliche Bundesvereinigung (KBV) eine wettbewerbliche Differenzierung der Disease Management-Programme nicht für sinnvoll, sondern tritt für ein einheitliches System von Behandlungsstandards ein. Die KBV hat deshalb Vertragskonzepte für Disease Management-Programme der Erkrankungen Hypertonie, Asthma bronchiale und Diabetes mellitus vorgelegt. Vgl. KBV Kassenärztliche Bundesvereinigung (Hrsg.) (2001) sowie Richter-Reichhelm, M. (2002), S. 12.
353 Vgl. Kraus, W. (2001), S. 371.
354 Preuß, K.-J. (2002), S. 57.
355 Vgl. Metzinger, B. und Schlichtherle, S. (2002), S. 17.

solche wettbewerbliche Signalfunktion übernehmen.[356]

Theoretisch bestimmt sich die optimale Anzahl von Disease Management-Programmen in dem Punkt, wo der Grenznutzen einer höheren Wettbewerbsintensität (z. B. durch den wettbewerblichen Zwang zur Auswahl kosteneffektiver Verfahren) gerade den Grenzkosten einer höheren Anzahl der Programme (z. B. infolge von Transaktionskosten der Ausarbeitung unterschiedlicher Leitlinien und Verträgen mit Ärzten) entspricht. In Abbildung 8 ist dieser Optimalpunkt mit DMP_{opt} bezeichnet. Er liegt mit hoher Wahrscheinlichkeit über eins, da bei nur einem Programm, das überall in einem Gesundheitssystem umgesetzt wird, auf den Effizienzgewinn einer Wettbewerbslösung verzichtet wird; eine sehr viel größere Zahl ist wegen der beschränkten Umsetzungskapazitäten in Arztpraxen, die an mehreren Disease Management-Programmen teilnehmen, ebenfalls unwahrscheinlich.[357] Die optimale Anzahl der Disease Management-Programme pro Krankheit dürfte sich damit im einstelligen Bereich bewegen und weitgehend unabhängig von der Erkrankung sein, da zumindest die Transaktionskosten nicht durch medizinische Fragestellungen, sondern durch den organisatorischen und rechtlichen Rahmen beeinflusst werden.

Abbildung 8: Ermittlung der optimalen Programmzahl

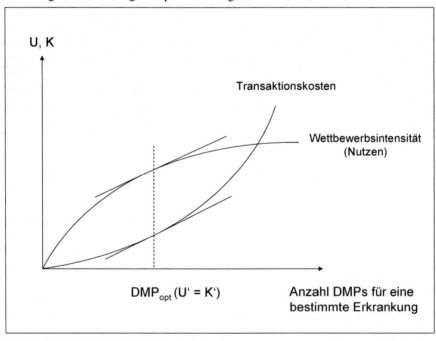

---

[356] Allerdings sind bislang auch diese wenigen verbliebenen Wettbewerbsfelder durch die vertraglichen Vereinbarungen zwischen Krankenkassen und kassenärztlichen Vereinigungen weitgehend eingeschränkt worden. So dürfen Brustkrebspatientinnen nur schriftlich und nur mit Zustimmung der behandelnden Ärzte kontaktiert werden. Vgl. Schmidt, D. (2003), S. 41.
[357] Vgl. Institute for the Future (Hrsg.) (2003), S. 304.

Überblick über das Konzept des Disease Managements

Die Krankenkassenverbände der AOK und der Betriebskrankenkassen haben eigene Institutionen aufgebaut, um das Disease Management gemeinsam und damit mit weniger großem Aufwand für die einzelnen Mitgliedsunternehmen einrichten zu können.[358] Bei dem AOK-Bundesverband wurde das Unternehmen Curaplan gegründet, bei dem BKK-Bundesverband das Unternehmen „BKK MedPlus".[359] Die AOK wird dabei nicht auf private Callcenter setzen, sondern auf eine flächendeckende Einführung mit hausärztlicher Betreuung der Patienten.[360] Die Hausärzte, von denen die meisten chronisch Kranken ohnehin betreut werden, sollen die Koordinierungsfunktion für ambulante und stationäre Leistungen im Rahmen des Disease Managements übernehmen und die Patienten regelmäßig untersuchen. Die Ärzte müssen in bestimmter Weise für das betreffende Krankheitsbild und das Disease Management-Programm vorgebildet sein.[361] Auch eine Schulung der Patienten ist Pflicht. Curaplan wird Evidenz-basierte Leitlinien zur Verfügung stellen. In welcher Weise diese von wem kontrolliert werden sollen, muss noch abschließend geklärt werden. Zur Erprobung werden von verschiedenen AOKn die von Curaplan erarbeiteten Leitlinien in Pilotprojekten eingesetzt, in Süd- und Nordbaden beispielsweise ein Diabetes-Programm[362], in Niedersachsen ein Programm für Patienten mit Herz-Kreislauf-Erkrankungen und in Sachsen ein Programm für Asthmatiker und COPD-Patienten.

Bei den Ersatzkassen ist derzeit keine einheitliche Vorgehensweise zur Einführung von Disease Management-Programmen feststellbar. Es werden Projekte auf regionaler Ebene gefördert. Ein Beispiel ist das „Gesundheitsprojekt niedergelassener Ärzte e.V." in Mannheim, das von den Ersatzkassenverbänden in Baden-Württemberg sowie der Kassenärztlichen Vereinigung Nordbaden im März 2002 initiiert wurde. Das Modellprojekt auf der Grundlage der integrierten Versorgung nach § 140a SGB V richtet sich vor allem an Patienten mit chronischen Atemwegserkrankungen (Asthma und COPD) und beinhaltet spezielle Anforderungen an die Ausstattung und Qualifikation der Haus- und Fachärzte, die daran teilnehmen wollen. Diese müssen sich an ein strukturiertes und standardisiertes Behandlungsschema halten und erhalten für die medizinische Betreuung und die Administration besondere Vergütungen (je nach Schweregrad der Erkrankung bis zu 255 Euro pro Quartal zuzüglich einer Verwaltungspauschale). Bislang ist das Programm allerdings noch nicht beim Bundesversicherungsamt akkreditiert worden und wird somit nicht für die Ausgleichsregelungen im Risikostrukturausgleich wirksam. Entsprechende Anpassungen sind nach einer Pilotphase geplant. Zudem arbeitet das Projekt derzeit aufgrund der datenschutzrechtlichen Probleme noch ohne elektronische Patientenakte. Stattdessen erhalten die Patienten Kopien von den Befundberichten, Laborwerten und Untersuchungsergebnissen, die in einer Patientenmappe gesammelt und den behandelnden Ärzten vorgelegt werden. Diese können sich damit

---

358 Vgl. Fuhr, Chr. (2002), S. 2.
359 Vgl. Hoberg, R. (2002), S. 2–3.
360 Vgl. Müller de Cornejo, G. (2001), S. 377.
361 Vgl. Müller de Cornejo, G., Hoyer, J.-M. und Baas, J. Chr. (2002), S. 9.
362 Vgl. Lisson, M. (2002b), S. 8.

Überblick über das Konzept des Disease Managements

einen schnellen Überblick über die aktuellen Behandlungsdaten verschaffen und so Doppeluntersuchungen vermeiden.

2.4.1.2. Förderung von Disease Management-Programmen durch die Reform des Risikostrukturausgleiches

Der Risikostrukturausgleich wurde 1994 in Deutschland eingeführt, um den erheblichen Strukturunterschieden im Versicherungsbestand zwischen Krankenkassen Rechnung zu tragen. Dies war notwendig, da bei Kassenwahlfreiheit und einkommensabhängigen (also in der Regel nicht risikoadäquaten) Beiträgen die Gefahr bestanden hätte, dass sich diese ungleichgewichtigen Strukturen durch adverse Selektion verschärft hätten: Krankenkassen mit ungünstigem Versicherungsbestand (also tendenziell älteren, kränkeren Personen) würden durch ihren höheren Beitragssatz immer mehr Versicherte an andere Kassen mit risikostrukturbedingt günstigerem Beitragssatz verlieren. Ein Wettbewerb der Krankenversicherungen wäre unter diesen Umständen stark verzerrt.

Der Risikostrukturausgleich war somit ursprünglich geschaffen worden, um das Solidarprinzip nicht nur für die Gruppe der Versicherten jeder einzelnen Krankenkasse, sondern über die gesamte gesetzliche Krankenversicherung (GKV) hinweg Geltung zu verschaffen. Ziel war insbesondere, dass Beitragssatzunterschiede nicht mehr aufgrund differierender Risikoprofile der Versichertengemeinschaften entstehen, sondern aufgrund der unterschiedlichen Wirtschaftlichkeitsbemühungen der Krankenkassen. Die große Zahl von Gerichtsverfahren gegen dieses System[363] zeigt aber, dass eine solche Umverteilung gemessen an diesem Ziel sehr schwierig ist und selbst bei Auswahl relativ simpel zu erfassender Parameter wie Versichertenstatus und Einkommen einen großen Datenverarbeitungsaufwand nach sich zieht.

Der Risikostrukturausgleich (RSA) bezog sich vor der Reform im Jahr 2002 ausschließlich auf die Kriterien Alter, Geschlecht und Beruf- bzw. Erwerbsunfähigkeitsstatus und wird durch das Bundesversicherungsamt in Bonn anhand von Stichprobendaten durchgeführt.[364] Morbiditätsunterschiede in den Versicherungsbeständen wurden dagegen bis zur Reform nicht berücksichtigt. Nach Berechnungen des Bundesversicherungsamtes würde der Beitragssatzunterschied zwischen der teuersten und der billigsten Krankenkasse mittlerweile etwa 10% betragen. Tatsächlich ist die Beitragssatzspanne auf etwa 4% gesunken. Aber selbst diese Spanne ist nicht allein durch unterschiedliche Verwaltungsausgaben (wenn dies als näherungsweiser Gradmesser der Effizienz einer Krankenkasse akzeptiert werden kann) erklärbar, denn die gesamten administrativen Aufgaben von Krankenkassen liegen weit niedriger als diese Spanne.[365] So-

---

363 Im Oktober 2001 waren etwa 330 Gerichtsverfahren von Krankenkassen gegen die Berechnungsmodalitäten des Risikostrukturausgleichs anhängig. Vgl. Daubenbüschel, R. (2001), S. 2.
364 Vgl. Daubenbüchel, R. (2002), S. 329.
365 Im Jahr 2001 betrugen die Netto-Verwaltungsausgaben der gesetzlichen Krankenversicherung 7,6 Mrd. Euro, was 5,9% der gesamten Leistungsausgaben entsprach. Dies wiederum entspricht (bezogen auf den durchschnittlichen GKV-Beitragssatz) weniger als einem Beitragssatzpunkt. Vgl. Bundesministerium für Gesundheit (Hrsg.) (2002), Tabellen 10.6.

mit bestehen offensichtlich trotz Risikostrukturausgleich gegenwärtiger Prägung (mit etwa 12 Mrd. € Nettotransfervolumen im Jahr 2001) weiterhin versichertenstrukturbedingte Vorteile.

Als Konsequenz ergibt sich die Notwendigkeit, Merkmale der Morbidität stärker im Risikostrukturausgleich zu berücksichtigenk, als dies bislang der Fall war.[366] Zum 1.1.2007 soll deshalb eine direkte Morbiditätsorientierung im RSA eingeführt werden. Gesunde und kranke Versicherte werden dann im RSA durchgehend unterschiedlich berücksichtigt.[367] Der angestrebte Übergang zu einem differenzierteren Risikostrukturausgleich mit unterschiedlichen Ausgleichssätzen für Patienten, die sich in Disease Management-Programme eingeschrieben haben, und solchen ohne diese Programme wird in Abbildung 9 dargestellt. Aus Sicht der Krankenkassen wird der Verlust bei durchschnittlichen Versicherten etwas größer als bei der bisherigen Regelung, da der Ausgleichssatz im Risikostrukturausgleich etwas sinkt. Dafür verkleinert sich die Unterdeckung bei chronisch Kranken, die in Disease Management-Programme eingeschrieben sind.

---

[366] Zu diesem Zweck wurden verschiedene Gutachten erstellt, die hier nur überblicksartig dargestellt werden sollen. Auftraggeber der ersten Studie war das Bundesgesundheitsministerium, das zweite wurde vom Verband der Angestellten-Ersatzkassen (VdAK), dem Arbeiter-Ersatzkassen-Verband (AEV), dem AOK-Bundesverband und dem IKK-Bundesverband in Auftrag gegeben. Der BKK-Bundesverband schließlich beauftragte das DIW mit einer empirischen Studie. Die drei Gutachten beleuchteten den RSA unter sehr unterschiedlichen Gesichtspunkten und kamen zu teilweise sehr verschiedenen Schlussfolgerungen, wie der RSA verändert bzw. um welche Komponenten er ergänzt werden sollte, damit die geplanten Ziele besser erreicht werden könnten. Vgl. Jacobs, K., Reschke, P., Cassel, D. und Wasem, J. (2001); vgl. Lauterbach, K.W. und Wille, E. (2001a) und vgl. Breyer, F. und Kifmann, M. (2001).

[367] Das Gesetz zur Reform des Risikostrukturausgleichs in der gesetzlichen Krankenversicherung trat zum 1. Januar 2002 in Kraft. Es wurden zahlreiche Änderungen und Ergänzungen der §§ 137e (Koordinierungsausschuss), 266 (Risikostrukturausgleich) und 267 (Datenerhebung zum RSA) SGB V vorgenommen und die §§ 137f (strukturierte Behandlungsprogramme bei chronischen Krankheiten), 137g (Zulassung strukturierter Behandlungsprogramme), 268 (Weiterentwicklung des RSA) und 269 (solidarische Finanzierung aufwändiger Leistungsfälle – Risikopool) SGB V ergänzt. Die letztgenannten Paragraphen enthalten einen sehr detaillierten Zeitplan bis zum Jahr 2007 und ein genaues Procedere für die einzelnen Schritte zur Erreichung der vorgenannten kurz-, mittel- und langfristigen Ziele.

Abbildung 9: Veränderungen beim RSA durch DMP

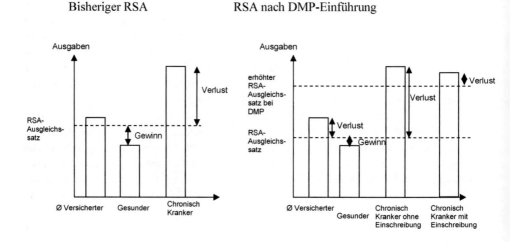

Quelle: Adaptiert von Tedsen, F.H. (2002), S. 77.

Seit dem 1.1.2003 werden im Risikostrukturausgleich der gesetzlichen Krankenversicherung (GKV) die Durchführung von Disease Management-Maßnahmen für bestimmte Erkrankungen mitberücksichtigt, die vom Koordinierungsausschuss der Spitzenverbände der Krankenkassen und der Leistungserbringer vorgeschlagen und dann vom Bundesgesundheitsministerium festgelegt wurden. Mitglieder im Koordinierungsaus-schuss sind Vertreter der Krankenkassen, der Kassenärztlichen Bundesvereinigung (KBV), der Bundesärztekammer (BÄK), der Deutschen Krankenhausgesellschaft (DKG) und die Vorsitzenden der Bundesausschüsse. Neben der Empfehlung von Krankheiten, die im Rahmen von Disease Management-Programmen beim Risikostrukturausgleich berücksichtigt werden sollen, ist die Definition von Anforderungen zur Akkreditierung gesetzlich vorgegebene Aufgabe des Koordinierungsausschusses. Außer medizinischen Rahmenvertragsklauseln können auf diese Weise Vorgaben zur Umsetzung von Behandlungsprogrammen festgelegt werden.

Als Einstieg wurden im Januar 2002 dem Bundesgesundheitsministerium für den Risikostrukturausgleich von diesem Gremium folgende Erkrankungen vorgeschlagen: Diabetes mellitus, chronisch obstruktive Atemwegserkrankungen und Asthma, Brustkrebs und koronare Herzerkrankungen (inklusive der Hypertonie).[368] Nach einer Auswertung von Versichertendaten der Gmünder Ersatzkasse (GEK)[369] könnten etwa ein

---

368 Vgl. Sachverständigenrat zur Begutachtung der gesamtwirtschaftlichen Entwicklung (2002), S. 252.
369 Vgl. Grobe, T.G., Dörning, H. und Schwartz, F.W. (2002), S. 40 f.

Drittel aller Versicherten ab dem 70. Lebensjahr in zumindest eines der Programme eingeschrieben werden. Auf alle Versicherte bezogen sind nach diesen Auswertungsergebnissen immerhin noch 10,4% aller Männer und 9,5% aller Frauen an einer dieser Indikationen erkrankt und kommen damit als Teilnehmer für Disease Management-Programmen potenziell in Frage. Die Verknüpfung des Risikostrukturausgleichs mit der Finanzierung von Disease Management-Programmen wird als Einstieg in einen Morbiditätsausgleich zwischen den Krankenkassen gesehen.[370] Wegen der hohen Variationsbreite der Kosten innerhalb einzelner Indikationen wird diese Vorgehensweise aber gleichzeitig als möglicherweise kontraproduktiv kritisiert.

Eine Beteiligung der kassenärztlichen Vereinigungen an solchen Verträgen ist bislang nicht zwingend vorgeschrieben. Dies stößt bei diesen Institutionen auf Kritik, weil es zur Bereinigung der Arzneimittelbudgets und des Gesamthonorarvolumens zu einer Reihe von verwaltungstechnischen, organisatorischen und rechtlichen Problemen kommen könnte, die ein hohes Konfliktpotenzial beinhalten.[371] Ärztevertreter werden allerdings im Koordinierungsausschuss die Anforderungsprofile für Disease Management-Programme mitbestimmen können. Auf regionaler Ebene sind sie bei der Vertragsgestaltung aber nicht unbedingt beteiligt. Kommt es nicht zu einer Einigung im Koordinierungsausschuss, ist eine Ersatzvornahme durch das Bundesgesundheitsministerium möglich.

Nach § 137f Abs. 2 Satz 2 Nr. 6 SGB V sind die Programme zu evaluieren, um festzustellen, ob die vorab definierten Ziele (bezüglich Evidenz-basierter Leitlinien und Qualitätssicherungsmaßnahmen) erreicht werden, die Einschreibekriterien eingehalten und eine qualitativ hochwertige Versorgung der Patienten außerhalb des Programms sichergestellt ist. Schließlich ist die ökonomische Effizienz der Programme zu analysieren. Neben medizinischen Ergebnisqualitätsparametern sind zumindest am Beginn und zum Ende der Evaluation subjektive Outcome-Größen wie Lebensqualität und Zufriedenheit zu erheben.[372] Für die Evaluation ist eine repräsentative Stichprobe der jeweiligen Versichertenkohorte ausreichend. Sie umfasst einen Zeitraum von drei Monaten, der sechs Monate nach Akkreditierung durch das Bundesversicherungsamt beginnt. Die jährlichen Zwischenberichte sind von den Krankenkassen innerhalb von acht Wochen zu veröffentlichen. Zur Sicherung der wissenschaftlichen Qualität der Evaluation wurde beim Bundesversicherungsamt ein ehrenamtlicher Beirat mit Experten verschiedener Disziplinen (derzeit Medizin, Ökonomie, Sozialmedizin und Biometrie) eingerichtet, der das BVA bei der Entwicklung methodischer Kriterien zur Evaluation sowie bei Grundsatzfragen zur Begleitung und Bewertung der Evaluation berät.[373]

Die Akkreditierung von Disease Management-Programmen ist Aufgabe des Bundesversicherungsamtes, das bislang schon für den Risikostrukturausgleich-Transfer verantwortlich war und „das sich – neben etlichen Consulting-Unternehmen – durch den

---

370 Vgl. Busse, R. (2002), S. 259.
371 Vgl. Vollmer, R. (2001c), S. 4.
372 Vgl. Wille, E. (1999), S. 56.
373 Vgl. Brief des Bundesversicherungsamtes an die Arbeitsgemeinschaft der Spitzenverbände der Krankenkassen vom 13. Dezember 2002 zur Einrichtung eines Beirates zur Evaluation und Zulassung von strukturierten Behandlungsprogrammen.

Überblick über das Konzept des Disease Managements

notwendigen Aufbau einer neuen Abteilung klar zu den Gewinnern der Regelungen zählen dürfte."[374] Durch die dargestellte Ausgestaltung bedingt, ergeben sich jedoch einige neue Problembereiche.

1. Morbidität ist weniger gut abgrenzbar und kontrollierbar als die bisherigen Kriterien

Alter und Geschlecht sind als objektive Kriterien noch relativ einfach umsetzbar. Dennoch ist bislang noch nicht ein einziger Risikostrukturausgleich-Bescheid des Bundesversicherungsamtes rechtskräftig, da bis 2002 etwa 400 Gerichtsverfahren gegen diese Bescheide anhängig waren.[375] Eine Komplizierung durch weitere Kriterien, die zudem schwerer objektivierbar sind (wie das Bestehen einer chronischen Krankheit), würde diese Situation noch verschärfen.[376] Zudem ist nicht nur das Bestehen einer Krankheit Voraussetzung für die Transferzahlungen, sondern auch die aktive Mitwirkung der Patienten. Diese ist ungleich schwerer extern zu kontrollieren. Aufgrund dieser asymmetrischen Informationsverteilung zwischen Krankenkassen und Risikostrukturausgleichbürokratie könnte ein Anreiz bestehen, kostengünstig Disease Management-Programme ohne echte Qualitätsverbesserung aufzulegen. „Der ideale Patient wird der gesunde Chroniker sein, denn er bringt das meiste Geld."[377]

2. Aufbau einer neuen Bürokratie

Die Koppelung des Risikostrukturausgleichs an Disease Management-Programme bedingt einen hohen Kontrollaufwand, da die höheren Zuzahlungen aus dem Ausgleichssystem an die Freiwilligkeit der Teilnahme und die aktive Mitwirkung der Versicherten geknüpft ist.[378] Das Bundesversicherungsamt prüft stichprobenartig, ob diese Bedingungen erfüllt sind, und entscheidet zudem über die Zulassung dieser Programme zur Teilfinanzierung aus dem Risikostrukturausgleich.[379] Die neuen Aufgaben binden zusätzliche personelle Ressourcen des Bundesversicherungsamtes. Neue administrative Aufgaben entstehen dabei auf 4 Ebenen:

a) Akkreditierung der Disease Management-Programme beim Bundesversicherungsamt,
b) Dokumentation der Behandlung,
c) Aufbereitung der Daten bei der Krankenkasse,
d) Stichprobenprüfung durch die Landesaufsichtsbehörden.

---

374 Busse, R. (2002), S. 260.
375 Vgl. Saatkamp, J. (2002), S. 368.
376 Vgl. Durst, C. (2002), S. 7.
377 Schlingensiepen, I. (2002), S. 3.
378 Vgl. Brech, W. (2003), S. 17.
379 Vgl. Lauterbach, K.W. und Wille, E. (2001b), S. 38.

Zu a): Akkreditierung der Disease Management-Programme beim Bundesversicherungsamt

Die Akkreditierung (und Reakkreditierung nach höchstens 36 Monaten)[380] erfordert mehrere Dutzend zusätzliche Stellen beim Bundesversicherungsamt.[381] Um einen Antragsstau zu vermeiden, sind rückwirkende Akkreditierungen möglich. Das Bundesversicherungsamt prüft rein formal, ob die in der Rechtsverordnung niedergelegten Anforderungen erfüllt worden sind. Die Entscheidungen sollen dabei sowohl sehr kurzfristig erfolgen (da die Akkreditierung große finanzielle Auswirkungen im Risikostrukturausgleich nach sich zieht) als auch juristisch einwandfrei sein.[382] Aufgrund der Erfahrungen mit dem bisherigen Risikostrukturausgleich werden hier in jedem Falle langwierige juristische Auseinandersetzungen folgen.[383]

Zu b): Dokumentation der Behandlung

Dieser Punkt ist besonders umstritten, da die Machbarkeit der Programme vor allem davon abhängt, welcher Aufwand für den behandelnden Arzt damit verbunden ist. Dieses Problem ist in der Folge zudem mit der Höhe der zusätzlichen Vergütung verknüpft. Bei den Modellvorhaben in der Diabetes-Versorgung aus den 90er Jahren bestanden zum großen Teil Probleme gerade wegen dieser Anforderungen.[384] Die elektronische Vereinfachung ist zwar eine Option, aber mit Investitionsbedarf bzw. mit Einschränkungen des Anteils der Leistungserbringer verbunden, der einbezogen werden könnte.

Zu c): Aufbereitung der Daten

Die zur Verarbeitung der Datenfülle notwendige Infrastruktur befindet sich derzeit im Aufbau. Die Erfahrungen der bisherigen Datenlieferungen im Risikostrukturausgleich zeigen, dass die Qualität der Datenlieferung eher heterogen ist. Datenschutzrechtlich ist die Übermittlung der Daten dann unproblematisch, wenn der Versicherte bei Einschreibung in das Programm dieser Vorgehensweise zugestimmt hat. Teilweise wird allerdings gefordert, dass die Patienten die Daten selbst an die Datensammelstellen liefern oder zumindest bei jeder Folgeuntersuchung ihr schriftliches Einverständnis zur Datenübermittlung geben sollen. Inwiefern die kassenärztlichen Vereinigungen in den Datenfluss zwischen Ärzten und Krankenkassen eingebunden sind, ist noch nicht endgültig entschieden.[385]

---

380 Vgl. § 28g Abs. 5, Satz 1, Verordnung über das Verfahren zum Risikostrukturausgleich in der gesetzlichen Krankenversicherung (Risikostrukturausgleichsverordnung – RSAV) vom 3.1.1994 in der Fassung der sechsten Verordnung zur Änderung der Risikostrukturausgleichsverordnung (6. RSA-ÄndV) vom 27. Dezember 2002, BGBl. I 2003, Nr. 1, S. 5.
381 Vgl. Straub, Ch. (2001a), S. 278.
382 Vgl. Badenberg, Ch. (2003), S. 2.
383 Vgl. Krüger, A. (2002), S. 3.
384 Vgl. Trautner, Ch. und Icks, A. (1996), S. 132–140.
385 Vgl. Robbers, J. (2002), S. 351.

Zu d): Stichprobenprüfung durch die Landesaufsichtsbehörden
Die Landesaufsichtsbehörden (in der Regel die Landessozialministerien) nehmen zusammen mit dem Bundesaufsichtsamt für das Versicherungswesen stichprobenartig Prüfungen vor, ob die Anforderungen in der Praxis umgesetzt sind. Schätzungsweise 2% p.a. der eingeschriebenen Versicherten können auf diese Weise geprüft werden. Diese Stichprobe ist eher klein und kann zu unangemessenen Entscheidungen führen. Die Kassen können (auf eigene Kosten) eine Vollerhebung der eigenen Versicherten durchführen. Da der finanzielle Anreiz, Patienten zu gewinnen, für Krankenkassen relativ hoch ist, wird in diesem Zusammenhang diskutiert, vor der Einschreibung der Patienten eine ärztliche Zweitmeinung darüber einzuholen, ob die fraglichen Personen überhaupt für ein bestimmtes Programm in Frage kommen.[386] Dies würde einen hohen administrativen Aufwand bedeuten und die Einschreibequoten tendenziell wegen des gestiegenen Zeitaufwandes für Patienten senken. Andererseits lässt sich bei einer nachträglichen Kontrolle der Meldungen zum RSA kaum mehr beurteilen, wie der Gesundheitszustand zum Zeitpunkt der Einschreibung war. Umstritten ist zudem, welche Sanktionen ein „falsches" Einschreiben von Patienten für Krankenkassen haben sollte. So ist es sowohl möglich, lediglich die festgestellten Fehler zu korrigieren als auch die ermittelte Fehlerquote in der Stichprobe auf den Gesamtbestand der Versicherten hochzurechnen.

Andererseits werden genaue Vorgaben für die Akkreditierung solcher Programme einen Missbrauch in Grenzen halten, wenn auch mit dem Nachteil hoher Kontrollkosten, um Manipulationen zu vermeiden.[387] Zudem ist das Mehrvolumen an Disease Management bedingten Ausgaben für den Risikostrukturausgleich dadurch begrenzt, dass nicht jeder chronisch Kranke tatsächlich an solchen Programmen teilnehmen wird.[388] Die initiale Beschränkung der RSA-fähigen Erkrankungen impliziert eine relative Schlechterstellung von Patienten mit anderen Erkrankungen, weil insgesamt die Ausgaben der Krankenversicherung nicht steigen sollen. Unabhängig davon, ob diese Zielvorstellung angesichts der immensen Investitionen in die Disease Management-Programme möglich ist, wird die beabsichtigte Einführung eines morbiditätsorientierten Risikostrukturausgleich bis zum Jahr 2007 zu einer mittelfristigen Ablösung der Disease Management-Regelungen bei der RSA-Berechnung führen müssen.[389]

Ob mit der Einbeziehung des BVA in die Finanzierung der Disease Management-Programme eine Kompetenzverlagerung von den Ländern (als Aufsichtsbehörden regionaler Krankenkassen) zum Bund verbunden ist,[390] ist unwahrscheinlich, da das BVA auch zukünftig nur die Aufsicht über den erweiterten Risikostrukturausgleich übernimmt und die direkte Kassenaufsicht bei den Landesbehörden verbleibt.

---

386 Vgl. Schmeinck, W. (2001), S. 384.
387 Vgl. Straub, Ch. (2001b), S. A122.
388 Vgl. Laschet, H. (2001), S. 3.
389 Vgl. Jacobs, K. und Häussler, B. (2002), S. 26.
390 Vgl. Busse, R. (2002), S. 260.

3. Ordnungspolitische Gegenargumente

Umstritten ist weiterhin, ob die Einbeziehung von Disease Management-Programmen in den Risikostrukturausgleich ordnungspolitisch akzeptabel ist.[391] Der Risikostrukturausgleich ist ein starker Eingriff in die Einkommenshoheit der Krankenkassen und nur durch Wettbewerbsargumente begründbar. Andernfalls wäre die Wettbewerbsposition der Kassen fast ausschließlich von der Versichertenstruktur bzw. der Fähigkeit zur erfolgreichen Versichertenselektion abhängig. Umstritten ist aber, ob dieses System auch genutzt werden darf, um Anreize an die Krankenkasse zu geben, sich in bestimmter Weise zu verhalten (hier Disease Management-Programme aufzulegen). Ob z. B. Disease Management ein sinnvolles Konzept ist, wäre in einem nicht regulierten Markt eine Frage, die sich beim Aufeinandertreffen von Angebot und Nachfrage entscheidet. „Mit der Verbindung von Chroniker-Bonus und Einschreibung in ein akkreditiertes Programm wird der RSA mit gesundheitspolitischen Steuerungsaufgaben belastet, was leicht zu einem Präzedenzfall für andere als förderungswürdig erachtete Versorgungsformen werden kann."[392]

Die Finanzierung der Behandlungskosten chronisch Kranker, soweit diese in Disease Management-Programmen versorgt werden, durch Mittel des Risikostrukturausgleiches ist daher keineswegs unumstritten.[393] Befürchtet wird ein Weg in die „Einheitskasse", also ein Aushebeln des Wettbewerbs der Krankenkassen untereinander sowie die Einführung systemfremder Elemente in den Risikostrukturausgleich, der ursprünglich nicht zur direkten Leistungssteuerung vorgesehen war.[394]

Es kann dagegen eingewendet werden, dass die Kassen wenig Veranlassung zu einer Versorgung der chronisch Kranken auf hohem Niveau haben, dass sie im Gegenteil sogar einen Sogeffekt für teure Patienten befürchten müssen, wenn sie attraktive Angebote für diese Personengruppe machen.[395] Dieses Marktversagen könnte eine Regulierung zu Gunsten von Disease Management (in diesem Falle eine Veränderung der Transferbeträge beim Risikostrukturausgleich) rechtfertigen. „Somit stellt die Berücksichtigung von DMP im RSA überhaupt erst einen Anreiz für die Kassen dar, sich um eine hochwertige Versorgung von chronisch Kranken zu bemühen."[396] Andererseits könnten auch Boni für die Verbesserung der gesundheitlichen Versorgung (unabhängig vom gewählten Verfahren, dies zu erreichen) eine Lösung sein. Eine Neuregulierung des RSAs ist somit nicht die einzige Option, die Ziele zu erreichen.

Ein effektiver Wettbewerb erfordert Handlungsalternativen, beim Disease Management insbesondere eine Vielfalt der Programme. In Deutschland ist zwar die Ausgestaltung der Disease Management-Programme im Rahmen der Anforderungsprofile des Koordinierungsausschusses relativ frei möglich. Andererseits werden der hohe Zeitdruck und der starke finanzielle Anreiz die Krankenkassen zu weitgehend identischen

---

391 Vgl. Jacobs, K. (2001), S. 255.
392 Vgl. Oberender, P., Hebborn, A. und Zerth, J. (2002), S. 101.
393 Vgl. Hoppe, J.-D. (2002), S. 322.
394 Vgl. Vollmer, R. (2001d), S. 6.
395 Vgl. Lauterbach, K.W. und Stock, S. (2001), S. A 1935.
396 Sachverständigenrat zur Begutachtung der gesamtwirtschaftlichen Entwicklung (2002), S. 253.

Verträgen bewegen. Es ist wahrscheinlich, dass die Mehrzahl dieser Verträge mit kassenärztlichen Vereinigungen geschlossen werden wird (obwohl dies weder im SGB V noch der RSA-Rechtsverordnung vorgeschrieben ist)[397], was die Einheitlichkeit der Vertragsgestaltung noch weiter erhöht. Eine ordnungspolitisch wünschenswerte Vertragsfreiheit ist somit faktisch kaum gegeben, obwohl gerade durch diese „Impulse für ständige Verbesserungen der Versorgungsqualität und -effizienz ausgelöst werden"[398] könnte.

Der Wettbewerb wird im Bereich des Disease Managements also nicht um den Durchführungsweg im Sinne eines Entdeckungsverfahrens des besten Programms stattfinden, sondern allenfalls als ein Wettbewerb der Leistungserbringer um die Verträge zur Erbringung der Disease Management-Programme. Möglich wäre eine solche wettbewerbliche Umsetzung auf der Anbieterseite mit den gesetzlichen Möglichkeiten der Modellvorhaben (§ 63 SGB V)[399] und der integrierten Versorgung nach §§ 140a ff. Allerdings müssten regional differenzierte Disease Management-Modelle nach derzeitiger Rechtslage einzeln zertifiziert, evaluiert und rezertifiziert werden, was angesichts der damit verbundenen Entwicklungs-, Verhandlungs-, Implementierungs- und Evaluationskosten kaum realistisch erscheint.[400] Ein derartiger Wettbewerb hätte zudem den Nachteil, dass die flächendeckende Einführung im gesamten Bundesgebiet kaum kurzfristig zu erreichen wäre, sondern sich (wenn überhaupt) sukzessive über Jahre hinziehen würde. Daher ist auch auf der Anbieterseite ein Wettbewerb weder zu erwarten noch politisch gewollt.

Aus ordnungspolitischer Sicht wird zudem die Frage diskutiert, ob die Berücksichtigung des Disease Managements im RSA die Umverteilung zwischen den Kassen so weit erhöht, dass im langfristigen Ergebnis ein nahezu einheitlicher Beitragssatz aller Krankenkassen zu erwarten sei. AOKn und Ersatzkassen waren in der Vergangenheit zunehmend durch preiswerte Betriebskrankenkassen unter Druck gekommen, weshalb zunächst sogar ein Mindestbeitragssatz vorgesehen war, der im Laufe der Beratungen zur Gesundheitsreform im Jahr 2001 jedoch verworfen wurde. Da besonders AOKn von den Kosten chronischer Erkrankungen betroffen sind, ist der Ausgleich solcher Ausgaben über den Risikostrukturausgleich für diese Versicherungen besonders von Nutzen. Allerdings stellt die Berücksichtigung von Disease Management-Programmen ein wenig effektives Instrument dar, das Ziel der Beitragssatzsenkung für einzelne Kassenarten zu erreichen: Es ist keineswegs sicher, dass die Einbeziehung von Disease Management-Programmen in den Risikostrukturausgleich in nennenswertem Umfang dazu führen wird, dass der Finanztransfer von Kassen mit niedrigem Durchschnittsalter der Versicherten zu Kassen mit älterem Versichertenbestand ansteigen wird. Denn der Ausgleich findet technisch innerhalb der jeweiligen Altersgruppen statt.[401] Wenn es sich bei chronisch Kranken vor allem um ältere Menschen handelt, findet also der Transfer im Rah-

---

397 Vgl. Brech, W. (2003), S. 17.
398 Vgl. Jacobs, K. und Häussler, B. (2002), S. 27.
399 Vgl. Glaeske, G. (1996), S. 49.
400 Vgl. Koring, H.-D. (2001), S. 375.
401 Vgl. Tophoven, Chr. (2002), S. 219.

men des Risikostrukturausgleiches vorwiegend von Kassen mit älteren Mitgliedern zu anderen Kassen mit ähnlicher Versichertenstruktur statt.[402] Der politisch gewünschte Transfer von „jungen" Betriebskrankenkassen an „alte" AOKn und Ersatzkassen wird also aus technischen Gründen kaum erfolgen.[403]

Die Eignung der Disease Management-Programme als Umverteilungsinstrument ist also fragwürdig.[404] Sie hängt insbesondere von der Mobilisierungsrate der jeweiligen Kasse ab.[405] Gelingt es einer Kasse nicht, zumindest einen durchschnittlichen Anteil ihrer Chroniker für eine Einschreibung zu gewinnen, vergrößert sich ceteris paribus sogar noch der Beitragssatznachteil, da die standardisierten Leistungsausgaben aus dem Risikostrukturausgleich für Nicht-DMP-Versicherte weiter sinken werden. Wenn aber Kassen eine überdurchschnittliche Rate chronisch Kranker aufweisen und zumindest eine durchschnittliche Mobilisierungsrate erreichen, verbessert sich die Einnahmen- bzw. Beitragssatzposition.

2.4.1.3. Anreize zur Teilnahme für Versicherte

Disease Management-Programme sind nach den internationalen Erfahrungen dann am (Kosten-)effektivsten, wenn die Ressourcen auf diejenigen Personen mit den höchsten Gesundheitsrisiken (bzw. -kosten) konzentriert werden.[406] Gerade diese Personengruppe tendiert allerdings zu geringen Teilnahmeraten an freiwilligen Gesundheitsvorsorgeprogrammen. Die Herausforderung ist daher vor allem, geeignete Instrumente zu finden, die zur freiwilligen Teilnahme anregen. Erfolg versprechend ist beispielsweise die betriebliche Gesundheitsförderung, d. h. Patienten an ihrem Arbeitsplatz direkt anzusprechen.[407] Dies wäre z. B. für Betriebskrankenkassen mit starker lokaler Marktstellung (wie z. B. die Deutsche Betriebskrankenkasse in Wolfsburg) eine Option. Allerdings können auf diese Weise nur Berufstätige angesprochen werden, und die Zahl der potenziell erreichbaren Patienten ist naturgemäß auf einen oder wenige (Groß-)Betriebe beschränkt. Ein weiterer Weg ist die Auswertung des vorhandenen Datenpools der Krankenversicherungen, um Patienten mit entsprechendem Risikoprofil (meist bezogen auf eine Indikation sowie Mindestbehandlungskosten in den letzten 2–3 Jahren) herauszufinden. Diese Gruppe wird dann in einem oder mehreren Anschreiben auf die Möglichkeit der Teilnahme angesprochen.

Auf datenschutzrechtliche Bedenken stößt der Vorschlag, die Gesprächsprotokolle von Assistance-Dienstleistern im Krankenversicherungsgeschäft auszuwerten. Es handelt sich dabei häufig um gebührenfreie Telefonnummern, die private oder gesetzliche Krankenversicherungen ihren Mitgliedern anbieten, wenn sie ein medizinisches Problem haben. Personen, die dieses Angebot wahrnehmen, sind offenbar aufgeschlos-

---

402 Vgl. Jacobs, K. und Häussler, B. (2002), S. 28.
403 Vgl. Thelen, P. (2002), S. 104.
404 Vgl. Fruschki, H. (2001), S. 361.
405 Vgl. Schönbach, K.H. (2001), S. 312.
406 Vgl. Peterson, K.W. und Kane, D.P. (1997), S. 329.
407 Vgl. Schulenburg, J.-M. Graf v.d., Boemans, W. und Hoffmann, C. (2000), S. 37–46.

sen für eine externe Beratung (neben Haus- und Facharzt) und lassen eine höhere Teilnahmebereitschaft sowie Compliance für Disease Management-Programme vermuten.

Eine weitere Möglichkeit ist die Rekrutierung der Teilnehmer durch die bisherigen Case-Manager, also zumeist die Hausärzte. Diese können durch die persönliche Bindung am besten einschätzen, wer für ein Disease Management in Frage kommt, d. h. ob und in welchem Schweregrad die Erkrankung vorliegt und ob die persönlichen Voraussetzungen (z. B. die Bereitschaft zur Verhaltensänderung) vorliegen. Allerdings ist eine solche Arbeit mit erheblichem Zeitaufwand verbunden, der zu Beginn des Programms vorfinanziert werden muss. Da in Deutschland dafür zurzeit nur ärztliches Personal in Frage kommt (in den USA erledigen dies in der Regel speziell ausgebildete Krankenschwestern)[408] wäre der Aufwand erheblich. Zukünftig ist es aufgrund der Erfahrungen aus anderen Staaten und der finanziellen Zwänge durchaus denkbar, dass die Funktion des Case-Managers von nicht-ärztlichen Berufszweigen übernommen wird. „Für den ‚First-Level-Kontakt' würden sich aufgrund ihrer breit gefächerten Ausbildung Krankenpflegekräfte anbieten, die nach Evaluation des ‚Problem' an den ‚Second-Best-Kontakt', den ärztlichen, therapeutischen oder pflegerischen Spezialisten, weiterleiten."[409]

Schließlich können auch kleine Preise wie T-Shirts o. ä. als Anreize für die Teilnahmebereitschaft dienen, wobei ggf. steuerliche Höchstgrenzen zu beachten sind. Um die Angebote attraktiver zu machen, wurden auch Verlosungen von höherwertigen Preisen ausgelobt. Für flächendeckende Programme großer Krankenkassen wird eine solche Vorgehensweise allerdings zumeist abgelehnt, da hier eher an das eigene Interesse an Prävention und einen verbesserten Gesundheitsstatus (ohne weiteren materiellen Anreiz) appelliert werden soll. Die Senkung von Krankenversicherungsprämien bei Teilnahme (und nachgewiesener Compliance) ist in Deutschland (im Gegensatz zu amerikanischen und schweizerischen Managed-Care-Organisationen)[410] ebenfalls nicht erlaubt. In den USA gehen einzelne HMOs bereits so weit, die Prämiennachlässe von gesundheitlichen Outcomes im Zeitablauf abhängig zu machen (z. B. Gewicht, Blutdruck, Cholesterinspiegel oder körperliche Fitness). Dies ist allerdings juristisch auch dort umstritten. In Bezug auf die Steigerung der Teilnahmequoten, die bei einer Anbindung an den Risikostrukturausgleich erhebliche Auswirkungen haben, sind die bestehenden Handlungsmöglichkeiten für die Krankenkassen insgesamt eher beschränkt.

2.4.2. Umsetzbarkeit in der privaten Krankenversicherung

Die privaten Krankenversicherungen (PKV) in Deutschland haben bislang nur vereinzelt Interesse an Disease Management gezeigt. Ein Grund dafür mag sein, dass die Versicherer traditionell nur wenig Kostenmanagement bei den Leistungsausgaben betrieben haben und eingehende Behandlungsrechnungen höchstens auf Plausibilität und offen-

---

408 Vgl. Peterson, K.W. und Kane, D.P. (1997), S. 329.
409 Greulich, A., Berchthold, P. und Löffel, N. (Hrsg.) (2000), S. 223.
410 Vgl. Peterson, K.W. und Kane, D.P. (1997), S. 330 f.

sichtlich überhöhte Preise kontrollierten. Bei darüber hinaus gehenden Prüfungen käme es schnell zu Konflikten mit den Versicherten, die eine schnelle und kulante Regulierung erwarten. Zwar haben die PKV-Kunden wenig Möglichkeiten, die Versicherung im höheren Lebensalter, wenn die Wahrscheinlichkeit der Leistungsinanspruchnahme steigt, noch zu wechseln, weil dies (wenn überhaupt) nur mit überproportional hohem Beitragszuschlag möglich wäre.[411] Die PKV-Branche muss aber bei eher zögerlicher Zahlung um den guten Ruf fürchten und grundsätzlich alle vom Arzt verschriebenen Maßnahmen weitgehend kritiklos bezahlen. Da die Versicherungsnehmer im Kostenerstattungsprinzip diese Ausgaben vorfinanzieren müssen, ist eine schnelle Regulierung für den Kunden der PKV ein wichtiges und einfach feststellbares Qualitätskriterium.[412] Eine Orientierung an Leitlinien oder andere Einschränkungen der Therapiefreiheit passen nicht zu dieser Marktstrategie.

Allerdings sind in den letzten Jahren die überdurchschnittlichen Ausgabensteigerungen für die PKV zu einem Problem geworden, da diese insbesondere für ältere Versicherungskollektive einen erheblichen Effekt haben: Bei hoher Inflation oder höherer Inanspruchnahme von Leistungen müssen die Ausgaben in kurzer Zeit auch bei den Altersrückstellungen nachgeholt werden und führen so zu außerordentlichen Prämiensteigerungen. Budgetierung und Leistungsausgrenzungen sind der PKV verschlossen. Möglich ist aber, organisatorisch bedingte Fehlsteuerungen, ineffiziente Behandlungsstrategien und Doppelspurigkeiten zu vermeiden. Deshalb sollte auch die PKV an den Kostensenkungspotenzialen des Disease Managements interessiert sein. Die privaten Versicherer sehen allerdings eine qualitätsgesicherte Versorgung in Deutschland zurzeit noch weniger als Problem an, das durch Disease Management gelöst werden sollte. Als Hauptgrund werden die geringen Marktanteile der Versicherer genannt, die die Implementierung von Disease Management-Programmen erschweren.

Aus betriebswirtschaftlicher Sicht der Versicherungsunternehmen kann Disease Management als eine Form der Risikopolitik interpretiert werden, für die der PKV bislang nur Instrumente im Bereich der Produktpolitik (z. B. in Form von vertraglichen Leistungsausschlüssen), der Annahmepolitik (z. B. Ablehnung von chronisch Kranken vor Vertragsabschluss) und der Leistungspolitik (z. B. durch gründliche Prüfung bei Schadenregulierung) zur Verfügung stehen.[413] Eine direkte Einflussnahme auf den Bereich der Leistungsinanspruchnahme war ihnen damit verwehrt. Neben der Bedeutung für die Risikopolitik ist Disease Management auch für das Marketing der Versicherungen attraktiv, insbesondere durch Kundenbindungseffekte.

Einzelne private Krankenversicherer haben bereits erste Erfahrungen mit Disease Management-Programmen gesammelt, allerdings ist es in Deutschland bislang noch nicht zu einem breit angelegten Angebot für einen gesamten Versicherungstarif gekommen. Die Hallesche Nationale hat beispielsweise zu Beginn des Jahres 2002 ein

---

411 Ein Grund dafür ist insbesondere, dass die schon gezahlten Altersrückstellungen bei dem bisherigen Versicherer verbleiben. Vgl. Pfaff, M. (1995), S. 15.
412 Vgl. Schulenburg, J.-M. Graf v.d. (1981), S. 435.
413 Vgl. Richter, B. (2002), S. 1425.

Angebot für Vollversicherte mit Bluthochdruck aufgelegt.[414] Bis Juli 2002 wurden 221 Teilnehmer aufgenommen, denen in einem ersten Schritt Basisinformationen der Deutschen Hochdruckliga übersandt und dann nach einem eingehenden Begrüßungsgespräch in Risikogruppen eingeteilt wurden. Die regelmäßige Betreuung erfolgt sowohl schriftlich („Hypertonusbriefe") wie auch per Callcenter, das in diesem Fall von einem externen Dienstleister, dem Malteser Hilfsdienst, betrieben wird. Die Krankenversicherung erhofft sich eine effizientere Verwendung der Beiträge sowie eine neue Rolle als Gesundheitsdienstleister. „Die Rolle des reinen Kostenerstatters hat endgültig ausgedient."[415]

Dasselbe Versicherungsunternehmen bietet den Asthmatikern unter seinen Kunden seit dem Jahr 2000 ein Programm in Zusammenarbeit mit einem externen Dienstleister, der Innovacare GmbH, an.[416] Zwölf Monate nach seiner Einführung hatten sich die Compliance, der Gesundheitszustand (gemessen am Asthmaschweregrad) und die Lebensqualität der Teilnehmer im Durchschnitt gebessert und die Behandlungskosten zudem gemindert. Während die Teilnehmer zu Beginn des Programms zu 16% schweres Asthma aufwiesen (Stufe 4), war dieser Anteil nach 24 Monaten auf 4% gesenkt. Die Erfolge werden auf eine verbesserte Medikation sowie die kontinuierliche Messung des Therapieerfolges mittels Peakflow-Meters zurückgeführt. Bislang wurden keine Zahlen zu den Kosteneffekten publiziert.

Auch in den USA ist der private Krankenversicherungsmarkt sehr zersplittert. So haben etwa 80% aller HMOs weniger als 100.000 Mitglieder[417], also relativ kleine Kollektive, die den Ausgleich des Versicherungsrisikos schwieriger machen und den Aufbau umfassender Disease Management-Systeme erschweren. Dies ist einer der Gründe, warum in den USA eine Reihe von speziellen Disease Management-Anbietern auf dem Markt sind, die standardisierte Programme anbieten und deren überregionale Umsetzung übernehmen. Ein weniger großes Problem ist der Aufbau eines ausreichenden Leistungsanbieternetzes, da die HMOs regional eine relativ hohe Marktdurchdringung aufweisen.

Als das Hauptproblem für die Umsetzbarkeit von Disease Management für die private Krankenversicherung wurde bereits der geringe Marktanteil der einzelnen PKV-Unternehmen genannt. So weisen derzeit nur drei in Deutschland tätige private Krankenversicherer einen Versichertenbestand von über 500.000 Personen mit Vollversicherungsschutz auf.[418] Eine administrative Steuerung der Leistungserbringer (z. B. durch Information der Ärzte über die für das Programm geltenden Leitlinien) wäre bei einem derart gestreuten Versicherungsbestand nur zu unverhältnismäßig hohen Kosten möglich. Auch die Verhandlungsmacht der Versicherungsunternehmen bei Preisverhandlungen mit den Leistungsanbietern ist aufgrund ihrer geringen Marktanteile sehr eingeschränkt. Für den einzelnen Leistungserbringer ist es damit nicht sehr attraktiv, separate

---

414 Zusatzversicherte können nur in einzelnen Tarifen auf das Disease Management-Programm zugreifen. Vgl. Abel, O. (2002), S. 78 f.
415 Abel, O. (2002), S. 79.
416 Vgl. o.V. (2002a), S. 640 f.
417 Vgl. Greulich, A., Berchthold, P. und Löffel, N. (Hrsg.) (2000), S. 181.
418 Vgl. Verband der Privaten Krankenversicherung (Hrsg.) (2000), S. 77.

Versorgungsverträge abzuschließen, da in der Regel nur wenige Patienten pro Praxis betroffen wären und die Transaktionskosten für Vertragsabschluss und -durchführung mit einzelnen Ärzten zu hoch erscheinen. Auch in den USA, von der ursprünglich der Managed-Care-Ansatz ausging, ist eine flächendeckende Versorgung durch einzelne Versicherer kaum darstellbar: „It seems unlikely that one insurer or one HMO can provide efficient, convenient quality health care through out the country."[419] Dies gilt insbesondere für den ländlichen Raum, da für die Versicherten dort besonders hohe Wegekosten infolge einer sehr eingeschränkten Arztwahl anfallen würden.

Zudem ist das Honorierungssystem, das gemäß Musterberufsordnung für Ärztinnen und Ärzte (MBO-Ä) die Anwendung einer bestimmten Gebührenordnung gesetzlich vorschreibt, wenig flexibel. Die vertragliche Vereinbarung anderer Formen der Vergütung, die für ein funktionierendes Disease Management unerlässlich sind,[420] wird dadurch behindert. Vorgeschlagen wird, individuelle Honorarvereinbarungen zwischen Versicherungen und Leistungserbringern zuzulassen und die GOÄ nur noch subsidiär gelten zu lassen.[421] § 12 MBO-Ä müsste dann so verändert werden, dass die GOÄ nur noch dann zwingend anzuwenden ist, wenn vertraglich nichts anderes vereinbart wurde.[422] Analog könnte mit der Bundespflegesatzverordnung bei Krankenhäusern verfahren werden.

In Deutschland ist für die PKV die Auflage von Disease Management vorwiegend in Kooperationen verschiedener Versicherer möglich, um eine ausreichende regionale Sicherstellung der Versorgung sowie die Finanzierung der Investitionen (im Bereich der Leitlinien, der vertraglichen Beziehungen zu Ärzten und der EDV) darzustellen. Dafür bietet sich die Gründung unternehmensübergreifender Dienstleister an, die entsprechende Aufgaben übernehmen.[423]

Ausgeschlossen ist dagegen derzeit die vertikale Integration ambulanter Leistungserbringer durch Kapitalbeteiligung eines Unternehmens der PKV an diesen Praxen, weil das ärztliche Standesrecht eine entsprechende Filialisierung ambulanter Versorgung ausschließt: In der Regel ist die ambulante ärztliche Tätigkeit an eine eigene Praxis gebunden. Bei Anbietern von Heil- und Hilfsmitteln sowie von Krankenhausleistungen ist eine entsprechende Kapitalverflechtung mit Versicherungsunternehmen möglich. So sind beispielsweise 35 private Versicherungsunternehmen an der privaten Krankenhauskette Sana beteiligt, und es gibt vereinzelt Einzelvereinbarungen zwischen Versicherern und Kliniken zu Anschlussheilbehandlungen (z. B. nach Schlaganfällen).[424] Allerdings fördern die Länder gemäß § 67 der Abgabenordnung Investitionen in Krankenhäusern nur dann, wenn mindestens 40% der Pflegetage bei Patienten anfallen, die keine Wahlleistungen in Anspruch nehmen. Eine überwiegende Belegung eines Krankenhauses mit PKV-Patienten kann also den Verlust entsprechender staatlicher Zuweisungen nach sich ziehen.

---

419 Curtiss, F.R. (1998), S. 758.
420 Vgl. Kapitel 2.2.6.
421 Vgl. Uleer, Ch. (2001), S. 175.
422 Vgl. Sehlen, S. (2002), S. 255.
423 Vgl. Abschnitt 6.1.
424 Vgl. Sehlen, S. (2002), S. 135.

Erschwert wird der Zugang von privaten Krankenversicherungsunternehmen zu Disease Management-Programmen zudem durch die ärztliche Therapie- und Entscheidungsfreiheit gemäß § 2 Abs. 1 MBO-Ä, die z. B. durch Vorgabe von Behandlungsleitlinien privatvertraglich kaum eingeschränkt werden kann. Ob der vollständige oder anteilige Besitz von eigenen Leistungserbringern für die PKV-Unternehmen versicherungsfremdes Geschäft bedeutet (und damit verboten wäre), ist eher eine akademische Frage, da sich hier Konzernlösungen mit entsprechend spezialisierten Tochtergesellschaften anbieten. Honorarvereinbarungen auf Verbandsebene der PKV mit Gruppen von Leistungsanbietern wären dagegen kaum möglich, da sie als Kartell angesehen und dem Gesetz gegen Wettbewerbsbeschränkungen (GWG) widersprechen würden.

Insgesamt kann man feststellen, dass die Möglichkeiten der PKV, im Rahmen eines Disease Managements steuernd in das Leistungsgeschehen einzugreifen, rechtlich sehr beschränkt sind und dass die Optionen, die möglich wären, aufgrund der Zersplitterung des Marktes kaum genutzt werden.

2.5. Zwischenergebnis

Disease Management soll die bisherige Trennung der gesundheitlichen Versorgung in getrennte Sektoren bzw. Komponenten mittels Leitlinien und Qualitätsmanagement überwinden helfen. Managed-Care-Strukturen können dabei hilfreich sein, sind aber keine Voraussetzung für den Aufbau und die Durchführung von Disease Management. Für die Durchsetzung von Behandlungsleitlinien ist eine starke Stellung des Disease Managers gegenüber anderen beteiligten Leistungserbringern von großer Bedeutung. Dafür kommen Haus- und Fachärzte, Krankenhäuser und spezielle Dienstleister in Frage, wobei die Auswahl von den Zielsetzungen abhängen, die mit einem Disease Management-Programm verbunden werden. Hausärzte als Disease Manager würde eine besonders schnelle Einführung ermöglichen, Fachärzte bieten aufgrund ihres spezialisierten Wissens die größte Gewähr für eine schnelle Umsetzung innovativer medizinischer Verfahren, während Krankenhäuser eine gute Vernetzung des ambulanten und stationären Sektors erwarten lassen. Spezialisierte Disease Management-Anbieter schließlich nutzen bereits heute verschiedenartige Medien wie Mailings und Internetdienste, um Patienten mit unterschiedlichen Bedürfnissen und Erwartungen differenziert anzusprechen, und bieten aus ökonomischer Sicht Größen- und Lernkurvenvorteile.

Die bislang in Deutschland diskutierten Leitlinien für Disease Management-Programme sind von einer überwiegend zentralen Festlegung der Standards durch relativ wenige Experten geprägt. Dieser Top-down-Ansatz entspricht nicht der Konzeption eines Evidenz-basierten Qualitätsmanagements, das die Leitlinien kontinuierlich und dezentral, an den Alltagserfahrungen der Leistungserbringer orientiert weiterentwickeln und verbessern würde. Voraussetzung einer entsprechenden Partizipation v. a. der ambulant tätigen Haus- und Fachärzte sowie der Krankenhäuser wäre eine Internet-basierte EDV-Vernetzung, die heute technisch und datenschutzrechtlich grundsätzlich realisierbar erscheint. Auch für Patienten und Disease Manager bedeutet die Weiterentwicklung der Informationstechnologie eine erleichterte Informations- und Dokumentationsmöglichkeit. Der Erfolg von Disease Management-Programmen wird ganz wesentlich sowohl von der Beteiligung der Leistungserbringer an der Festlegung, Weiterentwicklung und Umsetzung der Leitlinien als auch von der Honorierung der Disease Management-Leistungen abhängen. Während Einzelleistungsvergütungen Anreize zur Erstellung eines ineffizienten Leistungsvolumens bieten, zeichnen sich Pauschalzahlungen durch zu geringe Qualitätsanreize aus. Kopfpauschalen mit Bonuszahlungen beim Erreichen bestimmter, medizinisch definierter Erfolgsgrößen wären dagegen besonders geeignet, ein ausreichendes Leistungsvolumen der gewünschten Qualität zu erreichen. Auf diese Weise könnte entweder ein einzelner Disease Manager oder eine Gruppe von Leistungsanbietern, die sich gemeinsam verpflichtet haben, bestimmte Ziele eines Disease Managements zu erreichen, für ihre Leistung entlohnt werden.

Der Umsetzung von Disease Management in Deutschland stehen vor allem logistische Probleme bei der kontinuierlichen Erhebung, Erfassung und Analyse der anfallenden Daten sowie datenschutzrechtliche Bedenken gegen die Zusammenführung versichertenbezogener Daten bei den Krankenkassen entgegen. Für beide Problembereiche stehen allerdings hinreichende EDV-technische Lösungen zur Verfügung, die sensible Daten vor missbräuchlicher Nutzung schützen (z. B. durch eine strikte Zugriffsverwaltung und Kryptographie) und die Bewältigung auch sehr großer Datenmengen ermöglichen könnten. Bedeutsamer ist daher die ebenfalls logistisch relevante Frage, welche Anzahl von Disease Management-Programmen in einem Gesundheitssystem optimal sei. Ordnungspolitisch ist die Festlegung auf ein einziges Programm pro Krankheit nicht wünschenswert; organisatorisch wird die Umsetzung der Programme in die Versorgungspraxis mit zunehmender Anzahl aber erschwert.

Ordnungspolitisch relevant ist zudem die Einbeziehung der Disease Management-Programme in den Risikostrukturausgleich der Krankenkassen. Um Morbiditätsunterschiede der Versichertenstruktur auszugleichen, sind die Programme nur bedingt geeignet, da die Ausgleichszahlungen die Schweregrade der Patienten nicht berücksichtigen und von der Neigung der Chroniker abhängen, sich bei Programmen einzuschreiben. Daraus wird deutlich, dass der Risikostrukturausgleich kein adäquates Mittel ist, gesundheitspolitische Steuerungsaufgaben umzusetzen. Wenn im Jahr 2007 die Morbidität als weiteres Kriterium in den Risikostrukturausgleich eingeht, müssten Disease Management-Programme konsequenterweise aus der RSA-Berechnung wieder entfernt werden.

Für private Krankenversicherer machen deren individuell niedrigen Marktanteile den Einstieg in Disease Management problematisch, da beispielsweise die Entwicklung und Implementierung von Leitlinien eine kritische Größe von Teilnehmern nicht unterschreiten darf, um die entstehenden Fixkosten abzudecken. Da PKV-Unternehmen derzeit zudem gesetzlich an bestimmte Honorierungstarife und weitgehende Restriktionen bei der Vereinbarung von Einzelverträgen mit Leistungserbringern gebunden sind, stellen integrierte Versorgungsformen für privat versicherte Patienten momentan noch die Ausnahme dar. Erst entsprechende Deregulierungen und Kooperationen unter verschiedenen Versicherern werden zu einem nennenswerten Disease Management-Angebot der privaten Krankenversicherung führen.

3. Institutionen-ökonomische Aspekte des Disease Managements

Das Gesundheitswesen ist in allen industrialisierten Ländern der Welt durch eine vergleichsweise hohe Regulierungstiefe gekennzeichnet. Dies gilt sowohl für nationale Gesundheitsdienste (wie in Großbritannien oder Skandinavien) als auch für größtenteils privatwirtschaftlich organisierte Systeme wie in den USA. In Deutschland ist die Gesetzgebung für das Gesundheitswesen hauptsächlich im Sozialgesetzbuch (Buch V) kodifiziert, aber eine große Anzahl weiterer Gesetze und Verordnungen (z. B. zur Krankenhausfinanzierung oder für den Arzneimittelsektor) machen diesen Bereich selbst für Fachleute sehr unübersichtlich. Gerade in derart hochregulierten Wirtschaftsbereichen versagen häufig die traditionellen Ansätze der neoklassischen Theorie, da eine niedrige Markttransparenz, staatlich administrierte Preise sowie eine Reihe von Marktzugangsbarrieren (wie z. B. Regelleistungsvolumina im ambulanten Sektor) nur einen eingeschränkten Wettbewerb erlauben. In der neoklassischen Theorie werden entsprechende Marktunvollkommenheiten in der Regel nicht mit abgebildet, sondern im Wesentlichen die Fiktion eines vollkommenen Marktes ohne Transaktionskosten und vollständiger Information aufrecht erhalten. Gerade für ökonomische Fragen im Gesundheitswesen bietet die *Neue Institutionenökonomie (NIÖ)* im Gegensatz zur neoklassischen Theorie mit ihren unrealistischen Annahmen über die Markteigenschaften ein geeigneteres Instrumentarium, Anreizstrukturen und ein Markt- bzw. Regulierungsversagen zu analysieren. Um dem besonderen Charakter der Behandlungsprogramme als Dienstleistungen in dem hochregulierten Bereich des Gesundheitswesens Rechnung zu tragen, sollen im folgenden Abschnitt daher organisatorische und rechtliche Fragestellungen, die sich bei dem Disease Management-Ansatz stellen, mithilfe des theoretischen Rahmens der NIÖ bewertet werden.

3.1. Einführung in die Neue Institutionenökonomie
3.1.1. Definitionen, Zielsetzungen und Annahmen

Die Neue Institutionenökonomie (NIÖ) stellt anders als die neoklassische Theorie die Institutionen und deren Entwicklung in den Mittelpunkt der ökonomischen Betrachtung. Institutionen im Sinne der NIÖ sind Regeln, die das Verhalten von Menschen bestimmen, sowie die zugehörigen Sanktionsmechanismen.[425] Man unterscheidet formale und informelle Institutionen. Zu den erstgenannten gehören Gesetze und Verordnungen, letztere umfassen z. B. Sitten und Konventionen. Von den Institutionen werden Organisationen unterschieden, die nicht nur die Regeln, sondern auch Gruppen von Personen bezeichnen. Unternehmen sind demnach Systeme formaler und informeller Institutionen mit Menschen, die gemeinsam danach streben, bestimmte Ziele zu erreichen.

---

425 Vgl. Richter, R. und Furubotn, E.G. (1999), S. 7 f.

Institutionen-ökonomische Aspekte des Disease Managements

Von besonderer Bedeutung sind in der NIÖ die so genannten Verfügungsrechte (Property Rights). Sie bezeichnen besondere Institutionen, die die Rechte einer Person oder Personengruppe umfassen, über die Verwendung knapper Ressourcen zu bestimmen. Solche Rechte sind ihrerseits mit Transaktionskosten für deren Zuweisung, Überwachung und Durchsetzung verbunden.[426] Es wird dabei zwischen absoluten und relativen Verfügungsrechten unterschieden. Absolute Verfügungsrechte richten sich gegen jedermann (z. B. Eigentums- und Menschenrechte), während relative Verfügungsrechte nur gegenüber bestimmten Personen wirken (z. B. vertragliche Schuldverhältnisse).

Die NIÖ erklärt aus ökonomischer Sicht sowohl die Entstehung von Institutionen als auch ihre Auswirkungen auf das menschliche Verhalten. Aus normativer Sicht werden zudem Empfehlungen für die Ausgestaltung von Institutionen gegeben. Dabei wird von begrenzter Rationalität und unvollständigem Informationsstand der handelnden Individuen ausgegangen. Aus diesem Grund ist strategisches Verhalten zur Verfolgung von Eigeninteressen (so genannter „Opportunismus") möglich. Die begrenzte Rationalität ist letztlich der Grund für Arbeitsteilung und Spezialisierung, die wiederum Koordinationsprobleme hervorrufen.[427]

Bei vollständiger Information aller Beteiligten ist das Koordinationsproblem leicht lösbar, da in diesem Falle rationale Akteure eine effiziente Form der Arbeitsteilung finden werden, wie dies in der neoklassischen Theorie erwartet wird. Bei unvollständiger Information ist es hingegen notwendig, Ressourcen zur Informationsgewinnung aufzuwenden, die mithin nicht mehr für andere produktive Verwendungen zur Verfügung stehen und deshalb zu Opportunitätskosten führen.[428] Zudem wird die Informationsgewinnung nur so lange fortgesetzt, wie der marginale Nutzen die Grenzkosten dieser Informationssuche nicht übersteigt. Damit bleibt die Rationalität der Entscheidungen aufgrund der weiter eingeschränkten Informationsbasis beschränkt, und es entstehen weitere Opportunitätskosten infolge suboptimaler Ressourcenverwendung. Mit den Fragen der Koordination, begrenzter Information und Rationalität beschäftigt sich die Transaktionskostentheorie, die im folgenden Abschnitt noch genauer vorgestellt werden wird.

Informationen stehen nicht nur unvollständig zur Verfügung, sie sind zudem ungleich verteilt. Auch dies führt zu strategischem Handeln derjenigen, die einen Informationsvorsprung haben und dies zu Lasten der anderen Marktseite einsetzen. Das Ergebnis sind weitere Opportunitätskosten infolge der Informationsbeschaffung, um das Motivationsproblem zwischen Vertragspartnern zu lösen.[429] In der NIÖ ist dieses als ‚Prinzipal-Agenten-Problem' bekannt[430] und tritt in besonderem Maße im Gesundheitswesen mit seinen komplexen Beziehungen zwischen Patienten, Arzt, kassenärztlichen Vereinigungen, Krankenkassen und ggf. zusätzlich auch Disease Managern auf, wie im Abschnitt 3.1.3. noch detaillierter beschrieben werden soll.

---

426 Vgl. Herms, E. (2001), S. 122 f.
427 Vgl. Wolff, B. (1995), S. 20.
428 Vgl. Bössmann, E. (2000), S. 359.
429 Vgl. Picot, A., Dietl, H. und Franck, E. (1997), S. 8.
430 Vgl. Abschnitt 3.1.3.

3.1.2. Transaktionskostentheorie

Wirtschaftliches Handeln ist immer mit Transaktionen verbunden, bei denen die Wirtschaftssubjekte sich miteinander abstimmen müssen. Dieses Koordinationsproblem wurde bereits im vorigen Abschnitt beschrieben. Bei der Anbahnung, dem Abschluss und der Abwicklung von Transaktionen entstehen aufgrund unvollständiger Information Kosten, insbesondere im Bereich der Informationsbeschaffung und Kommunikation.[431] Man unterscheidet dabei externe Transaktionen, die auf Märkten stattfinden (im Gesundheitswesen z. B. der Kauf von frei verkäuflichen Arzneimitteln), und interne Transaktionen, die sich innerhalb von Organisationen vollziehen (z. B. bei Managed-Care-Organisationen die Weiterleitung eines Patienten zwischen den Versorgungsebenen). Die Kosten interner Transaktionen liegen insbesondere in der Regelung der Aufgaben zwischen den Beteiligten sowie in deren Kommunikation und Kontrolle. Bei externen Transaktionen haben in der Regel Such- und Informationskosten ein höheres Gewicht. Verhandlungs- und Entscheidungskosten für den Abschluss von Verträgen treten hinzu.

Bei der Transaktionskostenanalyse werden die Kosten unterschiedlicher Koordinationsmechanismen gegenübergestellt, um so Empfehlungen für effiziente Transaktionsbeziehungen abzuleiten. Als effizient gilt nach dem ökonomischen Prinzip ein Koordinationssystem dann, wenn bei gegebenem Ressourceneinsatz für die Transaktionen dessen Ergebnis besser ist als bei jedem anderen Koordinierungssystem.[432]

3.1.3. Prinzipal-Agenten-Theorie

Wesentlicher Bestandteil der NIÖ[433] ist die Prinzipal-Agenten-Theorie, nach der Interessengegensätze zwischen Vertragspartnern entstehen können, wenn der Prinzipal den von ihm beauftragten Agenten nicht (oder nur zu hohen Kosten) kontrollieren kann. Es handelt sich so um vertragliche Beziehungen, bei denen eine Vertragspartei im Auftrag der jeweils anderen Partei handelt.[434] Solche Vertretungsbeziehungen sind in einer arbeitsteiligen Wirtschaft sehr verbreitet, können aber bei asymmetrisch verteilten Informationen zu Problemen in der Vertragsbeziehung führen. Dadurch entsteht dem Agenten ein monopolistischer Verhaltensspielraum, den er zur Durchsetzung eigener Interessen nutzen kann.

Entsprechende Anreizstrukturen vorausgesetzt besteht aus Sicht des Prinzipals die Gefahr, dass diese Handlungsspielräume vom Agenten opportunistisch zum eigenen Nutzen verwendet werden können. Die Kontrolle des Agenten ist andererseits mit Kosten für den Prinzipal verbunden. Da es sich nur dann für den Prinzipal lohnt, die Kontrollanstrengungen zu erweitern, wenn die Grenzkosten der Kontrolle unter deren

---

431 Vgl. Picot, A. und Dietl, H. (1990), S. 178.
432 Vgl. Wolff, B. (1995), S. 29.
433 Einen guten Überblick zu diesem Wissenschaftszweig geben Richter, R. und Furubotn, E. (1999).
434 Vgl. Pratt, J.W. und Zeckhauser, R.J. (1985), S. 2.

Grenzerträgen liegen, ist eine vollständige Kontrolle des Agenten meist ökonomisch nicht sinnvoll.

Entsprechende Konfliktpotenziale können sowohl vor wie nach Vertragsabschluss entstehen. Als Folge vorvertraglicher Informationsasymmetrien kann adverse Selektion auftreten, d. h. dass (ungewollt) gerade diejenigen Vertragspartner ausgewählt werden, die für die Erfüllung der Vereinbarungen ungünstige Eigenschaften aufweisen.[435] Ein Beispiel aus dem Gesundheitswesen für diesen Effekt ist die Auswahl von Leistungserbringern durch Managed-Care-Organisationen. Da der Versicherer die Qualität der Leistungserbringer kaum direkt beurteilen kann, ist ihm eine entsprechende Differenzierung der Honorarsätze unmöglich. Damit besteht die Gefahr, dass sich auf Dauer die schlechtere Qualität durchsetzt, da Anbieter höherer Qualität nach besseren Preisen für ihre Dienstleistungen suchen werden.

Zum Abbau der Informationsasymmetrien vor dem Vertragsabschluss kann der Agent vertrauen Erweckende Informationen bereitstellen (so genanntes „Signaling"). Im Gesundheitswesen sind dazu z. B. Zertifikate unabhängiger Institutionen zur Qualität der bisherigen Leistungserbringung oder zum Kenntnisstand der betreffenden Anbieter geeignet.[436] Der Prinzipal kann seinerseits mittels Screening versuchen, die Informationsasymmetrie abzubauen. Dazu könnten beispielsweise regelmäßige Patientenbefragungen zur Behandlungszufriedenheit gehören. Zudem kann eine geeignete Vertragsgestaltung dazu beitragen, zu einer gewünschten Selbstauswahl der Ärzte dienen (self-selection).[437] Managed-Care-Gesellschaften könnten eine Qualitätszertifizierung mit regelmäßigen Audits zur Auflage für einen Vertrag machen, wodurch Anbieter mit schlechterer Qualität von vornherein vom Vertragsabschluss ausgeschlossen wären.

Auch nach Vertragsabschluss bestehen in der Regel weiterhin Informationsasymmetrien, die zum so genannten Moral-Hazard-Verhalten des Agenten führen können.[438] Dies bedeutet, dass eine Verhaltensänderung des Agenten aufgrund des Vertrages eintritt, um eigene Zielvorstellungen zu verfolgen. Im genannten Beispiel könnten die Leistungserbringer beim Fehlen geeigneter Anreize versucht sein, zunächst vorhandene Qualität auf ein niedrigeres Niveau abzusenken, um so bei gleicher Bezahlung die Kosten zu senken und höhere Deckungsbeiträge zu erlangen. Mit Hilfe von Überwachungsmaßnahmen (Monitoring) oder durch das Setzen entsprechender Anreize (Incentives) kann dem entgegengewirkt werden. Solche Anreize könnten z. B. in einer leistungsabhängigen Bonusregelung bestehen, die die Agenten zu einer dem Vertragsziel adäquaten Verhaltensweise bewegt.[439] Beide Maßnahmen führen allerdings zu weiteren Kosten (Agency Cost), die neben Überwachungs- und Kontrollkosten des Prinzipals auch Signalisierungskosten des Agenten umfassen. Diese Kostengrößen zu minimieren, ist Ziel einer effizienten Vertragsgestaltung.[440] Im Beispiel sollten die Leistungserbrin-

---

435 Vgl. Richter, R. und Furubotn, E.G. (1999), S. 165.
436 Vgl. Scheinert, H.D. (2001), S. 150.
437 Vgl. Picot, A., Reichwald, R. und Wigand, R.T. (2001), S. 58.
438 Vgl. Schmidt-Mohr, U. (1997).
439 Auf die Bedeutung und die Bedingungen freiwilliger Kooperationsformen als Alternative zu expliziten Leistungsanreizen weist Falk hin. Vgl. Falk, A. (2003), S. 162.
440 Vgl. Richter, R. und Furubotn, E.G. (1999), S. 142.

ger nur in dem Maße kontrolliert werden, wie die Kosten dafür nicht den Nutzen im Sinne besserer Qualität und Kundenbindung übersteigen.

Zur Lösung dieses Problems sind grundsätzlich zwei Wege denkbar: Der Agent könnte sich bei funktionierendem Wettbewerb gezwungen sehen, freiwillig Selbstbindungen gegenüber dem Prinzipal einzugehen, z. B. die Zusage von Garantiezeiten. Ob es zu solchen Vereinbarungen kommt, hängt von der wettbewerblichen Stellung des Prinzipals ab. Ist er gezwungen, die erwünschte Leistung vom Agenten zu beziehen, ist seine Stellung eher schwach, und freiwillige wettbewerbliche Lösungen des Problems sind unwahrscheinlich. In solchen Fällen könnte subsidiär der Staat Regulierungen einführen, um die Stellung des Prinzipals zu stärken. Dies ist auch ein Weg, dafür zu sorgen, dass es überhaupt zu einer Kooperation zwischen Prinzipal und Agent kommt, die volkswirtschaftlich zu Wohlfahrtsgewinnen führen könnten und daher gesamtwirtschaftlich erwünscht sind. Ein Beispiel für eine solche Regulierung aus dem Gesundheitswesen sind Gebührenordnungen für ärztliche Leistungen, die den Patienten das Vertrauen geben, überhaupt zum Arzt zu gehen ohne mit der Angst leben zu müssen, durch einen zu hohen Preis übervorteilt zu werden.

Eine andere Möglichkeit des Staates, ein Kräftegleichgewicht zwischen Prinzipal und Agenten zu schaffen, ist die Senkung der Kontroll- und Sanktionskosten. So ist z. B. bei Streitigkeiten mit der Krankenkasse die Klage beim Sozialgericht kostenfrei, und Versicherte können sich bei Unregelmäßigkeiten ihrer privaten Krankenversicherung an die Bundesanstalt für Finanzdienstleistungsaufsicht (BaFin) wenden, das die Versicherung um eine Stellungnahme ersuchen wird.

3.2. Transaktionen im Gesundheitswesen

3.2.1. Transaktionen zwischen Patient und Leistungserbringer

Grundlegendes Element der Transaktionsbeziehung zwischen Patient und Leistungserbringer ist wie bei anderen Dienstleitungen das Uno-acto-Prinzip, nach dem der Patient selbst Bestandteil der Produktion der Gesundheitsleistung ist.[441] Ein chirurgischer Eingriff kann beispielsweise nur in Anwesenheit des Patienten durchgeführt werden. Lagerhaltungen zur Stabilisierung der Produktionsmenge sind regelmäßig ausgeschlossen. Zudem erfolgt die Produktion vergleichsweise individualisiert und ist nur eingeschränkt standardisierbar. Der Ressourceneinsatz zur Informationsbeschaffung ist aus diesem Grund relativ groß. Dazu gehört beispielsweise das Anamnesegespräch über den bisherigen Krankheitsverlauf zu Beginn der Behandlung.

Zur Senkung der Transaktionskosten zwischen Patient und Leistungserbringer haben sich verschiedene Maßnahmen herausgebildet, in Deutschland z. B. die Versichertenkarte, mit der auf elektronischem Wege Name, Adresse, Geburtsdatum, Krankenkasse, Versichertennummer und -status an den Leistungserbringer übermittelt wird.[442] Weitere Informationsinstrumente, die in der Regel einen weit geringeren

---

441 Vgl. Schulenburg, J.-M. Graf v.d. und Greiner, W. (2000), S. 66.
442 Vgl. Hoffmann, W. (1999), S. 198.

Verbreitungsgrad aufweisen, sind z. B. der Impf- und Blutspendeausweis sowie Schmerztagebücher, die von Migränepatienten geführt werden. Transaktionskosten im Rahmen der Honorierung der Leistungserstellung sind im Verhältnis von Patient und Leistungserbringer weniger relevant, da zumindest bei Krankenkassenleistungen nach dem Sachleistungsprinzip abgerechnet wird, d. h. dass ein Geldfluss lediglich zwischen Leistungserbringern und Kostenträgern erfolgt.

Suchkosten zur Anbahnung der Geschäftsbeziehung entstehen zurzeit weitgehend auf Seiten des Patienten, da für die Leistungsanbieter weitreichende Werbeverbote gelten. Allerdings bilden sich gerade im Bereich neuer Informationsmedien weitere Möglichkeiten für Patienten, spezialisierte Leistungsanbieter (z. B. in öffentlich zugänglichen Datenbanken) aufzufinden. Die erweiterten Werbemöglichkeiten der Ärzte (z. B. um besondere Fachkenntnisse nach außen deutlich zu machen) werden dies zukünftig noch verstärken. Für die Masse der Patienten basiert die Wahl des Arztes allerdings auf absehbare Zeit noch auf traditionellen Kundenbeziehungen (z. B. langjährige Hausarztbeziehungen), auf unstrukturierten Empfehlungen oder auf Zufall. Eine stärkere Strukturierung des Behandlungsprozesses im Hinblick auf die Zuordnung der Patienten auf Leistungsanbieter gemäß deren jeweiliger Qualifikation (z. B. im Rahmen von Leitlinien) würde im Vergleich dazu eine Einschränkung der Arztwahlfreiheit mit sich bringen, die, wie Erfahrungen aus anderen Ländern zeigen, ein Teil der Patienten aber vor dem Hintergrund ihres niedrigeren Informationsstandes und zur Vermeidung der daraus folgenden immensen Suchkosten freiwillig akzeptiert.

3.2.2. Transaktionen zwischen den Leistungserbringern

Die Transaktionen zwischen den Leistungserbringern sind vor allem von hohen Koordinationskosten der Leistungserbringung geprägt, die eine Folge der hohen Spezialisierung im Gesundheitswesen sind. Diese Transaktionskosten stehen nicht mehr zur Produktion von weiteren Gesundheitsgütern zur Verfügung, sind also mit Opportunitätskosten verbunden. Zudem führen sie zu zusätzlichen Produktionskosten in Form von Doppeluntersuchungen und anderen Mehrfacharbeiten sowie der Behandlung von Folgefehlern aufgrund mangelnder Abstimmung der Behandler. So bedarf es der Abstimmung zwischen Hausarzt und Facharzt (bzw. Fachärzten), Krankenhaus, Rehabilitationseinheit und ggf. weiteren Gesundheitsdienstleistern wie Apotheken oder Physiotherapeut.[443] Zudem ist eine Koordination auch intern, d. h. zwischen Akteuren innerhalb derselben Organisation (z. B. der Abteilungen eines Krankenhauses) erforderlich. Alle diese Koordinationsmechanismen sind mit erheblichen Transaktionskosten für Anbahnung, Vereinbarung und Durchführung der Transaktion verbunden, da die Informationswege zum Austausch patientenbezogener Daten (z. B. per Karteikarte) technisch häufig nicht ausgereift sind.

---

443 Vgl. Schaefer, M. (1996), S. 166.

Institutionen zur Vereinfachung des Informationsaustausches sind der Arztbrief mit zusammengefassten Patienteninformationen im externen Informationsaustausch sowie die Weitergabe der gesamten Patientenakte im internen Informationsaustausch. Allerdings sind die Leistungsanbieter gemäß § 115 Abs. 2 Nr. 2 SGB V auch beim externen Austausch verpflichtet, alle Unterlagen weiterzugeben, die für die Weiterbehandlung bedeutsam sein könnten (wie z. B. Röntgenbilder und Laborbefunde).

Die Wirkung dieser Institutionen auf die Höhe der Transaktionskosten ist jedoch beschränkt, da die Informationen nicht immer in der erforderlichen Qualität sowie Quantität und zum richtigen Zeitpunkt zur Verfügung stehen. Es fehlt zudem in der Regel eine koordinierende Instanz, die planvoll den Behandlungsweg vorgibt und bei der alle gewonnenen Informationen zusammengefasst werden. Unvollkommene Abstimmung zwischen Leistungserbringern kann zu ineffizienten Mehrfachleistungen (Doppeluntersuchungen) und fehlerhaften Behandlungen mit existenziellen Folgen für den Patienten führen. Das gilt beispielsweise für die Pharmakotherapie, die bei ungenügender Interaktion der Leistungserbringer schwerwiegende Folgewirkung haben kann (z. B. bei Verschreibung nicht-kompatibler Wirkstoffe durch unterschiedliche Ärzte).

Neben höheren Produktions- und Folgekosten aufgrund ungenügender Transaktionen der Leistungserbringer erlangt zunehmend auch der Bereich der Such- und Anbahnungskosten Bedeutung: Für Fachärzte und Krankenhäuser, die von Überweisungen vorgelagerter Organisationen (z. B. Hausärzten) abhängig sind, wird es wichtiger, Kontakt mit diesen Organisationen auch losgelöst vom konkreten Fall zu pflegen, z. B. in Qualitätszirkeln oder bei Einladung der Kollegen in die Praxis. Solche Marketingaktivitäten sind ebenfalls den Transaktionskosten zuzurechnen, obwohl sie letztlich eine Investition in zukünftige oder bereits bestehende Geschäftsbeziehungen bedeuten.

Leitlinien können zwischen den Leistungsanbietern die Abstimmungskosten durch klare Regelungen senken. Andererseits entsteht gleichzeitig ein kaum zu unterschätzender Pflegeaufwand solcher Leitlinien oder Behandlungsstandards, der insbesondere im externen Transaktionsbereich erheblich sein kann. Intern sind entsprechende Festlegungen aufgrund der hierarchischen Beziehungen (z. B. im Krankenhaus) meist leichter umsetzbar.

3.2.3. *Transaktionen zwischen Leistungserbringern und Kostenträgern*

Die Transaktionsbeziehung zwischen Leistungsanbieter und Kostenträger besteht in der Regel in der Übermittlung von Daten zur Abwicklung der Honorierung. Dabei entstehen Transaktionskosten zur Datenaufbereitung, -übermittlung und -auswertung.[444] In Abhängigkeit vom Honorierungsverfahren können in diesem Prozess weitere Organisationen eingebunden sein, in Deutschland z. B. die kassenärztlichen Vereinigungen. Zudem kommt es in regelmäßigen Abständen zu Verhandlungen über Preise, Budgets und/oder die Anzahl abrechenbarer Fälle.

---

444 Vgl. Neuffer, A.B. (1997), S. 99.

Institutionen zur Senkung dieser Transaktionskosten bestehen z. B. in der Verpflichtung zur Übermittlung standardisierter, maschinenlesbarer Behandlungsdaten bei der Abrechnung der Leistungen. Diagnosen sind demnach gemäß international gebräuchlicher Schlüssel wie dem ICD-10 zu kodieren. Aufgrund unterschiedlicher EDV-Systeme sind gerade diese Datenlieferungen noch mit erheblichem administrativen Aufwand verbunden. So werden Rezepte nach wie vor auf Papier ausgestellt und bei Abrechnung mit hohem Aufwand digitalisiert. Fehlende EDV-Vernetzung wird nach einer Beispielrechnung bei der Patientendokumentation eines Disease Management-Programms in einem mittleren Bundesland nach sieben Jahren (der gesetzlichen Aufbewahrungsdauer) zu einem Papiervolumen von sieben Tonnen führen.[445] Solche Transaktionskosten stehen für andere Verwendungen nicht mehr zur Verfügung.

Institutionen bei Budgetverhandlungen sind vor allem verbandsvertragliche Regelungen, wodurch Einzelregelungen mit jeder einzelnen Krankenkasse und die damit verbundenen Transaktionskosten vermieden werden.[446] So übernehmen beispielsweise die Landesverbände der Krankenkassen in der Regel die Budgetverhandlungen mit den einzelnen Krankenhäusern.

3.3. Prinzipal-Agenten-Beziehungen im Gesundheitswesen

Im Gesundheitswesen finden sich häufig doppelte Prinzipal-Agenten-Beziehungen.[447] Der Leistungserbringer ist dabei sowohl für den Patienten als auch für die Krankenversicherung Agent:

Abbildung 10: Doppelte Prinzipal-Agent-Beziehung

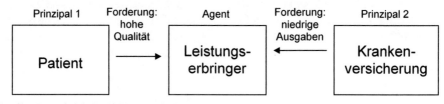

Quelle: Sauerland, D. (2001), S. 215.

Der Arzt verfügt gegenüber Patienten über wesentlich mehr Fachwissen und kann dadurch über einen großen Teil der Nachfrage bestimmen (so genannte „angebotsinduzierte Nachfrage"[448]). Diese Informationsasymmetrie ist konstitutiver Bestandteil ihrer Ver-

---

445 Vgl. Leszcynski, D.v. (2003), S. 22.
446 Allerdings werden diese Regelungen zunehmend als wettbewerbsfeindlich kritisiert und stärkere Möglichkeiten zur vertraglichen Differenzierung einzelner Krankenkassen und Leistungsanbieter gefordert. Vgl. Haas, A.-K. (2003a), S. 38.
447 Vgl. Blomquist, A. (1991), S. 412.
448 Vgl. Schulenburg, J.-M. Graf v.d. und Greiner, W. (2000), S. 157–169.

tretungsbeziehung.[449] Da der Patient in einem Vollversicherungssystem wie der gesetzlichen Krankenversicherung (GKV) nicht über den Preis verhandeln muss, ist er ausschließlich an einer hohen Qualität der Leistung interessiert. Ob diese erreicht wurde, ist für ihn schwer nachvollziehbar, da auch eine qualitativ gute Behandlung ein nicht befriedigendes Ergebnis nach sich ziehen kann. Die Einholung von Zweitmeinungen, Gutachten oder der Vergleich mit veröffentlichten Behandlungsempfehlungen bedeutet für den Patienten hohe Kontrollkosten, die er nur bei (aus seiner Sicht) schweren Behandlungsfehlern bereit sein wird, auf sich zu nehmen. Damit besteht die Gefahr adverser Selektion, die der Patient insbesondere über die Langfristigkeit der Kundenbeziehung (z. B. beim Hausarzt oder Gynäkologen) kompensieren kann. Das Selektionsproblem besteht insofern vor allem beim Erstkontakt bzw. der Auswahl neuer Leistungserbringer.

Für die Krankenversicherung ist das Verhalten der Leistungserbringer ebenfalls nur schwer zu kontrollieren.[450] Die Versicherung ist bei einem gegebenen Mindestqualitätsniveau insbesondere an niedrigen Ausgaben der Behandlung interessiert, kann dieses Interesse kaum direkt umsetzen, sondern allenfalls über pauschalierte Vergütungssysteme, wie z. B. Fallpauschalen[451], die ein Eigeninteresse des Agenten (Arztes) an einer kostenminimalen Erstellung und einem sparsamen Einsatz von Gesundheitsgütern begründen. In Deutschland wird dieser Lösungsweg im Hinblick auf die kollektiven Verträge der Kassen mit den ambulant tätigen Ärzten gewählt: Für ambulante Leistungen wird der Zwangskörperschaft der Ärzte, den kassenärztlichen (und kassenzahnärztlichen) Vereinigungen (KVen), ein bestimmtes Budget pro Jahr zur Verfügung gestellt, das alle Leistungen umfasst, die innerhalb dieses Zeitraums veranlasst wurden. Faktisch sind die meisten kassenärztlichen Vereinigungen deshalb dazu übergegangen, pro Patient und pro Praxis nur noch eine Höchstmenge an Leistungen (bzw. Abrechnungspunkten) zuzulassen und darüber nur noch abgestaffelt (oder gar nicht) zu zahlen. Insofern ergibt sich hier der Anreiz für die Ärzte, trotz Einzelleistungsvergütung kostenminimal zu produzieren.

Für den Arzt liegt hierin ein Anreiz, seine Qualität zu senken (indem er z. B. nicht mehr alle notwendigen Leistungen in dem erforderlichen Umfang verabreicht) oder Patienten auszuwählen, die mit kleinem Aufwand zu behandeln sind (z. B. wenig krank sind oder v. a. an Mitarbeiter delegierbare Leistungen benötigen). Beides entspricht dem Interesse der Kassen nach niedrigen Ausgaben, aber nicht unbedingt dem Interesse der Patienten nach hoher Behandlungsqualität. Es handelt sich um eine typische Situation bei doppelter Prinzipal-Agent-Beziehung mit gegenläufigen Interessen der Prinzipale. Tatsächlich lässt sich empirisch feststellen, dass gerade in Deutschland die Konsultationsdauer von Hausärzten im internationalen Vergleich besonders niedrig

---

449 Vgl. Schwartz, A. (1997), S. 59.
450 Vgl. Sauerland, D. (1999), S. 282.
451 Im Krankenhausbereich ist diese Art der Honorierung schon seit einigen Jahren teilweise verwirklicht und wird zukünftig im so genannten DRG-System zum Standard werden. Vgl. Henke, K.-D. (2002), S. 330.

ist (Tabelle 8), was als ein Hinweis auf das beschriebene (rationale) Arztverhalten gewertet werden kann.

Tabelle 8: Mittlere Konsultationsdauer von Hausärzten in verschiedenen Ländern

Land	mittlere Konsultationsdauer*
Deutschland	7,6 (4,3)
Spanien	7,8 (4,0)
Großbritannien	9,4 (4,7)
Niederlande	10,2 (4,9)
Belgien	15,0 (7,2)
Schweiz	15,6 (8,7)
Durchschnitt	10,7 (6,7)

* in Minuten (Standardabweichung in Klammern)
Quelle: Deveugele, M. u.a. (2002), S. 475.

3.4. Disease Management als Lösungsoption für das Koordinationsproblem
3.4.1. Veränderungen der Transaktionsbeziehungen durch Disease Management

Disease Management kann als ein Informations- und Organisationsinstrument zur Minderung des Transaktionskostenproblems im Gesundheitswesen angesehen werden. Insbesondere in der Beziehung zwischen den Leistungserbringern sind durch Spezialisierungen bei der Gesundheitsgüterproduktion Ressourcen für den Austausch von Informationen aufzuwenden, um die Leistungserstellung beim Patienten zu koordinieren. Durch einheitliche Behandlungsstandards sinken die Kosten der Abstimmung der einzelnen Versorgungsebenen. Mehrfachdiagnostik und -therapie (z. B. doppelte Röntgenuntersuchungen im ambulanten und stationären Bereich) werden durch den Rückgang der Abstimmungsprobleme im konventionellen Versorgungssystem reduziert. Zudem steigt der Spezialisierungsgrad der Leistungsanbieter, da die Einholung von Zweitmeinungen und die klar vordefinierte Trennung in Aufgabenbereiche bei der Patientenversorgung die Koordination der Leistungsanbieter erleichtert.

Weiterhin wird durch Disease Management die Gefahr angebotsinduzierter Nachfrage vermindert, die aus asymmetrischer Informationsverteilung zwischen Leistungserbringern auf der einen Seite und Kostenträgern sowie Patienten auf der anderen Seite resultiert. Die Leistungserbringer unterliegen der Gefahr opportunistischen Verhaltens bzw. Moral Hazard[452], da der Leistungserbringer im konventionellen Versorgungssystem relativ frei über Art und Umfang der Produktion der von der Krankenversicherung bezahlten Gesundheitsleistungen entscheiden kann. Bei einer Standardisierung der Versorgung reduziert sich dieses Potenzial zu opportunistischem Handeln des Leistungsanbieters, weil die Kosten- und Leistungskontrolle durch die Versicherung erleichtert wird.

---
452 Vgl. Sauerland, D. (2002), S. 53.

Die Einholung von Zweitmeinungen in medizinischen Zweifelsfällen hat neben ihrer Funktion als Teil des Entscheidungsprozesses auch Kontrollcharakter (und führt wohl schon präventiv dazu, dass weniger Leistungen verabreicht werden, die über das Notwendige hinausgehen). Für die Patienten bedeutet dies eine höhere Wahrscheinlichkeit, qualitativ hochwertig versorgt bzw. durch Kontroll- und Sanktionsinstrumente davor bewahrt zu werden, bestimmte (teure) Leistungen nicht zu erhalten, obwohl diese nach dem Stand des Wissens erforderlich sind. Dies betrifft insbesondere den Teil der Qualität, den Patienten naturgemäß schwer beurteilen können, also die medizinische Prozessqualität (im Gegensatz zur Servicequalität, die von Patienten durchaus eingeschätzt werden kann).

Aus Institutionen-ökonomischer Sicht senken diese Effekte die Transaktions- und damit die Produktionskosten der Erstellung von Gesundheitsgütern. Gleichzeitig steigt durch eine tendenziell bessere Versorgung der Output der Produktion (z. B. bessere Lebensqualität der Patienten), so dass sich die Effizienz der Transaktionen erhöht. Auf diese Weise werden knappe Ressourcen frei und können in anderen Verwendungen ertragreicher genutzt werden.

In der **Transaktionsbeziehung zwischen Leistungserbringern und Patienten** kann ein Disease Management-System von den Patienten zudem als Signal für eine hochwertige Versorgung gesehen werden, die regelmäßig extern geprüft wird. Aufgrund des immer noch sehr weitgehenden Werbeverbotes, das für medizinische Leistungserbringer in Deutschland und anderen europäischen Ländern gilt, kann dies für Praxen und Krankenhäuser ein wichtiges Argument sein, einem Disease Management-Programm beizutreten.[453] Für den Patienten bedeutet die Verminderung der unvollständigen Information zwischen den Leistungsanbietern eine Reduktion von Mehrfachdiagnostik und -therapie. Dies ist sowohl aus ökonomischen Gründen (Einsparung von Ressourcen) als auch aus medizinischer Perspektive vorteilhaft, weil unkoordinierte Doppeluntersuchungen (z. B. bildgebende Verfahren wie Röntgenuntersuchungen) durchaus auch negative gesundheitliche Folgen für die Patienten nach sich ziehen können. Die Kosten der Ineffizienz durch mangelnden Informationsaustausch sind somit nicht auf die unnötige Diagnostik bzw. Behandlung beschränkt, sondern induzieren ggf. weitere, vermeidbare Folgekosten.

Die detaillierte Dokumentation und Behandlungsleitlinien machen es für Versicherte leichter, die Aktivitäten des Arztes ex post beurteilen zu können bzw. mittels Zweitgutachten beurteilen zu lassen. So werden Kontrollkosten reduziert und opportunistisches, von den Interessen des Prinzipals (also des Patienten) abweichendes Verhalten des Arztes weniger wahrscheinlich. Auf diese Weise steigt die Informiertheit der Versicherten und die Informationsasymmetrie zum Arzt wird kleiner. Dadurch sinkt letztlich graduell die Delegation der Entscheidungskompetenzen an den Arzt.

Je nach Ausgestaltung des Disease Management-Programms ändert sich die **Transaktionsbeziehung zwischen der Versicherung und dem Patienten**. Wird der Krankenversicherung ein Teil des aktiven Disease Managements zugewiesen, wird sie

---

453 Weitere Effekte im Verhältnis von Krankenversicherung und Patienten sind im Abschnitt 2.3.3. beschrieben.

gezielt Hinweise auf Präventionsprogramme oder überfällige Untersuchungstermine geben können. Es ist denkbar, dass die Krankenversicherung als nicht direkt in den Behandlungsprozess involvierte Organisation das Sammeln und Auswerten der Ergebnisdaten übernimmt und in regelmäßigen Abständen die Patienten zu ihrer Lebensqualität befragt. Auffällige Veränderungen im Zeitablauf könnten dann dazu führen, beim Patienten nachzufragen, um so mehr über Versorgungspfade zu erfahren. Der so gebildete Datenpool kann dazu beitragen, kostengünstiger als bisher Informationen zu gewinnen, welche Patienten besonders für präventive Maßnahmen in Frage kommen.[454] Diesem Personenkreis könnten dann sehr gezielt Boni angeboten werden, wenn bestimmte Verhaltensmaßnahmen eingehalten werden. In einem Modell mit derart weitreichenden Kompetenzen der Krankenversicherungen innerhalb des Disease Managements entstehen erhebliche zusätzliche Transaktionskosten, die kritisch darauf geprüft werden müssen, ob sie durch Einsparungen in anderen Bereichen aufgewogen werden.[455]

Langfristig wäre eine Entwicklung wie in den USA möglich, wo Versicherer Dritten gegen Entgelt Zugang zu den anonymisierten Datenbeständen gewähren. Dies senkt die gesamtwirtschaftlichen Transaktionskosten, da statt der derzeit üblichen aufwändigen Primärdatenerhebungen vorhandene Datenquellen für epidemiologische oder gesundheitsökonomische Studien genutzt werden könnten. In diesem Fall stellt sich allerdings die Frage der Eigentumsrechte an diesen Daten, da zwar die Datenbank Eigentum des Versicherers, die darin enthaltenen Einzeldaten aber Eigentum des einzelnen Versicherten sind. Die Verwendung des positiven externen Effektes der Informationsweitergabe an Dritte wäre hinsichtlich der Aufteilung der internalisierten Nutzen fraglich. Bei Versicherern, die wie Krankenkassen nicht gewinnorientiert arbeiten, stellt sich dieser Interessengegensatz zwar weniger ausgeprägt dar als bei privaten Versicherern, könnte im Hinblick auf die datenschutzrechtlichen Bedingungen aber zu einem weiter andauernden Verbot des Handels mit diesen Datenbeständen führen.

Die Veränderungen der **Transaktionsbeziehung zwischen den Leistungserbringern** betrifft vor allem die bessere Abstimmung der Leistungsprozesse durch Vorgabe von Leitlinien. Durch eine bessere Strukturierung des Behandlungsprozesses zwischen den einzelnen beteiligten Dienstleistern können Abstimmungsprobleme sowie Mehrfachdiagnostik und -therapie besser vermieden werden als im bisherigen System. Allerdings wird dieser Vorteil mit steigenden Informationskosten erkauft, da von den Leistungserbringern mehr Dokumentation und Übermittlung von Behandlungsdaten an die vor- und nachgelagerten Behandlungsebenen erwartet wird. Die Spezialisierung der einzelnen Behandler auf Kernaufgaben im Behandlungsablauf könnte wiederum mit Ressourceneinsparungen verbunden sein, da spezielle Technologien nur noch bei spezialisierten Fachärzten genutzt und so höher ausgelastet werden können. Die Involvierung weiterer Leistungserbringer insbesondere zur Einholung von Zweitmeinungen (wenn dies im konkreten Fall die Leitlinie so vorsieht), bedeutet demgegenüber zunächst einen höheren Aufwand, kann aber helfen, medizinisch falsche Entscheidungen zu vermeiden.

---

454 Auf die Bedeutung der Patientenauswahl für die Effizienz eines Disease Management-Programmes weist Rich hin. Vgl. Rich, M.W. (1999), S. 600.
455 Vgl. Ballast, T. (2001), S. 364.

Durch Disease Management ändert sich die **Transaktionsbeziehung zwischen Kostenträger und Leistungserbringer**. Durch die Mitwirkung an Behandlungsleitlinien, die Akkreditierung der Leistungserbringer und den Zugriff auf zusammengeführte Diagnose- und Therapiedaten könnten sich die Versicherungen von Beitrags-Umverteilungsbehörden zu zentralen Koordinations-Institutionen wandeln. Allerdings steigen im Zuge dieser Versorgungsformen an anderer Stelle Transaktionskosten, insbesondere durch die Aufstellung, Pflege, Verbreitung und Kontrolle der Leitlinien. Die Aufteilung dieser Zusatzkosten wird über die Honorierung der Leistungserbringung entschieden, deren Aushandlung wiederum mit Kosten verbunden ist.

Entsprechende Verhandlungssituationen können sich formalisiert (z. B. mit obligatorischen Schiedsamtsverfahren bei Nicht-Einigung) oder in weitgehend individualisierten Abläufen vollziehen. Wenn die Krankenversicherung nicht gesetzlich festgelegt ist, welche Leistungserbringer berechtigt sind, mit ihnen abzurechnen („selektives Kontrahieren"), kann dies, wie aus den USA bekannt, dazu führen, dass Ärzte nur noch dann Vertragspartner bei den Krankenversicherungen finden, wenn sie sich verpflichten, Behandlungsleitlinien einzuhalten. Damit ändert sich das Verhältnis zwischen Prinzipal (der Versicherung) und dem Agenten (dem Arzt), für den sich nun die Darstellung der eigenen Leistung lohnt, um die eigene Marktattraktivität zu erhöhen (Signaling). Ansätze für selektives Kontrahieren sind zurzeit in Deutschland nur im Rahmen von integrierter Versorgung (und damit lediglich in wenigen Modellvorhaben) möglich.[456]

Die Kontrollkosten der Versicherung zur Verminderung opportunistischen Verhaltens des Arztes (Moral Hazard) können durch die Zusammenführung von Diagnose-, Therapie- und Ressourcenverbrauchsdaten sinken.[457] Voraussetzung ist allerdings eine weitgehende Automatisierung solcher Prüfungen, da das größere Datenangebot andernfalls die Kosten der Auswertung eher erhöhen würde. Es ist derzeit nicht absehbar, ob entsprechende automatisierte Auswertungsroutinen möglich sind. Bislang ist es in Deutschland zudem für Krankenkassen grundsätzlich nicht möglich, patientenbezogene individualisierte Informationen über ambulante Leistungen zu erhalten, da diese bei den kassenärztlichen Vereinigungen verbleiben. Aus datenschutzrechtlichen Gründen ist es den Krankenkassen zurzeit außerdem untersagt, Daten patientenbezogen zusammenzuführen (außer bei bestimmten Modellvorhaben). Dies ist allerdings unabdingbare Voraussetzung, um die Kontrollfunktion als Prinzipal wahrzunehmen. Weitere institutionelle Hemmnisse, die der Einführung eines Disease Managements entgegenstehen können, sollen im folgenden Abschnitt erläutert werden.

3.4.2. *Institutionelle Hemmnisse bei der Einführung von Disease Management*

Bei der Einführung von Disease Management-Maßnahmen in das deutsche Gesundheitswesen hat sich gezeigt, dass eine Reihe von institutionellen Hemmnissen bestehen, die einer schnellen Umsetzung des Konzeptes im Wege stehen. Im Vordergrund der

---
456 Vgl. Haas, A.-K. (2003b), S. 123.
457 Vgl. Sauerland, D. (2002), S. 53.

Institutionen-ökonomische Aspekte des Disease Managements

Diskussion standen dabei datenschutzrechtliche Aspekte, die sich institutionenökonomisch als Einschränkung der Verfügungsrechte an personenbezogenen Daten interpretieren lassen. Als Folgen der bereits dargestellten asymmetrischen Informationsverteilung stellen sich neokorporatistische Strukturen sowie die Frage einer effizienten Vergütung spezifischer Disease Management-Dienstleistungen dar, die als weitere Hemmnisse genannt und in den folgenden Abschnitten überblicksartig dargestellt werden.

3.4.2.1. Einschränkung der Verfügungsrechte über personenbezogene Daten

Disease Management erfordert wie mehrfach dargestellt eine umfangreiche Sammlung und Verarbeitung von persönlichen Daten der Patienten. Zum Teil werden diese Daten routinemäßig bereits bei den behandelnden Ärzten erhoben (z. B. medizinische Parameter wie der Blutdruck), teilweise fallen sie erst aufgrund des Disease Management-Programms an (z. B. Lebensqualitätswerte). Im bisherigen System der Krankenversorgung lagen entsprechende Informationen bei den einzelnen Leistungsanbietern nur unstrukturiert vor. Der Austausch patientenbezogener Daten (z. B. in Form von Arztbriefen) ist zwar üblich, elektronische Verarbeitungssysteme oder Standardisierungen sind aber nicht verbreitet. Mit Einführung eines Disease Management-Systems werden die anfallenden Daten im Gegensatz dazu strukturiert an einer bestimmten Stelle zentral erfasst. Diese Stelle kann einer der Leistungsanbieter (z. B. der Hausarzt), die Krankenkasse oder eine andere Organisation sein (z. B. ein spezialisierter Dienstleistungsanbieter).

Insbesondere der Transfer von Daten an Krankenkassen ist politisch in Deutschland sehr umstritten. Ausgangspunkt der Debatte ist das Bundesdatenschutzgesetz (BDSG), das dem einzelnen Bürger die Rechte an seinen personenbezogenen Daten garantiert. Demnach ist die Erhebung, Verarbeitung und Nutzung solcher Daten nur dann statthaft, wenn der Betroffene zuvor explizit seine Einwilligung dazu gegeben hat oder ein Gesetz die Erlaubnis zu einer entsprechenden Vorgehensweise regelt.[458] Gemäß § 4 Abs. 1 des BDSG sind dabei die Prinzipien der Verhältnismäßigkeit, Erforderlichkeit und Zweckbindung von Bedeutung. Die Bürger können nicht pauschal der Speicherung und Verarbeitung ihrer Daten zustimmen, vielmehr ist in jedem Einzelfall die Darlegung des Zweckes und die Schriftform erforderlich.[459]

Für die gesetzliche Krankenversicherung gelten darüber hinaus spezifische Vorschriften. Nach § 35 SGB I ist das unbefugte Erheben, Verarbeiten und Verwenden von Sozialdaten, also personenbezogener Versicherteninformationen, verboten (Sozialgeheimnis). In § 84 Abs. III SGB X ist zudem geregelt, dass diese Daten zu löschen sind, wenn der Zweck ihrer Erhebung erfüllt ist. Die Erhebung der Daten ist den Krankenkassen nach § 284 SGB V nur zu ganz bestimmten Zwecken wie z. B. der Abrechnung mit den Leistungserbringern oder der Überwachung der Wirtschaftlichkeit von Leistungserbringern erlaubt. Anders als in der privaten Krankenversicherung (PKV) ist die sys-

---

458 Vgl. Krahmer, U. (1996), S. 1.
459 Vgl. Szathmary, B. (1999), S. 157.

tematische Erfassung der Inanspruchnahme medizinischer Leistungen durch einzelne Patienten (so genannte „Patientenkonten") untersagt.[460] Gerade diese Zusammenführung der Daten wäre aber für eine umfassende Dokumentation und Analyse des Leistungsgeschehens notwendig, da andernfalls sowohl medizinisch wie ökonomisch die Vorteilhaftigkeit einzelner Behandlungsalternativen innerhalb eines Leitlinien-gestützten Konzeptes nicht beurteilt werden kann.

Gleichzeitig dürfen Krankenkassen abgesehen von Stichproben keine systematischen arztbezogenen Datenanalysen vornehmen. Das gezielte Monitoring eines einzelnen Arztes durch eine Krankenkasse ist somit ausgeschlossen. Auch die Leistungserbringer unterliegen bei der Datenweitergabe einer weitreichenden Schweigepflicht, die sowohl standes- wie strafrechtlich bewehrt ist. Sie sind einerseits zur Dokumentation der medizinischen Behandlung verpflichtet, dürfen Patientendaten andererseits aber nur nach Einwilligung der Patienten oder aufgrund eines Gesetzes weitergeben. Aufgrund der Einzelleistungsvergütung im ambulanten Bereich ist die Übermittlung der erbrachten Leistungen (einschließlich der Diagnosen und der Versichertendaten der Patienten) erforderlich. Diese Daten werden von den KVen allerdings nicht versichertenbezogen an die Krankenkassen weitergegeben. Dies ist nach §§ 297 Abs. 4 und 298 SGB V lediglich in Ausnahmefällen (Stichproben und Einzelfallprüfungen) zulässig. Entsprechende Daten sind spätestens zwei Jahre nach ihrer Erhebung zu löschen (§ 304 Abs. 1 SGB V). Im Gegensatz zum ambulanten Bereich übermitteln Krankenhäuser zur Abrechnung erforderliche Patientendaten direkt an die Krankenkassen (§ 301 SGB V).

Eine Ausnahme für diese sehr restriktiven Datenschutzbestimmungen bilden Modellversuche, bei denen der Patient der Erhebung und Verarbeitung der personenbezogenen Daten ausdrücklich zustimmen muss und somit seine Verfügungsrechte entsprechend abtritt. Disease Management erfordert daher nicht nur aus organisatorischer, sondern auch aus datenschutzrechtlicher Sicht die Einbindung in Modellvorhaben bzw. die generelle Übertragung der dort geltenden Datensicherheitsnormen.

3.4.2.2. Neokorporatistische Strukturen

Das deutsche Gesundheitswesen ist geprägt von neokorporatistischen Strukturen, also einem Verbandswesen mit teilweise hoheitlichen Aufgaben. Dazu gehören insbesondere die KVen, die einerseits als Interessenvertreter der Kassenärzte fungieren und andererseits interne Sanktionsmacht ausüben (z. B. bei Abrechnungsbetrug). Die Einbeziehung der KVen in die Ausgestaltung der Disease Management-Programme war nicht unumstritten.[461] Aufgrund der Annahme, dass die ambulant tätigen Kassenärzte als Anbieterkartell nicht an innovativen Versorgungskonzepten interessiert sind und eher verzögern als fördern wollen, war die Rolle der KVen zunächst im Gesetzentwurf nachgeordnet. Disease Management-Vertragsparteien wären demnach auf die Zustimmung der KVen nicht angewiesen gewesen. Allerdings ist die Position der KVen bei der Sicherstellung

---

460 Vgl. Stillfried, D. (1999), S. 246.
461 Vgl. Bergh, W. v.d. (2001), S. 2.

der Versorgung in Deutschland so dominant, dass ohne sie eine flächendeckende Disease Management Versorgung kaum möglich erscheint. In der Praxis wird es - wenn überhaupt - daher nur sehr selten zu Disease Management-Programmen ohne KV-Beteiligung kommen.

Das eigentliche Mittel der Vertragsärzte, neue Konkurrenz oder Eingriffe in ihre Therapiehoheit zu verhindern, ist daher weniger ihr ärztliches Fachwissen (das zumindest konzeptionell auch außerhalb der Vereinigungen rekrutierbar wäre), sondern die spezielle Kenntnis der Abrechnungsmodalitäten. Ein weiteres Abrechnungssystem für Disease Management aufzubauen (z. B. mit Direktzahlungen durch die Krankenkassen) wäre sehr kostenaufwändig und als Zusatzeinrichtung neben den weiter bestehenden Systemen nicht effizient.

Schließlich kann aus Sicht der KVen festgestellt werden, dass die Beteiligung an Disease Management-Programmen für diese Organisationen aus institutionenökonomischer Sicht geboten ist, um so eine einzelvertragliche Qualitäts- und Kostenkontrolle im Teilgebiet Disease Management zu unterbinden. Dieser Weg könnte sonst der Anfang einer Auflösung des Verhandlungsmonopols der KVen mit den Krankenkassen bezüglich des ambulanten Budgets sein, über das in der Gesundheitspolitik bereits seit Jahren diskutiert wird.[462] Ein Übergang des Sicherstellungsauftrages an die Krankenkassen würde die Position der KVen erheblich schwächen. „Denn eine solche Neuregelung wird als eine Bedrohung der Einkommens- und Statusrechte der Ärzte interpretiert, als Gefahr potenzieller sunk costs."[463] Somit kann Disease Management eine Machtverlagerung innerhalb des gesundheitspolitischen Systems einleiten, die den einzelwirtschaftlichen Interessen einzelner Gruppen nicht entsprechen muss und daher auf Widerstände stößt.[464]

3.4.2.3. Vergütungsregelungen

Fragen der Vergütung stellen ein gewichtiges Hemmnis bei der Einführung von Disease Management-Programmen dar.[465] Folgende Problembereiche sind hiervon insbesondere betroffen:

- Mehraufwand für ärztliche Leistungen,
- Dokumentations-Mehraufwand und die
- sektorale Budgetierung der Leistungen.

Leitlinienbasierte Versorgung kann gerade in der Einführungsphase einen erheblichen Mehraufwand an ärztlichen Leistungen bedeuten, wenn die bisherige Behandlung hinter

---

462 Vgl. Abschnitt 2.3.2.1.
463 Vgl. Milde, P.C. (1992), S. 263.
464 Vgl. Greulich, A., Berchthold, P. und Löffel, N. (Hrsg.) (2000), S. 225.
465 Siehe auch den Exkurs zur mikroökonomischen Fundierung der Honorierung von Disease Management-Aktivitäten im Abschnitt 2.

den Anforderungen der Leitlinien zurückgeblieben war (was nicht selten als Begründung zur Einführung der Leitlinien genannt wird). Im derzeitigen System der Vergütung ambulanter Leistungen wird eine Ausweitung der Leistungen entweder über einen c. p. geringeren Punktwert (also Preis) oder über eine Begrenzung der vergüteten Leistungen (also ggf. keine Vergütung der Zusatzleistungen) gesteuert. Beides bietet negative Anreize für die Leistungserbringer zur Teilnahme an Disease Management. Gleiches gilt für Krankenhäuser, die zukünftig v. a. über Fallpauschalen honoriert werden sollen.[466] Auch die zusätzliche Dokumentation wird als unangemessener Zeitaufwand empfunden, solange keine Vergütung erfolgt, die diesem Mehraufwand Rechnung trägt.

Schließlich besteht im gegenwärtigen System der sektoralen Budgetierung kaum Anreiz für kooperative und integrierte Versorgung. Soweit ambulante und stationäre Leistungen in getrennten Systemen vergütet werden, ist eine sektorierte Leistungserbringung unvermeidlich.[467] Um die ökonomische Vorteilhaftigkeit eines Disease Managements wirksam werden zu lassen, sind übergreifende Entlohnungsformen erforderlich, die eine Trennung in ambulante und stationäre Budgets überwinden.[468] Hierzu kommen insbesondere Fallpauschalen in Frage, die gesamte Behandlungsepisoden einschließlich ambulanter Nachbetreuung umfassen. Die Aufteilung des gezahlten Betrages könnte den beteiligten Leistungserbringern überlassen werden (so genannte „kombinierte Budgets"). Die Höhe der Pauschale kann sich an bisherigen Durchschnittskosten orientieren und aufgrund der Annahme von Effizienzgewinnen Dokumentations- und andere Zusatzaufwendungen bereits umfassen.

3.4.2.4. Weitere Hemmnisse

Die Einführung von Disease Management stößt auf weitere Barrieren infolge asymmetrischer Informationsverteilung, die in technologische, ökonomische und psychologische Hemmnisse aufgegliedert werden können. Zu den technischen Hemmnissen gehören insbesondere die Kommunikations- und Informationstechnologie, da ein sektorübergreifendes Konzept wie Disease Management hohe Anforderungen an einen effizienten Informationsaustausch zwischen den einzelnen Leistungserbringern, Patienten und Kostenträgern stellt. Dabei steht weniger die vorhandene Speicher- und Rechenkapazität im Vordergrund, die mittlerweile aufgrund der technologischen Entwicklung als ausreichend verfügbar angesehen wird. Vielmehr stellen die unterschiedlichen EDV-Standards, Formate und Datenstrukturen ein großes Problem bei der Vernetzung der Kooperationspartner dar. Diese Vereinheitlichung ist spätestens an den Schnittstellen

---

466 Vgl. Fack-Asmuth, W.G. (1999), S. 99.
467 Vgl. Sauerland, D. (2002), S. 370.
468 Richter-Reichhelm weist in diesem Zusammenhang darauf hin, dass die Herauslösung von Kosten aus dem ambulanten Budget, die der Behandlung von chronisch Kranken in Disease Management-Programmen zugerechnet werden, an Grenzen stößt, wenn einzelne Leistungen nicht eindeutig einer bestimmten Diagnose zugerechnet werden können. Eine ähnliche Problematik ergäbe sich auch bei Budgetverlagerungen vom stationären in den ambulanten Bereich. Vgl. Richter-Reichhelm, M. (2002), S. 14.

des Datenaustausches erforderlich, sollte aber möglichst bereits bei der Eingabe und ersten Verarbeitung der Daten berücksichtigt werden.

Ökonomische Hemmnisse bestehen insbesondere bei den immensen Investitionskosten, die ein Disease Management-Programm mit sich bringt. Bereits vor der Patientenrekrutierung müssen umfangreiche Abstimmungsprozesse aller Kooperationspartner stattfinden und Leitlinien erstellt werden. Der administrative Rahmen der Programme (z. B. Schulungen der Mitarbeiter, EDV-Aufbau, Marketingaktivitäten) erfordert einen beträchtlichen investiven Aufwand, dessen Rückfluss (in Form von Einsparungen und/oder verbesserten Behandlungsergebnissen) keinesfalls gewiss ist. Dieses wirtschaftliche Amortisationsrisiko kann für kleinere Krankenkassen ein großes Problem darstellen, wenn dadurch die verfügbaren liquiden Mittel stark in Anspruch genommen werden, die Nutzen dieser Maßnahmen sich aber erst in kommenden Perioden auswirken. Die Teilung dieses Risikos bei Verbundlösungen (z. B. die Gründung von Curaplan durch den AOK-Bundesverband) oder dessen Verlagerung auf Dritte (z. B. auf spezialisierte Dienstleister) stellen Ansatzpunkte dar, dieses ökonomische Hemmnis einzudämmen.

Schließlich stehen auf Seiten der Leistungsanbieter wie der Patienten psychologische Hemmnisse der Einführung von Disease Management entgegen. Ärzte könnten sich durch Leitlinien-basierte Behandlungsstandards zu sehr in ihrer Therapiefreiheit eingegrenzt fühlen und lehnen deshalb eine Teilnahme ab. Auch die starke Einbindung in kooperative Strukturen (z. B. regelmäßige Qualitätszirkel) wird von einem Teil der Ärzteschaft nicht nur aus Zeitgründen als kritisch angesehen, da sie entsprechende Diskussionskulturen über fachliche Fragen nicht gewöhnt sind. Gerade für ältere Mediziner bedeutet das kritische Hinterfragen der eigenen Behandlungsgrundsätze im Kollegenkreis eine ungewohnte, ggf. unangenehme Situation. Der Anstoß zum Umdenken müsste hier sehr vorsichtig erfolgen, wozu bei der Implementation von Disease Management-Programmen häufig wenig Zeit bleibt.

Auch die Patienten stehen solchen Programmen nicht immer uneingeschränkt positiv gegenüber, vielmehr befürchten sie eine stärkere Kontrolle eigener Verhaltensweisen durch den Arzt oder den Disease Manager. Die Schulung z. B. eines übergewichtigen Hypertonikers über Empfehlungen zu mehr Bewegung und weniger fettreicher Ernährung kann schnell zu einer Ablehnung des gesamten Programms führen. Im Ergebnis liegt dann negative Selektion vor, da sich gerade diejenigen Patienten, die u. U. am meisten von Disease Management profitieren würden, aufgrund diffuser Befürchtungen, in der eigenen Freiheit eingeschränkt zu werden, die Teilnahme verweigern. Entsprechenden psychologischen Hemmnissen bei der Einschreibung in die Programme ist daher bereits bei der Rekrutierung durch entsprechende Aufklärung und Information zu begegnen.

3.5. Zwischenergebnis

In diesem Abschnitt wurde die Bedeutung von Institutionen für das Gesundheitswesen sowie die Implementierung von Disease Management aufgezeigt. Im Gegensatz zur Neoklassik unterstellt die Neue Institutionenökonomie bei den Akteuren nur eine beschränkte Rationalität mit limitierten Fähigkeiten der Informationsaufnahme und -verarbeitung. Hinzu kommen Probleme der Koordination und Motivation, die anhand der Transaktionskosten- und Prinzipal-Agenten-Theorie näher beschrieben werden können. Im Gesundheitswesen gelten diese Sachverhalte in besonderer Weise, da aufgrund der offensichtlichen Informationsasymmetrien eine ganze Reihe von Koordinations- und Anreizproblemen auftreten, die durch Institutionen zumindest teilweise gelöst werden können. Diese können durch Minderung der Transaktionskosten die Effizienz des Ressourceneinsatzes steigern. Disease Management wurde als ein Weg beschrieben, verbliebene Transaktionskosten weiter zu senken.

Die positiven Effekte des Disease Managements wirken unterschiedlich auf die am Behandlungsprozess Beteiligten. Die Versicherer können Kontrollkosten senken und stärken ihre Rolle als Prinzipal der Leistungserbringer und Patienten. Die Leistungserbringer werden in die Lage versetzt, Entscheidungen auf höherem Informationsniveau zu treffen, und die Patienten erlangen mehr Einblick und Einfluss auf die eigene Behandlung. Andererseits bedeutet Disease Management für Versicherer initial einen höheren Investitionsaufwand, für die Leistungserbringer eine Einschränkung ihres diskretionären Entscheidungsspielraumes und für den Patienten eine höhere Compliance und Mitwirkung.

Eine Beurteilung flächendeckender Disease Management-Programme unter den Bedingungen des deutschen Gesundheitswesens hat letztlich derzeit nur vorläufigen Charakter, da ein noch nicht bestehendes Gut bereits vorab analysiert werden soll. Die aufgezeigten Hemmnisse gegen Veränderungen im Bereich der Patientenversorgung sind somit quantitativ kaum abschätzbar und ihr Einfluss auf das wirtschaftliche Ergebnis von Disease Management nicht vorhersagbar. Die Evaluationen von Disease Management-Programmen werden erst in der Zukunft zeigen, welche Vorteile diese in der Praxis faktisch möglich machen können.[469]

---

469 Vgl. Fülgraff, G. (1999), S. 236.

4. Ausgewählte ökonomische Studienergebnisse für Disease Management-Maßnahmen

Wirtschaftlichkeitsuntersuchungen erlangen im Gesundheitswesen eine immer größere Bedeutung, da es mit diesem Hilfsmittel möglich ist, die relative ökonomische Vorteilhaftigkeit einzelner Behandlungsalternativen auf rationaler Grundlage zu beurteilen.[470] „Pressures to contain costs, coupled with increasing awareness that spending on inefficient technologies imposes opportunity costs on other patients, have driven an increase in the demand for evidence on the budgetary impact and cost-effectiveness of interventions."[471] Da auch Disease Management-Programme mit erheblichem Investitionsbedarf (z. B. für die Leitlinienentwicklung und Schulungsmaßnahmen) und laufenden Kosten (z. B. für Dokumentation und Analyse der Behandlungs- und Ergebnisdaten) verbunden sind, entsteht angesichts begrenzter Mittel im Gesundheitswesen zunehmend ein Rechtfertigungszwang, wenn chronisch Kranke in entsprechenden Programmen versorgt werden sollen.

Wenn die Mittel für Disease Management in einer anderen Verwendung (z. B. in der Primärprävention oder für aufwändige Operationen) einen höheren medizinischen Nutzen stiften würden, wäre weder aus medizinischer noch aus ökonomischer Sicht ein Disease Management-Programm gerechtfertigt. Wie andere Dienstleistungen im Gesundheitswesen müssen daher auch diese Programme in Wirtschaftlichkeitsuntersuchungen auf ihre Kosten und den Nutzen hin analysiert werden. Für die politische Entscheidungsfindung können entsprechende Informationen in der Folge dafür genutzt werden, die Indikationen zu identifizieren, für die prioritär Disease Management-Programme angeboten werden sollten. Bei der Leitlinienentwicklung sollten zudem künftig die Ergebnisse gesundheitsökonomischer Evaluationen einzelner Behandlungsalternativen über deren Aufnahme in die Behandlungsprozesse mit entscheiden.

Im folgenden Abschnitt sollen daher bislang international vorliegende Ergebnisse von Studien zur Wirtschaftlichkeit von Disease Management-Programmen für verschiedene Indikationen vorgestellt werden. Vorab werden einige grundlegende Hinweise zur Methodik gesundheitsökonomischer Evaluationen zusammengefasst.

4.1. Vorbemerkungen zur Methodik ökonomischer Evaluationen

Für Wirtschaftlichkeitsuntersuchungen im Gesundheitswesen werden verschiedene Grundformen verwendet, die sich insbesondere danach unterscheiden, ob neben Kosten auch Nutzen einer Maßnahme in die Berechnung mit einbezogen werden. In Abbildung 11 sind die Grundformen schematisch zusammengefasst.

---

470 Vgl. Glied, S. (2002), S. 143.
471 McDaid, D. und Cookson, R. (2003), S. 134.

Abbildung 11: Grundformen der Wirtschaftlichkeitsuntersuchungen

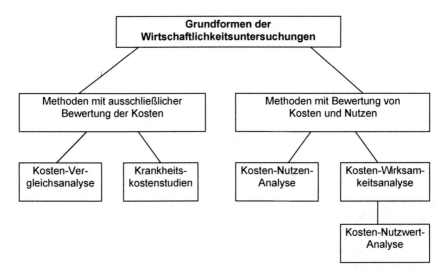

Quelle: Greiner, W. (1999), S. 46.

Wenn davon ausgegangen werden kann, dass die untersuchten alternativen Behandlungsmethoden zu gleichwertigen medizinischen Ergebnissen führen, ist ein einfacher Kosten-Kosten-Vergleich der unterschiedlichen Behandlungsformen bereits ausreichend (Kosten-Vergleichsanalyse).[472] Direkte Kosten entstehen durch das Disease Management-Programm selbst, z. B. für Werbung (bei Ärzten und Patienten), Schulung der Ärzte und Patienten, Leitlinienerstellung und ggf. Akkreditierung bei einer Aufsichtsbehörde, Verwaltungskosten (insbesondere für Dokumentation und Auswertung des Krankheitsverlaufes) sowie eine regelmäßige Betreuung der Patienten (z. B. mit Informationsmaterial oder durch Callcenter).[473] Zudem kann es zu zusätzlichen Behandlungsleistungen kommen, die ohne Disease Management nicht angefallen wären (z. B. für Arzneimittel oder Screening-Maßnahmen). Diesen Kosten werden die monetären Nutzen durch Vermeidung überflüssiger Leistungen oder durch einen günstigeren Krankheitsverlauf (und damit z. B. weniger Krankenhausaufenthalten) gegenübergestellt. Im Gegensatz zu Kostenvergleichsstudien sind Krankheitskostenanalysen eine spezielle Form der Kostenanalyse, bei der die Kosten der Behandlung pro Patient für einen bestimmten Zeitraum ermittelt werden (und ggf. auf das betreffende Gesundheitssystem hochgerechnet werden).

Eine einfache Kostenanalyse ist nicht mehr angebracht, wenn die erwarteten Nutzen der verschiedenen alternativen Behandlungen unterschiedlich sind.[474] Dies ist z.

---

472 Vgl. Leidl, R. (1999), S. 25.
473 Vgl. Lauterbach, K.W. (2001), S. 281.
474 Vgl. Birch, S. und Donaldson, C. (1987), S. 63.

B. dann der Fall, wenn neue, innovative Formen der Diagnostik oder Therapie im Vergleich zu den bisherigen Behandlungsformen zu überlegenen Ergebnissen führen. In diesen Fällen müssen Studienformen gewählt werden, die neben den Kosten den unterschiedlichen Nutzen in die Analyse mit einbeziehen. Dazu gehören die Kosten-Nutzen-, Kosten-Nutzwert- und die Kosten-Wirksamkeits-Analyse.[475] Der Begriff der Kosten-Nutzen-Analyse wird angewendet, wenn alle relevanten Kosten- und Nutzen-Komponenten in Geldeinheiten gegenübergestellt werden,[476] wodurch die Bewertungsgrößen problemlos aggregiert und verglichen werden können. Bei Kosten-Wirksamkeits-Analysen werden die Erträge dagegen nicht als monetäre Größen angegeben, sondern unterschiedlichste medizinische oder epidemiologische Outcome-Einheiten zugrunde gelegt (z. B. zusätzliche Lebensjahre).[477] Bei der Kosten-Nutzwert-Analyse geht in die Ermittlung der Effektivität als Outcome-Größe die Zahl der qualitätskorregierten Lebensjahre (QALYs) ein, was den Vergleich von Gesundheitsleistungen in verschiedenen Krankheitsgebieten ermöglicht.[478] Der QALY-Ansatz verbindet eine qualitative Komponente (Lebensqualität) mit einer quantitativen Komponente (Lebenszeitverlängerung).[479]

Die Auswahl der passenden Grundform ist bei einer Wirtschaftlichkeitsuntersuchung vom Studiengegenstand und Studienziel abhängig. Methoden mit ausschließlicher Bewertung der Kosten (Kosten-Vergleichs-Analyse und Krankheits-Kosten-Analyse) sind nur dann angemessen, wenn die Nutzen der verglichenen Alternativen annähernd gleich sind. Methoden, bei denen neben den Kosten auch die Nutzen einer Behandlungsalternative einbezogen werden, sind für eine rationalere Allokation knapper Ressourcen geeigneter, da hohe Kosten einer Behandlung allein noch keine Aussage über die Wirtschaftlichkeit einzelner Gesundheitsleistungen oder von Leistungsbündeln ermöglichen. Allerdings lassen nur Kosten-Nutzen- und Kosten-Nutzwert-Analysen eine Allokationsentscheidung über Indikationsgrenzen hinweg zu. Dieser Vorteil ist bei beiden Verfahren mit grundlegenden methodischen Problemen verbunden, da die Nutzeneffekte in beiden Fällen aggregiert werden müssen (in Geld- bzw. Nutzwerteinheiten).

Die Evaluation von Disease Management-Maßnahmen sollte genau wie jede andere Investition im öffentlichen oder privaten Bereich immer im Vergleich zu anderen Entscheidungsalternativen anhand vorgegebener Zielvorstellungen erfolgen, wie z. B. einer Verbesserung der Lebensqualität der Patienten (bei gleichen Kosten), einer Senkung der Behandlungskosten (bei gleicher Qualität) oder einem akzeptablen Kosten-Wirksamkeits-Quotienten, wenn höhere Kosten höherem Nutzen gegenüberstehen. Bislang wurden Disease Management-Maßnahmen nur selten unter ökonomischen Ge-

---

475 Vgl. Hajen, L., Paetow, H. und Schumacher, H. (2000), S. 216.
476 Vgl. Clewer, A. und Perkins, D. (1998), S. 170.
477 In einer Kosten-Effektivitäts-Studie für bestimmte Impfungen wurden beispielsweise vermeidbare Krankheitsepisoden und gewonnene Lebensjahre als Ergebnismaße verwendet. Vgl. Claes, C. und Schulenburg, J.-M. Graf v.d. (2003), S. 587.
478 Vgl. Cookson, R. und Hutton, J. (2003), S. 171 und MacKeigan, L.D., Gafni, A. und O'Brien, B.J. (2003), S. 165.
479 Vgl. Rychlik, R. (1999), S. 51.

Ausgewählte ökonomische Studienergebnisse für Disease Management-Maßnahmen

sichtspunkten umfassend evaluiert. Es gibt zwar ein Reihe von Publikationen, die über positive Effekte des Disease Managements berichten, dabei handelt es sich jedoch meist um Review- oder kommentierende Beiträge, selten um Studien zur Erhebung der medizinischen Effektivität oder Kosteneffektivität.

Die meisten Studien zu Kosten und Nutzen von Disease Management-Maßnahmen liegen aus den USA vor, weil das Konzept dort auf die längste Geschichte zurückblicken kann. Die vorliegenden Ergebnisse deuten auf eine niedrigere Krankenhauseinweisungsrate, weniger Notfallbehandlungen und eine kürzere Verweildauer im Krankenhaus hin.[480] Über Einsparungen bei Arzneimitteln oder ambulanten Arztkosten wird in der vorliegenden Literatur bislang nicht berichtet.

Viele Programme haben erst nach zwei bis drei Jahren die in sie gesetzten Erwartungen erfüllt, wenn Anlaufprobleme und Änderungswiderstände überwunden waren. Zudem kann sich kurzfristig der Effekt ergeben, dass Programme zunächst teurer sind, weil Patienten bislang keine optimale Behandlung erhielten. Die finanziellen Vorteile solcher Programme werden überdies größtenteils erst später deutlich, da kostenintensive Leistungen wie Krankenhausaufenthalte meist nicht kurzfristig eingespart werden können (wie z. B. bei Hypertension). „Disease management is a long term investment."[481]

Wohl am häufigsten ist bislang im Bereich Diabetes Disease Management angewendet worden.[482] Aber auch Herzkrankheiten, Krebs und Asthma wurden in den vergangenen zehn Jahren mit entsprechenden Maßnahmenbündeln belegt. Weitere Patientengruppen, die für Disease Management in Frage kommen können, sind HIV-Infizierte, Transplantierte und Frauen mit Risikoschwangerschaften.[483] Dennoch gibt es bislang nur wenig publizierte Studien, die entsprechende Programme umfassend evaluieren. Hunter und Fairfield berichteten noch 1997: „No published research has explicitly evaluated disease management programs."[484] Dies hat sich in den vergangenen Jahren etwas verbessert. Hierfür beispielhafte Studien werden in der folgenden Abschnitten kurz vorgestellt.

4.2. Disease Management bei Diabetes

Diabetes mellitus ist eine nicht heilbare, chronische Erkrankung, die auf die mangelnde Produktion von Insulin durch die Bauchspeicheldrüse zurückzuführen ist.[485] Man unterscheidet bei der Krankheit zwei Typen: Patienten des Typ-1-Diabetes benötigen zum Überleben eine Behandlung mit Insulin; bei Typ-2-Diabetikern wird die Behandlung eher auf Veränderungen der Lebensführung und Ernährung abzielen, aber auch viele

---

480 Vgl. Pilkington, G. und Pilkington, G. (1997), S. 125.
481 Pilkington, G. und Pilkington, G. (1997), S. 127.
482 Vgl. Raczek, K., Bölscher, J. und Schulenburg, J.-M. Graf v.d. (2000).
483 Vgl. Schlingensiepen, I. (2001), S. 15.
484 Hunter, D.J. und Fairfield, G. (1997), S. 50.
485 Vgl. Dowell, M.A., Rozell, B.R. und Dowell, M. (2001), S. 68.

Typ-2-Diabetiker erhalten Insulin, um den Glykosespiegel zu kontrollieren. Die Ursachen von Typ-1-Diabetes sind vielfältig. Als Risikofaktoren werden virale Infektionen, frühkindliche Fehlernährung und Toxine sowie psychologischer Stress und klimatischer Einfluss genannt.[486] Diabetes vom Typ 2 hat genetische Ursachen, wird aber durch Umwelt- und Alterseffekte beeinflusst. Mit steigendem Alter und/oder steigendem Übergewicht nimmt tendenziell auch der Schweregrad der Erkrankung zu.

Die Prävalenz und Inzidenz von Diabetes mellitus variiert beträchtlich zwischen einzelnen Populationen. Bei einer Analyse von 100 verschiedenen ethnischen Bevölkerungsgruppen für die Inzidenz von Typ-1-Diabetes kam es zu Unterschieden in der Größenordnung des Faktors 400.[487] Typ-1-Diabetes wird in der Regel bei Kindern und jungen Erwachsenen erstmal diagnostiziert, während Typ-2-Diabetes vor allem bei älteren Menschen auftritt. Für die USA wird geschätzt, dass etwa 10% aller Bürger über 65 Jahre Diabetiker sind und dass 90% aller Patienten mit Diabetes mellitus den Typ 2 aufweisen.[488] Die WHO schätzt, dass die weltweite Prävalenz derzeit etwa 4% ausmacht, diese sich aber bis zum Jahr 2025 auf 5,4% erhöhen wird.[489] Dies wird auf ein Anwachsen der Zahl älterer Menschen und einen steigenden Anteil von Menschen mit Übergewicht in der Bevölkerung zurückgeführt.

Diabetes stellt mit einer steigenden Prävalenz von zurzeit 5% in der deutschen Bevölkerung eine große Volkskrankheit dar,[490] die die Kriterien für die Anwendbarkeit für Disease Management-Programme vollständig erfüllt.[491] Als Gründe für das Ansteigen der Prävalenz werden die Alterung der Gesellschaft durch den demographischen Wandel[492], mangelnde körperliche Bewegung und Übergewicht sowie eine frühere und häufigere Diagnostizierung der Erkrankung durch verbesserte Screening-Maßnahmen genannt.[493] Bis zum Jahr 2010 werden in Deutschland sechs bis acht Millionen Menschen an Diabetes erkrankt sein.[494]

Bei schlecht eingestellten Patienten, mangelnder Kontrolle und einer unzureichenden Behandlung kann es zu ernsten Komplikationen kommen, die teilweise vermeidbar wären. Diabetiker weisen ein erhöhtes Risiko für Herzkrankheiten, Schlaganfall, Bluthochdruck, Blindheit, Niereninsuffizienz, Amputationen, dentale Probleme und Schwangerschaftskomplikationen auf.[495] In Deutschland sind etwa 5 Millionen Menschen an Diabetes erkrankt. Nach einer durchschnittlichen Erkrankungsdauer von 28 Jahren sind durchschnittlich 2,4% der Patienten erblindet, 7,2% im Bereich der unteren Extremitäten amputiert und 14,4% niereninsuffizient (also auf Dialyse angewiesen oder

---

486 Vgl. Atkinson, M.A. und Eisenbarth, G.S. (2001), S. 221–229.
487 Vgl. Atkinson, M.A. und Eisenbarth, G.S. (2001), S. 221–229.
488 Vgl. Kenny, S. J., Aubert, R.E. und Geiss, L.S. (1995), S. 47–68.
489 Vgl. King, H., Aubert, R.E. und Herman, W.H. (1998), S. 1414–1431.
490 Vgl. Buhk, H. und Lotz-Rambaldi, W. (2001), S. 5.
491 Zu den Kriterien für die Anwendbarkeit von Disease Management vgl. Abschnitt 2.
492 Zu den Folgen der demographischen Entwicklung auf die deutschen Sozialsysteme vgl. Sinn, H.-W. (2003), S. 20–36 und Fetzer, S. und Raffelhüschen, B. (2003).
493 Vgl. Bergmann, K.E. (1995), S. 745.
494 Vgl. Glaeske, G., Kellermann-Wachtel, P. und Matthesius, G. (1999), S. 19.
495 Vgl. Grauw, de W.J. et al. (1995), S. 117–122.

nierentransplantiert).[496] Ungefähr fünf Prozent der Gesamtausgaben der GKV werden durch Diabeteserkrankungen verursacht; der größte Teil der Kosten ist dabei auf vermeidbare Spätkomplikationen zurückzuführen.[497] Die Differenz der jährlichen Behandlungskosten von Patienten, die gut und solchen die schlecht eingestellt sind, wird auf 5.000 bis 7.500 € geschätzt.[498] Eine Auswertung der Gmünder Ersatzkasse ergab, dass 7,1% aller Leistungstage in Krankenhäusern bei Männern (Frauen: 6,4%) und 11,4% aller Arzneimittelausgaben (Männer; Frauen: 9,1%) auf Diabetes zurückzuführen sind.[499]

Für die Diabetikerversorgung wird seit mehreren Jahren die Unterversorgung einer großen Anzahl von Patienten konstatiert, die insbesondere auf eine mangelnde Kooperation zwischen ambulantem und stationärem Sektor zurückgeführt wird.[500] Diabetes-Patienten werden häufig nicht oder zu spät in spezialisierte Einrichtungen wie z. B. diabetische Schwerpunktpraxen überwiesen,[501] obwohl die Qualifikation der hausärztlichen Leistungserbringer im Bereich der Diabetologie oft nur unzureichend ist. Dieses Fachgebiet ist in der Ausbildung von Allgemeinmedizinern kein Schwerpunkt, wenn in den letzten Jahren auch versucht wurde, das Problem durch verbesserte Fortbildungsangebote zu lösen. Die Teilnahme daran ist aber keine Voraussetzung für die Abrechnung einer Reihe von Leistungen im Rahmen der Versorgung von Diabetikern.[502]

Auswertungen eines Versichertenkollektivs der Gmünder Ersatzkasse (GEK) aus dem Jahr 1999 haben ergeben, dass bei Diabetespatienten 17% der Verordnungen Diabetes-spezifischer Arzneimittel eine Überversorgung darstellen, da für die entsprechenden Wirkstoffe bislang kein Wirksamkeitsnachweis erbracht worden ist.[503] Andererseits war nur 30,6% der Patienten die Möglichkeit einer Diabetikerschulung überhaupt bekannt, und 26,7% haben selbst daran teilgenommen (in der Gruppe der intensivierten Insulintherapie hingegen über 60%).

Ein besonderes Problem ist die mangelnde Compliance der betroffenen Patienten.[504] Die regelmäßige Kontrolle der Blut- und Urinzuckerwerte ist aber wesentliche Voraussetzung zur Beherrschung des Krankheitsverlaufes. Die relativ lang andauernde Phase von kaum wahrnehmbaren Symptomen führt insbesondere bei Typ-2-Diabetikern dazu, dass die notwendige Änderung von Lebensgewohnheiten unterbleibt und Kontrolluntersuchungen nicht wahrgenommen werden.[505] Für diese Patienten ist in der Regel vor allem eine Gewichtsreduktion angezeigt. „There is a close relationsship between the prevalences of obesity and type 2 diabetes mellitus."[506]

---

496 Vgl. Kaiser, T. u.a. (2001), S. 52.
497 Vgl. Lepping, M. (1996), S 143.
498 Vgl. Fiedler, E. (1999), S. 87.
499 Vgl. Grobe, T.G., Dörning, H. und Schwartz, F.W. (2002), S. 36.
500 Vgl. Hildebrandt, H. und Domdey, A. (1996), S. 52.
501 Vgl. Keller, C. et al. (2002), S. 240 ff.
502 Vgl. Neubourg, T. (2002), S. 35.
503 Vgl. Braun, B. (2002), 107 f.
504 Vgl. Brenner, G., Altenhofen, L., Knoepnadel, J. und Weber, I. (2003), S. 138.
505 Vgl. Metz, A.. (1997), S. 14.
506 Dunn, C.J. und Plosker, G.L. (2002), S. 994.

Ausgewählte ökonomische Studienergebnisse für Disease Management-Maßnahmen

Compliance wird nicht nur durch den Ratschlag des Arztes oder die innere Einstellung des Patienten zu seiner Krankheit bzw. zu deren Behandlung beeinflusst, sondern auch durch die institutionellen Gegebenheiten, zu denen neben der Honorierung der Leistungserbringer vor allem deren Koordination gehört (Abbildung 12). In Disease Management-Programmen für Diabetes werden daher zunächst Versicherte mit Risikofaktoren identifiziert und dann darin geschult, wie sie durch eine Veränderung ihrer Lebensweise das Erkrankungsrisiko vermindern können. Bereits an Diabetes erkrankte Patienten werden darin geschult, wie sie selbstständig ihren Blutzuckerspiegel messen und ihre Lebensweise der Erkrankung anpassen können. Es werden Teams aus praktischen Ärzten, Fachärzten und Ernährungsexperten gebildet, die die Leistungserbringung untereinander möglichst optimal koordinieren sollen. Diese Abstimmung der am Disease Management-Prozess Beteiligten, die unklare, doppelte oder widersprüchliche Behandlungen vermeiden soll, erhöht die Transparenz für Patienten und kann so deren Compliance steigern.

Abbildung 12: Einflussfaktoren für Compliance

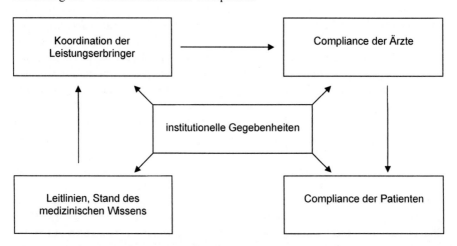

Es besteht eine Vielzahl von Behandlungsleitlinien und Schulungsprogrammen, die in einem integrierten Disease Management-Programm nutzbar gemacht werden können. Diese basieren im Allgemeinen auf Möglichkeiten der Stoffwechselselbstkontrolle sowie der Überprüfbarkeit des Erfolges der Therapie mittels verschiedener Outcome-Parameter wie z. B. des HbA_{1C}-Wertes.[507] Durch eine ausreichende Prävention wird bei dieser Erkrankung ein erhebliches Einsparpotenzial vermutet, da die meisten schweren Komplikationen beim Diabetes erst langfristig auftreten.

---

507 „Durch die Bestimmung des HbA1C-Wertes kann festgestellt werden, wie hoch der prozentuale Anteil des Hämoglobins ist, welches eines feste Verbindung mit der im Blut befindlichen Glukose eingegangen ist. Bei anhaltend hohen Blutzuckerwerten steigt der Anteil des glykierten Hämoglobins an und bleibt so lange als HbA1C erhalten, bis der Körper die ‚überzuckerten' roten Blutkörperchen gegen neues Hämoglobin ausgetauscht hat." Galas, E. (2000), S. 77.

Ausgewählte ökonomische Studienergebnisse für Disease Management-Maßnahmen

Gerade beim Diabetes wird klar, dass die Verfügbarkeit lebensrettender Medikamente allein in der Regel keinen langfristigen Erfolg bei chronischen Leiden garantieren kann. Stattdessen ist die überzeugende Motivation der Patienten sowie eine funktionierende Arzt-Patient-Beziehung wichtig, bei der Mediziner „die Rolle des Förderers und kritischen Partners"[508] übernehmen. Der Sachverständigenrat für die Konzertierte Aktion im Gesundheitswesen hat deshalb in seinem Gutachten aus dem Jahr 1997 eine organisatorische Umstrukturierung der Versorgungskette sowie die Einhaltung vorhandener Behandlungsleitlinien gefordert. Allerdings ging der Sachverständigenrat seinerzeit noch von einem relativ statischen Bild der Nutzung von Erkenntnissen über die Wirksamkeit verschiedener Behandlungsoptionen aus, das mit der heutigen Forderung einer kontinuierlichen Qualitätsverbesserung nur wenig zu tun hat. So wurde es als wichtiger erachtet, „nicht mehr nach neuen Standards zu suchen, sondern noch fehlende zu ergänzen und die schon vorhandenen in die Praxis umzusetzen"[509], als die Leitlinien dezentral zu formulieren und einem ständigen Verbesserungsprozess zu unterwerfen.

Bei den meisten Diabetiker-Versorgungsprogrammen kommt dem Hausarzt eine besonders wichtige Rolle zu. Er übernimmt die medizinische Grundversorgung vor Ort, soll aber gleichzeitig auch Patienten je nach Erkrankungsschwere an den Facharzt (Diabetologen in Schwerpunktpraxis), an die Klinikambulanz oder das Krankenhaus verweisen. Die Schwerpunktpraxen übernehmen vor allem strukturierte Informations- und Trainingsleistungen für den Patienten sowie spezialisierte Maßnahmen zur Frühdiagnostik, wobei zusätzlich jährlich eine augenärztliche Untersuchung empfohlen wird.[510]

Als Vorläufer der Disease Management-Programme für Diabetiker können die Diabetes-Strukturverträge in verschiedenen Bundesländern angesehen werden.[511] Dazu wurden in den letzten Jahren zahlreiche Vereinbarungen zwischen Kassen und KVen in Form von Strukturverträgen (§ 73a SGB V) oder Modellvorhaben (§ 63 SGB V) abgeschlossen.[512] Die Programme werden häufig bereits als Disease Management-Programme bezeichnet, obwohl nur Teile eines qualitätsgesicherten Disease Management verwirklicht sind.[513] Die bisherigen Modellprojekte stellen noch keine Disease Management-Programme dar.[514] „The reason that so many so-called disease manage-

---

508 Vgl. Standl, E., Usadel, K.H. und Mehnert, H. (1999), S. 103.
509 Sachverständigenrat für die Konzertierte Aktion im Gesundheitswesen (1997), S. 171.
510 Vgl. Standl, E., Usadel, K.H. und Mehnert, H. (1999), S. 109.
511 Vgl. Stillfried, Graf von D. und Hansen, L. (2001), S. 382.
512 Einen Überblick über die Ausgestaltung der derzeit laufenden Diabetesvereinbarungen in Westfalen-Lippe, Sachsen und Mecklenburg-Vorpommern gibt Neubourg, T. (2002), S. 150 f. Er kritisiert insbesondere die fehlende Festschreibung eines Primärarztsystems (zur Wahrnehmung der Disease-Manager-Funktion), die minimalen Qualifikationsanforderungen an die Ärzte sowie die mangelnde Verzahnung der Behandlungsabläufe.
513 Beispielhaft sei hier ein Modellprojekt der Volkswagen BKK (jetzt: Deutsche BKK) und der Kassenärztlichen Vereinigung Niedersachsen genannt, bei dem seit November 1997 eine verbesserte Diabetikerversorgung mit Schwerpunkt auf Früherkennung und Vermeidung von Folgeschäden erprobt wird. Die Auswertung der Befundbögen erfolgt bei diesem Projekt durch das Zentralinstitut für die Kassenärztliche Versorgung. Vgl. Bölscher, J. und Schulenburg, J.-M. Graf v.d. (2000), S. 376.
514 Vgl. Lauterbach, K.W. (2001), S. 41.

ment programs fail is that they are not true disease management programs."[515] Im Verlauf lassen sich sehr unterschiedliche Ansätze erkennen:

(1) zentralisierte Versorgung in diabetologischen Schwerpunktpraxen,
(2) strukturierte Kooperation im vertragsärztlichen Bereich mit definierten Versorgungsaufträgen Hausarzt/Schwerpunktpraxis und
(3) Verzahnung ambulanter/stationärer Versorgung mit sektorenübergreifenden Budgets und Entgeltsystematiken.

Jede der Stufen weist spezifische Schwächen und Probleme auf, die dazu geführt haben, dass die anvisierten Ziele nicht erreicht wurden. „Die ... Diabetesversorgung mit rund 70 lokalen und regionalen Modellversuchen über eine Dekade ohne eine insgesamt durchgreifende Verbesserung der deutschen Diabetikerversorgung spricht für eine zumindest partiale Fehlsteuerung."[516]

Bei den Diabetiker-Strukturverträgen zwischen den zuständigen kassenärztlichen Vereinigungen und den Landesverbänden der Krankenkassen wurden Qualifikationen der Behandler und Mitarbeiter in den teilnehmenden hausärztlichen und diabetologischen Schwerpunktpraxen festgelegt. Ergänzt wird dies für beide Gruppen durch die Auflage, sich regelmäßig weiterbilden zu müssen. Eine umfassende Dokumentation der Behandlung und die Weiterleitung dieser Daten werden ebenfalls detailliert geregelt.

Erst wenn diese Voraussetzungen erfüllt sind, kann beispielsweise gemäß einem Strukturvertrag im Bereich der KV Nordrhein ein Leistungskomplexhonorar von etwa 25 Euro pro Quartal und Patient von teilnehmenden Hausärzten abgerechnet werden.[517] Dieses Honorar wird zwar als EBM-Ziffer (Nr. 9321) abgerechnet, unterliegt aber nicht einem floatenden Punktwert. Damit ist für die Leistungserbringer eine gesicherte Kalkulationsgrundlage gegeben. Aus demselben Grund wird zudem die Überweisung an eine diabetologische Schwerpunktpraxis ebenfalls extra vergütet.[518] Für diese spezialisierten Praxen gelten höhere Behandlungs-Pauschalhonorare nach erbrachten Leistungsbündeln (z. B. Neueinstellung eines Patienten, Umstellung der Behandlung älterer Patienten). Ebenso gelten spezielle Pauschalen für Schulungsmaßnahmen.[519]

Im Gegensatz zur Honorierung werden Behandlungsleitlinien in den Strukturverträgen nicht explizit formuliert, sondern es wird lediglich auf anerkannte Programme verwiesen. Generell wird ein eher qualifikationszentrierter Ansatz gewählt (z. B. durch regelmäßige Weiterbildungen), um die Qualität der Versorgung zu erhöhen. Somit können diese Projekte nicht als Disease Management-Programme im engeren Sinne bezeichnet werden. Es fehlt insbesondere der kontinuierliche Verbesserungsprozess der zugrunde liegenden Leitlinien. Andererseits wird durch die Art der Honorierung (z. B. Bezahlung der Behandlung in der Schwerpunktpraxis in der Regel nur nach Überwei-

---

515 Diamond, F. (1999), S. 4.
516 Sachverständigenrat für die Konzertierte Aktion im Gesundheitswesen (1996), S. 14.
517 Vgl. Landesverband der Betriebskrankenkassen Nordrhein-Westfalen und Kassenärztliche Vereinigung Nordrhein (2002), S. 3.
518 EBM-Ziffer 9329, 2 Euro
519 EBM-Ziffern 8013-5

Ausgewählte ökonomische Studienergebnisse für Disease Management-Maßnahmen

sung aus der Hausarztpraxis) zu einer Integration der Behandlungsebenen mit vorgegebenen Behandlungsausgaben beigetragen. Zudem ist eine Fortschreibung der Qualifikation der Leistungsanbieter fester Bestandteil. Somit kann der medizinische Fortschritt im Laufe des Programms in die Behandlungsstandards einfließen.

Die Verträge umfassen auch ordnungspolitisch relevante Bestandteile: So wird die maximale Zahl der Schwerpunktpraxen in einer bestimmten Region genau definiert (angelehnt an die Bevölkerungszahl). Der erwähnte nordrheinische Strukturvertrag führt dazu aus: „Bei einer Einwohnerzahl von 962.884 ist demnach die Genehmigung von 15 diabetologischen Schwerpunktpraxen in Köln als versorgungsgerecht anzusehen."[520] Ökonomisch dient der Diabetesvertrag somit auch der Marktregulierung (bzw. im Beispiel Nordrhein der Marktabschottung).

Der Strukturvertrag zum Diabetes wird bereits seit Anfang 2000 von der KV Nordrhein durchgeführt.[521] Die Zielsetzungen sind v. a. medizinischer Natur (Vermeidung von Begleit- und Folgeschäden sowie Komplikationen und kontinuierliche Beobachtung relevanter Outcome-Größen wie HbA_{1C}-Werte[522]). Aus ökonomischer Sicht ist die Vermeidung von Krankenhauseinweisungen und die Vermeidung von Arbeitsunfähigkeitstagen von Relevanz.[523] Eine vollständige ökonomische Evaluation ist bei der prospektiven Längsschnittuntersuchung zunächst nicht vorgesehen. Strukturell ist insbesondere die Intensivierung von Schulungsmaßnahmen bei Diabetes sowie die Kooperation zwischen Hausarzt und Schwerpunktpraxis bei Risikopatienten im Sinne Leitliniengestützter Behandlung und Qualitätsmanagement beabsichtigt.

Erste veröffentlichte Zwischenauswertungen vom Sommer 2001 des insgesamt zunächst drei Jahre laufenden Projektes sind positiv. Tendenziell ist der HbA_{1C}-Wert bei der Kohorte gesunken, der Anteil der mit oralen Antidiabetika (OAD) und/oder Insulin versorgten Patienten gestiegen. Positive Effekte hinsichtlich der Stoffwechselsituation konnten v. a. bei Patienten mit initial schlechter Einstellung erzielt werden. Nach Angaben der KV Nordrhein zeigt sich eine hohe Dokumentationsdisziplin der beteiligten hausärztlichen Praxen sowie eine gute Kooperation mit den Schwerpunktpraxen. Gesundheitsökonomische Teilanalysen liegen publiziert noch nicht vor, aber ein hoher Behandlungs- und Schulungsaufwand ist vor allem bei Patienten mit kritischer Stoffwechselsituation und einem hohen kardiovaskulären Morbiditäts- und Mortalitätsrisiko feststellbar. Insbesondere die Kosten für Medikamente stiegen erheblich (41 Mill. Euro zusätzlich für 1999).[524] Inwieweit dieser Mehraufwand durch langfristige Einsparerfolge infolge eines günstigeren Krankheitsverlaufes aufgewogen werden kann, ist noch nicht absehbar.[525]

---

520 Vgl. Landesverband der Betriebskrankenkassen Nordrhein-Westfalen und Kassenärztliche Vereinigung Nordrhein (2002), S. 22.
521 Die aktuelle Diabetes-Vereinbarung ist jeweils über www.kvno.de abrufbar.
522 Nach Gilmer et al. ist der HBA1c-Wert zudem ein guter Indikator für zukünftige Behandlungskosten von Diabetikern. Vgl. Gilmer, T.P., Manning, W.G., O'Connor, P.J. und Rush, W.A. (1997), S. 1851.
523 Vgl. Badura, B. (1999), S. 244.
524 Vgl. Beyerle, L. (2001), S. 14.
525 Vgl. Vollmer, R. (2002), S. 2.

Ausgewählte ökonomische Studienergebnisse für Disease Management-Maßnahmen

Speziell auf die Versorgung Typ-1-diabetischer Kinder und Jugendlicher ist das Projekt „Teddi" (telemedizinische Beratung und Schulung von Kindern und Jugendlichen mit Diabetes mellitus) der AOK Rheinland-Pfalz ausgerichtet.[526] Dabei erhalten alle 150 Studienpatienten ein elektronisches Blutzuckermessgerät mit integriertem Speicher und Modem zur Datenübertragung. Neben den Blutzuckerwerten werden verschiedene weitere Werte in das Messgerät eingegeben (z. B. gespritzte Insulinmenge, sportliche Aktivitäten, andere Krankheiten etc.). Diese Daten werden online übertragen und in einem Diabeteszentrum ausgewertet. Wenn nötig erfolgt eine telefonische Kontaktaufnahme, wobei die Behandlung des Hausarztes nur ergänzt, nicht ersetzt werden soll. Sind deutliche Anpassungen notwendig, wird der behandelnde Arzt vor Ort hinzugezogen. Gerade im ländlichen Bereich ohne enges Diabetesbetreuungsnetz könnte diese Art von Telemonitoring zukünftig die Diabetestherapie optimieren. Eine deutliche Absenkung der Krankenhausaufenthalte konnte bereits vor Abschluss der Studie festgestellt werden (1,3 versus 4,1 stationäre Aufenthalte pro Jahr vor der Studie).

Für die Disease Management-Programme, die in die Berechnung des Risikostrukturausgleiches der Krankenkassen eingehen, sind die Anforderungen in einem Anhang der Risikostrukturausgleichsverordnung (RSAV) festgelegt. Für diese Krankheit sind im 6. Abschnitt der Verordnung („Anforderungen an die Zulassung strukturierter Behandlungsprogramme nach § 137f Abs.2 des SGB V") die niedergelegten Regelungen konkretisiert. Sie basieren auf den oben beschriebenen Diabetes-Modellvorhaben. Diese Empfehlungen des Koordinierungsausschusses für die Ausgestaltung der Disease Management-Programme zum Krankheitsbild Diabetes wurden von der maßgeblichen Fachgesellschaft „Deutsche Diabetes-Gesellschaft" sowie dem Bundesverband Deutscher Diabetologen aus medizinischen und organisatorischen Gründen heftig kritisiert. Schnittstellen zwischen den Versorgungsebenen seien demnach nicht eindeutig definiert und Therapieempfehlungen zu unverbindlich.[527] Die Kompetenz der wichtigsten medizinischen Fachgesellschaften sei im politischen Konsensbildungsprozess[528] weitgehend ignoriert worden.[529] Zudem seien die bürokratischen Anforderungen insbesondere die Dokumentation betreffend zu hoch und die Weitergabe von Patientendaten an die Krankenkassen nicht akzeptabel.[530]

Als Pilotprojekt wurde im Jahr 2002 von der AOK Baden-Württemberg ein Disease Management-Programm für Diabetes Typ 1 und 2 gestartet.[531] Daran sind die KVen in Südbaden und in Nordbaden beteiligt, was diesen aus den oben angeführten Gründen die Kritik von anderen KVen eingebracht hat. In vierstündigen Informationsveranstaltungen wurden den Ärzten die Grundlagen der Evidenz-basierten Medizin sowie des konkreten Ablaufes des Disease Managements (z. B. Einschreibung, Dokumentation und Abrechnung) erläutert. Diese Informationen wurden in einem Handbuch zusammengefasst, das den teilnehmenden Ärzten überlassen wurde. Im Februar 2003

---

526 Vgl. Krüger-Brand, H.E. (2001), S. A18.
527 Vgl. Müller, V. (2002), S. 45.
528 Vgl. Scriba, P.C. (2003), S. 29.
529 Vgl. Landgraf, R. (2002), S. 2.
530 Vgl. Schulze, J. (2002), S. 6.
531 Vgl. Graf, J. (2002), S. 10 f.

Ausgewählte ökonomische Studienergebnisse für Disease Management-Maßnahmen

wurde zudem ein Vertrag über ein Disease Management-Programm-Diabetes Typ 2 zwischen den Krankenkassen und der KV in Sachsen geschlossen, der einen dort bisher bestehenden Diabetes-Strukturvertrag abgelöst hat. Nach Meinung der Techniker Krankenkasse sind dabei die medizinischen Anforderungen an die Versorgung der Patienten im Vergleich zum Strukturvertrag vermindert worden, weshalb sie sich dem Vertrag nicht angeschlossen hat.[532] Dies zeigt die Probleme, die sich qualitativ ergeben können, wenn bei der Einführung von Disease Management-Programmen der Stärkung der Hausärzte und einer möglichst großen Flächenabdeckung hohe Priorität eingeräumt wird.

Aus Deutschland liegen bislang außer einer Simulationsrechnung[533], die weiter unten beschrieben wird, keine publizierten gesundheitsökonomischen Evaluationen zum Disease Management bei Diabetes vor. Auch im Ausland sind solche Ergebnisdaten eher selten. Ein Beispiel ist eine Studie aus Colorado (USA), wo 127 Diabetiker von einem spezialisierten Dienstleister für Disease Management (McKesson Corp.) über 12 Monate mittels Callcenter begleitet wurden.[534] Kernpunkt des Programms waren neben der regelmäßigen persönlichen Ansprache per Telefon und Schulungen schriftliche Informationen zur Erkrankung und zur individuellen Verhaltensanleitung auf Basis der nationalen Behandlungs-Guidelines der American Diabetes Association. Als Ergebnis ergaben sich neben einem besseren Krankheitsstatus der Patienten im Zeitablauf statistisch signifikant weniger Krankenhausaufenthalte (– 23,7%) sowie (statistisch nicht signifikant) weniger Arztkontakte (– 8,2%) und Notfallambulanzbesuche (– 5,7%).

Allerdings ist dieser Effekt wegen der Selbstselektion der Teilnehmer (freiwillige Teilnahme nach telefonischer Anfrage durch das Callcenter) vermutlich überschätzt, da das Rekrutierungsverfahren nicht randomisiert erfolgte und vor allem die ohnehin aktiven Patienten anspricht. Zudem wurden die Probanten danach ausgewählt, ob bei ihnen im vergangenen Jahr besonders hohe Behandlungskosten angefallen waren. Nicht auszuschließen ist, dass die Patientengruppe im nachfolgenden Jahr beim Ressourcenverbrauch eher wieder zum Mittelwert tendiert und ohnehin niedrigere Kosten verursacht hätte. Ohne Kontrollgruppe ist dieser mögliche Effekt nicht zu quantifizieren. Insofern erscheint der Return-on-Investment, der mit 4,34 angegeben wird und bereits die Programmkosten umfasst, überhöht.

Eine weitere große amerikanische Diabetesstudie (Diabetes Control and Complications Trial – DCCT) erstreckte sich über einen Zeitraum von 6,5 Jahren und umfasste 1.441 Patienten, die randomisiert auf zwei Behandlungsgruppen verteilt wurden.[535] In der Gruppe mit konventioneller Behandlung erhielten die Patienten ein oder zwei Insulininjektionen pro Tag sowie zumindest alle drei Monate eine ärztliche Untersuchung.[536] Bei der Interventionsgruppe wurde die Insulindosis nach den Ergebnissen täglich mehrfacher Glukosemessungen der Patienten ständig adjustiert.[537] Diese Er-

---

532 Vgl. Düring, B. (2003), S. 5.
533 Vgl. Neubourg, T. (2002), S. 57 ff.
534 Vgl. Berg, G.D. und Wadhwa, S. (2002), S. 42–50.
535 Vgl. Diabetes Control and Complication Trial Research Group (1993), S. 978.
536 Vgl. Diabetes Control and Complication Trial Research Group (1995a), S. 895.
537 Vgl. Lorenz, R.A. et al. (1996), S. 648.

Ausgewählte ökonomische Studienergebnisse für Disease Management-Maßnahmen

krankten besuchten ihren Arzt mindestens einmal pro Monat und wurden darüber hinaus telefonisch mehrfach kontaktiert, um die Krankheitssituation zu erfassen und weitere Behandlungsschritte anhand vorab festgelegter medizinischer Zielparameter zu besprechen. Die Kosten des Disease Management-Programmes lagen im Beobachtungszeitraum um etwa das Dreifache höher als bei konventioneller Behandlung (1.666 USD versus 5.784 USD), was insbesondere auf die größere Häufigkeit ambulanter Arztkontakte sowie die Ressourcen für das Selbst-Monitoring der Patienten zurückzuführen war.[538] Aus medizinischer Sicht konnte die Überlegenheit des Disease Managements gegenüber konventioneller Behandlung in Bezug auf die verminderte Häufigkeit von Retinopathien, Nephropathien und Neuropathien gezeigt werden. Die langfristigen ökonomischen Wirkungen entsprechend vermiedener Komplikationen wurden mittels einer Monte-Carlo-Simulation auf die Lebenszeit der Patienten hochgerechnet.[539] Die niedrigere Komplikationshäufigkeit, die erhöhte Lebensqualität und -dauer führen bei um durchschnittlich 33.746 USD erhöhten, lebenslangen Kosten des Disease Managements zu einem akzeptablen Kosten-Wirksamkeits-Quotienten in Höhe von 28.661 USD pro gewonnenem Lebensjahr.

Ebenfalls aus den USA wird von einem Disease Management-Programm für Diabetiker berichtet, das sich an ganze Ortschaften (communities) richtet.[540] Dies erlaubt gemeinsame Motivationsveranstaltungen für einen breiteren Personenkreis und eine ortsnahe Betreuung. Kern des Programmes sind so genannte Entscheidungspfade, die als Leitlinien die Versorgung standardisieren und in einer speziellen Software niedergelegt sind. Der klinische Erfolg wird insbesondere am HbA_{1C}-Wert gemessen, der sich durch das Programm um durchschnittlich 1,7 Punkte verbesserte. Die Kosten des Programmes betrugen im ersten Jahr 1.500 USD, danach 800 USD pro Jahr, was verglichen mit den Kosten der vermiedenen Komplikationen nach 6-7 Jahren zu Einsparungen führt. Insgesamt ergeben sich nach Modellrechnungen durchschnittliche, diskontierte Lebenszeit-Nettoeinsparungen in Höhe von 27.000 USD.

Simulationsrechnungen für Disease Management-Programme bei Diabetes liegen auch aus der Schweiz und aus Deutschland vor. Gozzoli et al. nutzen dafür ein langfristiges Markov-Modell, mit dem klinische und ökonomische Konsequenzen verschiedener Behandlungsstrategien abgebildet werden können.[541] Die Lebenserwartung, Inzidenz, Prävalenz und kumulative Komplikationsraten sowie die Behandlungskosten für Diabetes und deren Komplikationen wurden damit für die Lebenszeit einer hypothetischen Schweizer Patientengruppe modelliert.[542] Das Disease Management-Programm umfasste ein Schulungsprogramm, das in fünf Lehreinheiten (die jeweils zwischen 90 und 120 Minuten andauern) u.a. Informationen zum Selbst-Monitoring, Empfehlungen zur Ernährung und Fußpflege vermittelt, sowie Screening-Maßnahmen für Nephro- und Retinopathie. Bei einer Diskontierungsrate in Höhe von 3% ergaben sich eine Erhöhung

---

538 Vgl. Diabetes Control and Complication Trial Research Group (1995b), S. 1477.
539 Vgl. Diabetes Control and Complication Trial Research Group (1996), S. 1412.
540 Vgl. Ginsberg, B.M., Tan, M.-H., Mazze, R. und Bergelson, A. (1998), S. 77.
541 Vgl. Gozzoli, V., Palmer, A.J., Brandt, A. und Spinas, G.A. (2001), S. 303.
542 Die Methodik wird detailliert beschrieben von Palmer, A.J. et al. (2000), S. 13 ff.

Ausgewählte ökonomische Studienergebnisse für Disease Management-Maßnahmen

der Lebenserwartung von 0,36 Jahren sowie eine Minderung der Behandlungskosten in Höhe von 7.313 CHF. Allerdings gelten diese Werte nur, wenn 100% der Patienten in die Screening-Maßnahmen einbezogen sind, was sehr unwahrscheinlich ist. Eine Breakeven-Analyse zeigte, dass mindestens 46% der Patienten an diesen Maßnahmen teilnehmen müssen, damit die Lebenszeitkosten der Intervention niedriger sind als mit der bisherigen Behandlungsweise. Zudem wurden weder indirekte Kosten noch Lebensqualitätseffekte in die Studie einbezogen. Allerdings ist es wahrscheinlich, dass eine Minderung der Behandlungskomplikationen (wie in dem Markov-Modell bei Einführung eines Disease Management-Programmes unterstellt) auch zu einer Minderung der indirekten Kosten sowie einer Steigerung der Lebensqualität führen würde.

Eine Simulationsrechnung von Neubourg[543] für die strukturierte Anwendung bestimmter Leistungsbündel im Rahmen der Diabetiker-Versorgung lässt ein erhebliches Potenzial für die Wirtschaftlichkeit der Behandlung auch in Deutschland erkennen. Dabei wurden für ein Qualitätssicherungsprojekt einer kassenärztlichen Vereinigung Daten von 3.893 Patienten, darunter 870 Typ-I-Diabetiker, aus acht diabetologischen Schwerpunktpraxen mittels eines standardisierten Patientenfragebogens („Diabetes Care Basic Information Sheet – DCBIS") erhoben. Nachfolgend wurden drei verschiedene (angabegemäß Evidenz-basierte) Behandlungsstrategien definiert, die insbesondere eine vollständige Versorgung aller Patienten mit Mikroalbuminurie-Screening,[544] ACE-Hemmer bei Mikroalbuminurie, eine jährliche Augenhintergrunduntersuchung, Laserphotokoagulation bei Retinopathie[545] sowie eine kardiovaskuläre Risikokontrolle umfassten. Die Evidenz-Basierung der simulierten Behandlungsstrategien wird in der Studie jedoch nicht belegt.

Die Modellergebnisse lassen je nach Behandlungsstrategie bereits nach einem Jahr Einsparungen bei den Behandlungskosten, Verbesserungen der Lebensqualität und eine Verlängerung der durchschnittlichen Lebenszeit der Patienten erwarten. Allerdings gibt die Studie keinen Hinweis, in welcher Weise die Modellannahmen die Ergebnisse beeinflussen. Zudem wurden die Lebensqualitätsgewinne nicht quantifiziert, sondern wegen des besseren Gesundheitszustandes der Patienten lediglich angenommen. Außerdem ist die Annahme einer vollständigen Versorgung aller Patienten und deren vollständige Compliance sehr unrealistisch. Da die Modellstruktur (z. B. die unterstellten Komplikationswahrscheinlichkeiten) nicht offen gelegt wird, können keine wirklichkeitsnäheren Szenarien auf ihre Kosteneffektivität überprüft werden. Neubourg empfiehlt im Ergebnis die Implementation der (gemessen an der gewonnenen Lebenserwartung) wirksamsten (und aufwändigsten) Behandlungsstrategie,[546] auch wenn diese unter den gegebenen Annahmen nicht die kosteneffektivste der drei Optionen ist.[547]

---

543 Vgl. Neubourg, T. (2002), S. 57 ff.
544 Mikroalbuminurie bezeichnet die erhöhte Ausscheidung von Eiweiß im Urin, was als Hinweis auf eine Nierenschädigung als Folgewirkung von Diabetes gewertet wird.
545 Retinopathie ist eine Netzhauterkrankung, die bis zur Erblindung führen kann.
546 Vgl. Neubourg, T. (2002), S. 67.
547 Vgl. Neubourg, T. (2002), S. 70.

Ausgewählte ökonomische Studienergebnisse für Disease Management-Maßnahmen

4.3. Disease Management bei Asthma

Asthma ist eine anfallsartig auftretende Atemnot, hervorgerufen durch ein chronisch entzündetes, überempfindliches Atemwegssystem. Der Begriff entstammt dem Griechischem und bedeutet so viel wie Atemnot oder Kurzatmigkeit. Auslösend können Allergien, Infektionen der oberen Atemwege, Überanstrengung, psychische Belastung oder Luftverschmutzung sein. In Deutschland sind heute etwa fünf bis sechs Prozent der erwachsenen Bevölkerung und zehn bis zwölf Prozent der Kinder an Asthma erkrankt. Asthma ist damit die häufigste chronische Erkrankung im Kindesalter. Kinder sind deswegen gehäuft betroffen, weil die Schleimhautoberfläche im Verhältnis zur Weite der Atemwege im Gegensatz zu Erwachsenen besonders groß ist. Jungen sind doppelt so häufig erkrankt wie Mädchen.

Die Erkrankung hat einen akuten und einen chronischen Aspekt. Beim akuten Asthmaanfall kommt es durch starke Schleimbildung und Schwellung der Schleimhaut zur anfallsweisen Atemnot sowie zu einer Verkrampfung der Muskulatur. Häufig liegen auch Reizhusten sowie pfeifende Atemgeräusche vor. Die Patienten haben Schwierigkeiten, die eingeatmete Luft wieder auszuatmen und Angst zu ersticken. Die Atemnot ist also keine Folge davon, dass die Patienten schlecht Luft holen können, sondern dass die „verbrauchte" Luft wegen der Verkrampfung der Bronchialmuskulatur nicht aus den Lungen entweichen kann. Aus diesem Grund können die Betroffenen nicht genug neue Luft einatmen, was dann zu einem Sauerstoffmangel führt. Die Asthmamortalität ist gemessen an seiner Prävalenz allerdings vergleichsweise gering: Von 100.000 Menschen sterben pro Jahr nur ca. 2 Personen infolge eines Asthmaanfalls.

Zur Diagnostik des Asthmas werden Lungenfunktionstests (Spirometrie, Ganzkörperphletysmographie) durchgeführt, teilweise unter körperlicher Belastung (bei Verdacht auf durch Anstrengung hervorgerufenes Asthma). Zur Therapie stehen eine ganze Reihe von Medikamenten zur Verfügung, die je nach Schweregrad der Erkrankung allein oder in Kombination empfohlen werden (so genanntes Stufenschema der Deutschen Atemwegsliga). Bei allergischem Asthma ist es zudem von großer Bedeutung, den auslösenden Stoff zu vermeiden. In vielen Fällen (vor allem bei jüngeren Patienten) kann eine Hyposensibilisierung Erfolg bringen.

Disease Management könnte bei Asthma insbesondere deshalb erfolgreich sein, weil eine Evidenz-basierte Therapie gegenüber einer suboptimalen Behandlung zu besonders schnell messbaren medizinischen Erfolgen führt und bei der Versorgung der Asthmakranken eine Reihe von Defiziten vermutet werden. Insbesondere bestehen im Praxisalltag Probleme bei der Schnittstelle zwischen Haus- und Facharzt sowie bei einer angemessenen Basistherapie nach den Empfehlungen der Fachgesellschaft. Asthma ist zudem mit erheblichen Kosten verbunden.[548] Eine Auswertung der Gmünder Ersatzkasse ergab, dass 2,7% aller Leistungstage in Krankenhäusern bei Männern (Frauen: 1,9%) und 7,8% aller Arzneimittelausgaben der GKV (Frauen: 5,9%) auf Asthma oder chronische Bronchitis zurückzuführen sind.[549] Damit liegen die jährlichen Medikamenteaus-

---

548 Vgl. Schulenburg, J.-M. Graf v.d., Greiner, W., Molitor, S. und Kielhorn, A. (1996), S. 670 ff.
549 Vgl. Grobe, T.G., Dörning, H. und Schwartz, F.W. (2002), S. 40.

gaben der Krankenkassen für Asthmatiker im Durchschnitt etwa 500 € über denen der übrigen Versicherten.[550]

Studienergebnisse zur Kosteneffektivität einer integrierten Asthmaversorgung liegen beispielsweise aus Großbritannien vor.[551] Dazu werden seit Anfang der 90er Jahre in vier schottischen Städten Patientenakten regelmäßig darauf geprüft, ob eine Wiedervorstellung des Patienten beim Primärarzt angezeigt erscheint. Die fraglichen Patienten erhalten dann einen Fragebogen zur aktuellen Symptomatik, zur Zahl der Tage mit eingeschränkter Aktivität, zur Zahl der Nächte mit gestörtem Schlafrhythmus, zum Gebrauch oraler Steroide und zur Anzahl der Behandlungen beim Primärarzt und im Krankenhaus. Dieser Fragebogen soll von den Patienten mit einem Lungenfunktionswert-Tagebuch (wenn vorhanden) beim Primärarzt kurzfristig vorgelegt werden. Gleichzeitig erhalten die betreffenden Primärärzte einen Hinweis, welche Patienten sich bei ihnen aufgrund des Programms vorstellen sollen. Auch der Arzt erhält einen Fragebogen für die Ergebnisse der weiteren Diagnostik und zur geplanten Behandlung. Die ausgefüllten Fragebögen werden anschließend an einen „Consultant", d. h. einen medizinisch sachverständigen Programmkoordinator zurückgesandt, der, wenn nötig, Vorschläge zur Änderung der Therapie unterbreitet.

Bei diesem Studiendesign, das wegen des Verzichts auf Leitlinien kein vollständiges Disease Management-Programms ist, ergaben sich in der einjährigen Studienperiode im Vergleich von Kontroll- und Integrationsgruppe keine Verbesserungen in den klinischen Werten, aber Einsparungen an Krankenhaustagen und Besuchen beim Primärarzt. Somit wurde das Programm als kosteneffektiv nachgewiesen. Der Einsatz von Lungenfunktionsmessinstrumenten direkt bei den Patienten (Peakflow-Meter) beeinflusste dagegen weder Morbidität noch Mortalität.[552]
Bei der Studie bleibt allerdings unklar, wie die Kostenberechnungen vorgenommen worden sind. Insbesondere auf die Bewertung eingesparter Ressourcen wird nicht eingegangen. Zudem wird nicht deutlich, ob es sich um Brutto- oder Nettoeinsparungen handelt, d. h. ob die Programmkosten selbst berücksichtigt wurden oder nicht.

Aus Frankreich wird über die Evaluation eines noch andauernden Disease Management-Programms für Asthmatiker berichtet.[553] Kern des Programms sind medizinische Referenzstrategien für ein standardisiertes Patientenmanagement, Fortbildungsmaßnahmen für Ärzte und medizinisches Personal sowie intensive Patientenschulungen. Zudem wird der ständige Informationsaustausch über vollzogene Behandlungen und andere relevante Patienteninformationen mittels eines elektronischen Netzwerkes vertieft. Die Ergebnisse werden sowohl im Längsschnitt als auch im Vergleich zu einer Kontrollgruppe dokumentiert. Als Wirksamkeitsparameter werden der Peakflow-Wert sowie ein Asthma-Symptom-Score erfasst. Weitere Endpunkte der Studie sind Lebensqualität, Patientenzufriedenheit und Kosten der Behandlung. Ergebnisse dieser Untersuchungen liegen bislang noch nicht vor.

---

550 Vgl. Grobe, T.G., Dörning, H. und Schwartz, F.W. (2002), S. 37.
551 Vgl. Grampian Asthma Study of Integrated Care (GRASSIC) (1994), S. 559–564.
552 Vgl. Grampian Asthma Study of Integrated Care (GRASSIC) (1994), S. 564–567.
553 Vgl. Launois, R., Cartraud, A. und Perez, V. (2002), S. 155 ff.

Ausgewählte ökonomische Studienergebnisse für Disease Management-Maßnahmen

Anfang der neunziger Jahre wurde in Finnland ein Schulungs- und Selbstmanagement-Programm für erwachsene Asthmatiker über einen 3-Jahres-Zeitraum evaluiert.[554] 162 Patienten wurden randomisiert auf zwei Gruppen aufgeteilt. Die Interventionsgruppe wurde nach einer anfänglichen Schulung in regelmäßigen Abständen durch Fachärzte oder geschulte Krankenschwestern weiter betreut, während die Kontrollgruppe nach der Asthmaschulung keine über das bisherige Maß hinausgehende Behandlung erhielt. Zu Beginn der Studie waren die Gruppen in Bezug auf Alter, Symptomatik und Lebensqualität äquivalent. Die Lebensqualität wurde mit einem generischen und einem krankheitsspezifischen Lebensqualitätsmessinstrument erhoben (15D[555] und St. George Respiratory Questionnaire). Bei Abschluss der Studie befanden sich noch 72 Patienten in der Interventionsgruppe und 78 in der Kontrollgruppe. Es ergaben sich für beide Gruppen signifikante Verbesserungen der Lebensqualitäts- und der meisten Lungenfunktionswerte, während sich die Gesamtkosten kaum unterschieden (464 versus 476 GBP). Allerdings änderte sich die Kostenstruktur: Während die direkten Kosten in der Interventionsgruppe höher waren als in der Kontrollgruppe (226 versus 160 GBP), ergab sich für die indirekten Kosten ein umgekehrtes Verhältnis (238 versus 316 GBP). Vorteile des Disease Managements gegenüber der Kontrollgruppe wurden insbesondere bei den Lungenfunktionswerten festgestellt. Bezüglich dieser Parameter und soweit neben den direkten auch die indirekten Kosten (Arbeitsunfähigkeitstage) einbezogen werden, war das Programm somit kosteneffektiv.

Medicaid ist in den USA das staatliche Programm zur Finanzierung verschiedener Gesundheitsleistungen für einkommensschwache Bevölkerungsschichten.[556] Im Bundesstaat Virginia wurde 1996/97 ein Disease Management-Programm speziell für Asthmatiker aufgelegt (Virginia Health Outcome Partnership – VHOP)[557]. Das Programm basierte auf der freiwilligen Teilnahme von Ärzten, denen die amerikanischen Guidelines[558] zur Behandlung von Asthma in moderierten Workshops vermittelt wurde. Bei weiteren Workshops zur Schulung des Praxispersonals und der Patienten stand insbesondere die Verbesserung von Kommunikationsfähigkeit zwischen Arzt und Patient im Mittelpunkt, um so die Compliance der Patienten zu verbessern. Ärzte erhielten zudem Listen mit jenen Patienten aus ihrer Praxis, die nach einer Recherche in den Medicaid-Datenbanken für das Programm in Frage kamen. Ein Drittel der angesprochenen Ärzte nahm an den Fortbildungsveranstaltungen teil. Im Vergleich zu Patienten, die nicht von einem Arzt aus diesem Programm behandelt wurden, ergab sich eine um 6% geringere Inanspruchnahme bei Notfalleinrichtungen und eine um 25% erhöhte Verschreibung von Asthmamedikamenten.[559]

Auch bei diesem Programm handelte es sich nicht um Disease Management mit einem geschlossenen Wirkungskreis aus Leitlinienentwicklung, Implementierung und Kontrolle der Behandlungsstandards, sondern eher um eine groß angelegte Fortbil-

---

554 Vgl. Kauppinen, R., Sintonen, H., Vilkka, V. und Tukiainen, H. (1999), S. 283.
555 Vgl. Sintonen, H. Pekurinen, M.A. (1993), S. 185.
556 Vgl. Schulenburg, J.-M. Graf v.d. und Greiner, W. (2000), S. 212.
557 Vgl. Hawks, J.W., Levy, R. und Hass, S.L. (1996), S. 253–263.
558 Vgl. National Heart, Lung and Blood Institute (NHLBI) (1997).
559 Vgl. Rossiter, L.F. et al. (2000), S. 188–202.

Ausgewählte ökonomische Studienergebnisse für Disease Management-Maßnahmen

dungsreihe für Ärzte in der Asthmaversorgung, da nicht einmal die Schulung der Patienten erfasst wurde. Als Vergleichsmaßstab für andere Disease Management-Maßnahmen kann diese Studie daher nur bedingt dienen.

In den USA werden von verschiedenen HMOs schon seit längerem Disease Management-Programme für Asthmatiker angeboten. Blue Cross of California (Wellpoint), eine gemeinnützige Krankenversicherungsgesellschaft, fand beispielsweise heraus, dass insbesondere die 20% der Asthmapatienten mit den höchsten Kosten besonders wenig Kontakt mit Fachärzten und eine erhöhte Inspruchnahme von Krankenhausleistungen aufwiesen.[560] Deshalb wurden neben einer spezialisierten Krankenschwester, die als Disease Manager fungiert, für die Hochkostenfälle ein vierteljährliches Beratungsgespräch mit einem Apotheker und schnelle Überweisungen an Fachärzte vorgesehen. Das Ergebnis war eine Reduktion der Krankenhauseinweisungen um 50% bei einer Erhöhung der Arzneimittelkosten um 15–20%.

Eine stärker anbieterbezogene Strategie verfolgte der ebenfalls US-amerikanische Managed-Care-Anbieter Anthem Blue Cross Blue Shield.[561] Neben der Patientenschulung wurden dort ebenfalls Arztberatungen durchgeführt.[562] Zunächst wurden Ärzte zu Fallstudienworkshops eingeladen, bei denen jeweils ein bis zwei ihrer besonders teuren Asthmafälle mit Pneumologen besprochen wurden. Anschließend erhielten die Ärzte regelmäßige Reports zu von ihnen initiierten Behandlungen, die von Fachärzten beurteilt worden waren. Den Patienten wurden monatlich Newsletter mit individualisierten Angaben zum eigenen Asthmastatus, Medikamentebedarf sowie einmalig ein Lungenfunktionsgerät übersandt. Die Akzeptanz dieses Programms war weder bei angesprochenen Ärzten (12%) noch bei Patienten (ebenfalls 12%) sehr hoch. Für eine breite Einführung auf freiwilliger Basis war der zeitliche Aufwand insbesondere der Leistungsanbieter zu hoch.

Die Intensität der Betreuung wurde bei diesem Programm nach und nach erhöht. In der letzten Phase wurde Patienten mit weiterhin besonders hohen Kosten eine regelmäßige Betreuung zu Hause (in Abstimmung mit dem behandelnden Arzt und dem Disease Manager) angeboten. Es ist nicht bekannt, wie hoch die Akzeptanz für dieses Angebot war.

Über vorläufige Ergebnisse eines deutschen Disease Management-Programms zum Asthma berichten Schaumburg et al.[563] Dabei erhielten Patienten Schulungen, ein Peakflow-Meter, ein Asthmatagebuch sowie eine persönliche Betreuung, angelehnt an die Empfehlungen der Deutschen Atemwegsliga[564]. Die 88 Patienten waren durchweg privat versichert und wurden ergänzend mittels Fragebogen zu ihrer Lebensqualität befragt. Vorläufige Ergebnisse der Studie zeigen eine erhöhte Compliance, Patientenzufriedenheit und Lebensqualität. Darüber hinaus wurden im Längsschnittvergleich insbesondere die kurzfristigen Krankenhausaufenthalte (um ca. 80%) und die durchschnittli-

---

560 Vgl. Gross, P.F. (1998), S. 136.
561 Anthem Blue Cross and Blue Shield ist ein Versicherungsunternehmen aus dem US-Bundesstaat Indiana, das in sieben weiteren Staaten tätig ist und etwa 7,8 Millionen Versicherte umfasst.
562 Vgl. Gross, P.F. (1998), S. 137.
563 Vgl. Schaumburg, D., Schandry, R., Schenk, R. und Schröder, J.P. (1999), S. 618–624.
564 Vgl. Wettengel, R. et al. (1994), S. 57–67.

chen ambulanten Behandlungskosten pro Patient (um ca. 54%) reduziert. Allerdings berichten die Autoren nur überblicksartig über das ökonomische Ergebnis ihrer Untersuchung. Insbesondere der Einfluss der Arzneimittelkosten bleibt unklar.

Trautner et al. evaluierten bereits Ende der achtziger Jahre die Kostenwirkungen eines strukturierten Behandlungs- und Schulungsprogramms für 132 Asthmatiker, die an der Universitätsklinik Düsseldorf betreut wurden.[565] Hauptziele des Programmes waren die Verbesserung der Arzneimitteltherapie und des Selbstmanagements der Patienten. Die Schulung umfasste 20 Stunden mit 4–8 Patienten pro Gruppe. Die Patienten wurden im jährlichen Abstand in der Klinik auf ihren Gesundheitszustand untersucht und abgesehen davon ausschließlich in ambulanten Praxen betreut. Es zeigten sich statistisch signifikante Reduktionen der Krankenhaus- und Arbeitsunfähigkeitstage, der Arztkontakte sowie schwerer Asthmaanfälle. Über einen Zeitraum von drei Jahren betrugen die Nettoeinsparungen 12.850 DM bzw. 5.900 DM, wenn nur die direkten Kosten und Nutzen einbezogen wurden. Die Kosten des Disease Management-Programmes wurden somit mehrfach durch die Einsparungen insbesondere im stationären Bereich ausgeglichen.

In der Literatur finden sich nur wenige Hinweise, dass eine Leitlinien-gestützte Behandlung zu keinem verbessertem Behandlungsergebnis führt. Ein Beispiel ist die „Greenwich Asthma Study"[566], bei der die Effektivität der Asthmaschulung gemäß Vorgaben der British Thorax Society durch auf Asthma besonders spezialisierte Krankenschwestern evaluiert wurde. Einbezogen wurden dabei 41 Allgemeinarztpraxen in Greenwich/England. Bei den Patienten konnte über eine Dauer von drei Jahren nach Schulung durch die Krankenschwester kein positiver Effekt auf die Lebensqualität festgestellt werden. Eine andere Studie aus Großbritannien aus dem Jahr 1994 kam dagegen zu dem Schluss, dass strukturierte Schulungen mittels personalisierter schriftlicher Materialien die Zahl der Krankenhauseinweisungen reduziert und die Morbidität der ambulant versorgten Asthmapatienten senken könne.[567] Den Betroffenen wurden dazu in bestimmten Abständen Informationen übersandt, die auf deren persönliche Umstände (z. B. Raucherstatus und Gebrauch bestimmter Medikamente) zugeschnitten waren. Die Schulung hatte allerdings keinen Einfluss auf die Anwendung von Steroiden und die Inanspruchnahme von Hausärzten.

4.4. Disease Management bei anderen Krankheiten

Neben Asthma und Diabetes sind auch für andere Krankheiten, die die Voraussetzungen für Disease Management erfüllen, bereits eine Vielzahl entsprechender Programme aufgelegt worden. Allerdings wurden nur wenige davon in Deutschland durchgeführt und noch seltener ökonomisch evaluiert. Häufig kamen die Projekte über die Planungsphase

---

565 Vgl. Trautner, C., Richter, B. und Berger, M. (1993), S. 1489.
566 Vgl. Premaratne, U.N., Sterne, J.A.C., Marks, G.B., Webb, J.R., Azima, H. und Burney, P.G.J. (1999), S. 1251–1255.
567 Vgl. Osman, L.M. et al. (1994), S. 568–571.

Ausgewählte ökonomische Studienergebnisse für Disease Management-Maßnahmen

nicht hinaus, vor allem da die immensen Aufwendungen zur Einführung von Disease Management stark unterschätzt wurden. So liegen beispielsweise noch keine verwertbaren publizierten Daten für ein geplantes Disease Management-Projekt aus dem Bereich Dialyse vor, das im Krankenhausreport 1997 in Grundzügen vorgestellt worden war.[568]

In einer deutschen Studie[569] mit vier psychiatrischen Krankenhäusern in Baden-Württemberg konnte kein signifikanter Einfluss von Case Management auf die Re-Hospitalisierungsrate oder die durchschnittliche Dauer des Krankenhausaufenthaltes festgestellt werden. Dabei wurde in zwei Gruppen der weitere Behandlungsweg von 324 Patienten verfolgt, die aus stationärer Betreuung entlassen worden waren. Diese litten zum überwiegenden Teil an Schizophrenie, Psychosen oder Neurosen und wurden als Matched Pairs auf eine Case-Management-Gruppe und eine Kontrollgruppe aufgeteilt. Statistische Vergleichszahlen der beiden Gruppen fehlen in der Publikation allerdings ebenso wie eine detaillierte Darstellung der Case-Management-Maßnahmen. Es ist daher nicht auszuschließen, dass es sich nicht um ein koordiniertes Behandlungskonzept handelt oder dass in der Kontrollgruppe ohnehin bereits ein Arzt Koordinationsaufgaben übernimmt.

Bei Bluthochdruck ist ein effektives Disease Management besonders schwer zu evaluieren, da Primär-Outcomes der Behandlung in der Regel erst bei langfristiger Beobachtung messbar sind (insbesondere kardiovaskuläre Ereignisse wie Schlaganfälle sowie Überlebensraten).[570] In Studien wird daher fast immer der intermediäre Parameter ‚Blutdruck' verwendet, um Verbesserungen des Gesundheitszustandes zu messen. Dies gilt insbesondere für pharmakoökonomische Studien[571], die Grundlage für Behandlungsstandards eines effektiven Disease Management sein können.[572] So besteht eine breite Literatur zur Kosteneffektivität von Betablockern und Diuretika.[573]

Heidenreich at al. berichten über die Effizienz eines Disease Management-Programms bei Patienten mit koronarer Herzkrankheit (KHK).[574] 68 US-amerikanische Patienten (Durchschnittsalter: 73 Jahre) wurden dabei kontinuierlich dreistufig über ein Telemonitoring-System zu Hause sowie der wöchentlichen Zusendung von Informationsmaterialien und ergänzend über ein Callcenter betreut. Die Kontrollgruppe bestand aus 86 Patienten, die auf der Basis des Krankheitsverlaufes des vorigen Jahres zur Interventionsgruppe gematcht worden waren. Verglichen mit dem Vorjahreszeitraum gingen in der Gruppe mit Disease Management die Kosten um 1.100 USD zurück, während sie in der Kontrollgruppe um 9.600 USD stiegen. Die Einsparungen waren dabei vor allem auf eine signifikant niedrigere Zahl von Krankenhaustagen zurückzuführen. Überraschenderweise konnte im Vergleich der beiden Gruppen kein statistisch relevanter Effekt auf die Lebensqualität nachgewiesen werden. Die Compliance der Studienteilneh-

---

568 Vgl. Tacke, J. und Lauterbach, K.W. (1997), S. 165–171.
569 Vgl. Rössler, W., Löffler, W., Fätkenheuer, B. und Riecher-Rössler, A. (1992), S. 445–449.
570 Vgl. Agewall, S. et al. (1994), S. 651.
571 Vgl. Goldberg Arnold, R.J. (1999), S. 152–156.
572 Vgl. Ramsey, S.D., Neil, N., Sullivan, S.D. et al. (1999), S. 105–114.
573 Vgl. z. B. Kawachi, I. und Malcolm, L.A. (1991), S. 199–208 und Edelson, J.T., Weinstein, M.C., Tosteson, A.N. et al. (1990), S. 407–413.
574 Vgl. Heidenreich, P.A., Ruggerio, C.M. und Massie, B.M. (1999), S. 633–640.

mer bezüglich der täglichen Übermittlung der Krankheitsdaten (Telemonitoring) war hoch. Die Kosten des Disease Managements wurden mit etwa 200 USD pro Monat und Patient angegeben. Schwächen der Studie liegen vor allem in der Rekrutierung der Interventionsgruppe: Ein Bias im Hinblick auf die Teilnahme besonders motivierter Teilnehmer, die nicht den Durchschnittspatienten repräsentieren, kann bei dem vorgestellten Studiendesign kaum ausgeschlossen werden. Hinzu kommt die geringe Größe der Interventionsgruppe, die die Verallgemeinerung der Studienergebnisse erschwert.

190 schwedische Patienten mit Herzinsuffizienz im Alter zwischen 65 und 84 Jahren wurden zwischen 1991 und 1993 über jeweils ein Jahr in zwei Behandlungsgruppen verglichen.[575] Die Kontrollgruppe mit 110 Patienten wurde weiterbehandelt wie bisher, während die übrigen 80 Patienten in einem Disease Management-Programm betreut wurden. Dieses umfasste eine eingehende Schulung der Patienten und deren Familien zur Pathophysiologie der Erkrankung sowie der verschiedenen Behandlungsmöglichkeiten. Jedem Patienten wurden Empfehlungen für die Selbstbehandlung mit Medikamenten je nach Krankheitssymptomatik übergeben. Die Schulungen wurden von einer speziell geschulten Krankenschwester im Krankenhaus sowie zwei Wochen nach Ende des Krankenhausaufenthaltes beim Patenten zu Hause durchgeführt.[576] Die Krankenschwester war telefonisch für Rückfragen ständig erreichbar und besuchte die Patienten nochmals zumindest einmal nach acht Monaten, um die bisherige und weitere Behandlung anhand von strukturierten Krankheitstagebüchern zu besprechen. Insgesamt handelt es sich eher um ein Schulungsprogramm mit umfangreicher Nachsorge denn um ein Disease Management-Programm, das der Definition im Abschnitt 2.1.1. entspricht. Trotzdem fielen die durchschnittlichen Krankenhaustage im Beobachtungszeitraum um etwa die Hälfte (8,2 Tage in der Kontroll- und 4,2 Tage in der Interventionsgruppe) und die Behandlungskosten von 3.594 USD auf 2.294 USD. Andererseits wurden weder die Mortalität noch die Lebensqualität der Patienten in der Interventionsgruppe (gemessen an einem krankheitsspezifischen Instrument[577] sowie dem Nottingham Health Profile) durch das Programm positiv beeinflusst.

Ein ähnliches Disease Management-Programm für den Bereich Herzinsuffizienz wurde von Rich at al. ökonomisch evaluiert.[578] 282 Patienten eines Washingtoner Krankenhauses wurden dabei randomisiert auf zwei Behandlungsgruppen verteilt: Die Interventionsbehandlung bestand aus einer intensiven Schulung über die Erkrankung und deren Behandlung durch eine erfahrene Krankenschwester, individualisierte Ernährungs- und Arzneimittelberatung, Hausbesuche und Telefonkontakte nach Entlassung aus dem Krankenhaus. Ziel war es dabei, die Patienten besser über die eigene Erkrankung zu informieren und ihre Compliance bezüglich der Behandlungsempfehlungen

---

575 Vgl. Cline, C.M.J., Israelsson, B.Y.A., Willenheimer, R.B., Broms, K. und Erhradt, L.R. (1998), S. 442.
576 Über positive ökonomische Wirkungen von Krankenschwestern beim Krankheitsmanagement von KHK-Patienten berichtet auch Giles. Vgl. Giles, T. (1996), S. 34 f.
577 Als krankheitsspezifisches Instrument zur Messung der Lebensqualität wurde der Quality of Life in Heart Failure Questionnaire eingesetzt. Vgl. Wiklund, I., Lindvall, K., Swedberg, K. et al. (1987), S. 220–225.
578 Vgl. Rich, M.W. et al. (1995), S. 1190 ff.

(insbesondere der notwendigen Medikation) zu erhöhen. Die Kontrollgruppe erhielt die bislang übliche Standardbehandlung. Das Durchschnittsalter der Patienten lag mit etwa 79 Jahren relativ hoch. Die Wiedereinweisung in das Krankenhaus innerhalb von 90 Tagen konnte durch das Disease Management um etwa die Hälfte gesenkt werden (95 Fälle in der Kontrollgruppe und 53 in der DMP-Gruppe).

Die Kosten des Disease Managements betrugen 216 USD pro Patient, wobei zwei Drittel dieses Betrages auf die Kosten der betreuenden DMP-Krankenschwester entfielen. Zudem stieg der Aufwand von pflegenden Personen in den Familien, der zwar nicht vergütet, aber mit 6 USD pro Stunde bewertet wurde (insgesamt durchschnittlich 336 USD pro Patient). Dem standen Einsparungen durch weniger Krankenhauseinweisungen in Höhe von 1.058 USD gegenüber, so dass die DMP-Gruppe bezogen auf den dreimonatigen Studienzeitraum netto durchschnittlich 460 USD weniger Behandlungskosten verursachte als die Kontrollgruppe. Die Lebensqualität der Patienten wurde mit dem Chronic Heart Failure Questionnaire nach Guyatt et al.[579] gemessen und erhöhte sich sowohl in der Kontroll- wie in der DMP-Gruppe. Die Verbesserung war allerdings in der Kontrollgruppe bezogen auf die Einzelskalen des Instrumentes nur jeweils etwa halb so groß. So erhöhte sich der Gesamt-Score in der Kontrollgruppe von 74 auf 86, während er in der Disease Management-Programm-Gruppe von 72 auf 94 stieg. Diese Unterschiede waren im Vergleich beider Gruppen für alle Lebensqualitätsteilskalen signifikant unterschiedlich.

Die Haupteinschränkung der Studie von Rich et al. ist der sehr begrenzte Studienzeitraum, da unklar ist, ob Krankenhauswiedereinweisungen wirklich vermieden oder nur aufgeschoben werden konnten. Eine längerfristige Betrachtung zeigte, dass zwar die Wiedereinweisungen nach neun Monaten wegen Herzinsuffizienz weiterhin in der DMP-Gruppe sehr viel niedriger lagen als in der Kontrollgruppe (80 versus 57), dass aber die gesamte Zahl der Wiedereinweisungen am Ende dieses Zeitraumes kaum noch Unterschiede aufwies (155 versus 138). Zur Frage der aus ökonomischer Sicht idealen Dauer des Disease Managements bei Patienten mit Herzinsuffizienz ist die Studie daher nicht sehr ergiebig.

Ein umfassendes Programm zur Senkung des kardiovaskulären Risikos bei 508 männlichen Patienten mit Bluthochdruck setzte in Schweden an drei Hauptrisikofaktoren an: der Senkung hoher Blutfettwerte, der Raucherprävention und der Verbesserung der metabolischen Kontrollwerte (HbA_{1c}) bei Diabetes.[580] Dazu wurden spezielle Schulungs- und Raucherentwöhnungsprogramme mit den Patienten der Interventionsgruppe und deren Angehörigen durchgeführt. Nach drei Jahren waren das mittlere Körpergewicht und der Cholesterinspiegel dieser Patientengruppe gegenüber der Kontrollgruppe signifikant reduziert. In der Kontrollgruppe gaben von anfangs 73 Rauchern 9 Personen das Rauchen auf (Interventionsgruppe: 22 von 75). Die Mortalität wegen Schlaganfall war ebenfalls signifikant reduziert, nicht jedoch die Mortalität wegen anderer kardiovaskulärer Ereignisse wie Angina Pectoris. Johannesson et al. führten auf der Basis die-

---

579 Vgl. Guyatt, G.H. et al. (1989), S. 101.
580 Vgl. Agewall, S. et al. (1994), S. 653.

Ausgewählte ökonomische Studienergebnisse für Disease Management-Maßnahmen

ser Daten eine Kosten-Effektivitätsstudie durch.[581] Die zusätzlichen Kosten der Intervention über drei Jahre wurden mit knapp 4.903 SEK pro Patient berechnet (darunter 2.312 SEK für Medikamente). Je nach Sensitivitätsrechnung ergaben sich Kosten-Effektivitäten zwischen 62.000 SEK und 163.000 SEK pro gewonnenem Lebensjahr.

Munroe et al. untersuchten den Einfluss eines effektiven Medikamentengebrauches bei Disease Management-Maßnahmen.[582] Dazu wurden zwei Gruppen mit 188 (Interventionsgruppe) bzw. 401 (Kontrollgruppe) Patienten aus einer HMO (Virginia/USA) gebildet, die an Bluthochdruck, Diabetes, erhöhten Blutfettwerten oder Asthma erkrankt waren. Das Durchschnittsalter der Interventionsgruppe war mit 67,2 Jahren etwas höher als in der Kontrollgruppe (63,3 Jahre). In dem Programm fungierten Apotheker als Disease Manager, die für jede Erkrankung standardisierten Leitlinien folgten. Sie führten ausführliche Interviews mit Patienten, um deren Wissen über den korrekten Gebrauch der Medikamente, ihre Compliance und die bisherige Therapie festzustellen. Diese Informationen wurden an die behandelnden Ärzte weitergeleitet. Die Intervention bestand in einer Schulung der Patienten, ggf. einer Umstellung der Medikation sowie einer regelmäßigen Kontrolle relevanter Outcome-Parameter (z. B. Gewicht, Blutdruck-, Cholesterin- und Lungenfunktionswerte). Bei der Kostenauswertung ergaben sich bei den mittleren Arzneimittelkosten keine statistisch signifikanten Unterschiede zwischen beiden Patientengruppen.[583] Die Gesamtkosten der Behandlung lagen aber in der Disease Management-Gruppe um 144 USD pro Monat niedriger (840 USD versus 696 USD). Bei statistischer Angleichung der Gruppen in Bezug auf Alter, Komorbiditäten und Krankheitsschwere stieg der Differenzbetrag auf 293 USD. Die Kosten der Apotheker für die Disease Management-Dienstleistung lagen bei 27 USD pro Monat. Aus der Studie ist nicht ersichtlich, in welchen Bereichen (z. B. bei stationären Aufenthalten) die Einsparungen anfallen und wie hoch diese bezogen auf die einzelnen Erkrankungen sind.

Nissenson et al. berichten über die Evaluation eines Disease Management-Programmes für Dialysepatienten in amerikanischen Managed-Care-Einrichtungen.[584] Dabei wurden die Patienten zu Beginn des Programms umfassend untersucht und mittels Lebensqualitätsfragebögen auch ihre subjektive Krankheitswahrnehmung erfasst. Anschließend wurden die Patienten in Risikoklassen (hoch, mittel, niedrig) kategorisiert, um die Intensität der Betreuung angemessen festzulegen. Als Disease Manager wurden Krankenschwestern eingesetzt, die über mindestens 15 Jahre Erfahrung im Bereich der Nephrologie verfügten und in einem dreiwöchigen Kurs Grundlagen des Disease Managements vermittelt bekamen. Sie betreuten jeweils etwa 80 bis 100 Patienten, indem sie Kontakt mit den behandelnden Ärzten aufnahmen und für die im Einzelfall angemessenste Behandlungsoption sorgten sowie Daten im Rahmen einer kontinuierlichen Qualitätsverbesserung sammelten und an die Studienleitung weitergaben.

---

581 Vgl. Johannesson, M., Agewall, S., Hartford, M., Hedner, T. und Fagerber, B. (1995), S. 19.
582 Vgl. Munroe, W.P., Kunz, K., Dalmady-Israel, C., Potter, L. und Schonfeld, W.H. (1997), S. 115.
583 Einzige Ausnahme waren die Arzneimittelkosten für Asthmatiker, die in der Interventionsgruppe signifikant (p = 0,03) über den Kosten in der Kontrollgruppe lagen. Vgl. Munroe, W.P., Kunz, K., Dalmady-Israel, C., Potter, L. und Schonfeld, W.H. (1997), S. 119.
584 Vgl. Nissenson, A.R. et al. (2001), S. 938.

Ausgewählte ökonomische Studienergebnisse für Disease Management-Maßnahmen

In die Studie wurden in den Jahren 1998 und 1999 insgesamt 1.541 Patienten aufgenommen. Hauptergebnisse der Studie waren um 19% bis 35% verbesserte Überlebensraten und um 45% bis 54% verminderte Hospitalisierungsraten der Studienpopulation. Zum Vergleich wurden die Daten aus den offiziellen Statistiken des US Renal Data Systems herangezogen, also landesweite Durchschnittswerte für Dialysepatienten. Wenngleich die Studiengruppe sich bezüglich Alter und Geschlecht wenig von der Gesamtpopulation der Dialysepatienten unterschied, so ist die fehlende Vergleichsgruppe die größte Schwäche der Studie, weil beispielsweise über Komorbiditäten oder die Schwere der Erkrankung wenig bekannt ist. Eine Kontrollgruppe oder ein Längsschnittvergleich der Patienten im Behandlungsablauf hätte deshalb überzeugendere Ergebnisse geliefert.

4.5. Zwischenergebnis

Insgesamt ergibt sich bei der Sichtung der Studiendaten zur Wirtschaftlichkeit von Disease Management-Programmen ein uneinheitliches Bild. Aus gesellschaftlicher Perspektive zeigt sich die Vorteilhaftigkeit der Programme in der Regel eindeutiger als aus Sicht der Kostenträger. Allerdings ist bei einer vergleichenden Beurteilung der Studien deren große Heterogenität im Hinblick auf evaluierte Programme zu beachten. Dies gilt vor allem für die Übertragbarkeit von Ergebnissen aus anderen Gesundheitssystemen, in denen andere Rahmenbedingungen der Versorgung gelten. So wird angenommen, dass das Einsparpotenzial bei den Krankenhausaufenthalten in Deutschland tendenziell größer sei als beispielsweise in den USA, da dort die durchschnittliche Zahl der Krankenhaustage bereits sehr viel geringer ist als hierzulande.[585] Diese Aussage bedarf allerdings der empirischen Überprüfung, da die möglichen Einsparungen von Krankenhaustagen in Deutschland bislang noch nicht quantifiziert werden können und zudem die ökonomische Wirkung solcher Einsparungen sehr von der Honorierung abhängt. Aus internationalen Erfahrungen kann gefolgert werden, dass folgende Größen den größten Einfluss auf Einsparpotenziale durch Disease Management haben:

- Vermeidung von Krankenhauseinweisungen,
- Nutzung preiswerterer Medikation (z. B. Generika) und
- Vermeidung von Krankheitsprogredienz durch präventive Maßnahmen und Leitlinien-gerechte Behandlung.

Im folgenden Abschnitt soll empirisch überprüft werden, ob ähnliche Effekte in Deutschland realisiert werden können.

---

585 Vgl. Lauterbach, K.W. (2001), S. 292.

5. Fallbeispiele für Disease Management bei Asthma in Deutschland

In diesem Kapitel werden das Design und Ergebnisse zweier Studien zum Disease Management bei Asthma vorgestellt. Es handelt sich dabei um Explorationsstudien mit jeweils über 100 Patienten. Aus den Daten können bereits eine Reihe von Schlussfolgerungen für die genannte Indikation gezogen werden, die bei breiter angelegten Maßnahmen mit Asthmapatienten einer Krankenkasse berücksichtigt werden sollten. Neben einer Kostenanalyse wurde jeweils besonderer Wert auf die Ermittlung der Effekte des Disease Managements auf die Lebensqualität der Patienten gelegt.

Die beiden Programme wurden in Kooperation mit großen deutschen Krankenkassen durchgeführt. Sie unterscheiden sich insbesondere durch die Art des Patientenkontaktes (mit oder ohne Telemonitoring), durch den regionalen Bezug (bundesweit oder auf ein Flächenland beschränkt) und die Dauer der Maßnahme (ein versus zwei Jahre). Beide Programme bezogen Hausärzte mit regelmäßigen Informationen in das Konzept ein und bedienten sich der Callcenter für regelmäßige Kontakte mit den Patienten.

5.1. Disease Management mit Home Monitoring
5.1.1. Studiendesign

Kern dieses Disease Management-Programms ist die kontinuierliche Betreuung durch Disease Manager sowie eine EDV-gestützte Entscheidungshilfe.[586] Dieses System liefert dem Disease Manager täglich Informationen zum klinischen Zustand des Patienten (Symptom- und Funktionswerte, FEV1), so dass anhand vorgegebener Algorithmen ggf. Behandlungsmaßnahmen eingeleitet und der Hausarzt verständigt werden kann. Die Algorithmen orientieren sich an den so genannten Care Logic, die in Boston vom Center of Case Management entwickelt wurden und gemäß den Empfehlungen der Deutschen Atemwegsliga zum Asthmamanagement bei Erwachsenen und Kindern deutsche Verhältnisse angepasst wurden.

Die Aufgabe des Disease Managers war nicht, ärztliche Tätigkeiten zu übernehmen, sondern die definierten Behandlungsziele zu überwachen und in Zusammenarbeit mit dem Hausarzt zu fördern. Zudem übernahm der Disease Manager die individuelle und kontinuierliche Patientenschulung sowie Maßnahmen zur Verbesserung der Compliance der Patienten. Es handelt sich um eine prospektive, multizentrische, randomisierte, kontrollierte Studie in zwei Parallelgruppen mit folgenden Zielsetzungen:

- Messung und Analyse der Lebensqualität von Patienten, die im Disease Management-Programm betreut wurden („Disease Management-Gruppe"), im Ver-

---

[586] Vgl. Petro, W., Schulenburg, J.-M. Graf v.d., Greiner, W., Weithase, J., Schülke, A. und Metzdorf, N. (2004).

gleich zu Patienten, die nicht im Disease Management betreut wurden („Vergleichsgruppe"),
- Analyse der durchschnittlichen Ressourcenverbräuche in beiden Gruppen über den Studienzeitraum von einem Jahr und
- Bewertung des klinischen Disease Management-Prozesses.

Die Datenanalyse umfasste insbesondere bei der Rekrutierung möglicher Patienten die prospektive Identifikation von Hochrisiko- bzw. Hochkostenpatienten. Für eine solche Abschätzung sind häufig sehr große Grundgesamtheiten erforderlich. Es hängt dann vom Grad der Detailliertheit ab, ob Plausibilitätsprüfungen erforderlich sind und/oder ob die Frequenz der gefundenen Fehler die Analyse letztlich nahezu unmöglich macht. Da aus Vorstudien bekannt war, dass Asthmakosten insbesondere vom Schweregrad abhängen (nicht z. B. vom Alter oder Geschlecht), wurden nur Patienten aufgenommen, die bei der Aufnahmeuntersuchung mindestens den Schweregrad 2 aufwiesen. Als weitere Einschlusskriterien galten für die Aufnahme der Patienten in dieser Studie:

- Mindestalter 18 Jahre,
- Fähigkeit, ein elektronisches Peakflow-Meter nach Einweisung zu bedienen,
- Fähigkeit, die verordneten Medikamente anweisungsgemäß einzunehmen und
- der Patient muss zu Hause einen Telefonanschluss haben, an den ein Modem angeschlossen werden kann.

Als Ausschlusskriterien galten:

- Aktive Tuberkulose,
- Karzinom in den letzten 5 Jahren (außer Hautkrebs),
- Thoraxeröffnung,
- Mukoviszidose, Bronchiektasien, Lungenfibrose, akute Pneumonie oder Alveolitis oder die
- Teilnahme an anderen Studien.

Die Patienten waren alle bei einer großen Allgemeinen Ortskrankenkasse (AOK) im Westen Deutschlands versichert und wurden aufgrund ihres Arzneimittelkonsums, der auf eine Asthmaerkrankung hindeutete, kontaktiert. Zunächst wurde in einer Auswahluntersuchung u.a. mit einem Lungenfunktionstest geprüft, ob die Patienten den Einschlusskriterien genügen. Alle Studienteilnehmer erklärten schriftlich ihr Einverständnis zur Mitwirkung. Die Patienten wurden über ihre Ärzte randomisiert und der Gruppe mit Disease Management bzw. der Vergleichsgruppe zugeteilt.

Die Patienten wurden über einen Studienzeitraum von 12 Monaten beobachtet. Lungenfunktionstests und Lebensqualitätserhebungen wurden im Abstand von sechs Monaten (zu Beginn, nach sechs und nach 12 Monaten; Visite 1, 2 und 3) durchgeführt.

Die Erfassung der Studienparameter erfolgte unterschiedlich. Lungenfunktionswerte wurden elektronisch vom Hausarzt an die Studienleitung übermittelt. Die Lebensqualitätsbögen sowie die Ressourcenerfassungsbögen wurden in Papierform an die Studienleitung übermittelt, dort erfasst und ausgewertet. Die übrigen Kostenparameter wurden von der Krankenkasse ermittelt und elektronisch zur Auswertung weitergeleitet. Die durch das Studienprotokoll vorgegebenen Visiten wurden bei der Kostenerfassung nicht berücksichtigt, da diese lediglich der Erhebung von Studiendaten dienten und keine Routinebehandlungen darstellten. Aus Tabelle 9 wird deutlich, dass beide Gruppen bezüglich ihrer sozio-demographischen Struktur vergleichbar sind.

Tabelle 9: Sozio-demographische Daten der Patienten in beiden Gruppen

	Disease Management-Gruppe	Vergleichs-gruppe	alle Patienten
Anzahl			
zu Beginn der Studie	56	55	111
zum Ende der Studie	48	50	98
Anteil weiblicher Patienten zu Beginn der Studie (in %)	54,17	44,00	48,98
Durchschnittsalter			
Mittelwert	57,3	55,0	56,1
Standardabweichung	11,4	12,7	12,1
Median	60,0	58,0	58,5
Körpergewicht (in kg)			
Mittelwert	78,94	78,28	78,60
Standardabweichung	16,03	17,32	16,61
Median	79,00	79,00	79,00
Körpergröße (in cm)			
Mittelwert	167,17	168,32	167,76
Standardabweichung	9,11	9,02	8,99
Median	168,00	168,16	168,00
Gründe für das Ausscheiden aus der Studie			
verstorben (kein Zusammenhang mit Atemwegsbehandlung)	0	1	1
Auftreten einer anderen schweren Erkrankung (ohne Beteiligung der Atemwege)	3	0	3
Wechsel der Krankenkasse oder verzogen	1	3	4
auf eigenen Wunsch sowie Non-Compliance	4	1	5
Gesamtzahl der ausgeschiedenen Patienten	8	5	13

Der Anteil der ausgeschiedenen Patienten war vergleichsweise gering (14,3% in der Disease Management-Gruppe und 9% in der Vergleichsgruppe, insgesamt 11,7%). Auf eigenen Wunsch oder wegen Non-Compliance schieden insgesamt 5 Patienten aus, d. h. weniger als 5%. Erwartungsgemäß war die Zahl der Patienten aus der Disease Management-Gruppe in dieser Kategorie im Vergleich zur Vergleichsgruppe aufgrund der stärkeren Einbindung in das Behandlungsgeschehen höher. Bei allen anderen Gründen war kein Zusammenhang zum Disease Management-Programm ersichtlich.

5.1.2. Ergebnisse
5.1.2.1. Auswertung der medizinischen Parameter

Medizinische Parameter waren Indikatoren für die Lungenfunktion (FEV1, PEF) sowie Symptome (z. B. Husten, Atemgeräusche, Atemnot). Während der drei routinemäßigen Visiten wurden eine Reihe medizinischer und sozioökonomischer Daten zu diesen Parametern erhoben, deren Auswertung hier nur übersichtsartig dargestellt werden soll.

Tabelle 10: Klinische Parameter der Patienten in beiden Gruppen bei erster und letzter Visite

	1. Visite				3. Visite			
	Disease Management-Gruppe	Vergleichs-gruppe	Differenz	alle Patienten	Disease Management-Gruppe	Vergleichs-gruppe	Differenz	alle Patienten
	n = 48	n = 50		n = 98	n = 48	n = 50		n = 98
Asthmaschweregrad					nicht bekannt	nicht bekannt	--	nicht bekannt
Stufe 1	8,3%	10,0%	1,7	9,2%				
Stufe 2	18,8%	20,0%	1,2	19,4%				
Stufe 3	22,9%	20,0%	2,9	21,4%				
Stufe 4	50,0%	50,0%	0	50,0%				
Anteil der Raucher								
aktuell	22,9%	28,0%	5,1	25,5%	18,8%	26,0%	7,2	22,5%
früher	33,3%	44,0%	10,7	38,8%	33,3%	44,0%	10,7	38,8%
Packjahre*								
Mittelwert	15,8	17,4	1,6	16,6	17,5	20,1	2,6	20,0
Median	3,3	9,0	5,7	7,5	13,0	20,0	7,0	20,5
Anteil Allergiker	52,1%	52,0%	0,1	52,0%	52,1%	54,0%	1,9	53,1%
Anteil der Patienten mit akuter Atemwegsinfektion	12,5%	12,0%	0,5	12,2%	12,5%	18,0%	5,5	15,3%
Anwendungen eines Dosieraerosols wegen akuter Atemnot								
keine Anwendung	45,8%	44,0%	1,8	44,9%	81,3%	34,0%	47,3	57,0%
eine Anwendung	6,3%	14,0%	7,7	10,1%	6,3%	2,0%	4,3	3,8%
2 Anwendungen	33,3%	14,0%	19,3	23,5%	8,2%	16,0%	7,8	11,4%
3 Anwendungen	4,2%	12,0%	7,8	8,2%	2,1%	24,0%	21,9	12,4%
4 Anwendungen	10,4%	16,0%	5,6	13,3%	2,1%	24,0%	21,9	12,4%
Anteil der Patienten mit Atemgeräuschen								
keine	41,7%	32,0%	9,7	36,7%	79,2%	46,0%	33,2	62,2%
<= 2x p. Woche	35,4%	38,0%	2,6	36,7%	12,5%	18,0%	5,5	15,3%
< einmal am Tag	4,2%	16,0%	11,8	10,2%	6,3%	14,0%	7,7	10,2%
täglich	12,5%	14,0%	1,5	13,3%	2,0%	14,0%	12,0	8,2%
ständig	6,2%	0,0%	6,2	3,1%	0,0%	8,0%	8,0	4,1%

Fortsetzung Tabelle 10: Klinische Parameter der Patienten in beiden Gruppen bei erster und letzter Visite

	1. Visite				3. Visite			
	Disease Management-Gruppe	Vergleichsgruppe	Differenz	alle Patienten	Disease Management-Gruppe	Vergleichsgruppe	Differenz	alle Patienten
Anteil der Patienten mit Atemnot								
keine	41,7%	64,0%	22,3	53,1%	85,4%	36,0%	49,4	60,2%
≤ 2x p. Woche	25,0%	16,0%	9,0	20,4%	8,3%	22,0%	13,7	15,3%
< einmal am Tag	18,8%	10,0%	8,8	14,3%	6,3%	16,0%	9,7	11,2%
täglich	14,5%	8,0%	6,5	11,2%	0,0%	20,0%	20,0	10,2%
ständig	0,0%	2,0%	2,0	1,0%	0,0%	6,0%	6,0	3,1%
Anteil der Patienten mit nächtlichen Atembeschwerden								
keine	83,3%	58,0%	25,3	70,4%	91,7%	56,0%	35,7	73,5%
≤ 2x p. Monat	0,0%	6,0%	-6,0	3,1%	6,2%	8,0%	-1,8	7,1%
≤ 1x p. Woche	8,3%	16,0%	-7,7	12,3%	2,1%	8,0%	5,9	5,1%
≤ 3x p. Woche	2,1%	8,0%	-5,9	5,1%	0,0%	10,0%	10,0	5,1%
≥ 3x p. Woche	6,3%	12,0%	-5,7	9,2%	0,0%	18,0%	18,0	9,2%
Anteil der Patienten mit Atemnot beim Gehen								
keine	45,8%	42,0%	3,8	43,9%	85,4%	52,0%	33,4	68,4%
norm. Geschw.	16,7%	6,0%	10,7	11,2%	6,3%	22,0%	15,7	14,3%
< 400 m	37,5%	52,0%	14,5	44,9%	8,3%	26,0%	17,7	17,3%
Ruhe	0,0%	0,0%	0,0	0,0%	0,0%	0,0%	0,0	0,0%
Anteil der Patienten mit Husten								
kein Husten	29,2%	40,0%	10,8	34,7%	52,1%	38,0%	14,1	44,9%
gelegentlich	39,6%	30,0%	9,6	34,7%	25,0%	24,0%	1,0	24,5%
häufig	12,5%	14,0%	1,5	13,3%	12,5%	12,0%	0,5	12,2%
fast ständig	4,2%	6,0%	1,8	5,1%	8,3%	10,0%	1,7	9,2%
ständig	14,5%	10,0%	4,5	12,2%	2,1%	16,0%	13,9	9,2%

Fortsetzung Tabelle 10: Klinische Parameter der Patienten in beiden Gruppen bei erster und letzter Visite

	1. Visite				3. Visite			
	Disease Management-Gruppe	Vergleichsgruppe	Differenz	alle Patienten	Disease Management-Gruppe	Vergleichsgruppe	Differenz	alle Patienten
Auswurfmenge								
kein Auswurf	45,8%	64,0%	18,2	55,1%	60,4%	54,0%	6,4	56,0%
Teelöffel	52,1%	28,0%	24,1	39,8%	31,3%	32,0%	0,7	31,0%
Esslöffel	2,1%	4,0%	1,9	3,1%	6,2%	6,0%	0,2	6,0%
½ Tasse	0,0%	4,0%	4,0	2,0%	2,1%	8,0%	5,9	5,0%
Begleiterkrankungen								
Herz-Kreislauf	37,5%	44,2%	- 6,7	41,0%	nicht bekannt	nicht bekannt	--	nicht bekannt
Stoffwechsel	14,6%	13,5%	1,1	14,0%				
Harnwege	0,0%	0,0%	0,0	0,0%				
Stütz- und Bewegungsapparat	4,2%	1,9%	2,3	3,0%				
sonstige	8,3%	1,9%	6,4	5,0%				

* Packjahr: 1 Packung Zigaretten pro Tag auf ein Jahr (d. h. 2 Packungen pro Tag auf 1 Jahr = 2 Packjahre)

Auffällig ist, dass der Anteil der Patienten, die die Anwendung eines Dosieraerosols (DA) wegen akuter Atemnot angaben, in beiden Gruppen zurückgegangen ist, insbesondere aber in der Disease Management-Gruppe. Zu Beginn der Studie gaben 45,8% an, kein DA anzuwenden, zum Ende waren dies 81,3%. Ähnliches gilt für den Anteil der Patienten ohne Atemgeräusche (Disease Management-Gruppe von 41,7% auf 79,2%, Vergleichsgruppe von 32% auf 46%), den Anteil der Patienten ohne Atemnot (41,7% auf 85,4% versus 64% auf 36%) und den Anteil der Patienten mit Husten (29,2% auf 52,1% versus 40% auf 38%).

Als Effektivitätsmaß wurden zwei gängige Werte zur Erfassung der Lungenfunktion erfasst: der FEV1- und der Peakflow-Wert. Peakflow bedeutet so viel wie „Spitzenfluss": Man misst die Spitzengeschwindigkeit der ausgeatmeten Luft. Je höher diese Spitzengeschwindigkeit ist, desto höher ist die Ausatemkapazität der Lunge. Der FEV1-Wert (auch: Einsekundenkapazität) bezeichnet hingegen das Luftvolumen, das innerhalb der ersten Sekunde einer willkürlichen Ausatmung ausgeatmet wird. Für beide Untersuchungsparameter gibt es je nach Geschlecht, Alter, Größe und Gewicht der Patienten Normal- bzw. Referenzwerte.

Die Lungenfunktionswerte verbesserten sich tendenziell bei der Disease Management-Gruppe und verschlechterten sich moderat bei der Vergleichsgruppe. Beide Werte sind allerdings statistisch auf dem 95%-Niveau nicht signifikant (Tabelle 11). Die Verbesserung der morgendlichen FEV1-Werte bei der Disease Management-Gruppe ist in Tabelle 12 verzeichnet. Insgesamt kann für die medizinischen Parameter festgestellt werden, dass eine Verbesserung der Symptomatik bei den Patienten feststellbar war, dass diese aber bei den medizinisch besonders bedeutsamen Lungenfunktionswerten eher gering ausfiel.

Tabelle 11: Lungenfunktionswerte der Patienten in den beiden Gruppen

	1. Visite			3. Visite		
	Disease Management-Gruppe	Vergleichs-gruppe	alle Patienten	Disease Management-Gruppe	Vergleichs-gruppe	alle Patienten
	n = 48	n = 50	n = 98	n = 48	n = 50	n = 98
FEV1-Werte vor Bronchospasmolyse						
Mittelwert	1,8	1,8	1,8	1,9	1,8	1,8
Prozent vom Soll	65,2%	62,6%	63,9%	69,2%	61,3%	65,2%
Standardabweichung	0,8	0,8	0,8	0,8	0,8	
Peakflow-Werte vor Bronchospasmolyse						
Mittelwert	4,2	4,2	4,2	4,7	4,2	4,4
Prozent vom Soll	59,2%	56,4%	57,8%	67,1%	55,9%	61,4%
Standardabweichung	2,0	1,8	1,9	1,7	2,0	1,8

Tabelle 12: FEV1-Mittelwerte des Home Monitorings der Disease Management-Gruppe

	Mittelwert zu Beginn der Studie*	Mittelwert zum Ende der Studie**	Differenz
morgendlich FEV1	2,1	2,3	0,2
abendlich FEV1	2,1	2,3	0,2

* *Messungen der Tage 5 bis 18 nach Visite 1*
** *Messungen der letzten 14 Tage vor Visite 3*

5.1.2.2. Lebensqualität der Patienten

Die Patienten wurden im Studienzeitraum bei jeder Visite, also insgesamt mindestens dreimal, mit standardisierten Instrumenten zu ihrer aktuellen Lebensqualität befragt. Dazu wurden zwei Fragebögen herangezogen, die bereits mehrfach bei Asthmatikern eingesetzt worden sind und ihre Validität und Reliabilität sowie eine ausreichende Sensitivität für Veränderungen des Gesundheitszustandes gezeigt haben: Der Fragebogen zur Lebensqualität bei Asthma (FLA) nach Mühlig et al. (1998)[587] und der EQ-5D der EuroQol-Gruppe[588].

Der FLA ist ein krankheitsspezifisches Lebensqualitätsmessinstrument für Asthmatiker, der auf dem Fragebogen „Living with Asthma Questionnaire" (LAQ) nach Hyland[589] basiert. Der FLA umfasst 40 sowohl positiv wie negativ formulierte Fragen und kann von den Patienten in etwa 10 Minuten beantwortet wurden. Bei der Auswertung wurden die Fragen drei Lebensqualitätsdimensionen zugeordnet: physische Merkmale (körperliche Empfindungen, Krankheitssymptome und andere Begleiterscheinungen), psychische Belastung und funktionaler Status (Aktivitätsniveau im Alltag, berufliche Belastbarkeit). Zudem kann ein Gesamt-Score berechnet wurden. Dimensionswerte und Gesamt-Score sind auf einer Skala zwischen 0 und 100 normiert, wobei höhere Werte jeweils eine bessere Lebensqualität ausdrücken. Die Validität und Reliabilität des Fragebogens ist mehrfach nachgewiesen worden.[590]

Der EQ-5D ist ein krankheitsunspezifisches Indexinstrument, von dem zurzeit etwa 30 validierte Sprachfassungen vorliegen. Das Instrument besteht aus fünf Fragen, die verschiedene Aspekte von Lebensqualität abdecken sowie aus einer visuellen Analogskala (VAS), bei der die Befragten auf einer vertikal angeordneten Rating-Skala, ähnlich einem Thermometer, ihren aktuellen Lebensqualitätswert zwischen 0 und 100 eintragen sollen. Aus den fünf Fragen kann zudem ein Indexwert mit Hilfe eines Algorithmus berechnet werden, der auf den Ergebnissen verschiedener europäischer Bevölkerungsstudien basiert.[591] Der Fragebogen wurde schon mehrfach im Bereich Asthma eingesetzt und auch in einer Studie gemeinsam mit dem FLA verwendet.[592] Die Bearbeitungszeit für das Ausfüllen des Fragebogens beträgt für die Patienten im Durchschnitt etwa 5 Minuten.

Insgesamt lagen für die Auswertung der 1. Visite 108 Fragebögen vor. Davon entfielen jeweils 54 auf die beiden Gruppen. Von diesen Bögen wurden nur diejenigen Patienten in die Auswertung einbezogen, die auch bei der 3. Visite noch an der Studie teilgenommen haben (48 in der Disease Management-Gruppe und 50 in der Vergleichsgruppe, siehe Tabelle 13). Der FLA ist nur bei bis zu fünf fehlenden Werten auswertbar. Daher konnten nicht alle Bögen bei der Auswertung berücksichtigt werden. Gemäß Tabelle 5 mussten bei der Visite 1 insgesamt 7 Bögen ausgeschlossen werden, davon 4 aus

---

587 Vgl. Mühlig, S., Bergmann, K.-Ch., Emmermann, E. und Petermann, F. (1998).
588 Vgl. Brooks, R. (1996).
589 Vgl. Hyland, M. E., Finnis, S. und Irvine, S. H. (1991).
590 Vgl. Greiner, W., Schulenburg, J.-M. Graf v.d., Bergmann, K.-Ch. (1999).
591 Vgl. Greiner, W. et al. (2003), S. 222–231.
592 Vgl. Greiner, W., Schulenburg, J.-M. Graf v.d., Bergmann, K.-Ch. (1999).

der Disease Management-Gruppe und 3 aus der Vergleichsgruppe. Bei der Visite 2 und 3 konnten alle Bögen ausgewertet werden.

Tabelle 13: Auswertbare Angaben bei den FLA-Bögen*

Anzahl fehlender Angaben	1. Visite			3. Visite		
	Anzahl in Disease Management-Gruppe	Anzahl in Vergleichsgruppe	Anzahl gesamt	Anzahl in Disease Management-Gruppe	Anzahl in Vergleichsgruppe	Anzahl gesamt
0	19	19	38	25	28	53
1	11	17	28	14	14	28
2	11	6	17	8	5	13
3	1	2	3	1	2	3
4	1	2	3	0	1	1
5	1	1	2	0	0	0
> 5	4	3	7	0	0	0
gesamt	48	50	98	48	50	98
davon auswertbar	44 (91,7%)	47 (94,00%)	91 (92,9%)	48 (100,0%)	50 (100,0%)	98 (100,0%)

Beim FLA sind die Scoring-Werte nur bis zu einem Schwellenwert von fünf Antworten auswertbar, die fehlen oder mit „weiß nicht" angekreuzt wurden.

Der EQ-5D-Fragebogen wurde von fast allen Patienten vollständig ausgefüllt. Die wenigen fehlenden Werte entfallen auf die Vergleichsgruppe in Visite 2 und 3 (Tabelle 14).

Tabelle 14: Fehlende Werte beim EuroQol

Dimension/ Frage	1. Visite			3. Visite		
	Anzahl in Disease Management-Gruppe	Anzahl in Vergleichsgruppe	Anzahl gesamt	Anzahl in Disease Management-Gruppe	Anzahl in Vergleichsgruppe	Anzahl gesamt
Frage 1	0	0	0	0	0	0
Frage 2	0	0	0	0	0	0
Frage 3	0	0	0	0	0	0
Frage 4	0	0	0	0	1	1
Frage 5	0	0	0	0	0	0
VAS	0	0	0	0	0	0
Gesamtzahl fehlender Angaben	0	0	0	0	1	1
In Prozent der gesamten Angaben	0	0	0	0	2,00%	1,02%
Gesamtzahl nicht vollständiger Fragebögen	0	0	0	0	1	1

Zur Auswertung des EQ-5D wurden zunächst die Schwerpunkte der gesundheitlichen Beeinträchtigungen analysiert. In der folgenden Abbildung 13 sind die Anteile derjenigen Patienten in beiden Gruppen angegeben, die Beeinträchtigungen (mittel oder schwer) bei den entsprechenden Lebensqualitätsdimensionen aufwiesen. Es wird deutlich, dass durchweg die Beeinträchtigungen in der Vergleichsgruppe höher liegen als bei der Disease Management-Gruppe. Einen Schwerpunkt hierbei bildet die Dimension „Schmerzen/körperliche Beschwerden" des EQ-5D.

Abbildung 13: Anteil der Patienten mit gesundheitlichen Beeinträchtigungen beim EQ-5D bei der 3. Visite

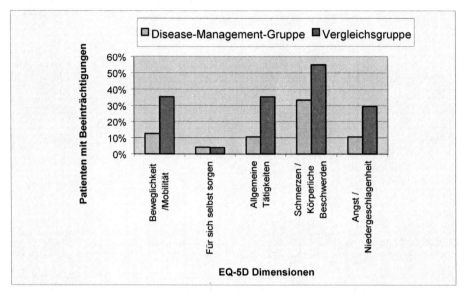

Für den EQ-5D können zwei Präferenz-basierte Indexwerte berechnet werden. Der so genannte VAS-Wert gibt den Durchschnitt der Nennungen bei der visuellen Analogskala am Ende des Fragebogens an. Der LQI ist ein gewichteter Wert, der sich aus den Antworten auf die 5 EQ-5D-Fragen ergibt. Die Gewichte wurden in vorangegangenen Studien mithilfe von repräsentativen Bevölkerungsumfragen sowie dem zusätzlichen Einsatz von wohlfahrtstheoretisch basierten Methoden (z. B. Time-Trade-off) berechnet.[593]

Die drei Dimensionswerte und der Gesamt-Score des FLA wurden einzeln ausgewertet und in den Tabellen 15 und 16 gegenübergestellt. Die Einzelheiten sind zudem in Abbildung 14 zusammengefasst. Die Ergebnisse entsprechen insgesamt den gemäß der Asthmastufe zu erwartenden Werten mit gewohnt hoher Standardabweichung. Die Mittelwerte bewegen sich aber sämtlich um die Mediane.

---

593 Vgl. Coons, S.J. und Kaplan, R.M. (1998), S. 114 f.

Tabelle 15: Lebensqualitätswerte bei erster und letzter Visite

	1. Visite							3. Visite						
	Disease Management-Gruppe		Vergleichs-gruppe		alle Patienten			Disease-Management-Gruppe			Vergleichs-gruppe		alle Patienten	
	Mittel-wert	Std.	Mittel-wert	Std.	Mittel-wert	Std.		Mittel-wert	Std.	Sig.	Mittel-wert	Std.	Mittel-wert	Std.
FLA:	n = 44		n = 47		n = 91			n = 48			n = 50		n = 98	
- Gesamtscore	55,7	18,5	52,6	20,4	54,1	19,5		66,5	18,0	**	52,7	24,1	59,5	22,3
- physische Merkmale	48,8	21,6	48,9	25,8	48,8	23,8		61,9	19,1	**	46,2	26,8	53,9	24,5
- psychische Merkmale	63,6	18,4	59,4	19,6	60,9	19,1		75,1	16,8	**	61,1	24,7	67,9	22,2
- funktionaler Status	52,8	24,8	49,3	23,5	51,0	24,1		60,9	25,2	*	48,9	25,9	54,8	26,1
EQ-5D	n = 48		n = 50		n = 98			n = 48			n = 50		n = 98	
- Indexwert	77,1	14,1	77,4	19,4	77,3	16,9		85,4	15,4	**	75,9	20,7	80,6	18,8
- VAS-Wert	61,7	17,6	66,5	18,3	64,1	18,0		72,4	15,5	**	60,9	16,4	66,5	16,9

Signifikant unterschiedlich vom Mittelwert bei der 1. Visite auf dem 95% -Niveau.
Signifikant unterschiedlich vom Mittelwert bei der 1. Visite auf dem 99% -Niveau.

Tabelle 16: Lebensqualitätswerte nach Asthmastufe

	1. Visite				3. Visite			
	Stufe 1	Stufe 2	Stufe 3	Stufe 4	Stufe 1	Stufe 2	Stufe 3	Stufe 4
FLA:	n = 8	n = 18	n = 19	n = 46	n = 9	n = 19	n = 21	n = 49
- Gesamtscore								
Mittelwert	65,7	53,5	62,0	49,1	73,1	62,4	62,9	54,4
Standardabweichung	23,6	20,1	14,1	19,1	18,0	22,0	22,2	22,3
- Physische Merkmale								
Mittelwert	64,1	49,4	59,8	41,4	68,1	61,5	55,8	47,5
Standardabweichung	25,4	24,4	17,2	23,1	26,7	22,8	23,3	24,0
- Psychische Merkmale								
Mittelwert	71,2	58,2	68,7	56,9	79,6	67,5	73,0	63,8
Standardabweichung	19,7	17,8	15,0	19,9	10,8	23,4	23,9	22,0
- Funktionaler Status								
Mittelwert	61,2	51,8	56,4	46,7	70,0	57,6	57,5	49,8
Standardabweichung	30,2	26,6	20,5	23,0	22,1	25,9	25,3	26,5
EQ-5D:	n = 9	n = 19	n = 21	n = 49	n = 9	n = 19	n = 21	n = 49
- Indexwert								
Mittelwert	80,2	78,6	79,8	75,9	83,1	88,1	86,2	74,7
Standardabweichung	18,3	17,9	14,8	17,5	16,0	16,9	17,7	19,1
- VAS-Wert								
Mittelwert	74,9	66,6	68,5	59,3	73,3	67,6	72,9	62,1
Standardabweichung	19,7	20,6	16,6	16,1	11,2	20,0	17,9	15,1

Abbildung 14: Graphische Darstellung der Ergebnisse für die Lebensqualität (FLA) bei der letzten Visite

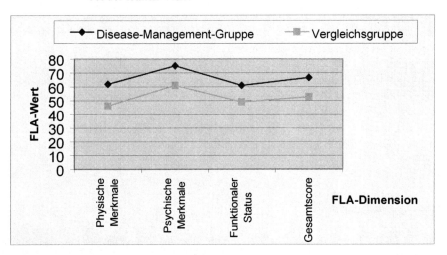

Lebensqualität bei Studienbeginn

Am stärksten waren die Patienten bei der 1. Visite in beiden Gruppen physisch eingeschränkt, während die psychische Belastung durch die Erkrankung vergleichsweise gering war. Der Vergleich der beiden Gruppen zeigt zu Beginn der Behandlung keine statistisch nachweisbaren Unterschiede. Die Konfidenzintervalle der Mittelwerte überlappen sich fast vollständig und auch die Mediane sind annähernd identisch. Insgesamt ergibt sich in der Disease Management-Gruppe ein etwas höherer Gesamtscore (also eine bessere Lebensqualität) als in der Vergleichsgruppe, wobei allerdings der physische Dimensionswert bei der Disease Management-Gruppe etwas kleiner ist. Alle Unterschiede liegen aber im statistisch nicht relevanten Bereich. Man kann daher feststellen, dass sich am Ausgangspunkt der Studie beide Patientengruppen vom subjektiv wahrgenommenen Gesundheitszustand her nicht unterscheiden.

Auffällig ist zudem, dass entgegen der Annahme die Werte in Stufe 3 überwiegend höher sind als in Stufe 2. Dieser Effekt setzt sich bei der letzten Visite fort. Offenbar kann der FLA-Fragebogen nur unzureichend zwischen den Schweregradstufen 2 und 3 unterscheiden. Bisherige Forschungsergebnisse deuten auf einen deutlichen Lebensqualitätsunterschied zwischen beiden Schweregradgruppen hin.[594]

---

594 Vgl. Greiner, W., Schulenburg, J.-M. Graf v.d. und Bergmann, K.-Ch. (1999).

Fallbeispiele für Disease Management bei Asthma in Deutschland

Lebensqualität im Vergleich von erster und letzter Visite

Ein Vergleich der Werte von erster und letzter Visite zeigt einen deutlichen Trend, der darin besteht, dass einerseits die Vergleichsgruppe sich im Lebensqualitätsstatus statistisch nicht relevant verändert und andererseits die Disease Management-Gruppe deutlich höhere Werte erreicht als bei der ersten Visite, sich auch statistisch signifikant von den Vergleichswerten unterscheidet. Die Verbesserungen beziehen sich insbesondere auf die „physischen und psychischen Merkmale" des FLA, sind aber auch bei dem (weniger sensitiven) generischen EQ-5D (LQI) nachweisbar.

Neben der Verbesserung der Symptomatik in der Disease Management-Gruppe ist somit ein deutlicher Behandlungseffekt auch bei den Lebensqualitätswerten erkennbar.

5.1.2.3. Kostenanalyse

Tabelle 17 enthält eine Übersicht über die Quellen der Studiendaten zum Ressourcenverzehr:

Tabelle 17: Quellen der Studiendaten zum Ressourcenverzehr

Kostenkategorie	Beschreibung der Parameter	Datenquelle
Krankenhausbehandlung	• Krankenhausfälle • Krankenhaustage	Krankenkasse
Arbeitsunfähigkeit	• Arbeitsunfähigkeitsfälle • Arbeitsunfähigkeitstage	Krankenkasse
Medikamentenverbrauch	• Präparat • Anzahl der Packungen • Einzelpreis der Packungen	Krankenkasse
Transport- bzw. Rettungseinsätze	• Anzahl und Preis der Einsätze von • Rettungswagen • Notärzten • Krankenwagen • Taxis	Krankenkasse
Heil- und Hilfsmittel	• Anzahl, Art und Preis der Heil- und Hilfsmittel	Krankenkasse
ambulante Arztleistungen	• Anzahl der abgerechneten EBM-Ziffern pro Quartal	Primärerhebung bei Studienärzten

Während die Daten zur Krankenhausbehandlung, Arbeitsunfähigkeit, Medikamentenverbrauch, Transport- und Rettungseinsätzen sowie Heil- und Hilfsmitteln lückenlos vorlagen, waren die Daten zu ambulanten Arztleistungen nicht ganz vollständig. Tabelle

18 listet die Anzahl der fehlenden Quartalszahlen auf. Die vorliegenden Daten waren aber für eine Auswertung durchaus hinreichend, da in jedem Quartal die Kostendaten zur ambulanten Versorgung für nie mehr als 10% der Patienten fehlten. Auffällig ist allerdings, dass die fehlenden Angaben in der Disease Management-Gruppe stärker auftreten als in der Vergleichsgruppe. Eine Erklärung hierfür ist nicht ersichtlich.

Tabelle 18: Anzahl der fehlenden Quartalszahlen der ambulanten Behandlung

Quartal	Disease Management-Gruppe	Vergleichsgruppe	Gesamtgruppe
III 1999	5	1	6
IV 1999	6	2	8
I 2000	8	4	12
II 2000	7	1	8
III 2000	8	2	10
IV 2000	6	4	10

Kostenparameter waren:

- Honorare für ambulante Arztleistungen,
- Medikamentekosten,
- Kosten für Heil- und Hilfsmittel,
- Krankenhauskosten,
- Kosten für Transport- und Rettungseinsätze,
- indirekte Kosten wegen vorübergehender Arbeitsunfähigkeit.

Die Bewertung der abgerechneten Punkte durch ambulant tätige Ärzte in der Studie erfolgt mit einem Punktwert von 0,035 €. Die tatsächlich gezahlten Punktwerte der zuständigen kassenärztlichen Vereinigung lagen darüber (0,05 € im budgetierten hausärztlichen Bereich im IV. Quartal 2000, 0,0453 € im nicht budgetierten Bereich), was in der Sensitivitätsanalyse berücksichtigt wird. Ein niedrigerer Punktwert wurde gewählt, weil die Ergebnisse sonst kaum auf das gesamt Bundesgebiet zu beziehen wären, wo ein Punktwert von über 0,04 € eher die Ausnahme darstellt. Zudem ist zu berücksichtigen, dass ein Teil der Leistungen im budgetierten Bereich gar nicht oder (je nach KV-Bezirk) abgestaffelt vergütet wird. Andererseits werden durch den Einsatz von Disease Management-Verfahren bei Asthma Kostenvorteile weniger im Bereich der ambulanten Behandlungen als bei den Krankenhausaufenthalten und den indirekten Kosten durch Arbeitsunfähigkeit realisiert. Die genaue Bestimmung des Punktwertes ist daher weniger relevant für das Endergebnis als bei anderen Verfahren, die im Ergebnis sensitiver auf Veränderungen dieses Parameters reagieren.

Die Asthmabehandlung erfolgt primär (gemessen an der Anzahl der Arztkontakte) ambulant. Deshalb sind Mittelwerte insbesondere für Krankenhausbehandlungen, die im Durchschnitt einen Kostenschwerpunkt bilden, von hoher Variabilität geprägt. Die Tabellen 19 a–c zeigen je nach Behandlungsgruppe den Anteil der von stationärer Behandlung und/oder Arbeitsunfähigkeitstagen betroffenen Patienten. Dabei wurde differenziert nach dem Grund der Einweisung/Krankschreibung: In Tabelle 19 a sind alle Krankheitsbilder verzeichnet, in Tabelle 19 b nur stationäre Behandlungen und/oder Arbeitsunfähigkeitstage, die auf Atemwegserkrankungen (ICD 490–496 und 786 nach ICD-9 bzw. J440, J441, J448 und J449 nach ICD-10) zurückzuführen sind und in Tabelle 19 c nur solche wegen Asthma (ICD 493 bzw. J451).

Die Vermeidung von relativ teuren Krankenhausaufenthalten ist ein primäres Ziel von Disease Management-Programmen. Für die Zuordnung der jeweiligen Erkrankung auf die Hospitalisierungfälle war die Diagnose bei Entlassung aus dem Krankenhaus entscheidend, um eine möglichst exakte Zuordnung auf Asthma und andere pneumologische Krankheiten vornehmen zu können.

Tabelle 19a: Erfassung der Krankenhaus- und Arbeitsunfähigkeitstage aller Krankheitsbilder

	Disease Management-Gruppe	Vergleichs-gruppe	alle Patienten
Anzahl der Patienten mit Krankenhaustagen (in% der jeweiligen Gruppe)	20,8%	30,0%	25,5%
Anzahl der Patienten mit Hospitalisation	10	15	25
mittlere Anzahl der Krankenhaustage pro betreffenden Patienten			
Mittelwert	7,8	22,0	16,3
Median	7,0	14,0	11,0
mittlere Anzahl der Krankenhaustage bezogen auf alle Patienten			
Mittelwert	1,6	6,6	4,2
Median	0,0	0,0	0,0
Anzahl Patienten mit Arbeitsunfähigkeitstagen (in% der jeweiligen Gruppe)*	25,0%	24,0%	24,5%
Anzahl der Arbeitnehmer	16	16	32
Gesamtzahl der Arbeitsunfähigkeitstage*	435	322	757
mittlere Anzahl der Arbeitsunfähigkeitstage pro betreffenden Patienten*			
Mittelwert	36,3	28,8	31,5
Median	30,5	25,5	29,0
mittlere Anzahl der Arbeitsunfähigkeitstage bezogen auf alle Patienten*			
Mittelwert	9,1	6,4	7,7
Median	0,0	0,0	0,0
mittlere Anzahl der Kurtage bezogen auf alle Patienten	2,0	0,4	1,2

*Ausreißer (Werte, die außerhalb des doppelten Konfidenzintervalls um den Mittelwert liegen) wurden nicht einbezogen.

Tabelle 19b: Erfassung der Krankenhaus- und Arbeitsunfähigkeitstage aufgrund von Atemwegserkrankungen (ICD 490 – 496 und 786 bzw. J 440, J 441, J 448 und J 449)

	Disease Management-Gruppe	Vergleichs-gruppe	alle Patienten
Anzahl der Patienten mit Krankenhaustagen (in % der jeweiligen Gruppe)	0,0%	10,0%	5,1%
Anzahl der Patienten mit Hospitalisation	0	5	5
mittlere Anzahl der Krankenhaustage pro betreffenden Patienten			
Mittelwert	0,0	14,8	14,8
Median	0,0	12,0	12,0
mittlere Anzahl der Krankenhaustage bezogen auf alle Patienten			
Mittelwert	0,0	1,5	0,8
Median	0,0	0,0	0,0
Anzahl Patienten mit Arbeitsunfähigkeitstagen (in % der jeweiligen Gruppe)*	20,8	16,0	18,4
Anzahl der Arbeitnehmer	16	16	32
Gesamtzahl der Arbeitsunfähigkeitstage*	328	228	556
mittlere Anzahl der Arbeitsunfähigkeitstage pro betreffenden Patienten*			
Mittelwert	32,8	28,5	30,9
Median	26,0	31,5	29,0
mittlere Anzahl der Arbeitsunfähigkeitstage bezogen auf alle Patienten*			
Mittelwert	6,8	4,6	5,7
Median	0,0	0,0	0,0
mittlere Anzahl der Kurtage bezogen auf alle Patienten	0	0	0

*Ausreißer (Werte, die außerhalb des doppelten Konfidenzintervalls um den Mittelwert liegen) wurden nicht einbezogen.

Tabelle 19c: Erfassung der Krankenhaus- und Arbeitsunfähigkeitstage aufgrund von Asthma (ICD 493 bzw. J 451)

	Disease Management-Gruppe	Vergleichsgruppe	alle Patienten
Anzahl der Patienten mit Krankenhaustagen (in % der jeweiligen Gruppe)	0,0%	2,0%	1,02%
Anzahl der Patienten mit Hospitalisation	0	1	1
mittlere Anzahl der Krankenhaustage pro betreffenden Patienten			
Mittelwert	0,0	14,0	14,0
Median	0,0	14,0	14,0
mittlere Anzahl der Krankenhaustage bezogen auf alle Patienten			
Mittelwert	0,0	0,3	0,1
Median	0,0	0,0	0,0
Anzahl Patienten mit Arbeitsunfähigkeitstagen (in % der jeweiligen Gruppe)*	18,8%	16,0%	17,4%
Anzahl der Arbeitnehmer	16	16	32
Gesamtzahl der Arbeitsunfähigkeitstage*	316	228	544
mittlere Anzahl der Arbeitsunfähigkeitstage pro betreffenden Patienten*			
Mittelwert	35,1	28,5	32,0
Median	27,0	31,5	31,0
mittlere Anzahl der Arbeitsunfähigkeitstage bezogen auf alle Patienten			
Mittelwert	6,6	4,6	5,6
Median	0,0	0,0	0,0
mittlere Anzahl der Kurtage bezogen auf alle Patienten	24	22	23,5

*Ausreißer (Werte, die außerhalb des doppelten Konfidenzintervalls um den Mittelwert liegen) wurden nicht mit einbezogen.

Fallbeispiele für Disease Management bei Asthma in Deutschland

In Abbildung 15 ist die Verteilung der Patienten mit Arbeitsunfähigkeits- und Krankenhaustagen angegeben. Wie aus Vorstudien bekannt, ist diese Verteilung sehr ungleich und schief.

Abbildung 15: Verteilung von Arbeitsunfähigkeits- und Krankenhaustagen

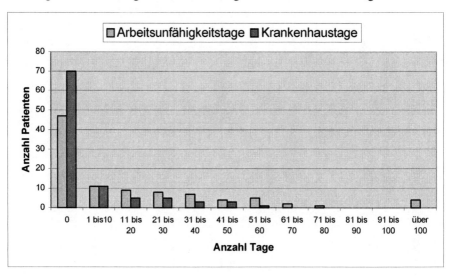

Bewertung der Rettungsfahrten, Medikamente, Krankenhaus- und AU-Tage

Zur Bewertung der Rettungsfahrten lagen die tatsächlich von der Kasse erstatteten Preise vor. Auch die Medikamente und Krankenhaustage wurden mit den in Rechnung gestellten Preisen bzw. Pflegesätzen bewertet.

Zur Berechnung des Produktivitätsausfalls (bei Berufstätigen) aufgrund von Arbeitsunfähigkeit oder stationärem Aufenthalt wurde gemäß den Deutschen Empfehlungen zur gesundheitsökonomischen Evaluation[595] folgender Wert pro verlorenen Arbeitstag herangezogen:

$$\text{Produktivitätsverlust} = \text{Arbeitsunfähigkeitstage} \times \frac{\text{Bruttoeinkommen aus unselbständiger Arbeit}^{596}}{\text{Zahl abhängig Erwerbstätiger}^{597} \times 365 \text{ Tage}}$$

---

595 Vgl. Hannoveraner Konsensus Gruppe (1999).
596 Dieser Wert wird der Volkswirtschaftlichen Gesamtrechnung entnommen, abrufbar unter http://www.statistik-bund.de/basis/d/vgr/VGRtab8.htm [Stand 25.08.00]. Verwendung in der Berechnung findet die Bruttolohn- und Gehaltssumme für das Jahr 1999.
597 Entnommen den Basisdaten – Statistische Grundzahlen des Statistischen Bundesamtes, abrufbar unter http://www.statistik-bund.de/basis/d/erwerb/erwerbtab1.htm [Stand 25.8.00].

Fallbeispiele für Disease Management bei Asthma in Deutschland

$$= \text{Arbeitsunfähigkeitstage} \times \frac{839.245 \text{ T€}}{32.497 * 365 \text{ Tage}} = 71 \text{ €/Tag}$$

Insgesamt ergibt sich bei den monetären Kostenkomponenten in den Behandlungsgruppen folgendes Bild: Bezieht man die Kostenwerte zunächst nur auf diejenigen Patienten, die die jeweilige Leistung während der Studienperiode in Anspruch genommen haben (z. B. die Kosten der Krankenhausaufenthalte nur auf Patienten, die stationär aufgenommen worden sind), fällt auf, dass insbesondere bei den Krankenhausbehandlungen die mittleren Kosten der Patienten, die im Studienzeitraum stationär aufgenommen worden sind, bei der Disease Management-Gruppe deutlich niedriger liegen als in der Vergleichsgruppe (1.845 € versus 4.427 €). Somit war nicht nur die Wahrscheinlichkeit für einen Krankenhausaufenthalt in der Disease Management-Gruppe deutlich niedriger, sondern darüber hinaus waren auch die Kosten pro stationär versorgten Fall in der Disease Management-Gruppe wesentlich geringer.

Um den Erwartungswert für bestimmte Kostenarten und die Gesamtkosten zu ermitteln, wurden in einem weiteren Analyseschritt die Kosten auf alle Patienten der jeweiligen Gruppe bezogen - unabhängig davon, ob die jeweilige Leistung von diesen Patienten in Anspruch genommen wurde oder nicht. In Tabelle 20 a sind zunächst die direkten Kosten pro Patient, die zur Behandlung des Asthmas angefallen sind, aufgeführt. Tabelle 20 b stellt die Kosten in den einzelnen Kostenkategorien zusammen, die für Atemwegserkrankungen an Behandlungskosten aufgetreten sind, und Tabelle 20 c dokumentiert schließlich die Resultate der Kostenanalyse unabhängig von der zugrunde liegenden Erkrankung (einbezogen wurden hier also alle ICDs). Eine Ausnahme bilden die ambulanten ärztlichen Kosten, die im Sinne gesteigerter Detailliertheit auf asthmaspezifische Behandlungen beschränkt wurden. Die Kostenwerte für die ambulante Behandlung umfassen lediglich die vorliegenden Ressourcenerfassungsbögen. Die fehlenden Werte wurden für die statistische Auswertung durch Mittelwerte ersetzt. Rettungseinsätze konnten nicht danach differenziert werden, ob sie asthma- bzw. atemwegserkrankungsbezogen aufgetreten sind. Sie sind deshalb ausschließlich in Tabelle 22c verzeichnet.

Tabelle 20a: Direkte mittlere Gesamtkosten der Behandlung pro Patient
(nur asthmabezogene Kosten; jeweils Mittelwerte in €)

	Disease-Management-Gruppe	**Vergleichsgruppe**	**alle Patienten**
Ambulante Behandlungen	136,53	122,89	129,57
Krankenhausbehandlungen	0,00	54,48	27,80
Medikamente	719,87	715,78	717,79
Sonstige Sachleistungen*	68,41	72,27	70,38
Direkte Kosten insgesamt	924,81	965,42	945,54

* Alle atemwegsrelevanten Kosten

Fallbeispiele für Disease Management bei Asthma in Deutschland

Tabelle 20b: Direkte Gesamtkosten der Behandlung pro Patient
(nur atemwegserkrankungsbezogene Kosten; jeweils Mittelwerte in €)

	Disease-Management-Gruppe	Vergleichs-gruppe	alle Patienten
Ambulante Behandlungen *	136,53	122,89	129,57
Krankenhausbehandlungen	0,00	319,64	163,08
Medikamente**	719,87	715,78	717,79
Sonstige Sachleistungen	68,41	72,27	70,38
direkte Kosten insgesamt	924,81	1.230,58	1.080,82

* *Erfasst wurden nur ambulante ärztliche Kosten, die infolge von Asthma aufgetreten sind.*
** *asthmarelevante Medikamente*

Tabelle 20c: Direkte Gesamtkosten der Behandlung pro Patient
(alle Erkrankungen; jeweils Mittelwerte in €)

	Disease-Management-Gruppe	Vergleichs-gruppe	alle Patienten
ambulante Behandlungen *	136,53	122,89	129,57
Krankenhausbehandlungen	384,57	1.328,13	865,98
Medikamente	1.455,12	1.520,59	1.488,52
Rettungsdienste	9,17	43,46	26,66
sonstige Sachleistungen	410,83	382,62	418,61
direkte Kosten insgesamt	2.396,22	3.397,69	2.929,34

* *Erfasst wurden nur ambulante ärztliche Kosten, die infolge von Asthma aufgetreten sind.*

Insgesamt zeigen sich teilweise deutliche Kostenreduktionseffekte zu Gunsten der Disease Management-Gruppe in allen Kostenkategorien. So sind in der Disease Management-Gruppe weder asthmabezogene noch atemwegserkrankungsbezogene Krankenhauskosten zu verzeichnen. Die Differenz der Kosten beider Gruppen ist allerdings abhängig von der Detailliertheit der Analyse bezüglich der Einbeziehung von atemwegs- bzw. asthmaspezifischen Ressourcenverbräuchen. Wenn man nur die atemwegsrelevanten Erkrankungen in die Analyse mit einbezieht, ergibt sich eine mittlere Differenz in Höhe von 306 € pro Patient. Wenn man alle Erkrankungen einbezieht, steigt dieser Betrag auf 1.001 €. Bezieht man nur Ressourcenverbräuche ein, die auf die Behandlung von Asthma zurückgehen, sinkt der Betrag auf 41 €. Offenbar bestehen wesentliche kostenrelevante Effekte der Behandlung von Asthma auch zu anderen Indikationen, d. h. es ist aufgrund dieser Ergebnisse davon auszugehen, dass ein qualitativ gut behandelter Asthmapatient auch in Bezug auf andere Erkrankungen einen nicht unerheblichen Vorteil und weniger Ressourcenverbräuche aufweist.

Fallbeispiele für Disease Management bei Asthma in Deutschland

In Tabelle 21 ist das Ergebnis für die Analyse der indirekten Kosten wiedergegeben. Die Werte sind entsprechend der Europäischen und Deutschen Empfehlungen für gesundheitsökonomische Studien nur auf berufstätige Patienten bezogen. Ausreißer (Werte, die außerhalb des doppelten Konfidenzintervalls um den Mittelwert liegen) wurden dabei nicht einbezogen, um Verzerrungen der Daten aufgrund einzelner weniger schwer Dauererkrankter zu vermeiden.

Tabelle 21: Indirekte Kosten der Behandlung pro Patient infolge von Arbeitsunfähigkeit* (in €)

	Disease-Management-Gruppe	Vergleichsgruppe	alle Patienten
indirekte Kosten infolge von Asthma	1.393,53	1.005,46	1.199,49
indirekte Kosten infolge von Atemwegserkrankungen	1.446,44	1.005,46	1.225,95
indirekte Kosten infolge aller Erkrankungen	1.918,30	1.419,99	1.669,14

Die Werte für die indirekten Kosten sind nur auf berufstätige Patienten bezogen. Ausreißer (Werte, die außerhalb des doppelten Konfidenzintervalls um den Mittelwert liegen) wurden nicht einbezogen.

Überraschenderweise liegen die indirekten Kosten über den Werten der Vergleichsgruppe. Dabei wurden drei Ausreißerwerte, die außerhalb des doppelten Konfidenzintervalls lagen, nicht berücksichtigt, um Verzerrungen in Folge der relativ kleinen Gruppengrößen gering zu halten. Zwei dieser Patienten (mit 190 bzw. 111 Arbeitsunfähigkeitstagen) gehörten der Disease Management-Gruppe an, ein Patient mit 119 Arbeitsunfähigkeitstagen der Vergleichsgruppe. Es ist zu vermuten, dass sich der Behandlungseffekt durch ein gezieltes Disease Management bezogen auf den Produktivitätsverlust durch die Krankheit erst im weiteren Zeitablauf (nach 12 Monaten) einstellt, ergo der Beobachtungszeitraum für diesen Parameter vermutlich zu kurz war. Dagegen kann schon in dieser relativ kurzen Zeitspanne gezeigt werden, dass Disease Management bei Asthma insbesondere die Kosten für Krankenhausbehandlungen deutlich senkt. Die durchschnittlichen Einsparungen in Höhe von 1.101 € pro Patient (bezogen auf alle Erkrankungen) entsprechen etwa einem Drittel der direkten Gesamtkosten der Vergleichsgruppe.

Einen Überblick zum Spektrum der Kostenverteilung in den einzelnen Kategorien bei den direkten Kosten bietet Tabelle 22, in der die Minimum- und Maximumwerte angegeben sind. Insbesondere die Kosten der Krankenhausbehandlungen der Vergleichsgruppe weisen eine hohe Variationsbreite auf. Die jeweiligen Maximalwerte betreffen in allen anderen Kostenkategorien einzelne Ausreißerwerte.

Tabelle 22: Minimum- und Maximumwerte der Kosten der Asthmabehandlung pro Patient
(alle Erkrankungen; jeweils Mittelwerte in €)

	Disease Management-Gruppe		Vergleichsgruppe	
	Min	Max	Min	Max
ambulante Behandlung	0,00	775,83	0,00	385,51
Krankenhausbehandlungen	0,00	2.747,12	0,00	12.744,02
Medikamente	57,94	3.587,20	347,42	4.707,82
Rettungsdienste	0,00	440,02	0,00	1.502,58
sonstige Sachleistungen	0,00	3.039,36	0,00	2.404,06

Da alle tatsächlich gezahlten Preise bekannt waren, war nur bezüglich der Höhe des Punktwertes eine Sensitivitätsanalyse notwendig. Variiert man den Punktwert von 0,035 € auf den tatsächlich gezahlten Punktwert in Höhe von 0,043 € für nicht budgetierte Leistungen (betreffende kassenärztliche Vereinigung im 4. Quartal 2000), so ergeben sich Einsparungen bei den direkten Kosten (bezogen auf alle Erkrankungen) in Höhe von 984,92 € pro Kopf im Vergleich der beiden Patientengruppen, also 16,56 € weniger als bei einem angenommenen Punktwert in Höhe von 0,035 €. Somit ist die Sensitivität des Studienergebnisses auf Veränderungen des Punktwertes gering: Eine Erhöhung um mehr als 20% (von 3,5 auf 4,4 Cent) bewirkt lediglich eine Veränderung bei der Gesamtkostendifferenz um weniger als 2%.

Um Einflussfaktoren auf die Gesamtkosten zu identifizieren, wurden Regressionsanalysen mit den gesamten direkten Kosten als abhängiger Variable sowie dem Patientenalter, dem Geschlecht, dem Körpergewicht, der Körpergröße, dem LQI-Wert und dem FEV1-Wert bei der ersten Visite, dem Asthmaschweregrad, dem Raucherstatus, dem Allergikerstatus und der Zugehörigkeit zu einer Studiengruppe (Disease Management- versus Vergleichsgruppe) als unabhängige Variablen durchgeführt. Das Ergebnis der Regressionen zeigt, dass die Kosten unabhängig von den vermuteten Kosteneinflussgrößen sind, da diese Variablen nur zu einem kleinen Teil die Variation der Kosten erklären.

5.1.3. Zusammenfassung

Die Auswertung der Studiendaten hat gezeigt, dass von einem Disease Management bei Asthma insbesondere bei Krankenhausleistungen erhebliche Einsparungen zu erwarten sind. Teilweise werden diese Einsparungen mit leicht höheren Kosten in anderen Bereichen (ambulante Kosten infolge von Asthma) erkauft. Insgesamt zeigt aber die rein monetäre Betrachtung einen klaren Vorteil zu Gunsten des Disease Managements, vor allem bezogen auf die Kosten für Krankenhausbehandlungen. Noch nicht einbezogen wurden in diese Berechnungen allerdings die Kosten des Disease Management-

Programms selbst, da zum Zeitpunkt der Studie ein patientenbezogener Preis für diese Dienstleistung nicht bekannt war.

Nicht bestätigt hat sich die Annahme, dass auch indirekte Kosten (insbesondere Arbeitsunfähigkeitstage) durch Disease Management bei Asthma vermindert werden können. Dies könnte eine Folge des relativ knapp gewählten Beobachtungszeitraums sein. Folgestudien mit einem längeren Follow-up der Studiendaten werden zeigen, ob im Zeitablauf auch bei dieser Kostenkategorie Einsparungen durch Disease Management möglich sind. Zudem war die Zahl der Berufstätigen in den beiden Studiengruppen sowie die Zahl der betroffenen Patienten relativ klein, so dass die Ergebnisse in diesem Bereich nicht überinterpretiert werden sollten.

Neben dem monetären Effekt wurde in dieser Studie auch gezeigt, dass die intangible Belastung der Patienten aufgrund ihrer Krankheit durch ein gezieltes Disease Management vermindert werden kann. Im Vergleich der beiden Patientengruppen zeigten sich teilweise signifikante Unterschiede der Lebensqualitätsdaten, die zu Studienbeginn in beiden Patientengruppen annähernd gleich waren. Insofern kann die Annahme bestätigt werden, dass Disease Management auch aus der subjektiven Sicht des Patienten zu positiven Behandlungseffekten führt. Auf eine Berechnung gewonnener qualitätskorrigierter Lebensjahre wurde wegen der gezeigten Einsparungen im monetären Bereich verzichtet.

Insgesamt kann festgestellt werden, dass das evaluierte Disease Management-System zu einer Verbesserung der Lebensqualität und zu einer Minderung der direkten Behandlungskosten führen kann.

5.2. Disease Management mit telefonischer Betreuung
5.2.1. Studiendesign

Kernelemente dieses Disease Management-Programmes für Patienten mit Asthma waren die kontinuierliche, telefonische Betreuung durch einen externen Dienstleister, der auf medizinische Callcenter-Leistungen spezialisiert ist, zur Überprüfung des therapeutischen Gesamtkonzeptes, die Teilnahme der Patienten an einer Asthmaschulung sowie ein Selbst-Monitoring der Patienten zu Hause und regelmäßige ärztliche Kontrollen. Eine tägliche Kontrolle und elektronische Übermittlung der medizinischen Daten der Patienten erfolgte also bei diesem Programm im Gegensatz zu dem im Abschnitt 5.1. dargestellten Projekt **nicht**. Es wurden wiederum zwei Vergleichsgruppen rekrutiert:

Vergleichsgruppe

Die Patienten erhielten von ihrer Krankenkasse zunächst ein Anschreiben zusammen mit einer Programmbeschreibung, einer Teilnahmeerklärung, dem EuroQol und einem Anamnesebogen. Die Teilnahmeerklärungen wurden zusammen mit dem Anamnesebogen zurückgeschickt. Die Disease Manager bewerteten die Anamnesebögen hinsichtlich

Fallbeispiele für Disease Management bei Asthma in Deutschland

der Frage, ob Zweifel an der Diagnose eines Asthma bronchiale bestehen und welcher Asthmaschweregrad vorlag. Nach Erhalt der Teilnahmeerklärung wurde dem Patienten ein zweiter Lebensqualitätsfragebogen, der FLA, zugesandt. Zum Zeitpunkt 12 und 24 Monate erhielt der Patient per Post die Lebensqualitätsfragebögen EuroQol und FLA sowie einen Fragebogen zur Erhebung medizinischer Parameter. Die ökonomischen Studienparameter wurden von der Krankenkasse der Patienten ermittelt.

Disease Management-Gruppe

Die Teilnehmer der DM Studie rekrutieren sich aus einer Gruppe von Patienten, der von der Krankenkasse schriftlich die Teilnahme an dem Disease Management-Projekt angeboten worden war. Bei positiver Rückmeldung erfolgte ein telefonisches Erstgespräch mit dem Kunden zur Ergänzung der Anamnese und zur Identifikation von Informationsdefiziten. Zudem erhielten alle Teilnehmer zu Beginn folgende Unterlagen:

- Notfallplan
- Asthmatagebuch
- Anschreiben an Patient
- Vorstellung des externes Dienstleisters
- Projektbeschreibung
- Darstellung Schulungsinhalte
- Anschreiben an behandelnden Arzt
- Vorstellung des externen Dienstleisters
- Projektbeschreibung
- Hilfe für Abrechnung
- Behandlungsunterlagen
- Dokumentationsblätter für ärztliche Untersuchungen
- Dokumentationsblätter für Medikamentenplan
- Informationen
- Informationsmaterial zu Asthma
- Visitenkarte vom Asthmateam mit Ansprechpartner
- Stufenplan und Schweregradeinteilung nach den Empfehlungen der deutschen Atemwegsliga

Das Informationsmaterial wurde in regelmäßigen Abständen ergänzt.

Die Kontaktaufnahme durch die Disease Manager erfolgte alle drei Monate. Dabei wurden folgende Themen angesprochen:

- Erinnerung an nächsten Arztbesuch,
- Fragen nach aktuellem Befinden (gemäß Parametern des Dokumentationsbogens),

- Gegebenenfalls weitergehende Information über ein im Erstgespräch identifiziertes individuelles asthmaspezifisches Problem
- Gegebenfalls Vereinbarung weiterer Telefontermine
- Fragen nach Wünschen, Anregungen.

Die medikamentöse Therapie erfolgte gemäß Stufenschema der Deutschen Asthmaliga und wurde mittels schriftlichen Medikamenten- und Notfallplans dokumentiert. Die Erhebung der Lungenfunktionswerte erfolgte als Selbst-Monitoring mittels konventionellem Peak-Flow-Meter. Die Lebensqualitätsmessung (EQ-5D und FLA) fanden zu Beginn der Studie nach 6, 12, 18 und 24 Monaten statt. Die Patienten stellten sich zu Beginn der Studie und in 6-monatigen Abständen beim Arzt (halbjährlich Hausarzt, halbjährlich Facharzt für Lungen und Bronchialheilkunde) vor.

Für die Aufnahme der Patienten in die Studie galten folgende Einschlusskriterien:

- Mindestalter 18 Jahre,
- Asthmaschweregrad Stufe III, IV oder II mit rezidivierenden Exazerbationen sowie
- in den letzten zwei Jahren Krankenhausaufenthalte oder/und Krankengeldzahlungen infolge ihrer Asthmaerkrankung mit Kosten über 500 € p.a.

Als Ausschlusskriterien galten:

- Der behandelnde Haus- oder Facharzt stellt fest, dass es sich nicht um Asthma handelt.
- Patient ist pflegebedürftig und in Pflegestufe 2 oder höher (nach Einteilung in der sozialen Pflegeversicherung) eingestuft.
- Lungenemphysem
- chronisch obstruktive Bronchitis
- chronische Bronchitis
- saisonal begrenzt auftretendes Asthma bronchiale
- Sarkoidose
- maligne Tumoren und psychiatrische Erkrankungen, die während des letzten Jahres zu einem mindestens einwöchigem Krankenhausaufenthalt geführt haben.
- Alkoholabusus, Drogensucht

Die Patienten wurden randomisiert auf die beiden Gruppen verteilt.

Es handelt sich um eine prospektive, multizentrische, randomisierte, kontrollierte Kostenvergleichsanalyse (Cost-Minimisation-Analysis, CMA) in zwei Parallelgruppen unter Einbeziehung von Kosten- und Lebensqualitätsaspekten über mindestens 12 Monate für jeden Patienten. Die primäre Studienperspektive war die der gesetzlichen Krankenversicherung. Sekundär wurde auch die Perspektive der Patienten betrachtet (Lebensqualitäts-Analyse, Entwicklung medizinischer Parameter). Indirekte Kosten wurden nicht erhoben, so dass keine Analyse aus gesellschaftlicher Perspektive vorgenommen wurde. Im Anschluss wurde die Studie noch weitere 12 Monate fortgeführt. Da die Studie bei Abschluss dieser Arbeit deshalb noch lief, konnten die Ergebnisse dieses verlängerten Studienzeitraums nicht berücksichtigt werden.

Die Erfassung der Studienparameter erfolgte unterschiedlich. Lungenfunktionswerte wurden telefonisch von den Disease Managern erfasst. Die Lebensqualitätsbögen wurden postalisch von den Patienten direkt an die Studienleitung versandt, die Kostenparameter wurden von der Krankenkasse erstellt und elektronisch zur Auswertung übermittelt.

5.2.2. Ergebnisse

Die beiden Gruppen waren bezüglich Geschlechts- und Altersverteilung vergleichbar (Tabelle 23). Die Vergleichsgruppe ist durchschnittlich etwa drei Jahre älter als die Disease Management-Gruppe, wodurch die mittelfristig erwarteten positiven Effekte des Disease Managements eher unterschätzt werden. Der hohe Anteil von Frauen in beiden Gruppen ist auf die Zusammensetzung der Mitgliedschaft bei der kooperierenden Krankenkasse zurückzuführen, die traditionell einen hohen Frauenanteil aufweist.

Tabelle 23: Sozio-demographische Daten der Patienten in beiden Gruppen

	Disease Management-Gruppe	Vergleichs-Gruppe
Anzahl - zu Beginn der Studie - nach 6 Monaten - nach 12 Monaten	180 142 135	144 144 135
Gründe für das Ausscheiden aus der Studie *nicht beeinflussbare Größen:* - verstorben (kein Zusammenhang mit Atemwegsbehandlung) - Auftreten einer anderen schweren Erkrankung (ohne Beteiligung der Atemwege) - Wechsel der Krankenkasse oder verzogen *beeinflussbare Größe:* - auf eigenen Wunsch sowie Non-Compliance	3 16 4 22	3 1 4 (1)
Weibliche Patienten nach 12 Monaten (in %)	71 %	73 %
Alter (zu Beginn der Studie) - Mittelwert - Median	50,6 53,0	53,3 56,0

Der Anteil der ausgeschiedenen Patienten in der Disease Management-Gruppe betrug nach 12 Monaten 25%. Auf eigenen Wunsch oder wegen Non-Compliance[598] waren zu diesem Zeitpunkt insgesamt 22 Patienten ausgeschieden, also etwa 12 %, was noch im erwarteten Wertebereich liegt. Im Laufe der Studie nahm der Zahl der Studienabbrecher aber kontinuiertlich ab, weil die Patienten zu Beginn der Studie keine präzisen Vorstellungen über das Disease Management-Programm haben konnten und diejenigen teilnehmenden Patienten, denen diese Versorgungsart nicht zusagt, tendenziell bereits zu Beginn des Programms ausschieden. Entsprechend wurden die Gruppengrößen kalkuliert.

5.2.2.1. Auswertung der medizinischen Parameter

Die klinischen Parameter der Patienten in der Disease Management-Gruppe waren im Vergleich zum Studienbeginn erheblich verbessert. Dies zeigen deutlich die Werte in Tabelle 24. So reduzierte sich im Studienablauf insbesondere der Anteil der Patienten mit nächtlichen Beschwerden. Hatten hier zu Beginn nur 29% der Teilnehmer keine oder geringe Beschwerden, so sind dies nach 12 Monaten 52%. Ebenfalls deutlich rückläufig ist der Anteil der Patienten mit täglichen oder ständigen Beschwerden am Tage von 62% auf 28%. Hierdurch sinkt der Anteil der Patienten mit schwerem Asthma. In der Asthmastufe 4 konnte der Patientenanteil von 30% auf 7,5% gesenkt werden. Entsprechend nahm die Zahl der Patienten mit leichteren Schweregraden des Asthmas zu.

Übereinstimmend mit diesen Ergebnissen zeigten sich auch beim Vergleich von DMP- und Kontrollgruppe nach 12 Monaten günstigere Werte für die Teilnehmer am Disease Management-Programm (Tabelle 25). Über 70% dieser Gruppe wiesen eine niedrige Asthmastufe (1 oder 2) auf, während bei der Kontrollgruppe dieser Anteil bei 55% lag. Auch die Symptomatik war bei DMP-Patienten insgesamt geringer. So lag der Anteil mit Patienten, die keine oder nur wenige Symptome aufweisen, in der DMP-Gruppe bei 48%, in der Kontrollgruppe dagegen nur bei 35%.

---

598 Z. B. mehrfacher vergeblicher Versuche zur Kontaktaufnahme

Tabelle 24: Klinische Parameter der Patienten in der Disease Management-Gruppe

	Zu Studienbeginn n=142		Nach 12 Monaten n=135		Differenz	
	Anzahl Patienten	Anteil	Anzahl Patienten	Anteil	Anzahl Patienten	Anteil
Asthmaschweregrad						
Stufe 1	11	7,9 %	30	28,0 %	19	20,1 %
Stufe 2	32	22,9 %	46	43,0 %	14	20,1 %
Stufe 3	55	39,3 %	23	21,5 %	-32	-17,8 %
Stufe 4	42	30,0 %	8	7,5 %	-34	-22,5 %
Fehlend	2		28		26	
Anwendungen des DA wegen akuter Atemnot						
- keine Anwendung	122	85,7 %	37	29,4 %	-85	-56,3 %
- eine Anwendung	2	1,5 %	10	7,9 %	8	6,4 %
- 2–5 Anwendungen	10	7,4 %	60	47,6 %	50	40,2 %
- 6–15 Anwendungen	1	0,7 %	17	13,5 %	16	12,8 %
- > 15 Anwendungen	1	0,7 %	2	1,6 %	1	0,9 %
- keine Angabe	6		9		3	
Anteil der Patienten mit Symptomen tagsüber						
- keine	4	2,9 %	16	12,7 %	12	9,8 %
- < 2x pro Woche	21	15,0 %	44	34,9 %	23	19,9 %
- < einmal am Tag	29	20,7 %	31	24,6 %	2	3,9 %
- täglich	68	48,6 %	24	19,0 %	-44	-29,6 %
- ständig	18	12,9 %	11	8,7 %	-7	-4,2 %
- keine Angabe	2		8		6	
Anteil der Patienten mit nächtlichen Symptomen						
- keine	14	10,0 %	22	17,5 %	8	7,5 %
- < 2x p. Woche	27	19,3 %	43	34,1 %	16	14,8 %
- < einmal am Tag	30	21,4 %	29	23,0 %	-1	1,6 %
- täglich	25	17,9 %	14	11,1 %	-11	-6,8 %
- ständig	44	31,4 %	18	14,3 %	-26	-17,1 %
- keine Angabe	2		8		6	

Fallbeispiele für Disease Management bei Asthma in Deutschland

Tabelle 25: Klinische Parameter der Patienten im Vergleich der Behandlungsgruppen nach 12 Monaten

	DMP-Gruppe n=135		Kontrollgruppe n=135		Differenz	
	Anzahl Patienten	Anteil	Anzahl Patienten	Anteil	Anzahl Patienten	Anteil
Asthmaschweregrad						
Stufe 1	30	28,0 %	14	15,4 %	16	12,7 %
Stufe 2	46	43,0 %	36	39,6 %	10	3,4 %
Stufe 3	23	21,5 %	30	33,0 %	-7	-11,5 %
Stufe 4	8	7,5 %	11	12,0 %	-3	-4,5 %
Keine Angabe	28		44		-16	
Asthmaschweregrad						
Stufe 1	30	22,2 %	14	10,4 %	16	11,8 %
Stufe 2	46	34,1 %	36	26,7 %	10	7,4 %
Stufe 3	23	17,0 %	30	22,2 %	-7	-5,2 %
Stufe 4	8	5,9 %	11	8,1 %	-3	-2,2 %
Keine Angabe	28	20,7 %	44	32,6 %	-16	-11,9 %
Anwendungen des DA wegen akuter Atemnot						
- keine Anwendung	37	29,4 %	26	24,8 %	11	4,6 %
- eine Anwendung	10	7,9 %	7	6,7 %	3	1,2 %
- 2–5 Anwendungen	60	47,6 %	53	50,5 %	7	-2,9 %
- 6–15 Anwendungen	17	13,5 %	18	17,1 %	-1	-3,6 %
- > 15 Anwendungen	2	1,6 %	1	1,0 %	1	0,6 %
- keine Angabe	9		30		-21	
Anteil der Patienten mit Symptomen tagsüber						
- keine	16	12,7 %	13	12,3 %	3	0,4 %
- < 2x pro Woche	44	34,9 %	24	22,6 %	20	12,3 %
- < einmal am Tag	31	24,6 %	32	30,2 %	-1	-5,6 %
- täglich	24	19,0 %	24	22,6 %	0	-3,6 %
- ständig	11	8,7 %	13	12,3 %	-2	-3,6 %
- keine Angabe	8		29		-21	
Anteil der Patienten mit nächtlichen Symptomen						
- keine	22	17,5 %	18	17,0 %	4	0,5 %
- < 2x pro Woche	43	34,1 %	24	22,6 %	19	11,5 %
- < einmal am Tag	29	23,0 %	33	31,1 %	-4	-8,1 %
- täglich	14	11,1 %	14	13,2 %	0	-2,1 %
- ständig	18	14,3 %	17	16,0 %	1	-1,7 %
- keine Angabe	8		29		-21	

5.2.2.2. Lebensqualität der Patienten

Die Patienten wurden im Studienzeitraum in den genannten regelmäßigen Abständen zu ihrer aktuellen Lebensqualität befragt. Dazu wurden die beiden aus der ersten, im Abschnitt 5.1. dargestellten Studie schon bekannten Fragebögen herangezogen: der Fragebogen zur Lebensqualität bei Asthma (FLA) nach Mühlig et al. (1998)[599] und der EQ-

---

599 Vgl. Mühlig, S., Bergmann, K.-Ch., Emmermann, E. und Petermann, F. (1998).

5D der EuroQol-Gruppe[600]. Beide Fragebögen sind im Anhang dieser Arbeit wiedergegeben.

Insgesamt lagen für die Auswertung zu Beginn in der DMP-Gruppe 129 Fragebögen vor. Drei Bögen konnten wegen fehlender Werte nicht einbezogen werden. Der FLA ist mit bis zu fünf fehlenden Werten auswertbar. Wie Tabelle 26 zeigt, mussten auch bei der Kontrollgruppe sechs Fragebögen ausgeschlossen werden. Dies macht jedoch weniger als 6% aller Bögen aus, was ein sehr geringer Prozentsatz ist, der im Toleranzbereich liegt und keine negativen Auswirkungen auf die Aussagekraft hat.

Tabelle 26: Auswertbare Angaben bei den FLA-Bögen*

Anzahl fehlender Angaben	DMP-Gruppe	Kontrollgruppe
0	74	57
1	25	20
2	13	9
3	4	7
4	7	3
5	3	4
> 5	3	6
Gesamt	129	106
davon auswertbar	126 (97,7 %)	100 (94,3 %)

* Beim FLA sind die Scoringwerte nur bis zu einem Schwellenwert von fünf Antworten auswertbar, die fehlen oder mit „Weiß nicht" angekreuzt wurden.

Für die Beurteilung der Validität und Praktikabilität eines Lebensqualitätsmessinstrumentes ist die Akzeptanz bei den Probanden ein wichtiger Parameter. Fehlende Werte beim Ausfüllen der Fragebögen wären ein Hinweis auf eine geringe Akzeptanz und sind daher in der Studie von Bedeutung für die Beurteilung des Instrumentes selbst. Der EQ-5D-Fragebogen wurde von fast allen Patienten vollständig ausgefüllt. Die wenigen fehlenden Werte betrafen zu Beginn der Studie überproportional die Vergleichsgruppe (Tabelle 27).

---

600 Vgl. Brooks, R. (1996).

Fallbeispiele für Disease Management bei Asthma in Deutschland

Tabelle 27: Fehlende Werte beim EuroQol

	Befragung zu Beginn der Studie			Befragung nach 12 Monaten		
	Anzahl in Disease Management-Gruppe	Anzahl in Vergleichsgruppe	Anzahl Gesamt	Anzahl in Disease Management-Gruppe	Anzahl in Vergleichsgruppe*	Anzahl gesamt
Frage 1	3	4	7	1	0	1
Frage 2	4	2	6	0	0	0
Frage 3	1	3	4	1	0	1
Frage 4	4	9	13	3	0	3
Frage 5	4	4	8	0	1	1
VAS	8	10	18	–	3	3
Gesamtzahl fehlender Angaben	24	32	56	5	4	9
In Prozent der gesamten Angaben	2,8 %	3,7%	3,3%	0,6%	0,5%	0,6%
Gesamtzahl nicht vollständiger Fragebögen	15	21	36	10	4	14

Lebensqualität bei Studienbeginn

Vergleichswerte beider Gruppen zu Beginn der Studie und nach 12 Monaten sind in den Tabellen 28 und 29 wiedergegeben. Am stärksten waren die Patienten physisch eingeschränkt, während die psychische Belastung durch die Erkrankung vergleichsweise gering war. Der Vergleich der beiden Gruppen zeigt zu Beginn der Behandlung keine statistisch nachweisbaren Unterschiede. Die Konfidenzintervalle der Mittelwerte überlappen sich fast vollständig und auch die Mediane sind annähernd identisch. Insgesamt ergibt sich in der Disease Management-Gruppe ein etwas höherer Gesamt-Score (also eine bessere Lebensqualität) als in der Vergleichsgruppe, diese Unterschiede liegen aber im statistisch nicht relevanten Bereich. Man kann daher feststellen, dass sich am Ausgangspunkt der Studie beide Patientengruppen vom subjektiv wahrgenommenen Gesundheitszustand her nicht unterschieden.

Der Vergleich der Lebensqualitätswerte zwischen den einzelnen Asthmastufen veranschaulicht prägnant die Validität des FLA-Fragebogens zur Unterscheidung verschiedener Schweregrade. Dies bestätigt bisherige Forschungsergebnisse, die auf deutliche Lebensqualitätsunterschiede zwischen den Schweregradgruppen hinweisen.[601]

Veränderung der Lebensqualität

Ein Vergleich der Werte im Zeitablauf zeigt einen deutlichen Trend, der darin besteht, dass die Disease Management-Gruppe höhere Werte erreicht als zu Beginn der Studie und sich auch statistisch signifikant von den Vergleichswerten unterscheidet. Die Verbesserungen beziehen sich insbesondere auf die „physischen und psychischen Merkmale" des FLA, sind aber auch bei dem (weniger sensitiven) generischen EQ-5D (LQI) nachweisbar.

---

601 Vgl. Greiner, W., Schulenburg, J.-M. Graf v.d. und Bergmann, K.-Ch. (1999).

Tabelle 28: Lebensqualitätswerte nach 12 Monaten*

	Disease Management-Gruppe			Vergleichsgruppe			Differenz		
	Mittel-wert	Stand.-abwei-chung	Median	Mittel-wert	Stand.-abwei-chung	Median	Mittel-wert	Stand.-abwei-chung	Median
	n = 129			n = 106					
FLA:									
- Gesamtscore	51,9	23,6	53,1	49,2	22,7	48,8	2,7	0,9	4,3
- physische Merkmale	48,3	24,9	50,0	44,0	23,6	40,9	4,3	1,3	9,1
- psychische Merkmale	58,9	23,3	62,0	55,5	23,2	55,1	3,4	0,1	6,9
- funktionaler Status	47,3	28,6	46,3	46,6	28,2	42,9	0,7	0,4	3,4
	n = 129			n = 106					
EQ-5D									
- Indexwert	72,7	18,4	72,5	69,9	17,4	70,5	2,8	1,0	2,0
- VAS-Wert	–	–	–	57,0	19,0	58,0	–	–	–

* *Versand der Bögen Anfang Februar, Erhalt der letzten Bögen Ende März*

Tabelle 29: Lebensqualitätswerte der DMP-Gruppe im Zeitablauf

	zu Beginn der Studie				nach 12 Monaten				Differenz		
	Mittel-wert	Stand.-abwei-chung	Median	Mittel-wert	Stand.-abwei-chung	Median		Mittel-wert	Median	Sign.
FLA:	n = 147				n = 129						
- Gesamtscore	49,0	21,6	47,7	51,9	23,6	53,1		2,9	5,4	**
- physische Merkmale	44,7	23,7	45,5	48,3	24,9	50,0		3,6	4,5	**
- psychische Merkmale	54,8	21,2	55,6	58,9	23,3	62,0		4,1	6,4	**
- funktionaler Status	46,2	27,5	46,4	47,3	28,6	46,3		1,1	-0,1	
EQ-5D	n = 147				n = 129						
- Indexwert	69,7	18,3	70,5	72,7	18,4	72,5		3,0	2,0	**
- VAS-Wert	56,5	18,5	58,5	-	-	-				

** = 1% - Niveau

Neben der Verbesserung der Symptomatik in der Disease Management-Gruppe ist somit ein deutlicher Behandlungseffekt auch bei den Lebensqualitätswerten erkennbar.

5.2.2.3. Kostenanalyse

Eine Asthmabehandlung erfolgt primär ambulant. Deshalb sind Mittelwerte insbesondere für Krankenhausbehandlungen, die einen Kostenschwerpunkt bilden, von hoher Variabilität geprägt. Die Tabelle 30 zeigt je nach Behandlungsgruppe den Anteil der von stationärer Behandlung und/oder Arbeitsunfähigkeitstagen betroffenen Patienten. Die Angaben sind differenziert nach dem Grund der Einweisung/Krankschreibung: Es werden sowohl stationäre Behandlungen und/oder Arbeitsunfähigkeitstage, die auf das Krankheitsbild Asthma (J45.. oder J46) zurückzuführen sind, als auch solche aufgrund von Atemwegserkrankungen (J44.. nach ICD-10) sowie allen Krankheitsbildern aufgeführt.

Insgesamt zeigt sich eine höhere Behandlungsintensität bei den Disease Management-Programm-Patienten. Sie weisen eine höhere Anzahl von Arbeitsunfähigkeits- und Krankenhaustagen sowie höhere Anteile von Patienten auf, die von Arbeitsunfähigkeit oder Krankenhausaufenthalten betroffen sind. Allerdings sind die genannten Ergebnisse statistisch nicht signifikant, sondern könnten zufallsbedingt sein.

Fallbeispiele für Disease Management bei Asthma in Deutschland

Tabelle 30: Erfassung der Krankenhaus- und Arbeitsunfähigkeitstage nach 12 Monaten

	DMP-Gruppe	Vergleichs-gruppe	Differenz
Mittlere Anzahl der Krankenhaustage bezogen auf alle Patienten			
Asthma			
- Mittelwert	2,7	0,7	2,0
- Median	0,0	0,0	0
- Standardabweichung	11,2	4,3	6,9
Atemwegserkrankungen			
- Mittelwert	3,0	2,4	0,6
- Median	0,0	0,0	0
- Standardabweichung	11,3	11,8	- 0,5
Alle Krankheitsbilder			
- Mittelwert	6,2	5,1	1,1
- Median	0,0	0,0	0,0
- Standardabweichung	13,4	15,7	- 2,3
Anteil der Patienten mit Krankenhaustagen (in % der jeweiligen Gruppe)			
Asthma	9,6	5,2	4,4
Atemwegserkrankungen	11,9	8,9	3,0
alle Krankheitsbilder	35,6	26,7	8,9
Anzahl der Patienten mit Hospitalisation			
Asthma	13	7	6
Atemwegserkrankungen	16	12	4
alle Krankheitsbilder	48	36	12
Mittlere Anzahl der Arbeitsunfähigkeitstage bezogen auf alle Patienten*			
Asthma			
- Mittelwert	4,2	1,6	2,6
- Median	0,0	0,0	0
- Standardabweichung	13,7	7,3	6,4
Atemwegserkrankungen			
- Mittelwert	5,2	1,9	3,3
- Median	0,0	0,0	0
- Standardabweichung	15,7	7,6	8,1
Alle Krankheitsbilder			
- Mittelwert	14,1	4,7	9,4
- Median	0,0	0,0	0
- Standardabweichung	31,5	10,5	21,0
Anteil der Patienten mit Arbeitsunfähigkeitstagen (in % der jeweiligen Gruppe)			
Asthma	18,5	11,9	6,6
Atemwegserkrankungen	20,0	14,1	5,9
alle Krankheitsbilder	39,3	31,1	8,2
Anzahl der Patienten mit Arbeitsunfähigkeitstagen			
Asthma	25	16	9
Atemwegserkrankungen	27	19	8
alle Krankheitsbilder	53	42	11

* *Ausreißer (Werte, die außerhalb der doppelten Standardabweichung um den Mittelwert liegen) wurden nicht mit einbezogen*

Fallbeispiele für Disease Management bei Asthma in Deutschland

Tabelle 31 gibt einen Überblick über Ausreißerwerte der Arbeitsunfähigkeitstage. Ausreißerwerte sind definiert als Werte, die außerhalb des jeweiligen doppelten Konfidenzintervalls lagen. Diese wurden aufgrund der relativ kleinen Gruppengrößen nicht berücksichtigt, da andernfalls Verzerrungen des Mittelwertes die Folge gewesen wären. Daher wurden nur die AU-Tage bis zu einer Höchstzahl von 52 berücksichtigt (bei den Zusatzauswertungen für Atemwegserkrankungen und Asthma bis einschließlich 23 Tage). Die nicht einbezogenen AU-Tage können der Tabelle 31 entnommen werden.

Tabelle 31: Ausreißerwerte der Arbeitsunfähigkeitstage

Disease Management-Gruppe			Vergleichsgruppe		
gesamt	Atemwege	Asthma	gesamt	Atemwege	Asthma
229	120	120	65	65	65
238	238	238	75	75	75
250	250	250	80	80	80
307	362	362	85	106	106
362			106	112	112
			112	195	195
			195		

Zur Bewertung der Rettungsfahrten lagen die tatsächlich von der Kasse erstatteten Preise vor. Auch die Medikamente und Krankenhaustage wurden mit den in Rechnung gestellten Preisen bzw. Pflegesätzen bewertet. Die Kosten der ambulanten Behandlung wurden nicht erfasst, da diese wegen der Honorierung der niedergelassenen Ärzte im Rahmen der Gesamtvergütung der kassenärztlichen Vereinigung nur mit hohem Aufwand zu ermitteln sind. Für die Krankenkassen spielen Unterschiede in der kassenärztlichen Versorgung derzeit auch nur eine geringe Rolle, da diese Leistungen von den Krankenkassen weitgehend pauschal an die kassenärztlichen Vereinigungen abgegolten werden. Bisherige Erfahrungen bei Asthmatikern zeigen auch, dass die ambulanten ärztlichen Kosten weder mit dem Schweregrad des Asthmas noch mit unterschiedlichen Behandlungskonzepten wesentlich variieren.

Um den Erwartungswert für bestimmte Kostenarten und die Gesamtkosten zu ermitteln, wurden die Kosten auf alle Patienten der jeweiligen Gruppe bezogen, unabhängig davon, ob die jeweilige Leistung von diesen Patienten in Anspruch genommen wurde oder nicht. In Tabelle 32 a sind zunächst die direkten Kosten pro Patient, die zur Behandlung des Asthmas angefallen sind, aufgeführt. Tabelle 32 b stellt die Kosten in den einzelnen Kostenkategorien zusammen, die für Atemwegserkrankungen an Behandlungskosten aufgetreten sind, und Tabelle 32 c dokumentiert schließlich die Resultate der Kostenanalyse unabhängig von der zugrundeliegenden Erkrankung (einbezogen wurden hier also alle ICD). Rettungseinsätze konnten nicht danach differenziert werden, ob sie asthma- bzw. atemwegserkrankungsbezogen aufgetreten sind. Sie sind deshalb in allen Tabellen gleich hoch verzeichnet.

Fallbeispiele für Disease Management bei Asthma in Deutschland

Tabelle 32a: Direkte mittlere Gesamtkosten der Behandlung pro Patient nach 12 Monaten
(nur asthmabezogene Kosten; jeweils Mittelwerte in €; bezogen auf alle Patienten)

	Disease Management-Gruppe**		Vergleichs-gruppe**		Differenz
Medikamente	$n^I = 135$	794,35	$n^I = 130$	854,09	-59,74
Krankenhausbehandlungen	$n^I = 13$	748,40	$n^I = 7$	164,70	583,70
Rettungsfahrten*	$n^I = 23$	94,30	$n^I = 13$	47,90	46,40
Krankengeld	$nI = 1$	37,80	$n^I = 1$	52,20	-14,40
Direkte Kosten insgesamt		1.674,85		1.118,89	555,96

* Aufschlüsselung nach Diagnosen nicht möglich
** Angabe des n: Anzahl der Patienten, die die jeweilige Leistung tatsächlich in Anspruch genommen haben, kein Bezug zur Mittelwertberechnung
n^I: Anzahl der Patienten mit Inanspruchnahme der jeweiligen Leistung

Tabelle 32b: Direkte Gesamtkosten der Behandlung pro Patient nach 12 Monaten
(nur atemwegserkrankungsbezogene Kosten; jeweils Mittelwerte in €; bezogen auf alle Patienten)

	Disease Management-Gruppe**		Vergleichs-gruppe**		Differenz
Medikamente	$nI = 135$	838,51	$n^I = 130$	890,72	-52,21
Krankenhausbehandlungen	$nI = 16$	828,10	$n^I = 12$	582,90	245,20
Rettungsfahrten*	$nI = 23$	94,30	$n^I = 13$	47,90	46,40
Krankengeld	$nI = 1$	37,80	$n^I = 1$	52,20	-14,40
Direkte Kosten insgesamt		1.798,71		1.573,72	224,99

* Aufschlüsselung nach Diagnosen nicht möglich
** Angabe des n: Anzahl der Patienten die die jeweilige Leistung tatsächlich in Anspruch genommen haben, kein Bezug zur Mittelwertberechnung
n^I: Anzahl der Patienten mit Inanspruchnahme der jeweiligen Leistung

Fallbeispiele für Disease Management bei Asthma in Deutschland

Tabelle 32c: Direkte Gesamtkosten der Behandlung pro Patient nach 12 Monaten
(alle Erkrankungen; jeweils Mittelwerte in €; bezogen auf alle Patienten)

	Disease Management-Gruppe*		Vergleichs-gruppe*		Differenz
Medikamente	n^I = 135	1.537,44	n^I = 132	1.464,16	73,28
Krankenhaus-behandlungen	n^I = 48	1.498,60	n^I = 36	1.276,90	221,70
Rettungsfahrten	n^I = 23	94,30	n^I = 13	47,90	46,40
Krankengeld	n^I = 19	633,20	n^I = 10	287,40	345,80
Direkte Kosten insgesamt		3.763,54		3.076,36	687,18

* Angabe des n: Anzahl der Patienten, die die jeweilige Leistung tatsächlich in Anspruch genommen haben, kein Bezug zur Mittelwertberechnung
n^I: Anzahl der Patienten mit Inanspruchnahme der jeweiligen Leistung

Die direkten Gesamtkosten sind in jeder Kostenabgrenzung bei Patienten in der DMP-Gruppe höher als in der Vergleichsgruppe, wenn man die asthmabezogenen Kosten oder die Kosten für alle Erkrankungen betrachtet. Den größten Anteil an den Kosten (mit Ausnahme der Kosten der Behandlung aller Erkrankungen bei der DMP-Gruppe) haben die Medikamenteausgaben, die bei den asthma- und atemwegsbezogenen Kosten bei den DMP-Patienten niedriger ausfielen als bei der Kontrollgruppe. Die Krankenhauskosten lagen dagegen bei den DMP-Patienten durchweg höher als in der Kontrollgruppe, was zum größten Teil die höheren Gesamtkosten erklärt.

Das Ergebnis des Kostenvergleichs ist überraschend, da zwar vergleichsweise hohe Medikamentekosten bei Patienten in einem Disease Management-Programm durch eine Leitlinien-orientierte Versorgung erklärlich sind, dies aber die Krankenhauskosten senken sollte. Es sind mehrere Erklärungsansätze möglich, um die hier abweichenden Resultate zu begründen. So wurde im Studienzeitraum eine Reihe von Patienten in der DMP-Gruppe ausgeschlossen, weil sie nicht an Asthma, sondern an einer bislang nicht diagnostizierten COPD litten, was bei Rekrutierung wegen der schriftlichen Befragung noch nicht erkennbar war. In der Kontrollgruppe konnte eine solche Selektion nicht stattfinden, da die entsprechend detaillierten Krankheitsdaten nicht vorlagen. Eine eingehende körperliche Untersuchung zu Beginn der Studie für beide Gruppen hätte diesem Umstand Rechnung getragen und sollte bei zukünftigen Studien dieser Art unverzichtbar sein.

Möglich ist aber auch, dass sich Veränderungen bei der Inanspruchnahme von Ressourcen in einem Vollversicherungssystem nur sehr langsam vollziehen, wenn der Einfluss des Disease Managements auf sporadische telefonische Beratungen begrenzt ist. Ein kontinuierliches Telemonitoring des Krankheitsverlaufes kann zudem möglicherweise eine schubweise Verschlechterung des Krankheitszustandes eher erfassen und schnell mit geeigneten medizinischen Gegenmaßnahmen reagieren, die einen Krankenhausaufenthalt vermeiden helfen.

5.3. Studienergebnisse im Vergleich

Die Auswertung des zweiten Disease Management-Programmes hat gezeigt, dass von einem Disease Management bei Asthma ohne Telemonitoring und einer strikten Leitlinienanbindung keine Kosteneinspareffekte ausgehen. Im Vergleich der beiden Patientengruppen zeigten sich aber auch bei diesem Design teilweise signifikante Unterschiede der Lebensqualitätsdaten, die zu Studienbeginn in beiden Patientengruppen annähernd gleich waren. Insofern kann die Annahme bestätigt werden, dass Disease Management aus der subjektiven Sicht des Patienten zu positiven Behandlungseffekten führt.

Die Auswertung hat darüber hinaus eine signifikante Verbesserung der mittleren Schwere der Erkrankung ergeben. Dies gilt insbesondere für die sehr schweren Fälle (Asthmastufe 4), die bei den DMP-Patienten weitgehend vermieden werden konnten. Eine Verbesserung der Asthmaschweregradverteilung könnte zukünftig niedrigere Behandlungskosten induzieren, weil nach bisherigen Studien mit der Progredienz der Asthmaerkrankung Kostensteigerungen verbunden sind.

Es konnte nicht geklärt werden, warum die Erfolgsrate bei der Vermeidung von Krankenhaustagen im Vergleich der beiden Studien derart unterschiedlich ausfiel. Auffällig ist aber die hohe Variabilität der Krankenhaustage, sowohl bezogen auf die Standardabweichung also auch im Vergleich der beiden Studien. Es besteht daher weiterer Forschungsbedarf bezüglich der Frage, ob es bei dieser Frage langfristig zu einem stabileren Ergebnis kommt, das weniger von Ausreißerwerten bestimmt wird.

In beiden Studien ergab sich übereinstimmend, dass durch Disease Management zumindest im ersten Jahr nach Einführung eines entsprechenden Programmes die Zahl der Arbeitsunfähigkeitstage nicht wie erwartet abnimmt, sondern im Gegenteil sogar gesteigert wird. Die Anzahl der AU-Tage liegt bei der zweiten Studie durchweg in beiden Gruppen niedriger als bei der ersten Studie. Ob dieser Effekt der gesamtwirtschaftlichen Entwicklung, einer anderen sozialen Patientenstruktur oder dem Zufall zuzurechnen ist, kann mit den vorliegenden Daten nicht entschieden werden. Offenbar führt aber ein bewussterer Umgang mit der Erkrankung dazu, dass nach Einführung eines Disease Management-Programmes die Patienten bei akuten Krankheitssymptomen dem Arbeitsplatz eher fern bleiben als Patienten mit konventioneller Versorgung. Ob dies nur initial oder langfristig gilt, werden längerfristige Studien zeigen.

Zusammenfassend lässt sich feststellen, dass Disease Management einen positiven Einfluss auf die Patientenlebensqualität und auf klinische Daten, insbesondere auf die Verteilung der Asthmaschweregrade hat. Bezüglich der Kosteneffekte kann allerdings keine einheitliche Schlussfolgerung gezogen werden. Das Hauptpotenzial für Einsparungen liegt (wenn überhaupt) im Krankenhausbereich, was durch die Einführung von pauschalisierten, fallbezogenen Honorierungsformen im stationären Bereich aber für die Kostenträger kurzfristig nur noch eingeschränkt zur Verfügung steht. Nicht mehr die mittlere Krankenhausaufenthaltsdauer, sondern die mittlere Krankenhauseinweisungsquote wird dann den Einsparerfolg eines Disease Management-Programmes bestimmen. Betrachtet man die Einführung dieser Versorgungsform vor allem unter dem Aspekt möglicher Ressourcen-Ersparnis, legen die unterschiedlichen Ergebnisse der beiden vorgestellten empirischen Studien deshalb nahe, die Frage der Vermeidung von Krankenhausaufenthalten in den Vordergrund der Patientensteuerung zu stellen. Medikamentekosten sind zwar insgesamt höher als Krankenhauskosten, aber offenbar kaum beeinflussbar.

6. Gesundheitspolitische Empfehlungen zur Implementierung von Disease Management

6.1. Empfehlungen für private Krankenversicherungsunternehmen

Die Angebote privater Krankenversicherungsunternehmen werden sich zukünftig stärker differenzieren als bislang. Neben dem sehr breit angelegten Leistungskatalog, der auch die Erstattung von Leistungen vorsieht, die nicht durch die gesetzliche Krankenversicherung (GKV) abgedeckt sind, mit freier Arztwahl und zu vergleichsweise hohen Arzthonorarsätzen, haben sich schon in den vergangenen Jahren eine Reihe von Tarifen am Markt etabliert, die Einschränkungen von diesem sehr umfassenden Angebot vorsehen. So bieten beispielsweise die Axa Krankenversicherung AG sowie die Allianz Private Krankenversicherung (vormals Vereinte Krankenversicherung) Hausarztsystem-Tarife an, bei denen jeweils zunächst ein Primärarzt aufgesucht werden muss, bevor eine Konsultation beim Spezialisten erfolgen darf. Andernfalls wird die Spezialistenbehandlung nur anteilig (z. B. zu 80%) erstattet.

Eine Reihe von Unternehmen ist zudem dazu übergegangen, den Versicherten auf freiwilliger Basis einen so genannten „Gesundheitslotsen" (so ist die Bezeichnung bei der Allianz Krankenversicherung)[602] zur Seite zu stellen, der es insbesondere chronisch kranken Versicherten ermöglicht, eine wissensbasierte Steuerung des Behandlungsverlaufes sicherzustellen. Die Allianz Krankenversicherung hat mittlerweile für 27 Krankheitsbilder mit verschiedenen Kliniken entsprechende Pilotprojekte gestartet, bei denen sich die „Patientenbegleiter" insbesondere um den Ablauf des Heilungsprozesses und auch um die Sorgen der Angehörigen der Patienten kümmern. Die Krankenversicherung fördert die Teilnahme an Diabetesschulungen in besonders qualifizierten Institutionen, zahlt teilweise Blutzucker- und Blutdruckmessgeräte und sendet den Diabetespatienten regelmäßig einen Newsletter mit neuen Informationen zu der Erkrankung. Für spezielle Fragen steht ein Callcenter zur Verfügung. Dabei können die Unternehmen von Erfahrungen amerikanischer HMOs mit derartigen Disease Management-Programmen profitieren. Dazu gehört insbesondere, dass derartige Systeme kaum gegen den Willen der Ärzte durchgesetzt werden können, da die Leistungsanbieter einen relativ großen Freiheitsgrad in der Leistungserstellung genießen. Allerdings können die genannten Ansätze noch nicht als vollständig umgesetztes Disease Management bezeichnet werden, wenn auch die Zielsetzungen dieser ersten Schritte einem solchen Konzept sehr ähnlich sind.

Besonders weit auf diesem Weg ist die Deutsche Krankenversicherung AG (DKV). Diese Gesellschaft hat eine Tochtergesellschaft gegründet (ArztPartner Almeda AG)[603], die sich unter anderem mit der Entwicklung von Disease Management-Programmen beschäftigt, bei denen die Telemedizin ein zentrales Element darstellt (u.a. Diabetes mellitus und Herzinsuffizienz). Über eine verschlüsselte Verbindung im Internet werden laufend Krankheitsdaten direkt vom Patienten übermittelt, die von einem

---

602 Vgl. Schlingensiepen, I. (2001), S. 15.
603 Vgl. Boetius, J. (2002), S. 52.

Facharzt ausgewertet werden. Dieser nimmt Kontakt mit den Patienten und ihren Ärzten auf, wenn kritische Werte erreicht werden, und empfiehlt angemessene Therapieoptionen. Ende 2002 wurde die Anzahl der betreuten Patienten mit etwa 1.000 angegeben.

Die Aussicht auf eine qualitativ bessere Versorgung (im Vergleich zu Patienten, die gesetzlich krankenversichert sind) ist für die private Krankenversicherung neben der Prämie ein wichtiger Wettbewerbsparameter. Die privat Versicherten erhoffen sich diesen Standard aufgrund der (im Vergleich zur GKV) höheren Honorierung der Leistungserbringer sowie des erweiterten Leistungskataloges. Insofern sind Versorgungsformen, die eine höhere Qualität der Behandlung versprechen, auch für private Versicherungsunternehmen von Bedeutung, um der Reputation als Qualitätsversicherer zu entsprechen. Es ist zu erwarten, dass die Einführung der Disease Management-Programme in der gesetzlichen Krankenversicherung, die mit entsprechenden Werbeaktivitäten verbunden sein werden, auch die Aufmerksamkeit der PKV-Kunden für DMPs steigern wird. Dies wird den Druck auf die privaten Krankenversicherer erhöhen, entsprechende eigene Aktivitäten zu entwickeln.

Private Krankenversicherungsunternehmen versprechen sich von Disease Management-Programmen neben einer Qualitätssteigerung der Versorgung insbesondere Kostenvorteile, die die Investitionen in den Aufbau und die Durchführung des Programms rechtfertigen. „In 12 bis 15 Monaten müssen die Investitionen wieder rauskommen."[604], so die Zielvorgabe bei einem dieser Anbieter. Teilweise sind die Erwartungen sicherlich unrealistisch und müssen je nach Art der Erkrankung und dem Krankheitsfortschritt revidiert werden. So kann mittelfristig durch ein gezieltes Krankheitsmanagement bei Asthmakranken in finanzieller Hinsicht wesentlich mehr erreicht werden als bei Diabeteskranken, bei denen sich positive Folgewirkungen einer wissensbasierten Therapie und Behandlungsführung erst nach einer Reihe von Jahren zeigen, die Investitionskosten für das Disease Management-Programm aber sofort anfallen. Die Fokussierung auf kurzfristige Kosteneinsparungen sollte ohnehin nicht dazu führen, dass Qualitätsverbesserungen der Versorgung als Zielvorstellung in den Hintergrund treten, weil gerade dieser Aspekt der Motivation der Ärzte dient.[605]

Der Marktanteil einzelner privater Krankenversicherer ist in Deutschland so klein, dass es problematisch ist, Disease Management-Programme für nur ein Unternehmen aufzulegen (siehe Abschnitt 2.4.2.). Die Abstimmung der Behandlungsbeteiligten auf vorgegebene Leitlinien sowie die Sicherung der erforderlichen Qualität und die flächendeckende Versorgung der Patienten sind für Versicherer mit geringer Marktdurchdringung nur schwerlich zu gewährleisten. Dies gilt insbesondere, wenn sich einzelne Leistungserbringer auf Krankheiten konzentrieren, für die sie gute Voraussetzung aufweisen, also insbesondere eine ausreichende Patientenzahl aufweisen, Evidenzbasierte Behandlungsabläufe und eine Kooperation mit anderen Leistungserbringern praktizieren.[606] Diese Spezialisierung, die sowohl medizinisch wie ökonomisch sinnvoll sein kann, macht den Aufbau einer ausreichenden Infrastruktur für ein funktionierendes

---

604 Schlingensiepen, I. (2001), S. 15.
605 Vgl. Hunter, D.J. und Fairfield, G. (1997), S. 52.
606 Vgl. Lauterbach, K.W. (2002a), S. 40.

Gesundheitspolitische Empfehlungen zur Implementierung von Disease Management

Disease Management schwierig. Für private Kostenträger gilt somit, dass enge Kooperationen konkurrierender Unternehmen als Voraussetzung erscheinen, um umfassende, qualitätsgesicherte Programme anbieten zu können.

Private Krankenversicherungsunternehmen sollten Disease Management-Programme dazu nutzen, engere Kooperationen mit einzelnen, ausgewählten Leistungserbringern einzugehen, die langfristig strategische Bedeutung für spezielle Managed-Care-Angebote mit eingeschränkter Arztwahl haben könnten. Dabei können PKV-Anbieter auf bereits gewachsene Strukturen von Kooperationen und Vernetzungen in der ambulanten Leistungserbringung zurückgreifen, die sich in den vergangenen Jahren in Folge der Modellvorhaben, Strukturverträge und Projekte der integrierten Versorgung der gesetzlichen Krankenversicherung gebildet haben.[607] Disease Management könnte somit im Rahmen der Leitlinienentwicklung und des Qualitätsmanagements Vorläufer noch engerer vertraglicher Anbindungen mit Ärzten, Krankenhäusern, Rehabilitationszentren und anderen medizinischen Professionen (z. B. Physiotherapeuten) sein. Auf diese Weise wären auch Honorierungsformen denkbar, die keine Einzelleistungsvergütung im bisherigen Sinne mehr darstellen, sondern prozessorientiert sind und/oder an die gemessene Behandlungsqualität anknüpfen.

Für die PKV könnte Disease Management auch ein weiterer Weg zur Differenzierung der Angebote sein. Wie heute schon bei den so genannten „Hausarzttarifen"[608] könnten tarifliche Unterschiede für chronisch Kranke festgelegt werden. Die Tarifierung für diese Personengruppe ist allerdings nicht einfach, denn im Regelfall werden Versicherte erst nach Abschluss des privaten Versicherungsvertrages chronisch krank: Bereits erkrankte Personen haben infolge des fehlenden Kontrahierungszwanges der PKV kaum Aussicht auf einen Vertragsabschluss. Prämiennachlässe als Anreiz zur aktiven Teilnahme an Disease Management-Programmen sind also ausgeschlossen, da sich die Kalkulation der Prämie auf die Restlebensdauer bezieht und eine Senkung der Prämie nach Auftreten der Erkrankung nicht praktikabel ist. Andernfalls würden Gesunde tariflich schlechter gestellt als chronisch Kranke. Das Problem ist ggf. über Selbstbeteiligungsregelungen lösbar, indem man Betroffenen die Teilnahme an einem Disease Management-Programm anbietet und als Anreiz auf eine Anrechnung der medizinischen Leistungen bei der Berechnung von Bonuszahlungen bzw. Selbstbehalten ganz oder teilweise verzichtet.[609] Versicherungsmathematisch kann dies Sinn machen, wenn die mittleren Einsparungen durch Disease Management-Programme quantifizierbar sind. Dies erfordert allerdings einen erheblichen Datenerhebungsaufwand, um ein entsprechendes Potenzial zur Senkung der Schadenbedarfs abschätzen zu können.

---

607 Vgl. Sehlen, S. (2002), S. 203.
608 Bei Hausarzttarifen verpflichtet sich der Versicherte, bis auf bestimmte Ausnahmefälle Fachärzte oder Krankenhäuser nur nach einer Überweisung durch den Hausarzt aufzusuchen.
609 Auf die Bedeutung der Mitwirkung der Patienten am Therapieerfolg und der Anreizwirkung einer Selbstbeteiligung, um eine solche Mitwirkung attraktiv zu machen, weist Prosi hin. Vgl. Prosi, G. (2001), S. 136.

Gesundheitspolitische Empfehlungen zur Implementierung von Disease Management

6.2. Empfehlungen für gesetzliche Krankenkassen

Krankenkassen bieten sich aufgrund ihrer strukturellen Kapazitäten als Betreiber von Disease Management-Programmen an. Sie besitzen Zugriff auf einen ausreichend großen Versicherten- und Dienstleisterstamm und sind in der Lage, die hohen Investitionskosten (insbesondere Kosten für EDV) aufzubringen, die der Aufbau solcher Programme mit sich bringt. Erleichtert wird dies ggf. durch die Mitfinanzierung der Programme über den Risikostrukturausgleich. Um die neue Herausforderung anzunehmen, müssen die Kassen ihre Management- und Kooperationsfähigkeiten stärken. Dazu ist Personal notwendig, das das notwendige Verhandlungsgeschick sowie gesundheitsökonomische Grundkenntnisse besitzen sollte und von den Leistungsanbietern akzeptiert wird. Diese Voraussetzungen müssen teilweise erst noch geschaffen werden.

Erfahrungen zeigen, dass nur ein Teil der Patienten Wert auf eine Disease Management-Betreuung legt und dass es sich auch nicht für alle Kassen lohnen wird, für alle geförderten Erkrankungen entsprechende Programme anzubieten. Dies betrifft naturgemäß vor allem kleinere gesetzliche Krankenversicherer. Allerdings können sie auf die Versicherten nur durch Überzeugungsarbeit einwirken. Boni oder Mali, die das Verhalten der Versicherten entsprechend hätte sanktionieren können, sieht das Gesetz ausdrücklich nicht vor, um die chronisch Kranken, die (aus welchen Gründen auch immer) nicht an Disease Management teilnehmen wollen, finanziell durch Beitragsaufschläge nicht (noch) schlechter zu stellen bzw. um einen Wettbewerb der Kassen um immer höhere Bonuszahlungen zu vermeiden.[610]

Gesetzliche Krankenversicherungen haben vor allem seit Ende der 90er Jahre verschiedene Projekte gestartet, um die gesetzlichen Möglichkeiten im Bereich vernetzter Praxen und integrierter Versorgung (Modellvorhaben nach § 63 SGB V und Strukturverträge § 73a SGB V sowie seit 1.1.2000 § 140a ff. SGB V) umzusetzen. So wurde beispielsweise das Berliner Praxisnetz gegründet, an dem neben Betriebskrankenkassen auch die Techniker Krankenkasse (TK) beteiligt war. Allerdings wurde dieses Projekt im Frühjahr 2001 mit der Kündigung der Verträge beendet, weil die Erwartungen, die daran geknüpft waren, nicht eingehalten werden konnten. Einer der Gründe für diesen Misserfolg könnte darin gelegen haben, dass die beteiligten Krankenkassen eine für integrierte Versorgung und auch Disease Management ungünstige Patientenstruktur aufwiesen: Der Anteil der chronisch Kranken bei ihnen war geringer als beispielsweise bei den allgemeinen Ortskrankenkassen, weshalb integrierte Konzepte der Patientenversorgung hier auf ein weniger großes Echo gestoßen sind.

Im bislang bestehenden Krankenhausfinanzierungssystem mit Tagespflegesätzen als vorherrschender Honorierungsform konnten die Krankenhäuser Einsparungen an Krankenhaustagen in einem Indikationsbereich allerdings relativ einfach in anderen Indikationsgebieten ausgleichen. Stillfried weist darauf hin, dass Krankenhäuser zudem Anspruch auf einen Verlustausgleich haben, wenn die budgetierten Pflegetage am Jahresende nicht erreicht werden.[611] Daran werden alle Krankenkassen beteiligt, also auch

---

610 Vgl. Daubenbüschel, R. (2001), S. 2.
611 Vgl. Stillfried, D. Graf v. (1998), S. 305.

diejenigen, die die Pflegetage durch ein effektives Disease Management absenken konnten. Er spricht sich daher für selektives Kontrahieren aus, um Einspareffekte denjenigen Kassen zugute kommen zu lassen, die diese mit veranlasst haben. „Dadurch werden Krankenversicherungen stärker in ihrem Leistungsangebot unterscheidbar, müssen aber darauf achten, jene Leistungen anzubieten, die von ihren Versicherten gewünscht werden, da diese sonst die Krankenversicherung wechseln könnten."[612]

In dem zukünftigen Fallpauschalsystem (DRG)[613] haben die Krankenkassen nur mittelfristig einen Anreiz, zu einer geringeren Anzahl von Pflegetagen beizutragen, wenn es ihnen gelingt, eine Minderung der Aufenthaltsdauer in niedrigere Pauschalvergütungen bei den Krankenhäusern umzusetzen. Der Anreiz, die Anzahl der Pflegetage zu vermindern, wird sich daher eher auf die Krankenhausverwaltungen verlagern. Die Zahl der Einweisungen in das Krankenhaus zu verringern ist aber weiter im Interesse der Krankenkassen, so dass bei der Evaluation von Disease Management-Programmen aus deren Perspektive zukünftig eher die Einweisungsrate als die absolute Zahl der mittleren Pflegetage von Bedeutung sein wird.

Außerdem müssen die Krankenkassen die so genannte Magnetwirkung der Disease Management-Projekte fürchten, weil zwar einerseits davon ausgegangen werden kann, dass durch entsprechende Konzepte die Behandlungsqualität gesteigert und die Kosten bei der Versorgung chronisch Kranker gesenkt werden. Andererseits besteht aber auch ein Anreiz für Versicherte mit chronischen Krankheiten von Krankenkassen, die noch kein DMP für diese Indikation aufgelegt haben, in eine Versicherung mit einem entsprechenden DMP zu wechseln. Ob nach der Berücksichtigung von Disease Management im Risikostrukturausgleich dieses zum Marketing-Tool der Versicherer werden kann oder ob es sich weiterhin im Gegenteil negativ auf die Wettbewerbssituation der Krankenversicherer auswirken wird, wenn sich durch diese Sogwirkung das Patientenkollektiv nachhaltig bezüglich seiner Schadenwahrscheinlichkeit verschlechtert,[614] ist noch offen. Dies hängt vor allem davon ab, ob die Krankenkassen genügend Chroniker zur Teilnahme überzeugen können und wie hoch der variable finanzielle Mehraufwand durch Disease Management-Programme aus Sicht der Krankenkassen sein wird.

Aufgrund der Regelungen im Risikostrukturausgleich ist es für Krankenkassen wirtschaftlich attraktiv, Disease Management-Programme aufzulegen. Es wird kaum gesetzliche Krankenversicherungen geben, die auf diese Einnahmequelle ganz verzichten können. „Eine Kasse, die nicht in Disease Management einsteigt, finanziert die Programme der anderen Kassen."[615] In diesem Zusammenhang gibt es zwei zentrale strategische Fragen, die sich bei Disease Management stellen:

1. Sollte man sich mit hohem Aufwand um qualitativ überlegene Disease Management-Programme bemühen oder sollte das Bestreben sein, kostengünstigere

---

612 Schmidlin-von Ziegler, N.I. (1998), S. 55.
613 Vgl. Schmid, R. (2003), S. 298.
614 Vgl. Müller, H. (2001), S. 8.
615 Fruschki, H. (2001), S. 362.

Gesundheitspolitische Empfehlungen zur Implementierung von Disease Management

Lösungen zu finden, die gerade noch den qualitativen Ansprüchen der Risikostrukturausgleichs-Bürokratie entsprechen?
2. Wenn man sich für Disease Management entscheidet, ist die eigene Entwicklung der Programme sinnvoller, um Wettbewerbsvorteile eigener Entwicklungen auszunutzen, oder sind Kooperationen mit anderen Mitbewerbern (bzw. innerhalb des eigenen Verbandes) günstiger, um die Entwicklungskosten pro Patient zu senken?

Beide Fragen können generell nicht beantwortet werden, sondern erfordern eine individuelle Optimierung, die von folgenden Parametern bestimmt wird:

- der Anzahl der Patienten, die an einem Disease Management-Programm teilnehmen würde (zur Kalkulation der Gemeinkosten pro Patient),
- zusätzliche Mittel aus dem Risikostrukturausgleich pro teilnehmenden Versicherten,
- Veränderung der Anzahl von chronisch Kranken aufgrund des Disease Management-Programms (entdeckte Fälle/Mitgliederzuwachs),
- zusätzliche Kosten durch Disease Management-Programme (Investitionen und laufende Kosten, z. B. für die Leitlinienentwicklung, Zusatzhonorierung und Medikamentemehrverbrauch),
- mittlere Einsparungen durch Disease Management-Programme (v. a. verminderte Krankenhaustage).

Die Krankenkassen können auf alle diese Parameter (mit Ausnahme der Risikostrukturausgleichszahlungen) Einfluss nehmen, so dass die Optimierungsaufgabe zusätzlich kompliziert wird. In der Praxis wird es daher zu regional begrenzten Modellvorhaben kommen, deren Ergebnisse zumindest innerhalb der Verbände ausgewertet werden können, um Entscheidungen zu treffen zur

- treffsicheren Marketingstrategie für Disease Management-Programme (um möglichst viele Patienten im eigenen Bestand erfolgreich anzusprechen),
- optimalen Gestaltung der Disease Management-Programme (um einerseits die Kosten dafür nicht zu stark steigen zu lassen und andererseits angemessene medizinische Ergebnisse und finanzielle Einsparungen zu erzielen).

Beide Ziele sind ohne umfassende Evaluationen der Programme auch im Hinblick auf die ökonomischen Wirkungen verschiedener Behandlungs- und Organsiationsoptionen nicht erreichbar, weil andernfalls die Datengrundlage für strategische Entscheidungen zur zukünftigen Versorgungsstruktur fehlen würde. „Whatever policies are adopted in this complex market, their costs and benefits need careful evaluation to best make use of society's scarce resources."[616]

---

[616] Maynard, A. und Bloor, K. (2003), S. 40.

7. Fazit und Ausblick

Seit Jahren wird über den Reformbedarf im deutschen Gesundheitswesen diskutiert. Veränderungen in der Altersstruktur, der medizinische Fortschritt, ein zunehmendes Anspruchsniveau der Versicherten, aber auch politische Eingriffe in die Finanzierungsbasis der gesetzlichen Krankenkassen lassen die Schere zwischen dem medizinisch-technisch Machbaren und dem finanziell Möglichen immer weiter auseinander gehen.[617] Die Struktur des deutschen Gesundheitswesens ist gekennzeichnet durch eine sektorale Aufteilung der Leistungsbereiche, ineffiziente Honorierungsformen und der geringen Relevanz Evidenz-basierter Behandlungsleitlinien. Änderungen stoßen jedoch auf massiven Widerstand, weil hart erkämpfte Besitzstände nur widerwillig aufgegeben werden.

Nicht selten werden Elemente des Gesundheitssystems der USA als Reformoptionen genannt. Dazu gehören insbesondere neue Formen der Versorgung, dem so genannten Managed Care, womit ein integrierter Ansatz zur Steuerung und Regulierung der Finanzierung und Leistungserbringung im Gesundheitswesen gemeint ist. Aufgrund unterschiedlicher Systemvoraussetzungen (größtenteils privatwirtschaftlich organisierte Gesundheitsversorgung in den USA versus parafiskalische Sozialversicherung in Deutschland) ist eine exakte Übertragung von Managed Care nach Deutschland weder möglich noch wünschenswert.

Das gleiche gilt für Disease Management, bei dem die Behandlung über verschiedene Leistungserbringer und über den gesamten Krankheitsverlauf hinweg koordiniert wird. Dazu wird die nach Sektoren fragmentierte Patientenbehandlung aufgehoben und die Behandlungs- und Betreuungswege werden bereits vorab weitgehend festgelegt und im Nachhinein überprüft. Auf diese Weise sollen unnötige Behandlungen und Doppelbehandlungen entfallen und Folgeschäden vermieden oder verzögert werden. Mit Disease Management sollen die vorhandenen Ressourcen effizienter eingesetzt und somit langfristig Kosten eingespart werden. Ziel ist die Optimal- statt Maximalversorgung.

Disease Management kann als eine Antwort auf das Versagen der Marktkräfte im Gesundheitswesen gesehen werden. Wenn der Preismechanismus (durch administrierte Preise und minimale Selbstbeteiligungen bei hoher Versicherungsdichte) de facto außer Kraft gesetzt ist, müssen andere Wege zu einer optimalen Allokation gefunden werden.[618] Im Bereich des Gesundheitswesens kommt erschwerend hinzu, dass die Konsumentensouveränität sehr eingeschränkt ist, dass also der Endverbraucher selbst nach Inanspruchnahme der Dienstleistung häufig nicht in der Lage ist, diese suffizient zu beurteilen.[619] In solchen Fällen können **Institutionen** als Sachwalter von Patienteninteressen auftreten und sogar einen Wettbewerb um die besten und kostengünstigsten Versorgungssysteme beginnen. Zudem treten im Gesundheitswesen aufgrund von Informationsasymmetrien zwischen Patienten, Leistungsanbietern und Kostenträgern eine

---

617 Vgl. Cassel, D. und Oberdieck, V. (2002), S. 15.
618 Vgl. Schulenburg, J.-M. Graf v.d. (1982b), S. 236.
619 Vgl. Klusen, N. (2001), S. 165.

Fazit und Ausblick

ganze Reihe von Koordinations- und Anreizproblemen auf, die durch Institutionen zumindest teilweise gelöst werden können. Allerdings wird immer eine sorgfältige wissenschaftlich-begründbare Evaluation nötig sein, um Aussagen zur relativen Stärke einzelner Programme zu treffen.

Disease Management-Programme sind eine Möglichkeit zur Umsetzung solcher Second-best-Lösungen im Gesundheitsmarkt. Sie verlagern einen Großteil der Konsumentscheidungen auf das Expertenurteil derjenigen, die Leitlinien erstellen und bestimmen und stärken die Patientensouveränität durch eine stärkere Einbindung der Betroffenen mit Schulungsmaßnahmen und anderer Compliance-Unterstützung.[620] Das Ziel ist dabei, auf diese Weise auch Transaktionskosten zu senken und die Effizienz des Ressourceneinsatzes zu steigern. Andererseits ist dieser Weg mit einer stärkeren Standardisierung und Bürokratisierung von Behandlungspfaden verbunden, also per se keine sehr wettbewerbliche Vorgehensweise. Der Wettbewerbsaspekt kommt erst dann zum Tragen,

- wenn verschiedene Disease Management-Programme miteinander konkurrieren (was sich in Deutschland nicht als Ziel abzeichnet)[621] und/oder
- wenn die Leistungserbringer im Wettbewerb um die Teilnahme an solchen Programmen treten.

Letzteres wäre nur dann der Fall, wenn einzelne Leistungsanbieter wirksam von Disease Management-Programmen ausgeschlossen werden könnten, z. B. weil sie strukturelle Anforderungen nicht erfüllen oder sich nicht an die Disease Management-Vorhaben halten. Dem steht in Deutschland der Anspruch einer möglichst flächendeckenden Versorgung mit Disease Management entgegen, was zumindest in der Anfangszeit kaum zum Ausschluss einer nennenswerten Zahl von Anbietern führen wird.

Disease Management ist in Deutschland zurzeit also primär kein Instrument, Wettbewerb zu schaffen, sondern eher administrativ höhere Qualitätsanforderungen an Diagnostik, Behandlung und Dokumentation zu stellen. Letztlich wird Disease Management sich nur dann durchsetzen, wenn höhere Qualität nicht durch unangemessen höhere Ausgaben erkauft wird. Der Erfolg wird dann nicht mehr allein an der Verbesserung von Ergebnis- und Organisationsparametern gemessen werden. Der ökonomischen Evaluation wird dann eine weit höhere Bedeutung zur Beurteilung von Disease Management-Programmen zukommen, als dies bislang bei der wissenschaftlichen Begleitung von Disease Management-Maßnahmen der Fall war. „Economic analysis will be crutial in assessing the cost and benefits of alternative treatments and services."[622]

Da Disease Management-Programme zunächst einmal hohe Investitionen erfordern, müssen ihre Konzeption und Einführung detailliert geplant sein. Es müssen Krankheitsgebiete oder Personen ausgewählt und analysiert werden, die Qualitäts- und/oder Kostenvorteile versprechen. Sektorübergreifende Behandlung, Leitlinien, Evi-

---

620 Vgl. Aydincioglu, G. und Lauterbach, K. (2001), S. 298.
621 Vgl. Abschnitt 2.4.1.1.
622 Vgl. Mason, A., Towse, A. und Drummond, M. (1999), S. 58.

denz-basierte Medizin (EBM)[623] und intensive Auswertung der Ergebnisse sind Merkmale des Disease Managements, mit deren Hilfe die vorab gesteckten Behandlungsziele erreicht werden sollen. Aus medizinischer Sicht bietet sich auf diese Weise die Möglichkeit, die in Deutschland festgestellte Unterversorgung von chronisch, psychisch und schwer kranken multimorbiden Menschen[624] abzubauen und die Qualität der Behandlung zu steigern. Zur Finanzierung des Abbaus von Unterversorgung soll unter anderem der Abbau von Über- und Fehlversorgung im Rahmen von Disease Management dienen, wobei allerdings alle genannten Größen kaum quantifiziert werden können. Zu hohe Erwartungen über mögliche Einsparpotenziale könnten allerdings überzogen sein und mittelfristig die Einführung von Disease Management eher behindern als vorantreiben.

Wesentliche Voraussetzungen für die Einführung von Disease Management sind Evidenz-basierte Leitlinien, die Entwicklung der erforderlichen EDV-Struktur für ein integriertes Daten- und Qualitätsmanagement sowie die Bereitschaft aller beteiligten Leistungserbringer zur Kooperation, da wesentliche Änderungen nur mit dem Einverständnis aller Beteiligten erreicht werden können. Die datenschutzrechtlichen Voraussetzungen für eine breite Einführung integrierter Versorgungssysteme müssen in Deutschland erst noch geschaffen werden. Dies führt u. a. auch dazu, dass die informationstechnologischen Möglichkeiten nicht ausgenutzt werden. Aber auch Unkenntnisse in der Anwendung und Nutzung von EDV-Systemen und der zusätzliche Arbeitsaufwand führen zu einer unzureichenden Inanspruchnahme der modernen Informationstechnologie.

In vielen Fällen stehen Informationen, die bei der Einführung von Disease Management wünschenswert wären (z. B. zur Kosteneffektivität einzelner Maßnahmen), nicht oder nur zu unverhältnismäßig hohen Kosten zur Verfügung. Dies sollte aber kein Grund sein, auf die Implementierung von Disease Management mittelfristig zu verzichten, denn ein Großteil dieser Informationen „werden erst durch den Prozess der praktischen Erprobung tatsächlich geschaffen und verfügbar werden."[625] Perfektionismus bei der Einführung wäre sonst Feind des praktisch Machbaren.

Disease Management kann auch der Ausgangspunkt für eine vertikale Integration der pharmazeutischen Unternehmen sein, die sich durch die Bereitstellung von Produkt- und Dienstleistungsangeboten (auch in Zusammenarbeit mit Partnern oder durch spezialisierte Tochterfirmen) eine bessere Marktpositionierung und neue Geschäftsfelder erwarten. Es ist daher zukünftig ein verstärktes Engagement der Pharmaunternehmen in diesem Bereich zu erwarten. Zumindest macht das Aufkommen dieser innovativen Versorgungsform neue Marketingstrategien erforderlich, da nicht mehr nahezu ausschließlich die verschreibenden Ärzte in ambulanter Praxis Ansprechpartner zur Vermarktung pharmazeutischer Produkte sind, sondern andere Entscheidungsträger wie Disease Manager, Pharmaceutical Benefit Manager (PBM) und spezialisierte Unter-

---

623 Vgl. Banta, D. (2003), S. 124.
624 Gandjour und Lauterbach weisen allerdings darauf hin, dass „der Abbau der Unter- und Fehlversorgung nicht genügend Mittel freisetzen wird für den vollständigen Abbau der Unterversorgung." Gandjour, A. und Lauterbach, K.W. (2002), S. 58.
625 Greulich, A., Berchthold, P. und Löffel, N. (Hrsg.) (2000), S. 225.

nehmen zur Erstellung von Leitlinien mit Informationen zur Vorteilhaftigkeit eigener Produkte versorgt werden müssen.

Folgende Forschungsfragen standen im Mittelpunkt der Arbeit und können nun vor dem Hintergrund des derzeitigen Forschungsstandes wie folgt beantwortet werden:

1. *Kann die Versorgungseffizienz bei chronischen Krankheiten mittels Disease Management verbessert werden?*

Disease Management erfordert eine Reihe von medizinischen, organisatorischen und rechtlichen Voraussetzungen, die erfüllt sein müssen, damit die Versorgungseffizienz gegenüber dem herkömmlichen Komponentenmanagement steigt. Gleichwohl liegen insbesondere für medizinische Indikatoren eine Reihe empirischer Befunde vor, die auf eine Verbesserung medizinischer Parameter und der Lebensqualität hindeuten. Ob Disease Management-Programme darüber hinaus effizient sind, d. h. ob die für sie aufgewendeten Ressourcen optimal eingesetzt sind und die Grenzkosten den Grenznutzen entsprechen, ist weniger gut belegt. Die empirischen Studien in dieser Arbeit hat diese Frage für bestimmte Programme mit bzw. ohne Einsatz von telematischen Geräten behandelt. Die in Deutschland eingeführte Anbindung des Disease Managements an den Risikostrukturausgleich der Krankenkassen lässt allerdings vermuten, dass aufgrund der finanziellen Erwägungen der Versicherungen die Möglichkeit von Einsparungen gegenüber der Kosteneffektivität dominieren könnte. Zudem stellt sich die Frage institutioneller Hemmnisse bei der Einführung und Durchführung der Programme, deren Überwindung eine wichtige Bedingung für ihren Erfolg darstellt.

2. *Welche Erfahrungen liegen dazu in Gesundheitssystemen vor, die wie die USA Disease Management schon seit längerer Zeit praktizieren?*

Disease Management Ansätze sind in einer Reihe von Ländern eingeführt worden, die aber in der Regel nur einzelne Aspekte des Gesamtkonzeptes umgesetzt haben. In Deutschland sind dies vor allem Diabetes-Modellvorhaben, für die zumindest Zwischenberichte zur medizinischen Effektivität vorliegen, das ökonomische Evaluationsergebnis aber noch aussteht. Fazit dieser Modellvorhaben ist durchgehend eine medizinische Überlegenheit strukturierter im Vergleich zu konventionellen Versorgungsformen. In den USA sind Disease Management-Programme schon seit einigen Jahren bekannt und werden häufig von spezialisierten Firmen angeboten, die für Versicherungsunternehmen bzw. Managed-Care-Anbieter tätig sind. Die zunehmende Marktdurchdringung solcher Programme in einem Gesundheitssystem mit relativ hohem privaten Anteil spricht dafür, dass sie auch ökonomisch vorteilhaft sind. Auf der Leistungsanbie-

Fazit und Ausblick

terseite führt Disease Management zu stärkerer Spezialisierung und gezielteren Nutzung moderner Informationstechnologie.[626]

3. *Welche Voraussetzungen organisatorischer und rechtlicher Art sind bei der Einführung von Disease Management in Deutschland zu beachten?*

Für die gesetzlichen Krankenversicherungen bestehen verschiedene Restriktionen, die der Einführung von Disease Management entgegenstehen. Dazu gehört insbesondere der umfangreiche Datenschutz, der für Sozialversicherungen in besonderem Maße besteht und die Zusammenführung der Patienten- und Leistungserbringerdaten erschwert, wenn nicht unmöglich macht.[627] Somit ist ein Outcome- und Kosten-Controlling zur Durchsetzung von Behandlungsleitlinien für Krankenkassen nur mit Einschränkungen durchführbar. Weitere Hindernisse betreffen vor allem institutionelle Gegebenheiten im deutschen Gesundheitssystem. Dazu gehört der stark segmentierte Aufbau der Versorgung mit hausärztlichen, fachärztlichen und stationären Teilbereichen, die vorwiegend nur unzureichend vernetzt sind und kein gemeinsames Budget aufweisen. Schließlich stehen die standesrechtlichen Vertretungen der Ärzte einem Wechsel im Versorgungsmanagement aus Sorge vor größerer Bürokratie und mehr Benchmarking der Leistungserstellung mehrheitlich eher ablehnend gegenüber. Ohne die Unterstützung der Ärzte kann ein Disease Management allerdings nicht erfolgreich sein.

Die in Deutschland geplante Einbettung der Disease Management-Programme in den Risikostrukturausgleich der Krankenkassen wird dazu führen, dass für die Versicherer ein großer Anreiz bestehen wird, entsprechende Angebote aufzulegen. Allerdings sinkt damit die Bereitschaft, Disease Management für andere Indikationen außerhalb des RSA-Bereiches zu offerieren. Zudem ist bislang unklar, ob es durch eine spätere Umgestaltung des Risikostrukturausgleiches mit stärkerer Betonung der Morbidität, die für das Jahr 2007 geplant ist, zu einem Verzicht auf Ausgleichszahlungen für Disease Management-Patienten kommen könnte.[628] Auch diese unklaren Aussichten führen zu einer Zurückhaltung der Krankenkassen, entsprechende Programme anzustoßen.

Ohne einen Abbau administrativer und kollektivvertraglicher Regulierungen im derzeitigen deutschen Gesundheitssystem wird eine erfolgreiche Umsetzung des Disease Management-Ansatzes nicht gelingen. Die „Erweiterung der Gestaltungsspielräume der einzelwirtschaftlichen Akteure"[629] ist daher als weiterer Reformbaustein bei der zukünftigen Systemgestaltung unbedingt erforderlich. Die organisatorische Einbindung von Disease Management wird zudem keinesfalls ohne den breiten Einsatz von Telematik möglich sein, da andernfalls die Datenmengen für Dokumentation, Feedback- und Reminder-Leistungen nicht in der erforderlichen Schnelligkeit, Wirtschaftlichkeit und Qualität verfügbar sein werden. Die Abwicklung auf Papierbasis würde mit hohen Kos-

---

626 Vgl. Schmidlin-von Ziegler, N.I. (1998), S. 55.
627 Vgl. Möws, V. (2001) S. 364 f.
628 Vgl. Breyer, F. (2002), S. 90.
629 Jacobs, K. und Häussler, B. (2002), S. 26.

ten der Datenpflege verbunden sein und zu Zeitverzögerungen führen, die den Zweck des Disease Managements in Frage stellen würden.

Schließlich sollten bei der Ausgestaltung der Organisation von Disease Management Institutionen benannt werden, die im sektorierten Gesundheitssystem eine Gesamtverantwortung für die leitliniengetreue Behandlung der einzelnen Patienten übernehmen können. Mit dieser Aufgabe sind Hausärzte in der Regel allein überfordert, so dass hausarztbasierte Organisationsformen zwar im Sinne der Patientennähe (und dem damit verbundenen unmittelbaren Informationszufluss) zu begrüßen, für Disease Management aber nicht hinreichend sind. Die Rolle des Disease Managers könnten stattdessen externe Dienstleister einnehmen, die das medizinische Know-how und die Unabhängigkeit besitzen, die z. B. Krankenversicherungen nicht aufweisen. Auch „einige Schwerpunktpraxen und spezialisierte Praxiskliniken wären bereits heute in der Lage, das komplette Präventions-, Diagnose- und Therapiespektrum für eine bestimmte Erkrankung zu übernehmen."[630]

4. Liegen empirische Belege für die Kosteneffektivität von Disease Management-Maßnahmen im deutschen Versorgungs-Setting vor?

Es liegen eine Reihe empirischer Belege dafür vor, dass einzelne Disease Management-Programme die medizinische Effektivität der Behandlung erhöhen. Weniger deutlich konnte bislang nachgewiesen werden, dass sie auch die gesamtwirtschaftliche Effizienz erhöhen, also kosteneffektiv sind. Generelle Urteile sind allerdings ohnehin kaum zu treffen, da die Ergebnisse naturgemäß von der Ausgestaltung der Programme sowie der betreffenden Indikation abhängen. Programme, die die Prinzipien des Disease Managements vollständig umsetzen, also auf Evidenz-basierten Leitlinien basieren und diese konsequent umsetzen, eine sektorübergreifende Versorgung garantieren und die Patienten durch Schulungen und regelmäßige Information und Motivation in den Behandlungsprozess einbeziehen, sind medizinisch zumindest bei den Indikationen Asthma und Diabetes einer konventionellen Versorgung vorzuziehen. Ob dies auch aus ökonomischer Perspektive gilt, kann nach heutiger Datenlage nicht eindeutig beantwortet werden, da die Preise für das Disease Management selbst noch nicht etabliert sind. Bleiben die Kosten dieser strukturierten Versorgungsprogramme außer Acht, kann für das in dieser Arbeit evaluierte erste Asthma-Behandlungsprogramm mit Telemonitoring von Einsparungen vor allem im Krankenhausbereich ausgegangen werden. Allerdings zeigten die Daten auch erhöhte indirekte Kosten wegen längerer mittlerer Arbeitsunfähigkeitsdauer. Hier besteht noch erheblicher Forschungsbedarf, sobald Disease Management in Deutschland aus dem Stadium der Modellvorhaben getreten ist und einer größeren Anzahl von Patienten offen steht.

---

630 Hildebrandt, H. und Domdey, A. (1996), S. 53.

Fazit und Ausblick

5. *Wie sind vor diesem Hintergrund aus wirtschaftswissenschaftlicher Sicht die zurzeit geplanten Disease Management-Programme im Rahmen des Risikostrukturausgleiches zu beurteilen?*

Die Anbindung der Disease Management-Programme an den Risikostrukturausgleich in der gesetzlichen Krankenversicherung bedeutet eine Ausweitung der Zielsetzungen dieses Instrumentes. Während ursprünglich damit ausschließlich der Abbau von Unterschieden bei der Risikostruktur der einzelnen Krankenkassen beabsichtigt war, wird nun zusätzlich eine bestimmte Form des Qualitätsmanagements mit positiven Anreizen belegt. Ordnungspolitisch bedeutet das einen schweren Eingriff in die unternehmerische Freiheit der Krankenkassen, die nunmehr faktisch gezwungen sind, Disease Management zu betreiben, soweit sie eine kritische Anzahl von chronisch Erkrankten in ihrem Versicherungsbestand aufweisen. Ob diese Art des Versorgungsmanagements ein sinnvolles Konzept ist, wird auf diese Weise nicht im Wettbewerb entschieden, sondern durch Regulation vorweggenommen.

Hinzu kommen praktische Umsetzungprobleme, die sich insbesondere an der Manipulationsgefahr bei Einschreibung der Patienten (Anreiz zur Ausweitung des Personenkreises auf nicht induzierte Patienten), der Aufstellung der Leitlinien (Anreiz zu negativer Selektion niedriger Standards) und deren Umsetzung (wenig Anreiz zur Durchsetzung der Leitlinien-Vorgaben) festmachen. Die Erfahrungen mit dem bis 2002 gültigen Risikostrukturausgleich lassen erwarten, dass die Aufsichtsbehörde (derzeit das Bundesversicherungsamt) entsprechende rationale Verhaltensweisen der Krankenkassen nur mit großem Aufwand auf ein vertretbares Maß einschränken können wird. Dieses Problem wird durch die sehr kurzen Zeitvorgaben zur Einführung von Disease Management-Programmen, die im Risikostrukturausgleich Berücksichtigung finden können, noch verstärkt.[631]

Es konnte gezeigt werden, dass Disease Management immer mit hohen Transaktionskosten für Entwicklung, Akkreditierung, Implementation, Dokumentation, Kontrolle und Weiterentwicklung/Reakkreditierung verbunden ist.[632] Deshalb kann derzeit nicht mit Sicherheit vorhergesagt werden, wie sich die Nutzen-Kosten-Relation darstellt. Das Ergebnis hängt von der einzelnen Erkrankung und auch von den Gegebenheiten der einzelnen Krankenkasse ab. Eine einheitliche Vorgabe ist deshalb kaum eine effiziente Lösung. Wettbewerbliche Suchverfahren, bei denen weniger wirtschaftliche Programme aussortiert und andere sich durchsetzen könnten, hätten dagegen das Potenzial, die Qualität der Versorgung bei gleichen Kosten zu erhöhen bzw. das derzeitige Qualitätsniveau zu niedrigeren Kosten zu erbringen. Dies wäre für Krankenkassen dann interessant, wenn der Risikostrukturausgleich um eine Morbiditätsvariable erweitert werden würde, um das Risiko einer aversen Selektion einzuschränken: Wenn Krankenkassen mit großem Anteil von chronisch kranken Versicherten entsprechend höhere Ausgleichzahlungen aus dem Risikostrukturausgleich beziehen würden, könnte es für sie sinnvoll sein, die langfristigen Kosten dieses Personenkreises durch Prävention von

---

631 Vgl. Wortmann, M. (2003), S. 3.
632 Vgl. Sachverständigenrat zur Begutachtung der gesamtwirtschaftlichen Entwicklung (2002), S. 254.

Spätfolgen bzw. die effiziente Versorgung von Akutproblemen (z. B. mittels Disease Management) zu senken. Wenn dieser Ausgleich nicht erfolgt, laufen sie dagegen Gefahr, attraktiv für weitere Chroniker zu werden, ohne dafür entsprechende Beiträge zu erhalten.

Allerdings ist unklar, ob es wirklich gelingen wird, Morbiditätsaspekte im Risikostrukturausgleich zu verankern, weil dies mit großen methodischen Problemen verbunden ist und einer gerichtlichen Überprüfung standhalten muss. Wenn dies nicht möglich ist, sind alternative Wege der Finanzierung von Disease Management zu prüfen, z. B. durch staatliche Anschubförderungen aus allgemeinen Steuermitteln. Im Zuge dessen könnte festgestellt werden, ob Disease Management-Programme tatsächlich zu der beschriebenen Sogwirkung auf chronisch Kranke anderer Krankenkassen führt, was bislang noch nicht wissenschaftlich nachgewiesen werden konnte.

Ausblick

Zusammenfassend muss man festhalten, dass Veränderungen im deutschen Gesundheitswesen nur sehr zaghaft und vereinzelt stattfinden. Trotzdem wird sich Disease Management im deutschen Gesundheitssystem durchsetzen. Schon seit Mitte 2002 können Krankenkassen Programme zur Akkreditierung einreichen und auflegen. Auch wenn die Programme für die Kassen zunächst mit großen Investitionen verbunden sind, so bietet doch die Unterstützung der Disease Management-Programme durch den Risikostrukturausgleich genug Anreiz, um die Einführung der Programme zu fördern. Sie werden aller Voraussicht nach die Qualität der medizinischen Versorgung erhöhen und einen Beitrag zur Verminderung von Fehlversorgungen leisten, auch wenn noch ungewiss ist, ob und bei welchen Indikationen langfristig Einsparpotenziale realisiert werden können.[633]

In einem zunehmenden Wettbewerb der Krankenkassen können Disease Management-Programme ein wichtiges Marketinginstrument werden. Die Versicherten werden zunehmend kritischer und aufgeklärter, so dass eine Orientierung an den Bedürfnissen der „Kunden" für die Versicherer immer wichtiger wird. Die Krankenkassen werden im Gegenzug mehr Einfluss auf die Leistungserstellung erlangen, die Leistungserbringer ins finanzielle Risiko einbeziehen und sie damit zu einer ökonomischeren Ausrichtung bei der Behandlung bewegen. Einen wesentlichen Beitrag dazu könnten neue Honorierungsformen wie z. B. Fallpauschalenvergütungssysteme leisten. Im stationären Sektor wird seit 2003 ein Diagnose-orientiertes Fallpauschalensystem eingeführt, das sich an das australische AR-DRG-System anlehnt.[634] Die Einführung neuer Versorgungsformen im deutschen Gesundheitswesen erfordert allerdings von allen Beteiligten eine Änderung ihres traditionellen Rollenverständnisses. Das fällt nach vielen Jahren festgelegter (wenn nicht verkrusteter) Versorgungsstrukturen vielen Angehörigen des Systems nicht leicht. Erfahrungen mit Präventionsprogrammen aus den achtziger Jahren

---

633 Vgl. Cohen, J. und Paquette, C. (2003), S. 10.
634 Vgl. Neubauer, G. (2002), S. 159.

Fazit und Ausblick

zeigen aber, dass neue Formen der Versorgung vorwiegend durch Honorarstreitigkeiten zwischen Ärzteschaft und Krankenkassen bedroht sind.

Auch Disease Management-Programme werden allein die Finanzierungskrise im deutschen Gesundheitssystem nicht umfassend lösen können, und so werden die Diskussionen um zusätzliche, die Kassen finanziell entlastende Maßnahmen auch in Zukunft weitergehen. Zu diesen aktuell diskutierten Maßnahmen gehören u. a. die Spaltung des von der GKV angebotenen Leistungsumfangs in Wahl- und Regelleistungen, die Ausweitung der Pflichtmitgliedschaft auf alle Bürger, die Erhöhung der Selbstbeteiligung, die Einführung des Hausarztmodells und die Einbeziehung aller Einkommen in die Beitragsbemessung.[635] Gegenüber diesen Vorschlägen haben Disease Management-Programme den Vorteil, zumindest für einzelne Indikationen auf ihre Wirksamkeit und Effizienz bereits überprüft worden zu sein. Neben die Evidenz-basierte Medizin tritt damit die Evidenz-basierte Gesundheitspolitik und eine nicht nur von der Aktualität bestimmte langfristige Strategie zur Reformierung des deutschen Gesundheitswesens. Dazu sollte diese Arbeit einen Beitrag leisten.

---

635 Vgl. Orde, B. v. (2001), S. 168.

Literaturverzeichnis

Abel, O. (2002): Jedem Kunden seinen Bodyguard – Mit dem Hypertonie-Programm der Halleschen-Nationalen lässt der Druck nach, in: AssCompact, Juli 2002, S. 78 f.

Adomeit, A., Baur, A. und Salfeld, R. (2002): Neue Chancen für Disease Management, in: Health - Managementwissen für die Gesundheitsbranche, Heft 1/2002, S. 26–33.

Adomeit, A., Baur, A., Messemer, J., Molnar, A. und Wichels, R. (2003): Krankenhäuser – Optimierung mit Clinical Pathways, in: McKinsey & Company, Inc. (Hrsg.): Health – Management-Wissen für die Gesundheitsbranche, Nr. 1/2003, S. 44–53.

Adomeit, A., Baur, A., Müller, H.-A. und Wichels, R. (2003): Ein neuer Ansatz zur integrierten Versorgung, in: McKinsey Health, Nr. 2, S. 48–55.

Ärztliche Zentralstelle Qualitätssicherung (1999): Das Leitlinien-Clearingverfahren, in: Deutsches Ärzteblatt, Vol. 96, S. A2105 f.

Agewall, S. et al. (1994): The efficacy of multiple risk factor intervention in treated hypertensive men during long-term follow up, in: Journal of Internal Medicine, Vol. 236, S. 651–659.

Akerlof, G.A. (1970): The Market for 'Lemmons' – Quality Uncertainty and the Market, in: Quarterly Journal of Economics, Vol. 84, S. 488–500.

Amelung, V.E. und Schumacher, H. (1999): Managed Care – Neue Wege im Gesundheitsmanagement, Gabler, Wiesbaden.

Andersen, H.H. (2002): Der VdAK/AEV Versichertenreport 2001 – Neue Wege in der Gesundheitsversorgung, Befragung zu den Zielen und Wünschen von Versicherten der Ersatzkassen (Endbericht), Berlin.

Andersen, H.H., Henke, K.-D. und Schulenburg, J.-M. Graf v.d. (1992): Basiswissen Gesundheitsökonomie, Band 1 – Einführende Texte, Sigma-Verlag Berlin.

Anius, A.H. et al. (2001): Double trouble – impact of inappropriate use of asthma medication on the use of health care resources, Vol. 164, Nr. 5, S. 625–631.

AOK Bundesverband (Hrsg.) (2002): Disease Management-Programme im Rahmen der Reform des Risikostrukturausgleiches, Bonn.

Arnold, M. und Paffrath, D. (Hrsg.) (1997): Krankenhausreport '97 – Aktuelle Beiträge, Trends und Statistiken, Fischer-Verlag, Stuttgart u.a.

Arnold, M., Lauterbach, K.W. und Preuß, K.-J. (Hrsg.) (1997): Managed Care – Ursachen, Prinzipien, Formen und Effekte, Reihe Beiträge zur Gesundheitsökonomie der Robert-Bosch-Stiftung, Band 31, Schattauer, Stuttgart/New York.

Arnold, M., Lauterbach, K.W., Preuß, K.-J. (Hrsg.) (1999): Managed Care – Ursachen, Prinzipien, Formen und Effekte, Schattauer, Stuttgart/New York.

Arnold, M., Klauber, J., Schellschmidt, H. (Hrsg.) (2002): Krankenhausreport, Schattauer, Stuttgart.

Asendorf, D. (2003): Doktors Computerspiele, DIE ZEIT vom 3. April 2003, S. 32.

Atkinson, M.A. und Eisenbarth, G.S. (2001): Type 1 diabetes – new perspectives on disease pathogenesis and treatment, in: Lancet, Vol. 358, S. 221–229.

Aydincioglu, G. und Lauterbach, K. (2001): Disease Management als Beteiligung und aktive Mitwirkung von Konsumenten und Patienten, in: Reibnitz, Chr. V., Schnabel, P.-E. und Hurrelmann, K. (Hrsg.): Der mündige Patient – Konzepte zur Patientenberatung und Konsumentensouveränität im Gesundheitswesen, Juventa, Weinheim/München, S. 292–298.

Badenberg, Ch. (2003): Der Streit um eine geeignete Datenübermittlung erweist sich beim Disease Management-Programm weiter als größter Hemmschuh, in: Ärztezeitung vom 15. April 2003, S. 2.

Ballast, T. (2001): Disease Management - Was ändert sich für den Patienten?, in: die Ersatzkasse, Nr. 9/2001, S. 361–364.

Ballast, T. (2002): Aus Erfahrung gut werden – Disease Management Asthma/COPD gestartet, in: die Ersatzkasse, Nr. 5, S. 176–180.

Banta, D. (2003): The development of health technology assessment, in: Health Policy, Vol. 63, S. 121–132.

Barr, C.E., Bouwman, D.L. und Lobec, F. (1997): Disease State Considerations, in: Todd, W.E.. und Nash, D. (Hrsg.): Disease Management – A Systems Approach to Improving Patient Outcomes, American Hospital Publishing Inc., Chicago, 1997, S. 137–155.

Badura, B. (1999): Perspektiven einer interdisziplinären Gesundheitsforschung – Das Beispiel der betrieblichen Gesundheitsförderung, in: Schlicht, W. und Dickhuth, H.H. (Hrsg.): Gesundheit für alle – Fiktion oder Realität?, Schattauer, Stuttgart, S. 239–249.

Bauer, H. (1998): Leitlinien als Grundlage rationalen ärztlichen Handelns, in: Eichborn, S., Schmidt-Rettig, B. und Schmidt-Rettig, B. (Hrsg.): Chancen und Risiken von Managed Care, Kohlhammer, Stuttgart u.a., S. 161–169.

Beck-Bornholdt, H.-P. und Dubben, H.-H. (2002): Der Schein der Weisen – Irrtümer und Fehlurteile im täglichen Denken, 3. Auflage, Hoffmann und Campe, Hamburg.

Berg, G.D. und Wadhwa, S. (2002): Diabetes Disease Management in a Community-Based Setting, in: Managed Care, Juni 2002, S. 42–50.

Bergh, W. v.d. (2001): Disease Management ist keine Kochbuchmedizin, in: Ärztezeitung vom 16.10.2001, S. 2.

Bergmann, K.E. (1995): Diabetes mellitus in Deutschland – Verbreitung, Bedeutung, Wissenslücken und Handlungsbedarf, in: Die Betriebskrankenkasse, Ausgabe 12, S. 743–748.

Bernard, S. (1997): The Roles of Pharmaceutical Companies in Disease Management, in: Todd, W.E. und Nash, D. (Hrsg.): Disease Management – A Systems Approach to Improving Patient Outcomes, American Hospital Publishing Inc., Chicago, S. 179–205.

Beyerle, L. (2001): Gerade teures Disease Management soll die Verschwendung stoppen, in: Ärztezeitung v. 6.9.2001, S. 14.

Beyerle, L. (2002): Mit Telefonitis und Megabürokratie in die Curaplan-Wirtschaft, in: Ärztezeitung vom 14. März 2002, S. 16.

Birch, S. und Donaldson, C. (1987): Cost-benefit analysis: dealing with the problems of indivisible projects and fixed budgets, in: Health Policy, Vol. 7, S. 61–72.

Bishop, H. und Gonalez-Carvajel, J. (1998): The Role and Impact of Information Technology, in: Lilley, R. und Burns, H. (Hrsg.): Disease Management, Wiley, Chichester 1998, S. 111–122.

Biskupiak, J.E., Chodoff, P. und Nash, D.B. (1997): Disease Management in Managed-Care-Organizations, in: Todd, W.E., Nash, D. (Hrsg.): Disease Management – A System Approach to Improving Patient Outcomes, Chicago, S. 207–233.

Bloch, E. und Wolf, Ch. (2002): Ist unsere Gesundheit noch bezahlbar?, Asgard-Verlag, St. Augustin.

Blomquist, A. (1991): The Doctor as double agent – Information asymmetry, health insurance, and medical care, in: Journal of Health Economics, Vol. 10, S. 411–432.

Bloor, K., Maynard, A. (1998): The Art of the Obvious or an Industry Conspiracy?, in: Lilley, R. und Burns, H. (Hrsg.): Disease Management, Wiley, Chichester, S. 89–110.

Bloor, K., Maynard, A. (2000): Disease Management – Global Cost-Containing Initiative?, in: Pharmacoeconomics; 17 (6): 539–544.

Bölscher, J. (2002): E-Commerce in der Versicherungswirtschaft, Reihe Versicherungswirtschaft in Hannover, Band 16, Verlag Versicherungswirtschaft, Karlsruhe.

Bölscher, J. und Schulenburg, J.-M. Graf v.d. (2000): Ansatzpunkte für Disease Management—Konzepte am Beispiel des Krankheitsbildes Diabetes mellitus, in: Arzneimitteltherapie, 18. Jg., Heft 12, S. 374–377.

Boetius, J. (2002): Wir wollen nicht nur zahlen und schweigen, in: Health – Managementwissen für die Gesundheitsbranche, Nr. 2, S. 50–53.

Bootman, J.L., Townsend, R.J., McGhan, W.F. (Hrsg.) (1998): Principles of Pharmacoeconomics, Harvey Whitney Books, 2. Auflage, Cincinnati.

Bornemann, S. und Daumann, F. (2002): Die elektronische Patientenakte – Darstellung, Wirkungen und Hemmnisse, in: Arbeit und Sozialpolitik, Ausgabe 7/8, S. 10–18.

Bössmann, E. (2000): Informationsökonomik, in: Woll, A. (Hrsg.): Wirtschaftslexikon, 9. Auflage, Oldenbourg, München.

Braun, B. (2002): GEK-Versichertenbefragung zur Versorgungsqualität bei Diabetes – Es gibt noch viel zu tun, in: die Ersatzkasse, Nr. 3/2002, S. 106–109.

Braun, W. und Schaltenbrand, R. (Hrsg.) (1996): Qualitätssicherung, Pharmakoökonomie und Disease Management, Berichtsband zum 3. Symposium, Witten.

Brech, W. (2003): Good will ex cathedra? Wissenschaft und politische Entscheidungsprozesse, in: Forum für Gesundheitspolitik, 9. Jg., S. 15–18.

Brenner, G., Altenhofen, L., Knoepnadel, J. und Weber, I. (2003): Nationale Gesundheitsziele – Diabetes mellitus Typ 2 als Zielbereich, in: Bundesgesundheitsblatt – Gesundheitsforschung – Gesundheitsschutz, 43. Jg., Nr. 2, S. 134–143.

Breyer, F.; Kifmann, M. (2001): Optionen der Weiterentwicklung des Risikostrukturausgleichs in der GKV, DIW Diskussionspapier Nr. 236, Berlin, Januar 2001.

Breyer, F. (2002): Reimbursement and Cost Containment – A German perspective, in: Pharmacoeconomics, Vol. 20, Suppl. 3, S. 87–94.

Breyer, F. und Zweifel, P., Kifmann, M. (2003): Gesundheitsökonomie, 4. Auflage, Springer.

Brooks, R. (1996): EuroQol: the current state of play. In: Health Policy, 37 (1996), S. 53–72.

Buhk, H. und Lotz-Rambaldi, W. (2001): Compliance und Patientenschulung bei Diabetes mellitus Typ 2, in: Bundesgesundheitsblatt – Gesundheitsforschung – Gesundheitsschutz, 44. Jg., S. 5–13.

Bundesärztekammer und Kassenärztliche Bundesvereinigung (1997): Beurteilungskriterien für Leitlinien in der medizinischen Versorgung, in: Deutsches Ärzteblatt, Heft 33, Vol. 94, S. A2154–A2155.

Bundesamt für Sozialversicherung (1998): Evaluation neuer Formen der Krankenversicherung – Synthesebericht (BSV Forschungsbericht 1998, I), Bundesamt für Sozialversicherung, Bern.

Bundesministerium für Gesundheit (Hrsg.) (2002): Statistisches Taschenbuch Gesundheit 2002, Bonn.

Busse, R. (2001): The German health care system – an introductory description, in: Henke, K.-D. und Dräger, C. (Hrsg.): Gesundheitssysteme am Scheideweg: Zwischen Wettbewerb und Solidarität, Nomos, Baden-Baden, S. 17–35.

Busse, R. (2002): German health care reform – Vademecum for confused outsiders, in: Forum für Gesundheitspolitik, 8. Jg., S. 258–260.

Caeser, M. (1996): Verbesserung der Patientenversorgung in der Praxis durch Disease Management und EDV-basierte Intervention, in: Braun, W. und Schaltenbrand, R. (Hrsg.): Qualitätssicherung, Pharmakoökonomie und Disease Management, Berichtsband zum 3. Symposium, Witten, S. 159–165.

Cap Gemini Ernst & Young (Hrsg.) (2002): Optimized Care – Positionierung der Life-Science-Industrie zwischen Disease Management und Patientenbindung, Berlin.

Cassel, D. und Oberdieck, V. (2002): Kapitaldeckung in der Gesetzlichen Krankenversicherung, in: Wirtschaftsdienst, 82. Jg., Heft 1, S. 15–22.

Chang, K. und Nash, D. (1998): The Role of Pharmacoeconomic Evaluations in Disease Management, in: PharmacoEconomics, Vol. 14, Nr. 1, S. 11–17.

Claes, C. und Pirk, O. (2000): Field Research, in: Schöffski, O. und Schulenburg, J.-M. Graf v.d. (Hrsg.): Gesundheitsökonomische Evaluationen, 2. Auflage, Springer, S. 57–78.

Claes, C. und Schulenburg, J.-M. Graf v.d. (2003): Cost Effectiveness of Pneumococcal Vaccination for Infants and Children with the Conjugate Vaccine PnC-7 in Germany, in: PharmacoEconomics, Vol. 21, Nr. 8, S. 587–600.

Clewer, A. und Perkins, D. (1998): Economics for Health Care Management, Pearson Education Limited, Harlow.

Cline, C.M.J., Israelsson, B.Y.A., Willenheimer, R.B., Broms, K. und Erhradt, L.R. (1998): Cost effective management programme for heart failure reduces hospitalisation, in: Heart, Vol. 80, S. 442–446.

Cohen, J. und Paquette, C. (2003): Impact of Disease Management on cost-effectiveness of Medicare spending, in: Drug Information Journal, Vol. 37, S. 1–12.

Coiera, E. (1996): The internet's challenge to health care provision – a free market in information will conflict with a controlled market in health care (editorial). BMJ; 312; S. 3–4.

Cookson, R. und Hutton, J. (2003): Regulating the economic evaluation of pharmaceuticals and medical devices – a European perspective, in: Health Policy, Vol. 63, S. 167–178.

Coons, S.J. und Kaplan, R.M. (1998): Cost-Utility Analysis, in: Bootman, J.L., Townsend, R.J., McGhan, W.F. (Hrsg.): Principles of Pharmacoeconomics, Harvey Whitney Books, 2. Auflage, Cincinnati, S. 103–126.

Curtiss, F.R. (1989): Managed health care, in: American Journal of Hospital Pharmacy, Vol. 46, S. 742–763.

Daubenbüschel, R. (2001): Kassenwettbewerb, RSA und Versorgungsmanagement – aus Sicht des Bundesversicherungsamtes (BVA), in: Kennzeichen BKK, Oktober 2001, S. 1–4.

Daubenbüchel, R. (2002): Vor großen Herausforderungen – Zulassung und Prüfung der Disease Management-Programme, in: Forum für Gesundheitspolitik, 8. Jg., S. 325–329.

Deming, W.E. (2002): Out of the crisis, MIT Press, 2. Auflage, London.

Deveugele, M. u.a. (2002): Consultation length in general practice – cross sectional study in six European countries, in: British Medical Journal, Vol. 325, S. 472–477.

Diabetes Control and Complication Trial Research Group (1993): The effect of intensive treatment of diabetes on the development and progression of long-term complications in insulin-dependent diabetes mellitus, in: The New England Journal of Medicine, Vol. 329, Nr. 14, S. 977–986.

Diabetes Control and Complication Trial Research Group (1995a): Effect of intensive diabetes management on macrovascular events and risk factors in the diabetes control and complications trial, in: The American Journal of Cardiology, Vol. 75, Nr. 14, S. 894–903.

Diabetes Control and Complication Trial Research Group (1995b): Resource utilization and costs of care in the diabetes control and complication trial, in: Diabetes Care, Vol. 18, Nr. 11, S. 1468–1478.

Diabetes Control and Complication Trial Research Group (1996): Lifetime benefits and costs of intensive therapy as practiced in the diabetes control and complication trial, in: JAMA, Vol. 276, Nr. 17, S. 1409–1415.

Diamond, F. (1999): The Short, Unhappy Lives of Too Many Disease Management-Programs, in Disease Management Sourcebook 2000, Faulkner & Gray, New York, S. 4–6.

Donabedian, A. (1988): The quality of care – How can it be assessed?, in: JAMA, Vol. 260, Nr. 12, S. 1743–1748.

Dowell, M.A., Rozell, B.R. und Dowell, M. (2001): Staging Type 2 Diabetes – Future Challenges in Cost of Illness Modelling, Health Policy and Global Health, in: Tavakoli, M., Davies, H.T.O. und Malek, M. (Hrsg.): Health Policy and Economics – Strategic issues in health care management, Ashgate Publ., Burlington, S. 67–83.

Doyle, J.B. (1997): Health Outcomes – Measuring and Maximizing Value in Disease Management, in: Todd, W.E.. und Nash, D. (Hrsg.): Disease Management – A Systems Approach to Improving Patient Outcomes, American Hospital Publishing Inc., Chicago, S.61–85.

Drummond, M. (1998): Who needs it and why?, in: Lilley, R. und Burns, H. (Hrsg.): Disease Management, Wiley, Chichester, S. 7–17.

Düring, B. (2003): Kassen und KV in Sachsen unterzeichnen DMP-Vertrag, in Ärztezeitung vom 13.2.2003, S. 5.

Dunn, C.J. und Plosker, G.L. (2002): Insulin Lispro – A pharmacoeconomic Review of its Use in Diabetes Mellitus, in: PharmacoEconomics, Vol. 20, No. 14, S. 989–1025.

Durst, C. (2002): DMP – Drei Buchstaben und jede Menge Fragezeichen, in: Ärztezeitung vom 10.6.2002, S. 7.

Durst, C. (2003): KVen und AOK in Baden-Württemberg sind über Start des Diabetes-Disease Management-Programms fast einig, in: Ärztzeitung vom 14.1.2003, S. 2.

Eckardstein, D. v., Ridder, H.-G. (Hrsg.) (2003): Personalmanagement als Gestaltungsaufgabe im Nonprofit und Public Management, Hampp Verlag, München.

Edelson, J.T., Weinstein, M.C., Tosteson, A.N. et al. (1990): Long-term cost-effectiveness of various initial monotherapies for mild to moderate hypertension, in: JAMA, Vol. 263, S. 407–413.

Edwards, B. (1998): Making it happen, in: Lilley, R. und Burns, H. (Hrsg.): Disease Management, Wiley, Chichester, S. 19–26.

Eichert, J.H., Wong, H. und Smith, D. (1997): The Disease Management Development Process, in:, in: Todd, W.E.. und Nash, D. (Hrsg.): Disease Management – A Systems Approach to Improving Patient Outcomes, American Hospital Publishing Inc., Chicago, S. 27–60

Eichhorn, S., Schmidt-Rettig, B. (1998): Managed Care Strategien zur Verbesserung der Effektivität, der Wirtschaftlichkeit und der Qualität der Gesundheitsversorgung, insbesondere der Krankenhausversorgung, in: Eichborn, S., Schmidt-Rettig, B. und Schmidt-Rettig, B. (Hrsg.): Chancen und Risiken von Managed Care, Kohlhammer, Stuttgart u.a., S. 3–40.

Eichborn, S., Schmidt-Rettig, B. und Schmidt-Rettig, B. (Hrsg.) (1998): Chancen und Risiken von Managed Care, Kohlhammer, Stuttgart u.a.

Eidenmüller, H. (2001): Kapitalgesellschaftsrecht im Spiegel der ökonomischen Theorie, in: Siebeck, G. (Hrsg.): Artibus ingenius – Beiträge zu Theologie, Philosophie, Jurisprudenz und Ökonomik, Mohr Siebeck, Tübingen, S. 35–64.

Ellrodt, G. (1997): Evidence-based Disease Management, in: JAMA, Vol. 278, S. 1687–1692.

Eichert, J.H. (1997): The Disease Management Development Process, in: Todd, W.E., Nash, D. (Hrsg.): Disease Management – A System Approach to Improving Patient Outcomes, Chicago, S. 27–59.

Enghofer, E.(1999): Qualitätsmanagement in der Onkologie, in: Zeitschrift für ärztliche Fortbildung und Qualitätssicherung, Vol. 93, S. 4–7.

Epstein, R.S., Sherwood, L.M. (1996): From Outcomes Research to Disease Management – A Guide for the Perplexed, in: Annals of Internal Medicine, Vol. 124, Nr. 9, S. 832–837.

Eßer, P. (2002): Disease Management und Gesundheitshotline – Umfrageergebnisse von IKK-Versicherten zur Akzeptanz neuer Angebotsformen, in: Die Krankenversicherung, Juni 2002, S. 74–76.

Evans, Chr., Kennedy, L., Crawford, B. und Malek, M. (2001): From Guidelines to Good Practice - Improving the Quality of Economic Evaluations, in: Tavakoli, M., Davies, H.T.O. und Malek, M. (Hrsg.): Health Policy and Economics – Strategic issues in health care management, Ashgate Publ., Burlington, S. 20–32.

Eysenbach, G. und Diepgen, T.L. (1998): Towards quality management of medical information on the internet – evaluation, labelling, and filtering of information, in: British Medical Journal, Vol. 317, S. 1496–1502.

Fack-Asmuth, W.G. (1999): Kann die Gesundheitssystemforschung Hilfestellung beim Strukturwandel der Krankenhäuser bieten?, in: König, H.-H. und Stillfried, Graf v. D. (Hrsg.): Gesundheitssystemforschung in Wissenschaft und Praxis – Beiträge zum Stand eines multidisziplinären Forschungsgebiets, Schattauer, Stuttgart/New York, S. 94–100.

Falk, A. (2003): Homo Oeconomicus versus Homo Reciprocans, in: Perspektiven der Wirtschaftspolitik, Vol. 4, Nr. 1, S. 141–172.

Fälker, M., Meyers-Middendorf, J., Stiel, H. (2003): Weiterentwicklung des Gesundheitswesen – Konsequenzen aktueller Entwicklungen und Analysen, in Gesundheits- und Sozialpolitik, Heft 3–4, 57. Jg., S. 56–61.

Fairfield, G., Hunter, D.J., Mechanic, D. und Rosleff, F. (1997): Managed Care - Origins, principles, and evolution, in: British Medical Journal, Vol. 314, S. 1823–1826.

Ferguson, T. (2000): Online patient-helpers and physicians working together – a new partnership for high quality health care, in: British Medical Journal, Vol 321, S. 1129–1132.

Fetzer, S. und Raffelhüschen, B. (2000): Zur Wiederbelebung des Generationenvertrags in der gesetzlichen Krankenversicherung – Die Freiburger Agenda, Discussion Paper 103/02 des Instituts für Finanzwissenschaft der Albert-Ludwigs-Universität Freiburg im Breisgau, Freiburg.

Fiedler, E. (1999): Gezieltere Indikationsstellungen als Schlüssel zur Finanzierbarkeit der medizinischen Versorgung – Neue Aufgaben der Gesundheitssystemforschung?, in: König, H.-H. und Stillfried, Graf v.d. (Hrsg.): Gesundheitssystemforschung in Wissenschaft und Praxis – Beiträge zum Stand eines multidisziplinären Forschungsgebiets, Schattauer, Stuttgart / New York, S. 82–87.

Fiedler, E. (2001): Die Chance für die Zukunft – Disease Management Programme als Wende in der Gesundheitspolitik, in: Forum für Gesundheitspolitik, 7. Jg., S. 353–359.

Fink-Anthe, C. (1998): Evidenz-basierte Medizin (EBM) – ein viel versprechender Ansatz, in: Pharmazeutische Industrie, Vol. 60, Nr. 5, S. V/95 – V97.

Fischer, F.-J. (2002): Internationale Erfahrungen berücksichtigen – Erfolgsfaktoren für Disease Management-Programme kritisch betrachtet, in: Forum für Gesundheitspolitik, 8. Jg., S. 337–342.

Fox, P. (1996): An overview of Managed Care, in: Kongstvedt, P. R. (Hrsg.): The Managed Health Care Handbook, 3. Auflage, Aspen Publishers, Gaithersburg, S. 3–15.

Fruschki, H. (2001): Nur ein Pyrrhussieg? – Disease Management-Programme lösen die Probleme des Risikostrukturausgleich nicht, in: Forum für Gesundheitspolitik, 7. Jg., S. 360–364.

Fuchs, Chr. (1999): Braucht die Medizin die Gesundheitssystemforschung?, in: König, H.-H. und Stillfried, Graf v. D. (Hrsg.): Gesundheitssystemforschung in Wissenschaft und Praxis – Beiträge zum Stand eines multidisziplinären Forschungsgebiets, Schattauer, Stuttgart / New York, S. 101–105.

Fuhr, Chr. (2002): Der Patientenbrief kommt direkt von der Barmer oder: Wie sich Kassen auf Disease Management vorbereiten, in: Ärztezeitung vom 1. März 2002, S. 2.

Fülgraff, G. (1999): New Public Health, in: Schlicht, W. und Dickhuth, H. H. (Hrsg.): Gesundheit für alle – Fiktion oder Realität?, Schattauer, Stuttgart, S. 225–238.

Galas, E. (2000): Krankenversicherung und Diabetes mellitus – Konzepte zur Verbesserung der Versorgung von Diabetikern, Hannoveraner Reihe – Versicherungswissenschaft in Hannover, Band 12, VVW Verlag, Karlsruhe.

Gandjour, A. und Lauterbach, K.W. (2002): Medizinische Ethik und Ökonomie im Gesundheitswesen – Ein unvereinbarer Gegensatz?, in: Versicherungsmedizin, 54. Jg., Heft 2, S. 57–58.

Gebhart, K.N. (1996): Disease Management – Impuls für neue Marketingstrategien in nationalen und internationalen Unternehmen, in: Braun, W. und Schaltenbrand, R. (Hrsg.): Qualitätssicherung, Pharmakoökonomie und Disease Management, Berichtsband zum 3. Symposium, Witten, S. 192–202.

Giles, T. (1996): The Cost-Effective Way Forward for the Management of the Patient with Heart Failure, in: Cardiology, Vol. 87, Suppl., S. 33–39.

Gilmer, T.P., Manning, W.G., O'Connor, P.J. und Rush, W.A. (1997): The cost to health plans of poor glycemic control, in: Diabetes Care, Vol. 20, Nr. 12, S. 1847–1853.

Ginsberg, B.M., Tan, M.-H., Mazze, R. und Bergelson, A. (1998): Staged Diabetes Management - Computerizing a Disease State Management Program, in: Journal of Medical Systems, Vol. 22, Nr. 2, S. 77–87.

Glaeske, G. (1996): Einleitende Bemerkungen zum Thema Disease Management – Möglichkeiten und Grenzen aus Sicht der GKV, in: Die Ersatzkasse, Ausgabe 02/1996, S. 49.

Glaeske, G. und Stillfried, D. Graf v. (1996): Machbarkeit von Disease Management aus Sicht der Kostenträger, in: Braun, W. und Schaltenbrand, R. (Hrsg.): Qualitätssicherung, Pharmakoökonomie und Disease Management, Berichtsband zum 3. Symposium, Witten, S. 203–209.

Glaeske, G., Kellermann-Wachtel, P. und Matthesius, G. (1999): Probleme und Optimierungsstrategien in der Versorgung von Diabetes-Patienten, in: Jahrbuch für kritische Medizin, Band 31, Hamburg, S. 19.

Glied, S. (2003): Health Care Costs – On the Rise Again, in: Journal of Economic Perspectives, Vol. 17, Nr. 2, S. 125–148.

Goldberg Arnold, R.J. (1999): Disease Management and Pharmacoeconomics as Tools for Mass Prevention of Hypertensive Complication, in: Heart Disease, Vol. 3, Nr. 3, S. 152–156.

Goldstein, R. (1998): The Disease Management Approach to Cost Containment, in: Nusing Case Management, Vol. 3, Nr. 3, S. 99–103.

Gozzoli, V., Palmer, A.J., Brandt, A., Spinas, G.A. (2001): Economic and clinical impact of alternative disease management strategies for secondary prevention in type 2 diabetes in the Swiss setting, in: Swiss Medical Weekly, Vol. 131, S. 303–310.

Grätzel von Grätz, P. (2003a): Mit Online-Gesundheitsakten werden Patienten in DMP gelenkt, in: Ärztezeitung vom 22.04.2003, S. 2.

Grätzel von Grätz, P. (2003b): Moderne Software vereinfacht Umgang mit DM, in: Ärztezeitung vom 24.04.2003, S. 12.

Graf, J. (2002): „DMP" lernt laufen, in: Gesundheit und Gesellschaft SPEZIAL, Heft 7–8, 5. Jg., S. 10 f.

Grampian Asthma Study of Integrated Care (GRASSIC) (1994): Integrated care for asthma – a clinical, social, and economic evaluation, in: British Medical Journal, Vol. 308, S. 559–564.

Grauw, de W.J. et al. (1995): Cardiovascular morbidity and mortality in type 2 diabetic patients: A 22 year historical cohort study in Dutch general practice, in: Diabetic Medicine, Vol. 12, Nr. 2, S. 117–122.

Greiner, W. (1999): Ökonomische Evaluationen von Gesundheitsleistungen – Fragestellungen, Methoden und Grenzen dargestellt am Beispiel der Transplantationsmedizin, Reihe Gesundheitsökonomische Beiträge (Hrsg.: Gäfgen, G. und Oberender, P.), Band 31, Nomos, Baden-Baden.

Greiner, W. und Schulenburg, J.-M. Graf v.d. (1998): Compliance und Asthma - eine Delphibefragung zur Therapietreue ambulant betreuter Asthmapatienten, in: Gesundheitswesen, 60. Jg., Heft 10, S. 558–562.

Greiner, W., Schulenburg, J.-M. Graf v.d., Bergmann, K.-Ch. (1999): Lebensqualität von erwachsenen Asthmapatienten, in: Pneumologie, Vol. 53, Nr. 6, S. 283–288.

Greiner, W., Schöffksi, O. und Schulenburg, J.-M. Graf v.d. (2000): The transferability of international economic health-economic results to national study questions, in: Health Economics in Prevention and Care (HEPAC), Vol. 1 (2000), No. 2, S. 94–102.

Greiner, W. et al. (2003): A Single European currency for EQ-5D health states. Results from six-country study, in: The European Journal of Health Economics, Vol. 4 , Nr. 3, S. 222–231.

Greulich, A., Berchthold, P. und Löffel, N. (Hrsg.) (2000): Disease Management – Patient und Prozess im Mittelpunkt, Decker, Heidelberg.

Grobe, T.G., Dörning, H. und Schwartz, F.W. (2002): GEK-Gesundheitsreport 2002, Asgard-Verlag, Vorabversion April 2002.

Gross, P.F. (1998): International Overview, in: Lilley, R. und Burns, H. (Hrsg.): Disease Management, Wiley, Chichester, S. 123–151.

Guyatt, G.H. et al. (1989): Development and testing of a new measure of health status for clinical trials in heart failure, in: Journal of Gen Internal Medicine, Vol. 4, S. 101–107.

Haas, A.-K. (2003a): Nach Maß statt von der Stange, in: Gesundheit und Gesellschaft, 6. Jg., Ausgabe 4, S. 34–39.

Haas, A.-K. (2003b): Vertragswettbewerb in der GKV, in: Forum für Gesundheitspolitik, 9. Jg., Ausgabe April, S. 121–125.

Hadley, J.P. und Wolf, L.F. (1996): Monitoring and evaluating the delivery of services under Managed Care, in: Health Care Financing Review, Summer 1996, Vol. 17, Nr. 4, S. 1–4.

Hajen, L., Paetow, H. und Schumacher, H. (2000): Gesundheitsökonomie (Strukturen – Methoden - Praxisbeispiele), Kohlhammer, Stuttgart u.a.

Hannoveraner Konsensus Gruppe (1999): Deutsche Empfehlungen zur gesundheitsökonomischen Evaluation – Revidierte Fassung des Hannoveraner Konsens, in: Gesundheitsökonomie und Qualitätsmanagement, Vol. 4, S. A62–A65.

Häussler, B. (1996): Von Qualitätssicherung über Qualitätsmanagement zu Disease Management, in: Braun, W. und Schaltenbrand, R. (Hrsg.): Qualitätssicherung, Pharmakoökonomie und Disease Management, Berichtsband zum 3. Symposium, Witten, S. 234–242.

Häussler, B., Glaeske, G. und Gothe, H. (2001a): Durchführbare Konzepte erforderlich – Wie man Disease Management in Deutschland einführen sollte, in: Forum für Gesundheitspolitik, 7. Jg., S. 391–397

Häussler, B., Glaeske, G. und Gothe, H. (2001b): Unbeantwortete Fragen zum Disease Management, in: Arbeit und Sozialpolitik, Heft 9–10, S. 35–37.

Häussler, B., Glaeske, G. und Gothe, H. (2001c): Disease Management in der GKV – Konzept für die Durchführung, in: Arbeit und Sozialpolitik, Heft 9–10, 2001, S. 30–34

Hansen, L. (2002a): Wir haben die Betroffenheit des Arzt-Patient-Verhältnisses unterschätzt., Forum für Gesundheitspolitik, 8. Jg., S. 343–349.

Hansen, L. (2002b): Bericht des Vorsitzender auf der 4. Sitzung der Vertreterversammlung (12. Wahlperiode) der kassenärztlichen Vereinigung Nordrhein am 13.04.2002, Düsseldorf.

Harris, M.I., Cowie, C.C. et al. (Hrsg.) (1995): Diabetes in America, 2. Auflage, National Institutes of Health.

Harris, J.M. (1996): Disease Management – New Wine in new bottles?, in: Annals of Internal Medicine, Vol. 124, Nr. 9, S. 838–842.

Hart, D. (2002): Qualitätssicherung durch Leitlinien, in: Vierteljahresschrift für Sozialrecht (VSSR), Heft 4/2002, S. 265–297.

Haubrock, M., Hagmann, H. und Nerlinger, T. (2000): Managed Care – Integrierte Versorgungsformen, Huber-Verlag, Bern u.a.

Hawks, J.W., Levy, R. und Hass, S.L. (1996): The Virginia Health Outcomes Project – A Unique Approach to Lowering Medicaid Costs and Improving Health Outcomes, in: American Journal of Managed Care, Vol. 2, S. 253–263.

Haycox, A., Dubois, D. und Butterworth, M. (1998): Customising an International Disease Management-Model to the Needs of Individual Countries – Application to Upper Gastrointestinal Disease, in: PharmacoEconomics, Vol. 14, Suppl. 2, S. 39–56.

Heidenreich, P.A., Ruggerio, C.M. und Massie, B.M. (1999): Effect of a home monitoring system on hospitalization and resource use for patients with heart failure, in: American Heart Journal, Vol. 138, S. 633–40.

Hellmann, W. (Hrsg.) (2001): Management von Gesundheitsnetzen – Theoretische und praktische Grundlagen für ein neues Berufsfeld, Kohlhammer, Stuttgart u.a.

Helmig, B. (2002): Patientenzufriedenheit im Krankenhaus – Messergebnisse sinnvoll auswerten und umsetzen, in: Hindringer, B., Rothballer, W. und Thomann, H. J. (Hrsg.): Qualitätsmanagement im Gesundheitswesen, TÜV-Verlag, Köln, Beitrag 09110, S. 1–23.

Helou, A., Lorenz, W., Ollenschläger, G. et al. (2000): Methodische Standards der Entwicklung Evidenz-basierter Leitlinien in Deutschland, in: Zeitschrift für ärztliche Fortbildung und Qualitätssicherung, Vol. 94, S. 330–339.

Henke, K.-D. (2002): Ökonomische Grundlagen der Krankenhausreform in der Bundesrepublik Deutschland, in: Vierteljahresschrift für Sozialrecht (VSSR), Dezember 2002, Heft 5, S. 327–340.

Henke, K.-D. (2003): Zukunftsbranche statt Kostenfaktor, in: Frankfurter Allgemeine Zeitung vom 03.05.2003, S. 20.

Henke, K.-D. und Dräger, C. (Hrsg.) (2001): Gesundheitssysteme am Scheideweg - Zwischen Wettbewerb und Solidarität, Nomos, Baden-Baden.

Herholz, H. und Ollenschläger, G. (2001): Notwendige Grundvoraussetzungen – Zu Qualität und Qualitätssicherung von Disease Management-Programme in Deutschland, in: Forum für Gesundheitspolitik, 7. Jg., S. 386–390.

Herms, E. (2001): Private Vices – Public Benefits, in: Siebeck, G. (Hrsg.): Artibus ingenius – Beiträge zu Theologie, Philosophie, Jurisprudenz und Ökonomik, Mohr Siebeck, Tübingen, in: S. 111–132.

Hess, R. (1999): Kann die Gesundheitssystemforschung dazu beitragen, Konflikte zwischen Ökonomie und Medizin zu bewältigen?, in: König, H.-H. und Stillfried, Graf v. D. (Hrsg.): Gesundheitssystemforschung in Wissenschaft und Praxis – Beiträge zum Stand eines multidisziplinären Forschungsgebiets, Schattauer, Stuttgart / New York, S. 88–93.

Hildebrandt, H. (1996): Disease Management und Gesundheitsförderung im therapeutischen Prozeß im Akutkrankenhaus – Projektideen für eine strategische Partnerschaft zwischen Krankenhäusern und Krankenversicherung, in: Braun, W. und Schaltenbrand, R. (Hrsg.): Qualitätssicherung, Pharmakoökonomie und Disease Management, Berichtsband zum 3. Symposium, Witten, S. 117–131.

Hildebrandt, H. und Domdey, A. (1996): Disease Management – Effizienzsteigerung – Verbesserung der Qualität der Gesundheitsversorgung – Reorganisation der Behandlungsabläufe, in: Ersatzkasse, Nr. 2, S. 50–54.

Hindringer, B., Rothballer, W. und Thomann, H. J. (Hrsg.) (2002): Qualitätsmanagement im Gesundheitswesen, TÜV-Verlag, Köln 2002, Beitrag 09110.

Hoberg, R. (2002): Disease Management-Programme – Herzstück der Reform des Risikostrukturausgleiches oder ordnungspolitischer Sündenfall?, in: AOK Bundesverband (Hrsg.): Disease Management-Programme im Rahmen der Reform des Risikostrukturausgleiches, Bonn.

Hoffmann, A. (2003): Gesundheitsreform im Gestrüpp der Lobbyisten, Vortrag auf dem AOK-Tag der AOK Baden-Württemberg am 03. Dezember 2002 in Pforzheim, G+G-Sonderdruck 02/2003, Verlagbeilage von Gesundheit und Gesellschaft (G+G), S. 5.

Hoffmann, W. (1999): Mechanismen und Grenzen der Mittelzuweisung für die medizinische Versorgung – Wenig Geld und viel Verschwendung, in: Schlicht, W. und Dickhuth, H. H. (Hrsg.): Gesundheit für alle – Fiktion oder Realität?, Schattauer, Stuttgart, S. 185–204.

Holtorf, A.-P. (2001): A Common Direction – Collaboration and Contributions towards Quality in Healthcare, in: Henke, K.-D. und Dräger, C. (Hrsg.): Gesundheitssysteme am Scheideweg -. Zwischen Wettbewerb und Solidarität, Nomos, Baden-Baden, S. 138–143.

Homann, K. (2001): Ökonomik – Fortsetzung der Ethik mit anderen Mitteln, in: Siebeck, G. (Hrsg.): Artibus ingenius – Beiträge zu Theologie, Philosophie, Jurisprudenz und Ökonomik, Mohr Siebeck, Tübingen, S. 85–110.

Hoppe, J.-D. (2002): Wir haben alles getan, um eine Billigmedizin, wie sie einigen Kassenfunktioinären vorschwebt, zu verhindern.", Interview mit Jörg-Dietrich Hoppe, Forum für Gesundheitspolitik, 8. Jg., S. 322–324.

Hunter, D.J. und Fairfield, G. (1997): Disease Management, in: British Medical Journal (BMJ), Vol. 315, 5.7.1997, S. 50–53.

Huntington, J., Connell, F.A. (1994): For every dollar spent – the cost-savings argument for prenatal care, in: New England Journal of Medicine, Vol. 331, S. 1303–1307.

Hurrelmann, K. (1998): Die Beziehung zwischen Arzt und Patient, in: Prävention, Heft 2, S. 41–42.

Hyland, M. E., Finnis, S. und Irvine, S. H. (1991): A scale for assessing quality of life in adult asthma sufferers, Journal of Psychosomatic Research 35, S. 99–110.

Iglehard, J. (2001): Managed Care and Quality Assurance – Lessons from the U.S. Health Care System, in: Henke, K.-D. und Dräger, C. (Hrsg.): Gesundheitssysteme am Scheideweg - Zwischen Wettbewerb und Solidarität, Nomos, Baden-Baden, S.144–149.

Imai, M. (2001): Kaizen – Der Schlüssel zum Erfolg, Econ, München.

Indra, P. (2002): Ansätze der Helsana zur Einführung von Managed Care in der Schweiz, in: Preuß, K.-J., Räbiger, J. und Sommer, J. H. (Hrsg.): Managed Care – Evaluation und Performance-Measurement integrierter Versorgungsmodelle, Schattauer, Stuttgart/New York, S. 153–170.

Institute for the Future (Hrsg.) (2003): Health and Health Care 2010 – The Forecast, The Challenge, 2. Auflage, Jossey-Bass Verlag, Princeton.

Jacobs, K. (2001): Konsens vor Konsistenz?, in: Forum für Gesundheitspolitik, 7. Jg., S. 253–278.

Jacobs, K. (2003): Höchste Zeit für sinnvollen Wettbewerb in der GKV, in: Gesundheits- und Sozialpolitik, Heft 3–4, 57. Jg., S. 14–17.

Jacobs, K.; Reschke, P.; Cassel, D.; Wasem, J. (2001): Zur Wirkung des Risikostrukturausgleichs in der gesetzlichen Krankenversicherung, Endbericht, Februar 2001.

Jacobs, K. und Häussler, B. (2002): Disease Management im künftigen Kassenwettbewerb, in: Gesundheit und Gesellschaft (G+G), 2. Jg., Nr. 1, S. 24–30.

Jacobs, K. und Schräder, W.F. (2002): Wettbewerb als Motor der Integration?, in: Arnold, M., Klauber, J., Schellschmidt, H. (Hrsg.): Krankenhausreport, Schattauer, Stuttgart, S. 103–112.

Jersch, N. (1996): IT-Grundlagen für Disease Management – Methodik und Machbarkeit, in: Braun, W. und Schaltenbrand, R. (Hrsg.): Qualitätssicherung, Pharmakoökonomie und Disease Management, Berichtsband zum 3. Symposium, Witten, S. 172–182.

Johannesson, M., Agewall, S., Hartford, M., Hedner, T. und Fagerber, B. (1995): The cost-effectiveness of a cardiovascular multiple-risk-factor intervention programme in treated hypertensive men, in: Journal of Internal Medicine, Vol. 237, S. 19–26.

John, B. (2002): Modellprojekt Diabetes Sachsen-Anhalt – reif für Disease Management? – Aus Sicht der beteiligten Kassenärztlichen Vereinigung, in : Die Krankenversicherung, Mai 2002, S. 145–147.

Jutzi, S. (2002): Medizinportale – Mit Risiken und Nebenwirkungen, in: Focus Nr. 11, S. 209–212.

Kaiser, T. u.a. (2001): Medizinische Grundlagen für diagnostische und therapeutische Entscheidungen im Rahmen Evidenz-basierter Disease Management-Programme, Köln.

Kauppinen, R., Sintonen, H., Vilkka, V. und Tukiainen, H. (1999): Long-term (3-years) economic evaluation of intensive patient education for self-management during the first year in new asthmatics, in: Respiratory Medicine, Vol. 93, S. 283–289

Kawachi, I. und Malcolm, L.A. (1991): The cost-effectiveness of treatment mild-to-moderate hypertension – a reappraisal, in: Journal of Hypertension, Vol. 9, S. 199–208.

Kayser, B. und Schwefing, B. (1998): Managed Care und HMOs – Lösung für die Finanzkrise der Krankenversicherung?, Verlag Hans Huber, Bern u.a., S. 119.

KBV Kassenärztliche Bundesvereinigung (Hrsg.) (2001): Disease Management-Programm Diabetes mellitus/Asthma bronchiale/Hypertonie, Köln.

Keller, C. et al. (2000): Behandlungsqualität niereninsuffizienter Diabetiker in Deutschland, in: Deutsche medizinische Wochenschrift, Vol. 125, S. 240–244.

Kelly, J. T. und Bernard, D.B. (1997): Clinical Practice Guidelines – Foundation for Effective Disease Management, in: Todd, W. E.. und Nash, D. (Hrsg.): Disease Management – A Systems Approach to Improving Patient Outcomes, American Hospital Publishing Inc., Chicago, S. 157–177.

Kenny, S.J., Aubert, R.E., Geiss, L.S. (1995): Prevalence and incidence of non-insulin-dependent diabetes, in: Harris, M.I., Cowie, C.C. et al. (Hrsg.): Diabetes in America, 2. Auflage, National Institutes of Health, S. 47–68.

Kielhorn, A., Schulenburg, J.-M. Graf v.d. (2000): The health economics handbook, adis International, Chester (England).

King, H., Aubert, R.E., Herman, W.H. (1998): Global burden of diabetes 1995–2025 – prevalence, numerical estimates, and projections, in: Diabetes Care, Vol. 21 (1998), Nr. 9, S. 1414–1431.

Kirby, S. und Peel, S. (1998): Wellness Management, in: Lilley, R. und Burns, H. (Hrsg.): Disease Management, Wiley, Chichester, S. 71–87.

Klusen, N. (2001): Das deutsche Krankenversicherungssystem braucht Reformen – Öffentliche versus private Verantwortlichkeit aus der Sicht einer gesetzlichen Krankenkasse, in: Henke, K.-D. und Dräger, C. (Hrsg.): Gesundheitssysteme am Scheideweg - Zwischen Wettbewerb und Solidarität, Nomos, Baden-Baden, S. 163–167.

Kongstvedt, P.R. (Hrsg.) (1996): The Managed Health Care Handbook, 3. Auflage, Gaithersburg.

Koring, H.-D. (2001): Umverteilung im Risikostrukturausgleich – Stimulus zur Verbesserung der Versorgung chronisch Kranker?, in: Forum für Gesundheitspolitik, 7. Jg., S. 374–376.

König, H.-H. (1995): Disease Management – Lässt sich Krankheit in Deutschland managen?, in: Die pharmazeutische Industrie, Vol, 57, Nr. 11, S. 897–901.

König, H.-H. und Stillfried, Graf v. D. (Hrsg.) (1999): Gesundheitssystemforschung in Wissenschaft und Praxis – Beiträge zum Stand eines multidisziplinären Forschungsgebiets, Schattauer, Stuttgart / New York.

Korf, C. (2001): Über die Kunst, aus Eckpunkten eine runde Sache zu machen, in: Forum für Gesundheitspolitik, 7. Jg., S. 270–274.

Kossow, K.-D. (1996): Die Aufgaben des Hausarztes in Case- und Disease Management, in: Braun, W. und Schaltenbrand, R. (Hrsg.): Qualitätssicherung, Pharmakoökonomie und Disease Management, Berichtsband zum 3. Symposium, Witten, S. 210–217.

Kossow, K.-D. (2002): Der eigentliche Grund, weswegen wir auf dieser Ebene erschienen sind, bestand darin, die Verkeilung zwischen Krankenkassen und KVen aufzulösen, Interview, in: Forum für Gesundheitspolitik, 8. Jg., S. 356–361.

Kossow, K.-D. und Mehl, E. (2001): Hausarztorientierte Struktur etablieren – Disease Management-Programme sind eine sinnvolle Initiative, in: Forum für Gesundheitspolitik, 7. Jg., S. 397–402.

Krahe, S. (2003): Die Haftung von Health-Maintenance-Organizations (HMOs) im Gesundheitssystem der USA, in: Versicherungswirtschaft, Heft 7/2003, S. 518–520.

Krahmer, U. (1996): Sozialdatenschutz nach SGB I und X – Einführung mit Schaubildern, Kommentar, Datenschutznormen, Heymann, Köln u.a.

Kraus, W. (2001): Erfahrungen mit einem Diabetes-Projekt – Kritische Gedanken zu Disease Management-Programmen, in: Forum für Gesundheitspolitik, 7. Jg., S. 370–373.

Krüger, A. (2002): Ein Gewinner der DMP steht schon fest – das Bundesversicherungsamt, in: Ärztezeitung vom 25.10.2002, S. 3.

Krüger, A. (2003): GesundheitsScout mischt bei der Kunden-Akquise mit, darf Disease Management-Programm-Ärzten aber nicht auf die Finger schauen, in: Ärztezeitung vom 4.6.2003, S. 2.

Krüger-Brand, H.E. (2001): Chance für die Versorgung chronisch Kranker – Die telemedizinische Betreuung von Patienten mit Diabetes mellitus und Asthma ist erfolgreich, in: Deutsches Ärzteblatt, 98. Jg., Heft 1–2, S. A 18.

Kruse, U. und Kruse, S. (2002): Was versprechen die neuen Disease Management-Programme?, in: Die Sozialversicherung, Februar 2002, S. 29–33.

Kühn, H. (1997): Managed Care – Medizin zwischen kommerzieller Bürokratie und integrierter Versorgung – Am Beispiel USA, Berlin.

Kühn, H. (1999): Eine neue Gesundheitsmoral? – Anmerkungen zur lebensstilbezogenen Prävention und Gesundheitsförderung, in: Schlicht, W. und Dickhuth, H. H. (Hrsg.): Gesundheit für alle – Fiktion oder Realität?, Schattauer, Stuttgart, S. 205–224.

Lambden, P. (1998): At the Front Line, in: Lilley, R. und Burns, H. (Hrsg.): Disease Management, Wiley, Chichester, S. 27–45.

Landgraf, R. (2002): Die Kompetenz der wichtigsten Fachgesellschaften wird beim Disease Management für Diabetes ignoriert, in: Ärztezeitung vom 23. Mai 2002, S. 2.

Landesverband der Betriebskrankenkassen Nordrhein-Westfalen und Kassenärztliche Vereinigung Nordrhein (2002): Diabetes-Strukturvertrag, Düsseldorf.

Laschet, H. (1997): Pharmaproduzenten setzen auf „Disease Management", in: DIE WELT vom 3.3.1997, S. WR3.

Laschet, H. (2001): Der Gesetzgeber ist beim Disease Management am Zug, in: Ärztezeitung v. 30.8.2001, S.3.

Launois, R., Cartraud, A. und Perez, V. (2002): Evaluation of integrated health delivery systems – example from France, in: Preuß, K.-J., Räbiger, J. und Sommer, J. H.

(Hrsg.): Managed Care – Evaluation und Performance-Measurement integrierter Versorgungsmodelle, Schattauer, Stuttgart/New York, S. 171–190.

Lauterbach, K.W. (1996): Erfahrungen mit Disease Management in USA – Entwicklung von Instrumenten für die Installierung von Disease Management in Deutschland, in: Braun, W. und Schaltenbrand, R. (Hrsg.): Qualitätssicherung, Pharmakoökonomie und Disease Management, Berichtsband zum 3. Symposium, Witten, S. 183–191.

Lauterbach, K.W. (1997): Zum Verhältnis von Disease Management und Managed Care, in: Arnold, M., Lauterbach, K.W. und Preuß, K.-J. (Hrsg.): Managed Care – Ursachen, Prinzipien, Formen und Effekte, Reihe Beiträge zur Gesundheitsökonomie der Robert-Bosch-Stiftung, Band 31, Schattauer, Stuttgart/New York 1997, S. 169–178.

Lauterbach, K.W. (1999): Was trägt die Medizin zu den Methoden der Gesundheitssystemforschung bei?, in: König, H.-H. und Stillfried, Graf v. D. (Hrsg.): Gesundheitssystemforschung in Wissenschaft und Praxis – Beiträge zum Stand eines multidisziplinären Forschungsgebiets, Schattauer, Stuttgart / New York, S. 33–43.

Lauterbach, K.W. (2001): Disease Management in Deutschland, Voraussetzungen, Rahmenbedingungen, Faktoren zur Entwicklung, Implementierung und Evaluation. Gutachten im Auftrage des VdAK/AEV.

Lauterbach, K.W. (2002a): Disease Management – Chancen für das Krankenhaus, f&w, 19. Jg., Nr. 1, S. 38–41.

Lauterbach, K.W. (2002b): Disease Management in Deutschland – Voraussetzungen, Rahmenbedingungen, Faktoren zur Entwicklung, Implementierung und Evaluation – Gutachten im Auftrag des Verbandes der Angestellten-Krankenkassen e.V. (VdAK) und des Arbeiter-Ersatzkassen-Verbandes e.V. (AEV), Köln.

Lauterbach, K.W. und Stock, S. (2001): Disease Management wird aktiviert, in: Deutsches Ärzteblatt, Vol. 98, S. A1935–1937.

Lauterbach, K.W.; Wille, E. (2001a): Modell eines fairen Wettbewerbs durch den Risikostrukturausgleich, Sofortprogramm „Wechslerkomponente und solidarische Rückversicherung" unter Berücksichtigung der Morbidität, Abschlussbericht, Februar 2001.

Lauterbach, K.W. und Wille, E. (2001b): Stellungnahme zum Beitrag „Unbeantwortete Fragen zum Disease Management" von Häussler et al., in: Arbeit und Sozialpolitik, Heft 9–10, S. 38 f.

*Lauterbach, K.W. und Schrappe, M. (Hrsg.) (2001***):*** Gesundheitsökonomie, Qualitätsmanagement und Evidence-based Medicine – Eine systematische Einführung, Schattauer, Stuttgart.

Lauterbach, K.W., Stock, S., Redaelli, M., Kühn, M., Lüngen, M. (2001): Einheitliche Ziele erforderlich – Rahmenbedingungen für Disease Management in der GKV, in: Forum für Gesundheitspolitik, 7. Jg., S. 364–369.

Lauterberg, J. und Becker-Berke, S. (1999): Wege aus dem Labyrinth, in: Gesundheit und Gesellschaft, Ausgabe 2. Jg., Nr. 3, S. 22–27.

Lee, S.S. (1997): Home Care and Disease Management, in: Todd, W.E., Nash, D. (Hrsg.): Disease Management – A System Approach to Improving Patient Outcomes, Chicago, S. 261–280.

Leidl, R. (1999): Was leisten ökonomische Methoden in der Gesundheitssystemforschung?, in: König, H.-H. und Stillfried, Graf v. D. (Hrsg.): Gesundheitssystemforschung in Wissenschaft und Praxis – Beiträge zum Stand eines multidisziplinären Forschungsgebiets, Schattauer, Stuttgart/New York, S. 24–32.

Lenz. Ch.F.W., Waller, T. und Brucksch, M.M. (2001): Disease Management online – Internetbasierte Lösungen zur Gesundheitsversorgung, in: Deutsches Ärzteblatt, 98. Jg., Nr. 36, S. A2240–A2244.

Lepping, M. (1996): Disease Management versus Diabetes Management, in: Braun, W. und Schaltenbrand, R. (Hrsg.): Qualitätssicherung, Pharmakoökonomie und Disease Management, Berichtsband zum 3. Symposium, Witten, S. 141–148.

Leszcynski, D.v. (2003): Der Klammergriff der Bürokraten, in: Der Kassenarzt, Heft 1, S. 22–23.

Lilley, R. und Burns, H. (Hrsg.) (1998): Disease Management, Wiley, Chichester.

Lisson, M. (2002a): Segen oder Fluch? Im Ländle streitet man sich über DMP, in: Ärztezeitung vom 26. März 2002, S. 7.

Lisson, M. (2002b): DMP-Probelauf auf den Rat des Fachmanns wird verzichtet, in: Ärztezeitung vom 21./22. Juni 2002, S. 8.

Lisson, M. (2003): Rhein-Neckar-Kreis wird Testfeld für ein Hausarztmodell, in: Ärztezeitung vom 14. April 2003, S. 7.

Lohse, U. (2001): Business Excellence in Versicherungsunternehmen, Reihe Versicherungswissenschaft in Hannover (Hrsg: J.-M. Graf v.d. Schulenburg), Band 13, Verlag Versicherungswirtschaft, Karlsruhe.

Lorenz, R.A. et al. (1996): Changing behavior – Practical lessons from the diabetes control and complications trial, in: Diabetes Care, Vol. 19, Nr. 6, S. 648–652.

Ludbrook, A. und Vale, L.(2001): Economics and Clinical Guidelines – Pointing in the Right Direction?, in: Tavakoli, M., Davies, H. T. O. und Malek, M. (Hrsg.): Health Policy and Economics – Strategic issues in health care management, Ashgate Publ., Burlington, S. 3–19.

MacKeigan, L.D., Gafni, A. und O'Brien, B.J. (2003): Double discounting of QALYs, in: Health Economics, Vol. 12, S. 165–169.

Mark, A., Pencheon, D. und Elliott, R. (2001): Demanding to Manage or Managing to Demand?, in: Tavakoli, M., Davies, H. T. O. und Malek, M. (Hrsg.): Health Policy and Economics – Strategic issues in health care management, Ashgate Publ., Burlington, S. 129–145.

Markson, L.E., Vollmer, W.M., Fitterman, L., O'Connor, E., Narayanan, S., Berger, M. und Buist, A.S. (2001): Insight Into Patient Dissatisfaction With Asthma Treatment, in: Archies of Internal Medicine, Vol. 161, S. 379–384.

Marwick, C. (1995): Another Health Care Idea: Disease Management, in: JAMA, Vol. 274, Nr. 18, S. 1416–1417.

Mason, A., Towse, A. und Drummond, M. (1999): Disease Management, the NHS and the Pharmaceutical Industry, Office of Health Economics (OHE), London.

May, U. und Wasem, J. (2003): Medizinische Risiken versus ökonomische Chancen der gesundheitlichen Eigenverantwortung – Eine modelltheoretische Analyse am Beispiel der Therapie mit rezeptfreien Arzneimitteln, in: Gesundheitsökonomie und Qualitätsmanagement, Vol. 8, S. 31–38.

Maynard, A. und Bloor, K. (2003): Dilemmas in regulation of the market for pharmaceuticals, in: Health Affiars, Vol. 22, Nr. 3, S. 31–41.

Maynard, A. und McDaid, D. (2003): Evaluating health interventions – exploiting the potential, in Health Policy, Vol. 63, S. 215–226.

McDaid, D. (2003): Evaluating health interventions in the 21st century – old and new challenges, in: Health Policy, Vol. 63, S. 117–120.

McDaid, D. und Cookson, R. (2003): Evaluating health care interventions in the European Union, in: Health Policy, Vol. 63, S. 133–139.

Merten, D. (2002): Zu den verfassungsrechtlichen Aspekten der Umsetzung von Disease Management-Programmen, in: Die Krankenversicherung, Januar 2002, S. 19–22.

Metz, A. (1997): Therapie des Typ-II-Diabetes – Die Gruppensprechstunde bringt frischen Wind, in. Diabetes Praxis, Ausgabe 1, S. 14 f.

Metzinger, B. und Schlichtherle, S. (2002): Disease Management – Mehr Qualität für chronisch Kranke, in: Die Krankenversicherung, Januar 2002, S. 15–18.

Michaelis, W. (Hrsg.) (2001): Der Preis der Gesundheit – Wissenschaftliche Analysen, Politische Konzepte, Perspektiven zur Gesundheitspolitik, ecomed, Landsberg/Lech.

Milde, P.C. (1992): Institutionenökonomische Analyse alternativer Krankenversicherungssysteme – das Beispiel der Gesetzlichen Krankenversicherung und der „Health Maintenance Organization", Diss., Hamburg.

Mörmel, R., Wenzel, F. und Thiess, M. (2001): Die neue Herausforderung heißt Disease Management, in: Führen und Wirtschaften im Krankenhaus (f & w), 18. Jg., Heft 4, S. 359–363.

Möws, V. (2001): Die Krankenkassen setzen auf Disease Management, in: Führen und Wirtschaften im Krankenhaus f & w, 18. Jg., Nr. 4, S. 364–366.

Monka, M. und Benner, V. (2000): Managed Care in Deutschland – Vergleich zweier stationärer Fallmanagement-Ansätze, in: Der Internist, Vol. 8, S. M 180–182.

Mühlig, S., Bergmann, K.-Ch., Emmermann, E. und Petermann, F. (1998): Der „Fragebogen zur Lebensqualität bei Asthma" (FLA) – Untersuchungen zur Dimensionalität und Hinweise zur Auswertung, in: Pneumologie 52, S. 35–40.

Müller, H. (2001): Praxisnetz adé – es lebe die integrierte Versorgung, in: Ärztezeitung vom 17.04.2001, S. 8.

Müller, V. (2002): Riskanter Schnellschuss, in: Focus, Nr. 23, S. 44 f.

Müller de Cornejo, G. (2001): Koordination der Behandlungsebenen, in: Forum für Gesundheitspolitik, 7. Jg., S. 377–379.

Müller de Cornejo, G., Hoyer, J.-M. und Baas, J. Chr. (2002): Disease Management-Programme – eine Chance zur Verbesserung der Versorgung chronisch kranker Menschen, in: AOK Bundesverband (Hrsg.): Disease Management-Programme im Rahmen der Reform des Risikostrukturausgleiches, Bonn, S. 4–11.

Mullahy, C. (1996): Case Management und Managed Care, in: Kongstvedt, P. R. (Hrsg.): The Managed Health Care Handbook, 3. Auflage, Gaithersburg, S. 274–300.

Munroe, W.P., Kunz, K., Dalmady-Israel, C., Potter, L und Schonfeld, W.H. (1997): Economic Evaluation of Pharmacist Involvement in Disease Management in a Community Pharmacy Setting, in: Clinical Therapeutics, Vol. 19, Nr. 1, S. 113–123.

Nachtigal, G. (1996): Gesundheitsmanagement in der GKV – Ansätze für eine deutsche Variante von Managed Care?, in: DOK, Heft 23/24, S. 726–730.

National Heart, Lung and Blood Institute (NHLBI) (1997): Guidelines for the Diagnosis and the Management of Asthma, Expert Panel Report II, National Asthma Education and Prevention Programm.

National Research Council (2000): Networking Halth, National Academy Press, Washington D.C., S. 61.

Neubauer, G. (2002): Auswirkungen eines DRG-basierten Vergütungssystems auf den Wettbewerb der Krankenhäuser, in: Wille, E. (Hrsg.): Anreizkompatible Vergütungssysteme im Gesundheitswesen, Nomos, Baden-Baden, S.159–177.

Neubourg, T. (2002): Disease Management in der Diabetikerversorgung, Schriften zur Gesundheitsökonomie, Band 37, Verlag P.C.O., Bayreuth.

Neuffer, A.B. (1996): Disease Management – Definitionen, Konzepte und Umsetzung, in: Braun, W. und Schaltenbrand, R. (Hrsg.): Qualitätssicherung, Pharmakoökonomie und Disease Management, Berichtsband zum 3. Symposium, Witten, S. 52–116.

Neuffer, A.B. (1997): Managed Care – Umsetzbarkeit des Konzeptes im deutschen Gesundheitssystem, Schriften zur Gesundheitsökonomie, Band 21, Verlag P.C.O., Bayreuth.

Newhouse, J. P. (2002): Pricing the Priceless – A Health care Conundrum, MIT Press, Cambridge/London.

Nissenson, A.R. et al. (2001): Evaluation of Disease-State Management of Dialysis Patients, in: American Journal of Kidney Diseases, Vol. 37, Nr. 5, S. 938–944.

Oberender, P., Hebborn, A. und Zerth, J. (2002): Wachstumsmarkt Gesundheit, Lucius & Lucius, Stuttgart.

Oldiges, F.J. (1997): 1000 Leitlinien – was nun?, in: DOK, Heft 21/1997, S. 661–665.

Ollenschläger, G., Thomeczek, C. (1996): Ärztliche Leitlinien in Deutschland – Definitionen, Ziele, Implementierungen, in: Zeitschrift für ärztliche Fortbildung und Qualitätssicherung, Vol. 90, S. 347–353.

Ollenschläger, G., Oesingmann, U., Thomeczek, C., Lampert, U. und Kolkmann, F.W. (1998): Leitlinien und Evidence-based Medicine in Deutschland, in: Münchner Medizinische Wochenschrift, Vol. 140, Nr. 38, S. 502–505.

Ollenschläger, G., Thomeczek, C., Oesingmann, V., Kolkmann, F. (1999): Qualitätsförderung ärztlicher Leitlinien – das deutsche Clearingverfahren, in: Niedersächsisches Ärzteblatt, Vol. 8, S. 12–14.

o.V. (2002a): Disease Management – messbare Erfolge durch Chroniker-Programme, in: Zeitschrift für Versicherungswesen, Nr. 20 (15.10.2002), S. 640 f.
o.V. (2002b): Das DMP-Feedback sollte elektronisch abgewickelt werden, in: Ärztezeitung vom 15.11.2002, S. 5.
Orde, B. v. (2001): Das deutsche Gesundheitswesen braucht Reformen – Öffentliche versus private Verantwortlichkeit aus gewerkschaftlicher Sicht, in: Henke, K.-D. und Dräger, C. (Hrsg.): Gesundheitssysteme am Scheideweg – Zwischen Wettbewerb und Solidarität, Nomos, Baden-Baden, S. 168–172.
Orlowski, U. (2002): Strukturierte Behandlungsprogramme im RSA, in: Die Betriebskrankenkasse, Heft 8, S. 329–340.
Osman, L.M. et al. (1994): Reducing hospital admission through computer supported education for asthma patients, in: BMJ, Vol. 308, S. 568–571.

Paeger, A. (2001): Netzwerkorientierte Versorgungssysteme in der Schweiz, in: Hellmann, W. (Hrsg.): Management von Gesundheitsnetzen – Theoretische und praktische Grundlagen für ein neues Berufsfeld, Kohlhammer, Stuttgart u.a., S. 217–223.
Palmer, A.J. et al. (2000): The cost-effectiveness of different management strategies for Type I diabetes – a Swiss perspective, in: Diabetologia, Vol. 43, S. 13–26.
Panko, R. (2002): Health Selection, in: Best`s Reviews, Juni 2002, S. 82–86.
Panton, R. (1998): Medicines Management, in: Lilley, R. und Burns, H. (Hrsg.): Disease Management, Wiley, Chichester, S. 47–70.
Paul, V. und Bresser, B. (2001): Spezielle Probleme der Medizintelematik im Alltag, in: Hellmann, W. (Hrsg.): Management von Gesundheitsnetzen – Theoretische und praktische Grundlagen für ein neues Berufsfeld, Kohlhammer, Stuttgart u.a., S. 163–180.
Paulus, A., Raak, A. van, Made, J. v.d., Mur-Veeman, I. (2003): Market competition – everybody is talking, but what do they say? A sociological analysis of market competition in policy networks, in: Health Policy, Vol. 64, S. 279–289.
Perleth, M. und Antes, G. (Hrsg.) (1998): Evidenz-basierte Medizin, München.
Peterson, K.W. und Kane, D.P. (1997): Beyond Disease Management – Population-Based Health Management, in: Todd, W.E.. und Nash, D. (Hrsg.): Disease Management – A Systems Approach to Improving Patient Outcomes, American Hospital Publishing Inc., Chicago, 1997, S. 305–344.
Petro, W., Schulenburg, J.-M. Graf v.d., Greiner, W., Weithase, J., Schülke, A. und Metzdorf, N. (2004): zur Publikation eingereicht bei Pneumologie.
Pfaff, M. (1995): Funktionsfähiger Wettbewerb innerhalb und zwischen den gesetzlichen und privaten Krankenkassen – Einige Anmerkungen zur laufenden Diskussion, in: Arbeit und Sozialpolitik, Heft 9–10/1995, S. 12–20.
Picot, A. und Dietl, H. (1990): Transaktionskostentheorie, in: Wirtschaftswissenschaftliches Studium, 19. Jg., Nr. 4, S. 178–183.
Picot, A., Dietl, H. und Franck, E. (1997): Organisation – Eine ökonomische Perspektive, 1. Auflage, Schäffer-Poeschel, Stuttgart.

Picot, A., Reichwald, R. und Wigand, R.T. (2001): Die grenzenlose Unternehmung – Information, Organisation und Management, 4. Auflage, Gabler, Wiesbaden.

Pieper, C. (2000): Gesundheitsversorgung der Mitglieder verbessert, in: Ärztezeitung vom 24.10.2000, S. 8.

Pieper, C. (2002): HMOs in Kalifornien wollen gemeinsam Qualität belohnen, in: Ärztezeitung vom 7. Mai 2002, S. 11.

Pilkington, G. und Pilkington, G. (1997): Disease Management – Theory versus Practice, in: Disease Management and Health Outcomes, Vol. 1, No. 3, S. 121–128.

Plocher, D.W. (1996): Disease Management, in: Kongstvedt, P. R. (Hrsg.): The Managed Health Care Handbook, 3. Auflage, Aspen Publishers, Gaithersburg, S. 318–329.

Popert, U. (2002): Leitlinien und Disease Management – Der Teufel steckt im Detail, in: Deutsches Ärzteblatt, 99. Jg., Heft 31–32, S. A2093–A2094.

Porsche, R. (1996): Disease Management als Herausforderung und Chance für innovative Unternehmen, in: Pharmazeutische Industrie, Vol. 58, Nr. 6, S. 465–472.

Pratt, J.W. und Zeckhauser, R.J. (1985): Principals and Agents – An Overview, in: Pratt, J.W. und Zeckhauser, R.J. (Hrsg.): Principals and Agents – The Structure of Business, Harvard Business School Press, Boston (Mass.) 1985 (Nachdruck 1991).

Pratt, J.W. und Zeckhauser, R.J. (Hrsg.) (1985): Principals and Agents – The Structure of Business, Harvard Business School Press, Boston (Mass.) 1985 (Nachdruck 1991).

Premaratne, U.N., Sterne, J.A.C., Marks, G.B., Webb, J.R., Azima, H. und Burney, P.G.J. (1999): Clustered randomized trial of an intervention to improve the management of asthma – Greenwich asthma study, in: British Medical Journal, Vol. 318, S. 1251–1255.

Preuss, K.-J. (2001): Gesundheitsökonomie und Managed Care, in: Lauterbach, K.W. und Schrappe, M. (Hrsg.): Gesundheitsökonomie, Qualitätsmanagement und Evidence-based Medicine – Eine systematische Einführung, Schattauer, Stuttgart, S. 220–238.

Preuß, K.-J. (2002): Die Perspektive der Kostenträger (GKV und PKV) bei der praktischen Anwendung von Benchmarking, Evaluation und Zertifizierung, in: Preuß, K.-J., Räbiger, J. und Sommer, J.H. (Hrsg.): Managed Care – Evaluation und Performance-Measurement integrierter Versorgungsmodelle, Schattauer, Stuttgart/New York, S. 43–64.

Preuß, K.-J., Räbiger, J. und Sommer, J.H. (Hrsg.) (2002): Managed Care – Evaluation und Performance-Measurement integrierter Versorgungsmodelle, Schattauer, Stuttgart/New York.

Prosi, G. (2001): Ergebnisbestimmte Ziele und Qualitätssicherung im Gesundheitsmanagement – Eine Einführung aus ökonomischer Sicht, in: Henke, K.-D. und Dräger, C. (Hrsg.): Gesundheitssysteme am Scheideweg – Zwischen Wettbewerb und Solidarität, Nomos, Baden-Baden, S.133–137.

Raczek, K., Bölscher, J. und Schulenburg, J.-M. Graf v.d. (2000): Disease Management bei Diabetes mellitus, Cuvillier, Göttingen.

Ramsey, S.D., Neil, N., Sullivan, S.D. et al. (1999): An economic evaluation of the JNC hypertension guidelines using data from a randomized controlled trial, in: Journal of the American Board of Family Practioners, Vol. 12, S. 105–114.

Raths, J. (1996): Bewertung von Disease Management in der Indikation Demenz, in: Braun, W. und Schaltenbrand, R. (Hrsg.): Qualitätssicherung, Pharmakoökonomie und Disease Management, Berichtsband zum 3. Symposium, Witten, S. 272–279.

Reibnitz, Chr. V., Schnabel, P.-E. und Hurrelmann, K. (Hrsg.) (2001): Der mündige Patient – Konzepte zur Patientenberatung und Konsumentensouveränität im Gesundheitswesen, Juventa, Weinheim/München.

Reinhard, U.E. (1998): Recent developments in American health policy – From „unmanaged care" to „managed costs", Princeton, S. 24.

Reinhardt, U.E. (2001): Searching for the Holy Grail – An ‚Optimal' Health System, in: Henke, K.-D. und Dräger, C. (Hrsg.): Gesundheitssysteme am Scheideweg -. Zwischen Wettbewerb und Solidarität, Nomos, Baden-Baden, S. 120–130.

Rich, M.W. et al. (1995): A Multidisciplinary intervention to prevent the readmission of elderly patients with congestive heart failure, in: The New England Journal of Medicine, Vol. 333, Nr. 18, S. 1190–1195.

Rich, M.W. (1999): Multidisciplinary interventions for the management of heart failure – Where do we stand?, in: American Heart Journal, Vol. 138, S. 599–601.

Rich, M.W. (2001): Heart Failure Disease Management Programs – Efficacy and Limitations, in: American Journal of Medicine, Vol. 110, S. 410–412.

Richter, B. (2002): Gesundheits-Management in der PKV, in: Versicherungswirtschaft, Heft 18, S. 1425–1426.

Richter, E. (2002): Therapie zwischen Leitlinien und Zukunftsvisionen, in: Dt. Ärztebl. Vol. 99, Heft 1/2, S. A 18.

Richter-Reichhelm, M. (2001): Disease Management – Versorgungsverbesserung bei gleichzeitiger Kosteneinsparung?, in: Michaelis, W. (Hrsg.): Der Preis der Gesundheit – Wissenschaftliche Analysen, Politische Konzepte, Perspektiven zur Gesundheitspolitik, ecomed, Landsberg/Lech, S. 99–105.

Richter-Reichhelm, M. (2002): Die Rolle der kassenärztlichen Bundesvereinigung und der Kassenärztlichen Vereinigungen bei der Umsetzung von Disease Management-Programmen, in: Die Krankenversicherung, Januar 2002, S. 11–15.

Richter, R. und Furubotn, E.G. (1999): Neue Institutionenökonomik – Eine Einführung und kritische Würdigung, 2. Auflage, Tübingen, Mohr-Siebeck.

Richter-Reichhelm, M. (2002): Die Rolle der kassenärztlichen Bundesvereinigung und der Kassenärztlichen Vereinigungen bei der Umsetzung von Disease Management-Programmen, in: Die Krankenversicherung, Januar 2002, S. 11–15.

Robbers, J. (2002): Es entsteht ein gewisser Druck, sich mit den Krankenhäusern zu arrangieren, in: Forum für Gesundheitspolitik, 8. Jg., S. 350–352.

Rössler, W., Löffler, W., Fätkenheuer, B., Riecher-Rössler, A. (1992): Does case management reduce the rehospitalization rate?, in: Acta Psychiatr Scand, Vol. 86, S. 445–449.

Rossiter, L.F. et al. (2000): The Impact of Disease Management on Outcomes and Cost of Care – A Study of Low-Income Asthma Patients, in: Inquiry, Vol. 37, S. 188–202.

Rüschmann, H. (1998): Medizinische Qualitätsgemeinschaft Rendsburg – Konzept der Begleitforschung, in: Eichborn, S., Schmidt-Rettig, B. und Schmidt-Rettig, B. (Hrsg.): Chancen und Risiken von Managed Care, Kohlhammer, Stuttgart u.a., S. 187–206.

Rüter, G. (2001): Disease Management – Auf der Strecke bleibt die ärztliche Ethik, in: Deutsches Ärzteblatt, 98. Jg., Heft 46, S. A 3016–A 3020.

Rychlik, R. (1999): Gesundheitsökonomie, Enke-Verlag, Stuttgart.

Saatkamp, J. (2002): Disease Management-Programme und Risikostrukturausgleich, in: Forum für Gesundheitspolitik, 8. Jg., S. 365–368.

Sachverständigenrat für die Konzertierte Aktion im Gesundheitswesen (1994): Gesundheitsversorgung und Krankenversicherung 2000 – Eigenverantwortung, Subsidiarität und Solidarität bei sich ändernden Rahmenbedingungen, Sachstandsbericht 1994, Nomos, Baden-Baden.

Sachverständigenrat für die Konzertierte Aktion im Gesundheitswesen (1996): Gesundheitswesen in Deutschland, Kostenfaktor und Zukunftsbranche, Band 1: Demographie, Morbidität, Wirtschaftlichkeitsreserven und Beschäftigung, Sondergutachten, Kurzfassung.

Sachverständigenrat für die Konzertierte Aktion im Gesundheitswesen (1997): Sondergutachten 1997 – Gesundheitswesen in Deutschland – Kostenfaktor und Zukunftsbranche, Band II: Fortschritt und Wachstumsmärkte, Finanzierung und Vergütung, Nomos, S. 171.

Sachverständigenrat für die Konzertierte Aktion im Gesundheitswesen (2000/2001): Bedarfsgerechtigkeit und Wirtschaftlichkeit, Band II: Qualitätsentwicklung in Medizin und Pflege, Gutachten 2000/2001, Baden-Baden.

Sachverständigenrat zur Begutachtung der gesamtwirtschaftlichen Entwicklung (2002): Zwanzig Punkte für Beschäftigung und Wachstum, Jahresgutachten 2002/3, Metzler-Poeschel, Stuttgart.

Sackett, D. (1998): Was ist Evidenz-basierte Medizin?, in: Perleth, M. und Antes, G. (Hrsg.): Evidenz-basierte Medizin, München, S. 9–18.

Salhi, R. (2003): Neuer Schwung statt alter Zöpfe, in: Gesundheits und Gesellschaft, 6. Jg., Ausgabe 4, S. 16–17.

Sari, N. (2002): Do competition and manged care improve quality?, in: Health Economics, Vol. 11, S. 571–584.

Sauerland, D. (1999): Zur Notwendigkeit einer anreizorientierten Gesundheitspolitik, in: Zeitschrift für Wirtschaftspolitik, 48. Jg., Nr. 3, S. 265–294.

Sauerland, D. (2001): Wege zur Sicherung der Qualität im Gesundheitswesen – Theorie und Praxis, in: Perspektiven der Wirtschaftspolitik, Vol. 2, Nr. 2, S. 211–227

Sauerland, D. (2002): Gesundheitspolitik in Deutschland – Reformbedarf und Entwicklungsperspektiven, Verlag Bertelsmannstiftung, Gütersloh.
Sawicki, P.T. (2002): Evidenz-basierte Entscheidungsgrundlagen – Wege zum „besseren Wissen" für die Praxis, in: AOK Bundesverband (Hrsg.): Disease Management-Programme im Rahmen der Reform des Risikostrukturausgleiches, Bonn, S. 27–30.
Schaaf, M. (2001): Die Reform des Risikostrukturausgleichs und die Folgen für den Kassenwettbewerb, in: Wege zur Sozialversicherung, 55. Jg., Heft 11, S. 321–327.
Schaefer, M. (1996): Patientenbezogene Medikationsdateien in der Apotheke als Datenbasis für Qualitätssicherung und Disease Management, in: Braun, W. und Schaltenbrand, R. (Hrsg.): Qualitätssicherung, Pharmakoökonomie und Disease Management, Berichtsband zum 3. Symposium, Witten, S. 166–171.
Schaumburg, D., Schandry, R., Schenk, R. und Schröder, J.P. (1999): Asthma Disease Management – Erste Erfahrungen aus einem Modellprojekt, in: Atemswegs-Lungenerkrankungen, 25. Jg., Nr. 11, S. 618–624.
Scheinert, H.D. (2001): Managed Care in Deutschland, in: Henke, K.-D. und Dräger, C. (Hrsg.): Gesundheitssysteme am Scheideweg – Zwischen Wettbewerb und Solidarität, Nomos, Baden-Baden, S. 150–155.
Schenk, R. (1998): Disease Management – Ein kooperativer und patientenorientierter Ansatz, in: Perspectives on Managed Care, Nr. 2, S. 26–29.
Schlicht, W. und Dickhuth, H.H. (Hrsg.) (1999): Gesundheit für alle – Fiktion oder Realität?, Schattauer, Stuttgart.
Schlingensiepen, I. (2001): Gesundheitsmanagement funktioniert nur gemeinsam mit den Ärzten, in: Ärztezeitung vom 15. Januar 2001, S. 15.
Schlingensiepen, I. (2002): Läuten Programme für chronisch Kranke den Paradigmentwechsel ein?, in: Ärztezeitung vom 26. März 2002, S. 3.
Schmacke, N. (2002): Leitlinienorientierung, evidenz-basierte Versorgung und Vertrauen in die Medizin – Voraussetzungen für die Entwicklung von strukturierten Behandlungsprogrammen, in: AOK Bundesverband (Hrsg.): Disease Management-Programme im Rahmen der Reform des Risikostrukturausgleiches, Bonn, S.12–19.
Schmeinck, W. (2001): Disease Management-Programme im Risikostrukturausgleich, in: Forum für Gesundheitspolitik, 7. Jg., S. 384–385.
Schmidt, D. (2003): Disease Management-Programm ... der Anfang ist gemacht ? – Evaluations- und Re-Akkreditierungskondititionen fehlen, in: Gesundheits- und Sozialpolitik, Heft 5–6, S. 39–42.
Schmidt, K. (2002): Die Schweiz macht's vor, in: Ärztepost, Ausgabe 4/2002, S. 14–17.
Schmid, R. (2003): Personalwirtschaft im Krankenhaus, in: Eckardstein, D. v., Ridder, H.-G. (Hrsg.): Personalmanagement als Gestaltungsaufgabe im Nonprofit und Public Management, Hampp Verlag, München, S. 293–311.
Schmidt-Mohr, U. (1997): Agency-Theorie, in: Gabler-Wirtschaftslexikon, 14. Auflage, Gabler, Wiesbaden.
Schmidlin-von Ziegler, N.I. (1998): Disease Management – Modeerscheinung oder Lösungsansatz?, in: Medizinische Klinik, Vol. 93, Nr. 1, S. 52–56.

Schneider, W. (2003): Kopfprämien zur Kassenfinanzierung – Ein Rückschritt, in: Gesundheit und Gesellschaft, 6. Jg., Nr. 2, S. 42–48.

Schöffski, O. und Schulenburg, J.-M. Graf v.d. (Hrsg.) (2000): Gesundheitsökonomische Evaluationen, 2. Auflage, Springer.

Schönbach, K.H. (2001): Disease Management-Programme im Risikostrukturausgleich der gesetzlichen Krankenversicherung, in: Die BKK, Heft 7, S. 311–317.

Schröder, U. und Ratzeburg, E. (2002): Modellprojekt Diabetes Sachsen-Anhalt – reif für Disease Management? – Aus Sicht der Krankenversicherung, in: Die Krankenversicherung, Mai 2002, S. 141–144.

Schulenburg, J.-M. Graf v.d. (1981): Der Arztleistungsmarkt und seine Besonderheiten, in: Wirtschaftswissenschaftliches Studium (WiSt), Heft 9, September 1981, S. 434–436.

Schulenburg, J.-M. Graf v.d. (1982a): Health Maintenance Organizations – Eine interessante Alternative zur traditionellen Krankenversicherung?, in: Zeitschrift für die gesamte Versicherungswissenschaft, Bd. 71, Heft 3–4, S. 627–648.

Schulenburg, J.-M. Graf v.d. (1982b): Die Arzthonorierung aus ökonomischer Sicht – Probleme der Steuerung des Nachfrage- und Anbieterverhaltens, in: Wirtschaftswissenschaftliches Studium, Heft 5, Mai 1982, S. 235–238.

Schulenburg, J.-M. Graf v.d. (1987): Selbstbeteiligung – Theoretische und empirische Konzepte für die Analyse ihrer Allokations- und Verteilungswirkungen, Mohr-Siebeck, Tübingen 1987.

Schulenburg, J.-M. Graf v.d. (1992): Preisbildung im Gesundheitswesen, in: Andersen, H.H., Henke, K.-D. und Schulenburg, J.-M. Graf v.d.: Basiswissen Gesundheitsökonomie, Band 1 – Einführende Texte, Sigma-Verlag Berlin, S. 111–134.

Schulenburg, J.-M. Graf v.d., Greiner, W., Molitor, S. und Kielhorn, A. (1996): Kosten der Asthmatherapie nach Schweregrad – Eine empirische Untersuchung, in: Medizinische Klinik, Vol. 91, Nr. 10, S. 670–676.

Schulenburg, J.-M. Graf v.d., Kielhorn, A., Greiner, W., Volmer, T. (1999): Praktisches Lexikon der Gesundheitsökonomie, Asgard-Verlag, Sankt Augustin.

Schulenburg, J.-M. Graf v.d. und Greiner, W. (2000): Gesundheitsökonomik, Tübingen, Moor Siebeck.

Schulenburg, J.-M. Graf v.d., Boemans, W. und Hoffmann, C. (2000): Ökonomische Aspekte von Alkoholmissbrauch unter Arbeitnehmern – eine empirische Studie, in: Gesundheitsökonomie und Qualitätsmanagement, 5: 37–46.

Schulte, G. (1999): Leistet die Gesundheitssystemforschung ausreichende Unterstützung bei der Suche nach neuen Versorgungsformen?, in: König, H.-H. und Stillfried, Graf v. D. (Hrsg.): Gesundheitssystemforschung in Wissenschaft und Praxis – Beiträge zum Stand eines multidisziplinären Forschungsgebiets, Schattauer, Stuttgart / New York, S. 78–81.

Schulze, J. (2002): Vertrauen gewinnt man mit solchen Schnellschüssen nicht, in: Ärztezeitung vom 31.07.2002, S. 6.

Schwartz, A. (1997): Informations- und Anreizprobleme im Krankenhaussektor – Eine institutionenökonomische Analyse, Gabler, Wiesbaden.

Scriba, P.C. (2003): Zur "Unabhängigkeit" der Politikerberatung – Ein Kommentar, in: Forum für Gesundheitspolitik, 9. Jg., S. 28–30.
Sehlen, S. (2002): Gesundheitsmanagement in der privaten Krankenversicherung in Deutschland, Verlag P.C.O., Bayreuth.
Siebeck, G. (Hrsg.) (2001): Artibus ingenius – Beiträge zu Theologie, Philosophie, Jurisprudenz und Ökonomik, Mohr Siebeck, Tübingen.
Sinn, H.-W. (2003): Das demographische Defizit – die Fakten, die Folgen, die Ursachen und die Politikimplikationen, in: ifo Schnelldienst, 56. Jg., Nr. 5, S. 20–36.
Sintonen, H. Pekurinen, M.A. (1993): A fifteen-dimensional measure of life (15D) and its applications, in: Walker, S.P. und Rosser, R.M. (Hrsg.): Quality of life assessment – Key issues in the 1990s, Kluwer, Dordrecht, S. 185–195.
Skowronnek, O. und Rödig, S. (2002): Mitwirkung medizinischer Call-Center bei der Durchführung von Disease Management-Programmen, in: Die Krankenversicherung, Februar 2002, S. 54–57.
Sloan, F.A. (2001): The German Health Care System – An American Economist's Perspective, in: Henke, K.-D. und Dräger, C. (Hrsg.): Gesundheitssysteme am Scheideweg – Zwischen Wettbewerb und Solidarität, Nomos, Baden-Baden, S. 177–181.
Smith, A. (1776/1978): Der Wohlstand der Nationen – Eine Untersuchung seiner Natur und seiner Ursachen, übersetzt und mit einer umfassenden Würdigung des Gesamtwerkes von Horst Rechtenwald, München.
Smith, S. (1995): Disease Management – Ein neuer Strategie-Ansatz für die Pharma-Industrie, in: Pharma-Marketing-Journal, Band 4, S. 137–139.
Spillane, J. (1996): Disease Management – Zukunft für die Gesundheitsversorgung, in: Pharmazeutische Industrie, Vol 58, Nr. 9, S. 757–760.
Standl, E. (2002): Chancen für erweiterte Evidenzbasis, in: Forum für Gesundheitspolitik, 8. Jg., S. 353–356.
Standl, E., Usadel, K.H. und Mehnert, H. (1999): Grundlagen des Diabetesmanagements, in: Diabetologie in Klinik und Praxis, 4., neubearbeitete Auslage, Stuttgart, Thieme, S. 103–119.
Steinmeyer, H.-D. (2003): Vertragswettbewerb und Einzelverträge in der Gesundheitsreform 2003, in: Gesundheits- und Sozialpolitik, Heft 3–4, 57. Jg., S. 9–13.
Stigler, G.J. (1951): The division of labour is limited by the extent of the market, in: Journal of Political Economy, Vol. 59, S. 185–193.
Stillfried, D. Graf v. (1998): Disease Management – Ein Angebot der Krankenkassen, in: Eichborn, S., Schmidt-Rettig, B. und Schmidt-Rettig, B. (Hrsg.): Chancen und Risiken von Managed Care, Kohlhammer, Stuttgart u.a., S. 290–309.
Stillfried, D. (1999): Managed Care Elemente in der gesetzlichen Krankenversicherung, in: Arnold, M., Lauterbach, K.W., Preuss, K.-J. (Hrsg.): Managed Care – Ursachen, Prinzipien, Formen und Effekte, Schattauer, Stuttgart/New York, S. 229–251.
Stillfried, D. Graf v. und Jelastopulu, E. (1997): Zu den Hintergründen des Themas, „Verzahnung zwischen ambulanter und stationärer Versorgung", in: Arnold, M. und Paffrath, D. (Hrsg.): Krankenhausreport `97 - Aktuelle Beiträge, Trends und Statistiken, Fischer-Verlag, Stuttgart u.a., S. 21–34.

Stillfried, D. Graf v., Hansen, L. (2001): Kollektivvertragliche Strukturen einbinden, in: Forum für Gesundheitspolitik, 7. Jg., S. 380–383.
Stillfried, D. Graf v. und Gramsch, E. (2003): Morbiditätsorientierung der vertragsärztlichen Vergütung - Jetzt müssen die Weichen für eine Neuorientierung der vertragsärztlichen Vergütung gestellt werden, in: Gesundheits- und Sozialpolitik, Heft 1–2, S. 44–51.
Stoscheck, J. (2003): Sparen ja, Eingriffe darf's nicht geben!, in Ärztezeitung vom 13.02.2003, S. 2.
Stoschek, J. und Prinoth, M. (2001): Vier Jahre Disease Management – ein Konzept, das sich bewährt hat, in: Ärztezeitung vom 22. März 2001, S. 12.
Straub, Ch. (1999): Evidence-based Medicine und Leitlinien als Instrumente zur Verbesserung der medizinischen Versorgung, in: die Ersatzkasse, Nr. 8, S. 889–894.
Straub, Ch. (2001a): Finanzspritzen für Disease Management-Programme aus dem RSA? – Die Versorgung chronisch Kranker wird nicht verbessert, in: Forum für Gesundheitspolitik, 7. Jg., S. 275–278.
Straub, Ch. (2001b): Disease Management-Programme als Teil des Risikostrukturausgleichs in der Gesetzlichen Krankenversicherung?, in: Gesundheitsökonomie und Qualitätsmanagement, Vol. 6, S. A 121–122.
Straub, Ch. (2002): Große Zweifel bleiben – Disease Management-Programme und Risikostrukturausgleich, in: Forum für Gesundheitspolitik, 8. Jg., S. 373–377.
Szathmary, B. (1999): Neue Versorgungskonzepte im deutschen Gesundheitswesen – Disease und Case Management, Luchterhand, Neuwied.
Szecsenyi, J. und Gerlach, F. (2002): Warum sollten Disease Management-Programme hausarztorientiert sein? – Gründe, Grenzen und Herausforderungen, in: AOK Bundesverband (Hrsg.): Disease Management-Programme im Rahmen der Reform des Risikostrukturausgleiches, Bonn, S. 20–26.

Tacke, J. und Lauterbach, K.W. (1997): Disease Management – Ein Überblick, in: Arnold, M. und Paffrath, D. (Hrsg.): Krankenhaus-Report '97, Stuttgart u.a., S. 157–164.
Tavakoli, M., Davies, H.T.O. und Malek, M. (Hrsg.) (2001): Health Policy and Economics – Strategic issues in health care management, Ashgate Publ., Burlington.
Tedsen, F. H. (2002): Disease Management-Programme – Wer hat die Nase vorn?, in: AssCompact, Juli 2002, S. 76–77.
Tesic, D. (2001): Vom richtigen Schritt in die falsche Richtung, in: KV-Blatt, Nr. 10/2001, S. 14–19.
Thelen, P. (2002): Ulla Schmidt bis zu den Wahlen tatenlos, in: f&w, 19. Jg., Heft 2, S. 104 f.
Thole, H., Weingart, O. und Ollenschläger, G. (2002): Die Leitlinien-Clearingstelle Asthma bronchiale und Diabetes mellitus Typ 2 – Zusammenfassung der Ergebnisse und empfohlene Maßnahmen, in: Deutsches Ärzteblatt, 99. Jg., Heft 31–32, S. A2134–A2135.

Thomas, N. (1996): The Role of Pharmacoeconomics in Disease Management – A Pharmaceutical Benefit Management Company Perspective, in: PharmacoEconomics, Vol. 9 (Suppl.), S. 9–15.
Todd, W.E. (1997): Strategic Alliances, in: Todd, W.E., Nash, D. (Hrsg.): Disease Management – A System Approach to Improving Patient Outcomes, Chicago, S. 281–304.
Todd, W.E. und Nash, D. (Hrsg.) (1997): Disease Management – A Systems Approach to Improving Patient Outcomes, American Hospital Publishing Inc., Chicago.
Tophoven, C. (2002): Operativ erfolgreiche Disease Management-Programme oder das Primat des Zumutbaren, in: Die Krankenversicherung, Juli/August 2002, S. 219–224.
Towse, A. und Pritchard, C. (2002): National Institute for Clinical Excellence (NICE) – Is Economic Appraisal Working?, in: PharmacoEconomics, Vol. 20, Suppl. 3, S. 95–105.
Trautner, C., Richter, B. und Berger, M. (1993): Cost-effectiveness of a structured treatment and teaching programme on asthma, in: European Respiratory Journal, Vol. 6, S. 1485–1491.
Trautner, C. und Icks, A. (1996): Evaluation von Modellvorhaben zur Verbesserung der Versorgung bei Diabetes, in: Braun, W. und Schaltenbrand, R. (Hrsg.): Qualitätssicherung, Pharmakoökonomie und Disease Management, Berichtsband zum 3. Symposium, Witten, S. 132–140.

Uleer, Ch. (2001): Öffentliche verus private Verantwortlichkeit aus der Sicht der privaten Krankenversicherung, in: Henke, K.-D. und Dräger, C. (Hrsg.): Gesundheitssysteme am Scheideweg – Zwischen Wettbewerb und Solidarität, Nomos, Baden-Baden, S. 173–176.

Verband der Privaten Krankenversicherung (Hrsg.) (2000): Die private Krankenversicherung im Jahr 2000 – Rechenschaftsbericht, Köln.
Vollmer, R. (2001a): Erleichterung nach der Einigung über neuen Risikostrukturausgleich, in: Ärztezeitung vom 29. März 2001, S. 4.
Vollmer, R. (2001b): Innovationen müssen keine Kostentreiber sein, in: Ärztezeitung v. 1.8.2001, S. 4.
Vollmer, R. (2001c): Bei Disease Management-Projekten fordert die KBV ein Mitspracherecht, in: Ärztezeitung v. 8.6.2001, S. 4.
Vollmer, R. (2001d): Disease Management-Projekte jetzt Hauptstreitpunkt beim RSA, in: Ärztezeitung v. 5.7.2001, S. 6.
Vollmer, R. (2002): KBV und Kassen schieben beim Disease Management den Schwarzen Peter wieder der Politik zu, in: Ärztezeitung vom 14. März 2002, S. 2.
Vollmer, R. (2003): Kleine Kassen fürchten Übermacht der AOKen, in: Ärztezeitung vom 2./3.5.2003, S. 6.
Voltmer, E., Zielinski, W. (2001): Evidence-based-Medicine (EBM) zwischen Klinik und Praxis – Das Park-Klinik-EBM-Projekt, in: Hellmann, W. (Hrsg.): Management

von Gesundheitsnetzen – Theoretische und praktische Grundlagen für ein neues Berufsfeld, Kohlhammer, Stuttgart u.a., S.

Wähling, S. (1998): Managed Care – Eine Lösung für das deutsche Gesundheitswesen?, in: Gesundheitsökonomie und Qualitätsmanagement, 3. Jg., Nr. 5, S. 156–161.
Walker, S.P. und Rosser, R.M. (Hrsg.) (1993): Quality of life assessment – Key issues in the 1990s, Kluwer, Dordrecht.
Walzik, E. (2001): Gravierende Mängel bei der Versorgung chronisch Kranker, in: Die Ersatzkasse, Heft 10/2001, S. 392–396.
Ward, M.D. und Rieve, J.A. (1997): The Role of Case Management in Disease Management, in: Todd, W.E., Nash, D. (Hrsg.): Disease Management – A System Approach to Improving Patient Outcomes, Chicago, S. 235–259.
Weihe, J.H., Marlowe, J.F. und Norris, G. (2002): Disease Management und die Ergebnisverantwortung des Anbieters – Die richtige Absicherung durch Rückversicherung entscheidet über den Erfolg, in: Versicherungswirtschaft, 57. Jg., Heft 5, S. 346–348.
Weinberger, M. et al. (1996): Does increased access to primary care reduce hospital readmissions?, in: New England Journal of Medicine, Vol. 334, Nr. 22, S. 1441–1447.
Werner, B. (1999): Leitlinien und Kostenmanagement im Gesundheitswesen, in: Die Ersatzkasse, Ausgabe 7/1999, S. 846–851.
Wettengel, R. et al. (1994): Empfehlungen der Deutschen Atemwegsliga zum Asthmamanagement bei Erwachsenen und bei Kindern, in: Medizinische Klinik, 89. Jg., S. 57–67.
Wiklund, I., Lindvall, K., Swedberg, K. et al. (1987): Self-assessment of quality of life in severe heart failure – An instrument for clinical use, in: Scandinavian Journal of Psychology, Vol. 28, S. 220–225.
Wille, E. (1999): Praktizierte Interdisziplinarität in der Gesundheitssystemforschung – Der Sachverständigenrat für die Konzertierte Aktion im Gesundheitswesen, in: König, H.-H. und Stillfried, Graf v. D. (Hrsg.): Gesundheitssystemforschung in Wissenschaft und Praxis – Beiträge zum Stand eines multidisziplinären Forschungsgebiets, Schattauer, Stuttgart/New York, S. 48–61.
Wille, E. (Hrsg.) (2002): Anreizkompatible Vergütungssysteme im Gesundheitswesen, Nomos, Baden-Baden.
Windeler, J. (2002): Wenn Krankheit gemanagt wird – Zur Notwendigkeit der Konkretisierung medizinischer Inhalte in den DMP, in: Die Krankenversicherung, Mai 2002, S. 137–140.
Wolff, B. (1995): Organisation durch Verträge, Gabler, Wiesbaden.
Woll, A. (Hrsg.) (2000): Wirtschaftslexikon, 9. Auflage, Oldenbourg, München.
Wortmann, M. (2003): BSG sieht beim Risikostrukturausgleich noch großen Reformbedarf, in: Ärztezeitung vom 27.1.2003, S. 3.

Zieler, P. (2003): Ärzte stöhnen über Schreibarbeit beim Disease Management-Programm, in: Ärztezeitung vom 22.4.2003, S. 8.

Zitter, M. (1997): A New Paradigm in Health Care Delivery – Disease Management, in: Todd, W.E. und Nash, D. (Hrsg.): Disease Management – A Systems Approach to Improving Patient Outcomes, American Hospital Publishing Inc., Chicago, S. 1–25.

Zweifel, P. (2002): „Tarmed" – Der neue schweizerische Tarif für ärztliche Leistungen, in: Wille, E. (Hrsg.): Anreizkompatible Vergütungssysteme im Gesundheitswesen, Nomos, Baden-Baden, S. 43–55.

Anhang

Patientennummer:

FGG
Forschungsstelle für
Gesundheitsökonomie und
Gesundheitssystemforschung

Gesundheitsfragebogen

Universität Hannover
Institut für Versicherungsbetriebslehre

April 1997

Erläuterungen zum Fragebogen zur Lebensqualität bei Asthma

Sehr geehrte Patientin, sehr geehrter Patient,

mit Hilfe dieses Fragebogens wollen wir mehr darüber erfahren, wie Ihr Asthma Ihnen zu schaffen macht und wie es Ihr Leben beeinträchtigt.
Kreuzen Sie bitte zu jeder Aussage die Antwort an, die auf Sie am besten zutrifft.

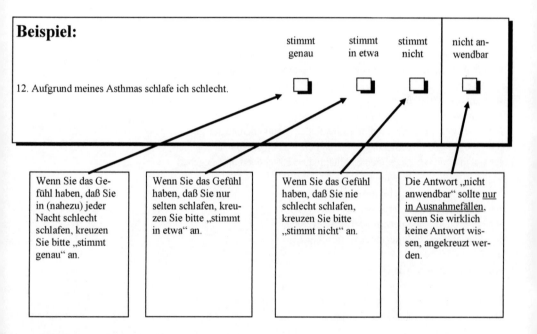

Bitte beachten Sie bei allen Fragen folgende Hinweise:

- Beziehen Sie Ihre Antworten nur auf Ihr Befinden **in der letzten Zeit**.
- Bitte kreuzen Sie zu jeder Aussage nur **eine** Antwortmöglichkeit an.
- Bitte beantworten Sie **alle Fragen**.

Wenn Ihnen jetzt oder während des Ausfüllens irgendetwas unklar ist, wenden Sie sich bitte an Ihren behandelnden Arzt, der Ihnen gerne bei der Beantwortung behilflich sein wird.

Wir bedanken uns recht herzlich für Ihre Mitarbeit.

Bitte geben Sie an, welche Aussagen Ihren heutigen Gesundheitszustand am besten beschreiben, indem Sie ein Kreuz (☒) in ein Kästchen jeder Gruppe machen.

BITTE MARKIEREN SIE
DAS ENTSPRECHENDE
KÄSTCHEN.

Beweglichkeit / Mobilität
Ich habe keine Probleme herumzugehen ☐
Ich habe einige Probleme herumzugehen ☐
Ich bin ans Bett gebunden ☐

Für sich selbst sorgen
Ich habe keine Probleme, für mich selbst zu sorgen ☐
Ich habe einige Probleme, mich selbst zu waschen oder mich anzuziehen ☐
Ich bin nicht in der Lage, mich selbst zu waschen oder anzuziehen ☐

Allgemeine Tätigkeiten *(z. B. Arbeit, Studium, Hausarbeit, Familien- oder Freizeitaktivitäten)*
Ich habe keine Probleme, meinen alltäglichen Tätigkeiten nachzugehen ☐
Ich habe einige Probleme, meinen alltäglichen Tätigkeiten nachzugehen ☐
Ich bin nicht in der Lage, meinen alltäglichen Tätigkeiten nachzugehen ☐

Schmerzen / Körperliche Beschwerden
Ich habe keine Schmerzen oder Beschwerden ☐
Ich habe mäßige Schmerzen oder Beschwerden ☐
Ich habe extreme Schmerzen oder Beschwerden ☐

Angst / Niedergeschlagenheit
Ich bin nicht ängstlich oder deprimiert ☐
Ich bin mäßig ängstlich oder deprimiert ☐
Ich bin extrem ängstlich oder deprimiert ☐

Verglichen mit meinem allgemeinen Gesundheitszustand während der vergangenen 12 Monate ist mein heutiger Gesundheitszustand

besser ☐
im großen und ganzen etwa gleich ☐
schlechter ☐

BITTE MARKIEREN SIE
DAS ENTSPRECHENDE
KÄSTCHEN.

Um Sie bei der Einschätzung, wie gut oder wie schlecht Ihr Gesundheitszustand ist, zu unterstützen, haben wir eine Skala gezeichnet, ähnlich einem Thermometer. Der best denkbare Gesundheitszustand ist mit einer "100" gekennzeichnet, der schlechteste mit "0".

Wir möchten Sie nun bitten, auf dieser Skala zu kennzeichnen, wie gut oder schlecht Ihrer Ansicht nach Ihr persönlicher Gesundheitszustand heute ist. Bitte verbinden Sie dazu den untenstehenden Kasten mit dem Punkt auf der Skala, der Ihren heutigen Gesundheitszustand am besten wiedergibt.

Best denkbarer Gesundheitszustand

Ihr heutiger Gesundheitszustand

Schlechtest denkbarer Gesundheitszustand

	stimmt genau	stimmt in etwa	stimmt nicht	nicht anwendbar
1. Bei privaten Einladungen befürchte ich, daß irgendetwas in der dortigen Umgebung einen Atemnot- oder Hustenanfall auslösen könnte.	❑	❑	❑	❑
2. Aufgrund meines Asthmas sind meine Urlaubsmöglichkeiten beschränkt.	❑	❑	❑	❑
3. Ich habe einen gesunden Schlaf.	❑	❑	❑	❑
4. Es fällt mir leicht, meine Einkäufe zu tragen.	❑	❑	❑	❑
5. Ich denke fast nie an mein Asthma.	❑	❑	❑	❑
6. Manchmal muß ich Menschen enttäuschen, weil ich Versprechungen meines Asthmas wegen nicht immer einhalten kann.	❑	❑	❑	❑
7. Ich mache mir niemals Sorgen, daß ein geplanter Urlaub negative Auswirkungen auf mein Asthma haben könnte.	❑	❑	❑	❑
8. In den meisten Nächten wache ich auf und brauche mein Dosieraerosol oder Inhalationsgerät.	❑	❑	❑	❑
9. Arbeiten, die mich körperlich stark beanspruchen (z. B. Gartenarbeit), fallen mir schwer.	❑	❑	❑	❑
10. Ich nehme die ersten Anzeichen einer Erkältung eher wahr als andere Menschen.	❑	❑	❑	❑
11. Von Zeit zu Zeit habe ich Schwierigkeiten, mich im Hause zu bewegen.	❑	❑	❑	❑
12. Ich glaube, daß mein Asthma keine Auswirkungen auf das Leben meiner Angehörigen hat.	❑	❑	❑	❑
13. Ich habe das Gefühl, etwas zu versäumen, da ich an einigen sportlichen Aktivitäten nicht teilnehmen kann.	❑	❑	❑	❑
14. Ich kann auf die gleiche Art und Weise wie jeder andere Urlaub machen.	❑	❑	❑	❑
15. Mir fällt die Hausarbeit leicht.	❑	❑	❑	❑
16. Ich habe das Gefühl, meinen Körper nicht unter Kontrolle zu haben.	❑	❑	❑	❑
17. Ich bin besorgt, weil ich nicht weiß, wann ich den nächsten Atemnot-/Hustenanfall haben werde.	❑	❑	❑	❑
18. Ich werde unruhig, wenn ich kurzatmig bin.	❑	❑	❑	❑
19. Aufgrund meines Asthmas schlafe ich schlecht.	❑	❑	❑	❑
20. Heimwerker-Aktivitäten wie z. B. Tapezieren fallen mir schwer.	❑	❑	❑	❑

	stimmt genau	stimmt in etwa	stimmt nicht	nicht anwendbar
21. Ich kann ohne Probleme in eine Gaststätte gehen.	❑	❑	❑	❑
22. Ich muß nachts häufig husten.	❑	❑	❑	❑
23. Aufgrund meines Asthmas kann ich einige Arbeiten, die ich gerne verrichten würde, nicht ausführen.	❑	❑	❑	❑
24. Ich neige dazu, Personen mit Erkältung zu meiden.	❑	❑	❑	❑
25. Ich kann eine Treppe hinaufgehen, ohne anzuhalten.	❑	❑	❑	❑
26. Ich versuche, Aufregungen zu vermeiden, weil sich dadurch mein Asthma verschlimmert.	❑	❑	❑	❑
27. Ich fühle mich so hilflos, weil ich Asthma habe.	❑	❑	❑	❑
28. Wenn ich ausgehe, muß ich meines Asthmas wegen manchmal früher nach Hause gehen als andere.	❑	❑	❑	❑
29. Der Ablauf meiner Arbeit ändert sich durch mein Asthma nicht.	❑	❑	❑	❑
30. Erkältungen dauern bei mir länger als bei anderen.	❑	❑	❑	❑
31. Ich kann eine Treppe nur dann hinaufgehen, wenn ich eine oder mehrere Pausen einlege.	❑	❑	❑	❑
32. Ich habe eine gute Zukunft vor mir.	❑	❑	❑	❑
33. Wenn mein Asthma sich verschlechtert, dann arbeite ich auch schlecht.	❑	❑	❑	❑
34. Es gibt Orte, wo ich gerne hingehe, es aber aufgrund meines Asthmas nicht kann.	❑	❑	❑	❑
35. Meines Asthmas wegen fühle ich mich manchmal sexuell frustriert.	❑	❑	❑	❑
36. Ich mache mir Sorgen darüber, wie mein Gesundheitszustand in 10 Jahren aussehen wird.	❑	❑	❑	❑
37. Ich bin oft deprimiert wegen meines Asthmas.	❑	❑	❑	❑
38. Ich kann mich gut entspannen.	❑	❑	❑	❑
39. Mein Asthma beeinträchtigt mich tatsächlich nur bei einem Anfall.	❑	❑	❑	❑
40. Ich vertraue auf meine Fähigkeit, mit einem Husten-/Atemnotanfall fertig zu werden.	❑	❑	❑	❑

Beiträge zum Gesundheitsmanagement

Steuerungswirkungen des Risikostrukturausgleichs
Herausgegeben von Prof. Dr. Norbert Klusen, Dr. Christoph Straub und Andreas Meusch

2004, Band 9, 153 S., brosch., 16,– €, ISBN 3-8329-0915-X

Krankheitsbegriff und Mittelverteilung
Herausgegeben von Dr. Nadia Mazouz, Universität Stuttgart, Dr. Micha H. Werner, Universität Freiburg i. Br. und Prof. Dr. Dr. Urban Wiesing, Universität Tübingen

2004, Band 8, 200 S., brosch., 29,– €, ISBN 3-8329-0780-7

Gesetzliche Krankenkassen zahlen in aller Regel nur, was im weitesten Sinne der Krankheitsbehandlung dient. Die Definition des Begriffs »Krankheit« ist jedoch notorisch umstritten. In dem Band gehen Philosophen, Mediziner, Sozialrechtler und Ökonomen der Frage nach, wie diesem Problem begegnet werden kann.

Bedingungen für effektive Disease-Management-Programme
Analyse, Bewertung und Lösungsansätze für Qualität und Finanzierung

Von Prof. Dr. Bertram Häussler und Dr. Ursula Berger, Statistikerin

2004, Band 7, 87 S., brosch., 12,– €, ISBN 3-8329-0578-2

Das Werk befasst sich mit der Frage, welche Versorgungsprobleme von Typ-II-Diabetikern heute noch zu lösen sind, welchen Beitrag ein Disease-Management-Programm (DMP) dazu grundsätzlich liefern kann und wie dessen Finanzierung im Rahmen der gesetzlichen Krankenversicherung ausgestaltet werden könnte.

Bausteine für ein neues Gesundheitswesen
Technik, Ethik, Ökonomie

Herausgegeben von Prof. Dr. Norbert Klusen und Dr. Christoph Straub

2003, Band 6, 320 S., brosch., 22,– €, ISBN 3-8329-0277-5

Die wirkliche Herausforderung für das deutsche Gesundheitssystem besteht darin ein bestehendes, funktionierendes System evolutionär in verschiedenen Bereichen dem zukünftigen Bedarf der Versicherten und den sich ändernden sozialen Rahmenbedingungen anzupassen. Das Werk möchte, eingefahrene Handlungs- und Denkmuster in Frage stellen und konstruktive, kreative Wege zur Weiterentwicklung des Gesundheitssystems aufzeigen.

 Nomos

Informieren Sie sich im Internet unter **www.nomos.de** über die früher erschienenen und noch verfügbaren Bände dieser Schriftenreihe.